Empreendedorismo 4.0

Empreendedorismo 4.0

ASPECTOS TRIBUTÁRIOS E ECONÔMICOS

2022

Coordenadores
Hadassah Laís de Sousa Santana
José Roberto Afonso

ALMEDINA

EMPREENDEDORISMO 4.0
ASPECTOS TRIBUTÁRIOS E ECONÔMICOS

COORDENADORES: Hadassah Laís de Sousa Santana, José Roberto Afonso

DIRETOR ALMEDINA BRASIL: Rodrigo Mentz
EDITORA JURÍDICA: Manuella Santos de Castro
EDITOR DE DESENVOLVIMENTO: Aurélio Cesar Nogueira
ASSISTENTES EDITORIAIS: Isabela Leite e Larissa Nogueira
ESTAGIÁRIA DE PRODUÇÃO: Laura Roberti

DIAGRAMAÇÃO: Almedina
DESIGN DE CAPA: Roberta Bassanetto

ISBN: 9786556275673
Agosto, 2022

Dados Internacionais de Catalogação na Publicação (CIP)
(Câmara Brasileira do Livro, SP, Brasil)

Empreendedorismo 4.0 : aspectos tributários e
econômicos / coordenação Hadassah Laís de Sousa
Santana, José Roberto Afonso. – São Paulo, SP : Almedina, 2022.

Vários autores.
Bibliografia.
ISBN 978-65-5627-567-3

1. Artigos – Coletâneas 2. Empreendedorismo – Aspectos econômicos
3. Empreendedorismo – Política governamental 4. Empresas de pequeno
porte – Leis e legislação 5. Empresas – Tributação 6. Microempresas – Leis
e legislação I. Santana, Hadassah Laís de Sousa. II. Afonso, José Roberto.

22-112466 CDU-34(082)

Índices para catálogo sistemático:

1. Direito : Coletâneas 34(082)

Eliete Marques da Silva - Bibliotecária - CRB-8/9380

Este livro segue as regras do novo Acordo Ortográfico da Língua Portuguesa (1990).

EDITORA: Almedina Brasil
Rua José Maria Lisboa, 860, Conj.131 e 132, Jardim Paulista | 01423-001 São Paulo | Brasil
editora@almedina.com.br
www.almedina.com.br

Dedicamos este livro a Deus, pela graça incomparável, que sempre nos alcança; e às nossas famílias, pelo amor em todo o tempo.

SOBRE OS COORDENADORES

HADASSAH LAÍS DE SOUSA SANTANA

Professora da Pós-Graduação stricto sensu da Fundação Getulio Vargas EPPG/ FGV. Pós-doutora em Direito Tributário na Universidade de Brasília – UNB. Doutora em Educação pela Universidade Católica de Brasília – UCB. Mestre em Direito Tributário pela Universidade Católica de Brasília – UCB. Especialista em Finanças e Tributação pela Escola de Administração Fazendária – ESAF. Assessora Legislativa em matéria Tributária na Câmara dos Deputados. Advogada. Consultora.

JOSÉ ROBERTO AFONSO

Professor da Pós-Graduação stricto sensu do IDP. Investigador do Centro de Administração e Políticas Públicas do ISCSP da Universidade de Lisboa. Pós-doutor em Administração Pública pelo ISCSP da Universidade de Lisboa. Doutor em Desenvolvimento Econômico pela UNICAMP. Mestre em Economia da Indústria e da Tecnologia pela UFRJ. Consultor independente, especializado em finanças públicas. Sócio-fundador das consultorias Finance, 3i e A&B. Economista. Contabilista.

SOBRE OS AUTORES

ALBERTO BARREIX

Economista-chefe fiscal do Banco Interamericano de Desenvolvimento (BID), encarregado de programas de assistência técnica e reforma tributária na América Latina e no Caribe, especialmente em questões tributárias e macro-fiscais. Liderou consultoria internacional sobre reformas tributárias em vários países da região. Foi professor nas Escolas de Governo e Direito da Universidade de Harvard, coordenador do Comitê de Política Fiscal do MERCOSUL e diretor do Departamento de Estatística e Política Fiscal do Ministério da Economia e Finanças do Uruguai. Doutor e mestre em Administração Pública (Kennedy School of Government) e em tributação internacional (Harvard Law School) pela Harvard University.

ÂNGELO DE ANGELIS

Economista, com mestrado pela Unicamp com a dissertação O imposto sobre o valor agregado e o ICMS no Estado de São Paulo – 1998 a 2013 – 25 anos, Auditor Fiscal da Secretaria da Fazenda e Planejamento do Estado de São Paulo, membro da Comissão Técnica da Febrafite.

BERNARDO MOTTA MONTEIRO

Economista e consultor econômico. Mestrando em Economia da Inovação pela Universidade de Lisboa.

BRUNNA PASSOS CLEMENTE ASSUNÇÃO

Advogada. Integrante e Pesquisadora do Grupo Tributação 4.0.

CELSO DE BARROS CORREIA NETO

Professor do IDP. Doutor em Direito Econômico, Financeiro e Tributário pela Universidade de São Paulo (2013) e Graduado em Direito pela Universidade Federal de Alagoas (2007). Consultor Legislativo da Câmara dos Deputados e Advogado.

DARÍO GONZÁLEZ

Assessor Sênior da Administração Federal de Receitas Públicas da Argentina. Professor de Sistemas Tributários da América Latina no Mestrado de Finanças Públicas e Administração Financeira e Tributária da UNED, da IEF e do CIAT. Foi consultor, entre outras organizações internacionais, do Centro Interamericano de Administrações Tributárias, do Programa das Nações Unidas para o Desenvolvimento, do Banco Mundial e do Banco Interamericano de Desenvolvimento. Autor de várias publicações na América e na Europa. Obteve prêmios internacionais em investigações tributárias do IEF, CIAT e CEPAL.

EDUARDO HENRIQUE DO VALE MATIAS

Administrador pela Universidade Federal de Roraima – UFRR (2009), tem Especialização em Gestão Estratégica em Políticas Públicas pela Universidade Estadual de Campinas – UNICAMP (2015) e Mestrado em Gestão e Políticas Públicas pelo Instituto Superior de Ciências Sociais e Políticas – ISCSP da Universidade de Lisboa (2017). É Analista em Planejamento e Gestão do Instituto do Patrimônio Histórico e Artístico Nacional – IPHAN desde 2010; foi Gestor de Projetos na Coordenadoria de Projetos Estratégicos do SEBRAE Roraima e Professor do Curso de Administração no Centro Universitário Estácio da Amazônia em Roraima.

GERALDO BIASOTO JUNIOR

Professor Assistente Doutor do Instituto de Economia da Universidade Estadual de Campinas. Doutor, Mestre e Graduado em Ciências Econômicas pela Universidade Estadual de Campinas. Vice-Presidente da Empresa Municipal de Urbanização (São Paulo).

HADASSAH LAÍS DE SOUSA SANTANA

Professora da Pós-Graduação stricto sensu da Fundação Getulio Vargas EPPG. Pós-doutora em Direito Tributário na Universidade de Brasília – UNB. Doutora em Educação pela Universidade Católica de Brasília – UCB. Mestre em Direito Tributário pela Universidade Católica de Brasília – UCB. Especialista em Finanças e Tributação pela Escola de Administração Fazendária – ESAF. Assessora tributarista do PSD na Câmara dos Deputados. Advogada. Consultora.

JOÃO RICARDO CATARINO

Licenciado em Direito, pós-graduado em Estudos Europeus, Mestre em Ciência Política (1999), Doutor em Administração Pública (2008) e Agregado em Finanças e Fiscalidade (2010) pela Universidade Técnica de Lisboa. Professor e coordenador científico das disciplinas de Finanças Públicas, Fiscalidade no ISCSP – Instituto Superior de Ciências Sociais e Políticas da Universidade de Lisboa. Exerceu funções de Assessoria junto do gabinete de vários Ministros das Finanças de Portugal. Membro de diversas Comissões de reforma da tributação tributária em Portugal. Foi representante do Ministro das Finanças de Portugal nas Reuniões do Grupo de Alto Nível sobre a evolução Fiscalidade Interna na União Europeia e membro da delegação portuguesa e representante de Portugal no Comité de Assuntos Fiscais da OCDE. Autor de vários estudos e livros sobre fiscalidade e Finanças Públicas. Membro da Associação Fiscal Portuguesa. Foi Juiz-Árbitro na Arbitragem Tributária em Portugal. Pesquisador no CAPP – Centro de Administração e Políticas Públicas/ISCSP/ULisboa – Universidade de Lisboa, reconhecido pela FCT – Fundação para a Ciência e Tecnologia. Vogal do Colégio de Especialidade dos Impostos sobre o Património da OTOC – Ordem dos Contabilistas Certificados. Coordenador científico das disciplinas de Finanças Públicas, de Fiscalidade, de Políticas Financeiras e Gestão Orçamental e de Administração financeira e política fiscal do ISCP.

JOSÉ ROBERTO AFONSO

Professor da Pós-Graduação stricto sensu do IDP. Investigador do Centro de Administração e Políticas Públicas do ISCSP da Universidade de Lisboa. Pós-doutor em Administração Pública pelo ISCSP da Universidade de Lisboa. Doutor em Desenvolvimento Econômico pela UNICAMP. Mestre em Economia da Indústria e da Tecnologia pela UFRJ. Consultor independente, especializado em finanças públicas. Sócio-fundador das consultorias Finance, 3i e A&B. Economista. Contabilista.

LUIZ GUSTAVO MEDEIROS BARBOSA

Professor da Escola Brasileira de Administração Pública e de Empresas – EBAPE e Gerente Executivo da FGV. Ph.D. pela University of Nottingham, UK. Mestre em Gestão Empresarial – EBAPE-FGV; Mestre em Planejamento e Gestão – Bournemouth University, UK; Bacharel em Economia – Universidade Federal Fluminense – UFF.

KLEBER PACHECO DE CASTRO

Doutor em Economia pelo PPGCE/UERJ. Graduado e Mestre em Economia pela Universidade Federal Fluminense – UFF. Sócio da FINANCE Análise e Consultoria Econômica e consultor econômico da FNP.

MARCO AURÉLIO BERTAIOLLI

Formado em Administração de Empresas, com pós-graduação em Gerente de Cidades pela Fundação Armando Alvares Penteado (FAAP) e Mestre em Políticas Públicas pelo Instituto Brasiliense de Direito Público (IDP). É atualmente Deputado Federal (2019-2023). Presidente eleito da Comissão de Finanças e Tributação na Câmara dos Deputados. Exerceu a primeira vice-presidência da Comissão de Desenvolvimento Econômico, Indústria, Comércio e Serviços. Criou a Frente Parlamentar Mista de Defesa das Associações Comerciais do Brasil e coordena a Frente Parlamentar do Empreendedorismo. Aos 25 anos foi o mais jovem secretário de Indústria e Comércio de Mogi das Cruzes e presidente da Associação Comercial de Mogi das Cruzes. Foi vereador por dois mandatos, vice-prefeito, deputado estadual e prefeito entre os anos de 2009/2016. Ocupa ainda o cargo de vice-presidente da Federação das Associações Comerciais do Estado de São Paulo (Facesp) e da Confederação das Associações Comerciais do Brasil (CACB).

MURILO FERREIRA VIANA

Mestre em Economia pela Universidade Estadual de Campinas – UNICAMP. Especialista em Finanças Públicas e Privadas e consultor econômico.

SERGIO GUSTAVO SILVEIRA DA COSTA

Mestre em economia pela Escola de Pós-graduação em Economia da Fundação Getulio Vargas (EPGE-FGV) e bacharel em economia pela Universidade Federal do Rio de Janeiro (UFRJ). Na FGV há 30 anos, ingressou no Instituto Brasileiro de Economia em 1991 e, por três anos, atuou como economista do Centro de Estudos de empresas, tendo exercido a chefia desse mesmo Centro de Estudos de 1994 a 1999. Entre 1999 e 2019 exerceu a função de Coordenador de Projetos no Instituto Brasileiro de Economia (IBRE) e na FGV Projetos, tendo coordenado mais de 100 projetos de consultoria e pesquisa. A partir de 2019 assumiu o cargo de Gerente Executivo da FGV Projetos.

SILAS SANTIAGO

Mestre em Administração Tributária e Fazenda Pública pelo Instituto de Estudos Fiscais da Espanha. Especialista em Contabilidade Geral e Auditoria e em Direito Civil e Processo Civil pela Universidade Estadual de Londrina. Graduado em Ciências Contábeis pela Fundação Faculdade Estadual de Filosofia Ciências e Letras de Cornélio Procópio e em Direito pela Universidade Estadual de Londrina. Auditor-Fiscal da Receita Federal do Brasil. Gerente de Políticas Públicas do SEBRAE Nacional.

SUSANA SOBRAL

Mestranda em Administração Pública (MPA) – ISCSP – Instituto Superior de Ciências Sociais e Políticas, Universidade de Lisboa. Bolseira de Gestão de Ciência e Tecnologia

THIAGO FELIPE RAMOS DE ABREU

Mestre em Ciências Econômicas pela Universidade do Estado do Rio de Janeiro. Graduado em Ciências Econômicas pela Universidade Candido Mendes. Economista e Consultor Econômico, sócio da FINANCE Análise e Consultoria Econômica.

WILLIAM BAGHDASSARIAN

PhD em Finanças pelo ICMACentre – The University of Reading. Mestre em Economia pela Universidade de Brasília (UNB). Professor do IBMEC. Assessor Econômico da Liderança do PSD na Câmara dos Deputados.

NOTA DOS COORDENADORES

Elaborar um livro sobre os aspectos tributários e econômicos do empreendedorismo 4.0, envolvendo o diálogo entre Brasil e Portugal, somente se tornou possível com a colaboração excepcional de autores que compartilharam o tempo, o trabalho e o conhecimento, se comprometendo com o envio de textos que dialogam entre si e oportunizam discussão urgente, contribuindo de forma propositiva para as questões tributárias e econômicas referentes ao empreendedorismo na era da economia digital.

A obra traz aspectos relevantes sobre os desafios presentes em empreender, principalmente em razão das demandas impostas pela revolução digital, apontando a necessidade de contribuição acadêmica, com o objetivo de promover diálogo mais aberto e plural, receptivo a novas ideias.

A abordagem é sobre cenário que se aprofundou diante das intensas e rápidas mudanças, intensificadas pela pandemia do Covid-19, apontando a necessidade em promover a capacitação e qualificação de pessoas. Consideramos nesta obra a missão da coleção FIBE em produzir e disseminar estudos e pesquisas qualificadas que aproximem o Brasil e a Europa, oportunizando caminhos acerca das novas intersecções econômicas, que envolve, claro, o novo mercado e formas de empreender de modo a fortalecer esse vetor transformador que impulsiona a economia e a sociedade.

Esta obra é composta de textos expositivos e propositivos que possuem vertente acadêmica ligada ao Direito, mas não desprezam a abordagem da Economia, das Finanças, Administração Pública e Tecnologias. Em comum, há abordagem estratégica, prática e atual de tais matérias. O fio condutor é a busca por respostas e reflexões às novas necessidades e o futuro do microempreendedor, a partir da visão de diversos autores nacionais e internacionais.

A obra garante debate aberto e plural do que será o Empreendedorismo 4.0, tendo como vertente principal os microempreendedores individuais e o simples nacional, ressaltando os novos caminhos do empreendedor, que ainda estão em curso, pontuando a necessidade de formulação de novas políticas públicas econômicas, tributárias e trabalhistas que adequem as microempresas à nova era da economia digital.

A profundidade dos textos revelam o esforço dos autores e enfatizam os valores na inauguração desta coleção FIBE: a integração entre debates acadêmicos que rompem fronteiras e permitem o aprendizado mútuo entre as nações; e, a interação entre a academia brasileira e os demais países europeus e lusófonos promovendo iniciativas propositivas.

Consideramos que a coordenação dupla desta obra constitui enorme e gratificante desafio, pois o resultado desse livro se traduz em obra de alto nível técnico e de grande contribuição à sociedade.

Reiteramos o nosso agradecimento aos autores que se prontificaram em colaborar com este projeto com textos que permitem a dialogicidade necessária ao tema empreendedorismo.

Agradecemos ao Sebrae, cujo apoio no contexto acadêmico fomentou o projeto desta obra e aos pesquisadores-assistentes Bruna Ammon Lisboa e Guilherme Monteiro, ambos do Instituto Brasileiro de Ensino, Desenvolvimento e Pesquisa – IDP, que colaboraram com este projeto.

De maneira expressiva, agradecemos ao apoio irrestrito do Instituto Brasileiro de Ensino, Desenvolvimento e Pesquisa – IDP, à Editora Almedina, pelo apoio ao projeto e suporte da equipe editorial e, especialmente, à Associação Fórum de Integração Brasil-Europa – FIBE, pelo desenvolvimento do projeto e suporte necessário à sua realização.

Por fim, desejamos uma boa leitura e grandes debates acerca do tema.

Lisboa, 17 de abril de 2022.

Os coordenadores

HADASSAH LAIS SOUSA SANTANA

JOSE ROBERTO AFONSO

APRESENTAÇÃO

Por Gilmar Ferreira Mendes

Empreender tem sido uma das principais ações na economia 4.0. Não há idade e nem exclusão de nicho. O empreendedorismo 4.0 comporta a todos e possibilita a autonomia do indivíduo naquilo que lhe aprouver, utilizando técnicas e competências que criam valor não apenas pelo produto em si. Aliás, na economia digital, o produto, muitas vezes, não tem valor por si só, mas pela experiência ou sentido que se constrói na particularidade daquele mercado. O domicílio já não mais importa, é possível ser empreendedor de qualquer lugar para qualquer lugar, basta uma plataforma digital, ou nem isso.

O Empreendedorismo na economia 4.0 ao mesmo tempo que alavanca novos mercados traz consigo o despir da empresa/indústria que garante o serviço. O indivíduo traz consigo suas competências e habilidades para criar negócios ou repaginar antigas formalidades, dantes exigidas na contratação trabalhista. O MEI tem como uma das principais atratividades um regime tributário diferenciado que formaliza negócios, ao mesmo tempo, impacta no desenho da arrecadação previdenciária, por exemplo.

Este livro apresenta artigos, de autores de dentro e fora do Brasil, que dialogam com o que denominamos de empreendedorismo 4.0 e permitem compreender melhor a figura do Microempreendedor Individual, inaugurado pelo Brasil em 2008 como uma figura jurídica que formalizou negócios e atividades, e de forma pioneira possibilitou a inclusão desses trabalhadores autônomos, antes esquecidos ou mantidos à margem do Estado.

A formalização e o enquadramento como MEI possibilitou a inserção em regime de tributação simplificado, menos oneroso, além do acesso à previdência social, ainda que com controversa alíquota contributiva. Ao mesmo tempo, trouxe nova realidade para a empregabilidade no Brasil, que, percebeu na contratação do Microempreendedor Individual considerável diminuição do impacto do custo da tributação trabalhista.

As possibilidades trazidas pelo enquadramento como microempreendedor individual são infinitas, e importa salientar que estas foram ainda mais relevantes durante a pandemia do Covid-19, onde o enquadramento como MEI, possibilitou que diversas famílias atingidas pela crise econômica e sanitária obtivessem acesso a programas governamentais que ajudassem em sua subsistência.

A verdade é que o coronavírus (SARS-CoV-2) parou sociedades e economias em todo o mundo e, mesmo com essa difícil realidade também no Brasil, o número de Microempreendedores Individual teve um aumento significativo e passou a responder por 56,7% do total de negócios em funcionamento no País, de acordo com dados oficiais do Ministério da Economia do Brasil.

A representatividade do setor revela a necessidade de construção de políticas públicas principalmente trabalhistas e tributárias que garantam o fortalecimento e a proteção de microempresas e microempreendedores individuais. É necessário fomentar a capacitação e a qualificação para que as dificuldades próprias da gestão de negócios, acrescidas das demandas impostas pela revolução digital, sejam superadas.

Nesse contexto, este livro tem como objetivo contribuir com a proteção e conquistas dos microempreendedores e trazer a debate a construção de políticas públicas que visem a proteção e o avanço das microempresas individuais. São capítulos expositivos e propositivos que se preocupam em apresentar alternativas para o futuro do Microempreendedor.

Estão postos em debate temas ligados ao futuro dos microempreendedores, isto é, como a revolução digital e suas inovações irão influenciar na vida aqueles que possuem pequenas empresas e qual serão os impactos das reformas tributárias para este setor econômico. Além disso, há textos que tratam das questões do presente, ou seja, como a pandemia do Covid-19 influiu no papel das microempresas. E, ainda, coloca-se em debate as questões tributárias atuais, suas problemáticas e qualidades, além de traçarem propostas para melhorar o tratamento dos microempreendedores individuais no sistema tributário hoje vigente, sem deixar de lado a discussão sobre o que se considera renúncia fiscal, quando se fala do regime fiscal dos microempreendedores.

Este livro reflete a missão do Fórum de Integração Brasil-Europa – FIBE, que tem por objetivo de promover a integração e o diálogo econômico e social do Brasil com a Europa, especialmente Portugal. Assim, inaugura-se nova coleção da Editora Almedina, fruto da pesquisa em rede, com instituições de ensino e pesquisa de diferentes países.

PREFÁCIO

Por Carlos Melles

Microempreendedores Individuais terão Papel Estratégico na Nova Economia. Um dos principais benefícios da introdução da figura do microempreendedor individual (MEI) na legislação brasileira, em 2008, foi o de promover a cidadania desses trabalhadores autônomos, até então completamente desamparados. Além da possibilidade de formalização de seus negócios e atividades, veio o acesso a mecanismos de inclusão social, como a concessão de aposentadoria por idade, o auxílio-doença e o auxílio-maternidade.

Agora, na pandemia de covid-19, o enquadramento dos autônomos como MEI está sendo crucial para a sobrevivência dos inscritos e suas famílias. Isso ocorre pela inclusão deles na rede de proteção social do auxílio emergencial, uma iniciativa que uniu o governo federal, o Congresso Nacional e o Sebrae na sua formulação, inicialmente com o valor mensal de R$ 600 e depois de R$ 300.

Mais de 5,2 milhões de MEIs tiveram acesso ao auxílio emergencial, o que equivale a quase a metade dos 10,7 milhões de inscritos no país, um resultado bastante expressivo.

Assim como a própria imprevisibilidade da pandemia, a legislação do MEI não foi desenhada para enfrentar uma situação tão dramática como o avanço do coronavírus. Mas acabou por se revelar de utilidade fundamental em uma das maiores crises da história do País. Diversas pesquisas já mostraram como o auxílio emergencial vem favorecendo os beneficiados, que empregam o dinheiro recebido sobretudo em alimentação, e a economia como um todo, ao atenuar os efeitos negativos da queda do consumo.

No enorme contingente de MEIs há motivações diferentes para adesão a esse programa de formalização empresarial, como dar sequência a uma vocação empreendedora, aproveitar uma oportunidade de negócio que surge à sua frente ou para cumprir as exigências de fornecimento de nota fiscal. Há também aqueles que o fazem impulsionados pela dificuldade de encontrar emprego, caminho conhecido como empreendedorismo por necessidade, tão legítimo quanto os demais.

Como denominador comum a uni-los está o fato de que todos precisam se preparar adequadamente para continuar ativos e serem vencedores em seus empreendimentos, não importa a área de atuação e o tamanho dos seus sonhos.

Qualificação é a palavra-chave para isso. Quem não se capacita fica mais vulnerável diante das dificuldades na gestão do negócio, sobretudo numa era em que a concorrência de mercado cresce em ritmo exponencial.

Para entender melhor o contexto em que se coloca essa exigência, recomendo a leitura da obra "Trabalho 4.0", coordenada pelo economista José Roberto Afonso (Coleção IDP, Edições Almedina), quando em um dos capítulos, destaca-se uma tendência agora acelerada pela pandemia do coronavírus. *"cada vez mais, postos ocupados por trabalhadores, que, apesar de existirem formalmente, não têm a carteira assinada"*.

Nesse sentido, surgirão com mais frequência oportunidades e funções a serem exercidas e ocupadas por pessoas sem carteira assinada. No mundo todo, esse trabalho independente é uma das principais marcas das transformações econômicas e sociais em curso, conhecidas como Quarta Revolução Industrial, com impacto no comércio, serviços, finanças, na cultura e no comportamento.

Os pesquisadores explicam que as novas tecnologias de informação e comunicação abrirão novas oportunidades, exigindo maior formação técnica e valorizando mais a dedicação a projetos específicos – em contratos para empreitadas e arranjos mais flexíveis de trabalho – em vez de atividades contínuas de empregos. Este trabalho independente tem sido qualificado como "*gig economy*" na literatura internacional. Não se trata, entretanto, da mera "*pejotização*", mecanismo usado no Brasil para se evitar custos com os pesados encargos trabalhistas.

Diante desse quadro, é necessário expandir rapidamente a qualificação exigida por essa nova era, mediante a oferta de cursos e treinamentos, tanto presenciais quanto à distância, estes agora facilitados pela onipresença dos aplicativos de videoconferência com a pandemia. O foco deve estar no desenvolvimento de habilidades para responder às demandas, sobretudo, da transformação digital.

Ao mesmo tempo, torna-se imprescindível a construção de políticas públicas que garantam proteção social efetiva para os microempreendedores individuais, aprofundando as conquistas de cidadania já incorporadas à legislação brasileira.

São caminhos para estimular ainda mais a contribuição dos MEIs ao Brasil, em particular neste momento em que o país começa a se dirigir rumo à retomada econômica.

SUMÁRIO

1. O SIMPLES NACIONAL BRASILEIRO: UM ESTUDO OBJETIVADO NA SIMPLICIDADE, TRANSPARÊNCIA E JUSTIÇA NA TRIBUTAÇÃO DOS PEQUENOS EMPREENDEDORES

JOÃO RICARDO CATARINO
EDUARDO HENRIQUE DO VALE MATIAS
SUSANA SOBRAL

Introdução

O imposto constitui um instrumento omnipresente na vida coletiva. Ele é uma das únicas certezas da vida para além da morte, do dizer da famosa frase atribuída a Benjamim Franklin, o inventor do para-raios e conhecido estudioso na área das ciências naturais sobre eletricidade e meteorologia.

Com efeito, o imposto é a fonte de financiamento público que fornece aos estados a maior fatia das suas receitas. A Organização para a Cooperação e Desenvolvimento Econômico (OCDE) estima que a carga fiscal em percentagem do PIB, numa média dos países representados, se situou em 2015 nos 34,3%. O Brasil segue essa mesma tendência (OCDE 2016).

Esta assinalável utilização do imposto como instrumento principal do financiamento público resulta, em parte, do processo histórico e da própria mecânica de funcionamento da figura. Com efeito, nem sempre o imposto teve esta expressão tão evidente de importância coletiva e nem sempre se procurou reparti-lo de acordo com a medida concreta de capacidade contributiva (Catarino, 2009, p. 31; Burns, 1980, p. 29). Nem sempre, pois, este foi ideal de justiça adotado uma vez que a ideia de justiça em vigor assentou em princípios de justiça comutativa segundo um regime de imposto "por cabeça".

Todavia, nos Estados absolutistas que antecederam a revolução francesa, a função tributária tinha já um significado especificamente dirigido a uma certa concepção de bem comum (Hespanha, 1993, p. 66). Ao Estado competiam funções que, mais tarde, vieram a integrar o âmago do Estado social, tais como a realização de alguns serviços a que os indivíduos poderiam ter acesso individual (meios de comunicação; tribunais; mercados; correios). O tributo corporizava-se em larga medida na cobrança de taxas públicas, fossem estas pela remoção de limites ou pela utilização individual de bens públicos, e tinha já uma relação direta com o acesso a serviços públicos (Balthasar, 2006).

Depois dele, o liberalismo revolucionou a concepção da estrutura do Estado e a respectiva fundamentação. Trouxe também importantes ajustes na justificação do imposto e na concepção e aplicação da justiça, bem como na distribuição dos encargos fiscais. Ferreira Borges (1832) refere: *"todo o tributo que abranger uma só classe, ou cair com desigualdade sobre duas, será injusto, e produzirá a destruição da prosperidade geral, que não pode existir senão a par da propriedade individual".* O tributo, sob a égide do pensamento liberal é visto, tal como o afirma Borges (1832), como *"a contribuição dos súbditos de uma nação, imposta por legítimos representantes, com o fim de habilitar o governo a fazer as despesas necessárias para conseguir a observância da lei e a segurança e prosperidade nacional"* (Catarino, 2009).

No período das finanças liberais (finanças neutras) os impostos tinham uma função estritamente reditícia, com relevo para um conjunto de princípios novos, desde sempre desejados, como o do consentimento, da legalidade fiscal, da autorização anual para o lançamento dos impostos, da igualdade, da universalidade na tributação e da ideia de justiça distributiva, para referir os mais relevantes (Catarino, 2021, p. 47).

Destes princípios e de toda uma dogmática assente no primado da lei – de facto, da reserva de lei atribuída aos parlamentos – para criar ou modificar os elementos estruturantes do imposto resultou toda uma dogmática nova, afirmadora da ideia do manejo do imposto enquadrado num sistema – o sistema fiscal – dotado de uma lógica própria, de princípios fundamentais e gerais expressos e consagrados nas constituições políticas e em leis quadro, como sucede v. g. com as constituições portuguesa e brasileira (arts. 103º a 107º da CRP e 157º e segs. da Constituição brasileira de 1988, entre muitas outras), bem como regras substantivas e processuais próprias (Faveiro, 1960, 1984; Nabais, 2016; Carrazza, 2021) e com fins alargados não apenas à função reditícia mas também à promoção da igualdade de oportunidades, à redução de desigualdades, ao desenvolvimento económico-social pelo reforço da competitividade das empresas e do sistema económico (Carrazza, 2021; Catarino, Vouga, 2015a; Gomes, Antonelli, 2016; Abraham, 2019).

Nos nossos dias, o respeito pela lei tributária, pelos elementos fundamentais do Estado de Direito, como a legalidade; a isonomia/igualdade tributária; a justiça na repartição de carga fiscal; a certeza jurídica; a verdade na qualificação e consideração das realidades tributárias; a tributação pelo rendimento real e efetivo; o dever de pagar imposto segundo a capacidade contributiva revelada; a participação do cidadão contribuinte na criação e aplicação das leis fiscais; e a segurança do acesso do contribuinte aos tribunais do contencioso fiscal, entre outros, levaram à criação de uma ordem tributária completa que se reafirmou, robusteceu e redefiniu ao longo de todo o século XX (Ribeiro, 1987; Torres, 2014; Catarino, 2020).

Destes princípios estruturantes resulta que um sistema fiscal justo é, desde logo, aquele que reparte bem a carga fiscal pelos diferentes grupos sociais e onde, cada um, paga segundo o que efetivamente pode. Todavia, a política fiscal levou a uma utilização crescente do imposto como meio para o desenvolvimento das mais variadas políticas públicas, que tiveram por efeito uma crescente complexidade dos sistemas, dos regimes e das normas fiscais (Catarino, 2009, 2020; Nabais, 2019).

Para isso concorreu a crescente intervenção do estado na economia e na vida social, pelo alargamento das formas e políticas e da ação pública, das quais resultou a necessidade de receitas públicas sempre crescentes, o uso e abuso do instrumento que é o imposto para os mais variados fins gerais da sociedade humana (Nabais, 2008).

Para além disso, a crescente concorrência entre sistemas fiscais conduziu à erosão das bases tributárias, agravando os défices públicos e causando maiores dificuldades de manutenção de amplas políticas públicas, sobretudo sociais, indutoras de fortes gastos públicos. Pode assim justificar-se a tomada de medidas que visem evitar o falseamento da concorrência fiscal, impedindo ou restringindo práticas prejudiciais induzidas pelo comportamento fiscal dos Estados e dos cidadãos, como o refere a OCDE (OCDE 2013, 2014; Catarino, 2015; Santos, 2000).

1. A complexidade e simplicidade dos modelos de tributação da renda das pessoas físicas

Os sistemas fiscais cresceram em complexidade e abrangência. Com efeito, não apenas os factos sujeitos à tributação são hoje muito mais alargados (alargamento das bases tributárias), como as normas e os regimes tributários que os regulam se tornaram mais complexos, mais densos e mais extensos (SANCHES, 1996).

Este fenómeno é o resultado de uma dupla realidade. De um lado foram os sistemas fiscais e sua dogmática específica que se densificou. Com efeito, ao longo de todo o século XX, deu-se a afirmação progressiva do direito tributário como um ramo autónomo, dotado de uma dogmática própria. Desta autonomia resultaram, progressivamente, quer figuras novas de recorte mais fino, como veio a suceder com a noção de benefício ou de incentivo fiscal, para citar apenas dois exemplos. A intensificação dogmática da figura do imposto constitui, todavia, o resultado da sua utilização como realidade central do financiamento público, sobretudo no quadro do surgimento do Estado pós-liberal.

De outro, foi a vida em sociedade que se tornou mais complexa, com novas formas de desenvolvimento das relações de comércio, laborais e de produção, o que obrigou, em especial os modelos de imposto de renda, a adotar soluções que garantissem a inclusão do seu perímetro, das novas formas de obtenção dessa renda, como é o caso das rendas dos complexos produtos financeiros.

A atual sofisticação dos sistemas fiscais é, pois, evidente na forma complexa como se modelaram os impostos de renda, sobretudo das pessoas físicas. Esta evidência tem gerado um fenómeno com diversas faces: para uns abriram-se amplas possibilidades de planeamento fiscal, como é o caso dos grupos económicos e de algumas rendas das pessoas físicas (capitais, juros, dividendos) que sofrem hoje níveis de tributação mais moderados do que as rendas do trabalho ou de pensões; outros têm visto agravada a tributação das rendas mais típicas do trabalho assalariado ou de pensões; outros ainda, empreendedores de micro atividades por conta própria, viram-se excluídos do sistema por não suportarem as extensas obrigações formais que ele crescentemente demanda (Sorenson, 1994, 2005; Brys, 2014; Lambert, Thorenson, 2011).

E isto porque, aspirando a uma perfectividade elevada, em crescendo, quando comparada com os modelos de tributação da renda mais primitivos, adotados ao longo do século XX, os atuais modelos compreensivos ou unitários de tributação das rendas, nunca o foram verdadeiramente (Owens, 2008, p. 121-188; Brys, 2014; Genser, 2007).

A procura por soluções muito perfeitas e, por consequência, mais complexas, nunca funcionou realmente, sobretudo para os agentes económicos de pequeno porte e mais fraca estrutura formal. Estes, seja por não possuírem uma estrutura produtiva muito desenvolvida, seja por se acharem nas margens do processo produtivo ou por não possuírem nem recursos nem competências técnicas para desenvolver e aplicar os sistemas de escrituração contabilística normalmente exigidos aos contribuintes que possuem atividades económicas mais estruturadas, acabam por suportar níveis de imposto de renda muito baixos ou inexistentes. Frequentemente são mesmo relegados para a informalidade, ficando fora dos regimes de tributação da renda, não se registando no sistema ou, quando o fazem, pagando valores de imposto verdadeiramente ridículos, muito abaixo dos seus ganhos reais.

Os sistemas tributários relutam em adotar regimes verdadeiramente simplificados de imposto de renda para estas pequenas atividades económicas, em parte porque isso requer prescindir da ideia de tributação segundo o elevado (e caro para o erário público) parâmetro da tributação do rendimento real e efetivo, que exige forte formalização da atividade (contabilidade organizada, contadores, licenciamentos, inúmeras declarações e reportes fiscais e outros, etc.). Estes regimes, quando existem, optam por tributar o rendimento tributável (líquido), apurado de forma simplificada, a partir do rendimento bruto obtido. Além disso, só valem para o imposto de renda, ao qual aplicam as alíquotas gerais do imposto desse imposto (Faustino, 2020; Leitão-Paes, 2014; OCDE, 2004, 2009, 2014). O SIMPLES brasileiro vai mais longe, ele não prescinde da apuração da renda bruta, mas não exige o cálculo do rendimento tributável, não aplica as alíquotas gerais dos impostos nele compreendidos, e apura a medida do conjunto dos impostos devidos aplicando uma única alíquota (ver Anexos I a V o regime do simples nacional), o que o torna verdadeiramente mais simples.

Há, por princípio, uma resistência à adoção de regimes específicos de imposto de renda, mais "grosseiros" e simples, que tributem de forma realmente simplificada estas rendas de atividades informais ou de pequenas atividades comerciais, segundo a tributação de rendimentos líquidos, de forma moderada e ou fixada em nome de um valor elevado que é o da justiça e da justa repartição da carga tributária.

É verdade que modelos que tributam a renda real efetiva, apurada de forma simplificada, são mais simples embora seja mais grosseira a apuração do imposto concretamente devido. Todavia, defendemos que eles apresentam a dupla vantagem de libertar esses agentes económicos das (vastas) obrigações formais (de registo, declarativas, contábeis, de reporte de dados, etc.) que normalmente seriam devidas, ao passo que propiciam alguma medida de receita pública, sem requerer uma dispendiosa apuração da renda real efetivamente obtida.

Ora, os contribuintes de pequeno porte constituem um conjunto não despiciendo de agentes económicos, no Brasil ou em Portugal, seja porque são numerosos, seja porque representam uma fatia não negligenciável da atividade económica, seja ainda porque a sua deslocação para dento do sistema tributário, previdenciário, produz efeitos de formalidade que são muito importantes nas atividades económicas com quem se relacionam, incrementando por essa via o crescimento económico.

Assim, a adoção de regimes simplificados de tributação de certas rendas típicas da economia informal, ainda que sejam mais grosseiros do ponto de vista da pureza da ideia de justiça e dos princípios que que suportam o dever geral pagar imposto segundo a capacidade contributiva concretamente revelada, produzem um ganho social relevante, que é o de trazer para dentro do sistema contribuintes e atividades que se desenvolvem fora dele.

O Brasil adotou um regime simplificado de tributação destes contribuintes, abrangendo dois segmentos, a saber, as MPE's – microempresas e os micro empreendedores individuais, que parece conciliar de forma razoável a ideia de justiça na tributação prevalecente, o direito/dever fundamental de pagar imposto a partir da renda concretamente revelada e a necessidade de formalizar atividades que, por anos, se desenvolvem à margem do sistema jurídico e tributário. Vejamos se é assim.

2. Metodologia

O objeto desta pesquisa é o sistema fiscal brasileiro e, em particular, as leis reguladoras do novo sistema de tributação simplificada dos pequenos empreendedores. Os seus objetivos visam analisar os resultados alcançados com a implantação do modelo de tributação simplificada conhecido como SIMPLES NACIONAL no Brasil. A pesquisa visa estudar os efeitos do Simples Nacional nas MPE's, incluindo as micro e pequenas empresas e os micro empreendedores individuais.

Tendo por pano de fundo o quadro teórico dos sistemas fiscais, seus limites e problemas, tem-se em vista analisar o comportamento dos contribuintes informais no Brasil (fora do sistema tributário, previdenciário, etc.) face às possibilidades oferecidas pelo novo quadro legal da formalização de atividades económicas exercidas de modo informal, bem como os níveis de arrecadação obtidos pelo Estado brasileiro nestas duas categorias de atividades, para compreender se a política de renúncia fiscal implementada, em conjunto com medidas de simplificação e desburocratização, pôde proporcionar dois efeitos essenciais: (1) a regularização/formalização dos pequenos negócios, (2) se esse incentivo à formalização se traduziu na arrecadação de impostos e, em caso afirmativo, em que termos e, finalmente, se foi violada a ideia de justiça na repartição do imposto (BLAIKIE, 2010; BRYMAN, 2004; YIN, 2009).

3. Simplificação do sistema fiscal e tributação – estudo de caso: o modelo do Simples Nacional brasileiro

3.1. O regime brasileiro de tributação simplificada das pequenas e microempresas

Há mais de 10 anos foi aprovada a Lei Complementar 123/2006, a denominada Lei Geral da Microempresa e Empresa de Pequeno Porte. Trata-se de um acontecimento significativo para o empreendedorismo brasileiro, bem como para o sistema tributário do País, pois a lei foi criada com o propósito de estabelecer normas gerais relativas ao tratamento diferenciado e favorecido a ser dispensado às atividades, microempresas e empresas de pequeno porte no âmbito dos Poderes da União, dos Estados, do Distrito Federal e dos Municípios.

Anteriormente à sanção presidencial, a aprovação da Lei Geral ocorrera com votação quase unânime no Congresso Nacional brasileiro, de tal maneira que a matéria conseguiu unir toda a classe política, seja do governo ou da oposição, no sentido de que era necessário conceber um mecanismo para "combater os efeitos paralisantes da burocracia e oferecer condições favoráveis à formalização de empreendimentos, antes invisíveis para a economia e para as políticas públicas" (SEBRAE, 2009).

Esta Lei Geral mobilizou pequenos empresários do Brasil inteiro em marchas contra o que eles consideravam uma tributação injusta e controles fiscais asfixiantes. Depois de muita pressão e longas negociações entre representantes das entidades empresariais e das áreas fazendárias do governo, chegou-se ao convencimento de que *"a renúncia fiscal prevista na lei seria rapidamente compensada pela formalização de novos negócios"* (SEBRAE, 2007, p.19), a partir de então foi firmado o acordo que possibilitou a aprovação da lei. (Pessôa, 2016)

O Estado brasileiro adotou, assim, um regime especial de arrecadação unificado e simplificado, com o objetivo de incentivar o setor produtivo, buscando formalidade e maior geração de empregos às micro e pequenas empresas e atividades informais por meio da redução da carga tributária sob os pequenos empreendedores brasileiros, tendo ainda uma expectativa de aumento de arrecadação. Assim, foi estabelecido o Regime Especial Unificado de Arrecadação de Tributos e Contribuições – SIMPLES NACIONAL, por meio da Lei Complementar 127, de 14.8.2007, que aperfeiçoou a recém vigente Lei Geral 123/2006.

A Lei Complementar 123/2006 estabelece normas gerais relativas ao tratamento diferenciado e favorecido a ser dispensado às micro e pequenas empresas em diversos aspectos, dentre eles o acesso ao crédito e ao mercado, tecnologia, associativismo e também quanto à aquisição de bens e serviços pelos Poderes Públicos. Porém, destacaremos nesta pesquisa a parte referente à apuração e recolhimento dos impostos e contribuições federais, estaduais e municipais, mediante o regime único de arrecadação.

O Regime Especial Unificado de Arrecadação de Tributos e Contribuições – SIMPLES NACIONAL – estabeleceu a regulamentação conjunta e atuação individual autônoma junto aos contribuintes, assim como o compartilhamento da cobrança e de fiscalização. Quanto à arrecadação, foi criado um documento único de arrecadação mensal de tributos administrados pela União, pelos 26 Estados, pelo Distrito Federal e pelos mais de 5 mil Municípios brasileiros.

O tratamento tributário especial, dispensado às micro e pequenas empresas aderentes ao SIMPLES NACIONAL traduz-se na aplicação de alíquotas percentuais mais baixas e progressivas, incidentes sobre uma única base de cálculo – a receita bruta. A lei definiu os limites para o conceito de *microempresa* – sendo considerada como tal toda a empresa ou atividade económica que obtiver receita bruta anual entre 120.000,00 (cento e vinte mil reais) a R$ 1.200.000,00 (um milhão e duzentos mil reais), enquanto que para a "empresa de pequeno porte" a receita bruta anual vai até R$ 2.400.000 (dois milhões e quatrocentos mil reais).

Posteriormente, através da Lei Complementar nº 139/2011, o Governo Federal atualizou e elevou os limites de receita bruta para R$ 360.000,00 (trezentos e sessenta mil reais) no caso da microempresa e no caso da empresa de pequeno porte, receita bruta superior a R$ 360.000,00 (trezentos e sessenta mil reais) e igual ou inferior a R$ 3.600.000,00 (três milhões e seiscentos mil reais). Para a incidência da tributação foram definidas tabelas para as categorias de comércio, indústria e serviços.

Outra importante inovação implantada na sequência, foi a criação da categoria especial denominada Microempreendedor Individual (MEI), definida pela Lei Complementar nº 128, de 19/12/2008, que criou condições especiais para que o trabalhador conhecido como informal pudesse se tornar um MEI legalizado. Para ser um empreendedor individual é necessário ter um faturamento máximo de até R$ 60.000,00 (sessenta mil reais) por ano e, no limite, um empregado contratado.

Com esta lei o pequeno empreendedor foi convidado a registrar-se no Cadastro Nacional de Pessoas Jurídicas (CNPJ) e assim enquadrar-se no Simples Nacional com a isenção dos tributos federais (Imposto de Renda, PIS, Cofins, IPI e CSLL). Tendo, portanto, a obrigação de pagar apenas o valor fixo mensal de R$ 45,00 (quarenta e cinco reais) no setor comércio ou indústria, R$ 49,00 (quarenta e nove reais) no setor de prestação de serviços ou R$ 50,00 (cinquenta reais) no setor de comércio e serviços, que será destinado à Previdência Social e ao ICMS ou ao ISS. Essas quantias são atualizadas anualmente, de acordo com o salário-mínimo.

3.2. Dados sobre as MPE – micro e pequenas empresas no Brasil

Após a entrada em vigor das Leis Complementares 123/2006 e 127/2007, que configuram o atual regime do Simples Nacional no Brasil, foram feitos esforços pelo poder público e por entidades de classe de divulgação das vantagens da nova Lei Geral das MPEs, assim como uma mobilização para a regulamentação da lei no grande número de municípios do Brasil. A tabela 1 (número de optantes do modelo Simples Nacional e a respectiva receita efetiva) (SEBRAE, 2014) do Simples Nacional na série histórica a partir de 2007, então já sob as novas condições especiais, até o ano de 2013.

Como se pode constatar, os dados que constam na tabela 1 evidenciam que as formalizações de atividades fora do sistema ocorrem em largo número e cresceram sempre ao longo desta série de anos estudada–2007/2013. É importante ressaltar que as formalizações do MEI – Micro Empreendedor Individual não integram estes valores, pois estas foram contabilizadas e analisadas separadamente a partir do ano da entrada em vigor da categoria especial no ano de 2009, conforme apresentado no quadro 1 (Modelo simples nacional – número de optantes) (SEBRAE, 2014).

Tal como se observa na mesma tabela (coluna 2) em anexo, a tendência de formalização dos MEI – Micro Empreendedores Individuais fora do sistema foi de igual modo muito expressiva e sempre em crescendo ao longo do período analisado, o que revela uma adesão massiva. Vejam-se agora, na referida tabela (coluna 3), os números totais dos dois grupos de contribuintes (MPEs e MEI) que optaram por formalizar a suas atividades ao abrigo do regime objeto de estudo, constantes do quadro que se segue (SEBRAE, 2014).

Os números totais de contribuintes que formalizaram a sua atividade e entraram no sistema são, como evidenciado nos quadros que antecedem, muito significativos. Atualmente, dentro do universo dos pequenos negócios no Brasil as MPEs optantes do SIMPLES são 30%, enquanto no Sistema de Micro Empreendedor Individual temos 42% dos empreendimentos constituídos. Já os demais 28% são MPEs que não se enquadraram em nenhum dos sistemas diferenciados de tributação citados (CNC, 2017).

Todavia, embora a formalização de atividades que se encontrava fora do sistema tenha sido muito expressiva, quando comparamos os dados sobre a informalidade económica geral no Brasil, verificamos que estes não evidenciam uma melhoria real destes índices. O quadro seguinte mostra a trajetória da taxa de informalidade, tomando por base os dados do IPEA:

Quadro 1 – Trajetória da Taxa de Informalidade para o Total dos Setores – 1º trim/2012 a 3º trim./2015

Trimestre/Ano	2012	2013	2014	2015
1º Trimestre	45,68%	45,00%	44,01%	44,25%
2º Trimestre	45,53%	44,92%	43,86%	44,67%
3º Trimestre	45,38%	44,92%	44,12%	45,09%
4º Trimestre	45,17%	44,84%	44,37%	---

Fonte primária: IPEA (2016). Elaboração própria (2021).

O quadro 1 evidencia a trajetória trimestral da taxa de informalidade para o período de 2012 a 2015. Os dados mostram uma tendência de queda até meados de 2014, que foi revertida a partir do segundo trimestre de 2014, quando a taxa de informalidade registrava 43,9%. Desde esse momento a taxa de informalidade vem subindo e alcançou a marca de 45,1% no terceiro trimestre de 2015 (IPEA, 2016). Todavia, isso não retira significado à evolução que se verifica na tabela 1 abaixo. O que parece estar sucedendo é que. por efeito da forte crise económica que se vem fazendo sentir no Brasil, no mesmo período, aumentou o número dos desempregados e, com isso, parece estar ocorrendo uma pressão para o surgimento de novos atores desenvolvendo atividades informais. Não nos parece, todavia, que este facto adverso, retire mérito à formalização operada através do SIMPLES, conforme o comprovam os números acima. Os dados relativos à evolução do desemprego confirmam isso, em linha com as evidências apresentadas no estudo de Leitão-Paes, 2015:

Quadro 2 – Taxa de desemprego anual no Brasil – Série histórica 2012-2016

Ano	2012	2013	2014	2015	2016
Taxa de desemprego (%)	6,9	6,2	6,5	9,0	12,0

Fonte: Pesquisa Nacional por Amostra de Domicílios Contínua – Pnad (IBGE, 2016)

O sistema SIMPLES NACIONAL, objeto de estudo nesta pesquisa, de enquadramento e simplificação do regime tributário das microempresas e dos micro empreendedores Individuais, tinha também em vista alcançar um segundo objetivo, conforme supra referido, que era o de saber se ele produziu um efeito positivo sobre a arrecadação de receita de atividades econômicas que, por serem anteriormente exercidas de modo informal, não pagavam impostos locais, estaduais nem federais.

Em vista a obter uma resposta a este objetivo, analisamos o comparativo, ano a ano, da arrecadação proveniente de todas as empresas inscritas no regime tributário do Simples Nacional, dentro da análise que distingue-se o montante do recolhimento de tributos auferidos pela União, Estados e Municípios, conforme se pode ver na tabela 1 (colunas 4 a 7) (SEBRAE, 2014).

Como se pode verificar, os valores de receita fiscal arrecadada, vinda de contribuintes que se achavam fora do sistema, foi não só muito expressiva como cresceu ininterruptamente ao longo de todo o período estudado. Isso significa que o Estado brasileiro conseguiu arrecadar receita onde existia capacidade contributiva real mas que, na prática, não estava a sendo coletada por incapacidade do sistema tributário de trazer para dentro do seu perímetro atividades econômicas geradoras de renda. A evolução verificada foi assim, muito positiva, cessando o prejuízo para o erário público e alcançando melhores níveis de justiça na distribuição dos encargos tributários por todos os que revelam capacidade contributiva.

Vejamos agora os dados relativos à formalização de Pequenos Negócios em cada ano, face ao ano anterior, conforme evidenciado na tabela 1 (coluna 3) (SEBRAE, 2014).

Assim como os dados sugerem uma evolução muito positiva na receita, assim também os dados referentes aos contribuintes entrados no sistema são muito expressivos, o que permite verificar uma evolução muito favorável da sua aplicação. Vejamos os dados que constam da tabela 1 (colunas 1 a 3) (SEBRAE, 2014).

Quanto à evolução da entrada no sistema dos novos empreendedores, observamos que as MPE tiveram um pico de formalização em 2009 (tabela 1, coluna 1), com crescimento de 20,42% em relação a 2008,fato atribuído ao momento em que a implantação do Simples Nacional ganhou força. Porém, observa-se uma perda significativa do ritmo de crescimento dos pequenos negócios para as MPE a partir de 2010, observando-se na mesma tabela (coluna 1) uma retração acentuada em 2013.

De acordo com a mesma, os MEI apresentaram um percentual de 115,27% de crescimento nas formalizações em 2011, o que evidencia o grande sucesso na etapa inicial de funcionamento da nova categoria: o Microempreendedor Individual, nos anos subsequentes as formalizações continuaram representativas, porém com uma gradativa perda no ritmo de crescimento. Para compreender melhor a dimensão econômica das MPE – Micro e Pequenas Empresas, no ano de 2011 elas representaram 27% do PIB brasileiro, e correspondem por 99% dos estabelecimentos formais, sendo responsável por 52% dos empregados formalizados do País (SEBRAE, 2014).

No tocante à receita fiscal, quando confrontados os dados do total da arrecadação brasileira em 2016 – R$ 1,289 (um trilião e duzentos e oitenta e nove bilhões de reais), com os tributos arrecadados advindos das MPEs do Simples – R$ 71.417.645.853 (setenta e um bilhões, quatrocentos e dezessete milhões, seiscentos e quarenta e cinco mil e oitocentos e cinquenta e três reais) – temos a importância de 5,5% da arrecadação nacional oriundos do sistema Simples (RECEITA FEDERAL, 2017).

TABELA 1 – Número de optantes do Modelo Simples Nacional e a respectiva Receita efetiva

Ano	Receita Líquida (milhões de reais)	Modelo Simples Nacional (número de optantes)						Receitas do Modelo Simples Nacional em % da Receita Líquida				Receitas do Modelo Simples Nacional (milhões de reais)			
		MPE (1)	Variação (%)	MEI (2)	Variação (%)	Total (3)	Variação (%)	União (4)	Estados (5)	Municí-pios (6)	Total (7)	União	Estados	Municí-pios	Total
2007	513.268,18	2.496.254	0,00%	0	0,00%	2.496.254	0,00%	6.050,00	1.789,00	542,00	8.381,00	1,18%	0,35%	0,11%	1,63%
2008	583.582,92	2.627.938	5,28%	0	0,00%	2.627.938	5,28%	17.648,00	4.901,00	1.639,00	24.188,00	3,02%	0,84%	0,28%	4,14%
2009	611.620,69	3.172.807	20,73%	44.188	100,00%	3.216.995	22,42%	19.928,00	5.024,00	1.884,00	26.836,00	3,26%	0,82%	0,31%	4,39%
2010	779.095,01	3.568.407	12,47%	771.715	1.646,44%	4.340.122	34,91%	26.698,00	6.259,00	2.575,00	35.532,00	3,43%	0,80%	0,33%	4,56%
2011	817.922,77	3.974.223	11,37%	1.656.953	114,71%	5.631.176	29,75%	31.916,00	7.132,00	3.247,00	42.295,00	3,90%	0,87%	0,40%	5,17%
2012	880.829,52	4.408.915	10,94%	2.665.605	60,87%	7.074.520	25,63%	35.258,00	7.493,00	3.751,00	46.502,00	4,00%	0,85%	0,43%	5,28%
2013	991.108,74	4.711.207	6,86%	3.659.781	37,30%	8.370.988	18,33%	41.415,00	8.559,00	4.409,00	54.383,00	4,18%	0,86%	0,44%	5,49%
Valor acumulado		**24.959.751**	---	**8.798.242**	---	**33.757.994**	---	**178.913,00**	**41.157,00**	**18.047,00**	**238.117,00**	---	---	---	---

Fonte primária: Tesouro Nacional e SEBRAE (2014). Elaboração própria (2021).

TABELA 2 – Resultados do teste ANOVA

		Soma dos quadrados	Graus de liberdade	Quadrados médios	Estatística F	Significância
Receita do Modelo Simples Nacional	Entre grupos	2.161.364.647,238	2	1.080.682.323,619	21,549	0,000
	Dentro dos grupos	902.687.394,571	18	50.149.299,698	---	---
	Total	3.064.052.041,810	20	153.202.602,090	---	---
(%) Receita Líquida	Entre grupos	0,004	2	0,002	49,099	0,000
	Dentro dos grupos	0,001	18	0,000	---	---
	Total	0,005	20	0,000	---	---

Fonte: Elaboração própria (2021).

TABELA 3 – Resultados do teste de Scheffé

	Antiguidade	Dimensão da amostra	Subgrupos para alpha = 0.05		
			Estados	Municípios	União
Receita do Modelo Simples Nacional	União	7	27,029	---	---
	Estados	7	---	0,761	---
	Municípios	7	---	-	36,858
	Significância	---	1,000	1,000	1,000
(%) Receita Líquida	União	7	60,965	---	---
	Estados	7	---	1,906	---
	Municípios	7	---	---	84,428
	Significância	---	1,000	1,000	1,000

Fonte: Elaboração própria (2021).

4. Resultados

A criação de um regime tributário mais simples e menos complexo teve em vista atrair operadores da economia informal para o interior do sistema, alcançando desta forma uma melhora dos índices de formalização das atividades económicas e, ainda, uma receita adicional, contribuindo de forma indireta para a melhoria atividade económica. Os valores de renda dos dois grupos estudados (MEP e MEI) encontram-se expressos na tabela 1, colunas 4 a 7. Em qualquer dos grupos se verifica que ambos foram capazes de propiciar a arrecadação de mais renda ao longo dos anos estudados, apesar de a série temporal apresentar uma quebra dos inscritos a partir de 2010 em adiante.

Colocou-se a questão de saber se a renda arrecadada e respectivas percentagens sobre a receita líquida da Federação são estatisticamente significativas ou casuais. Para esse fim, foi apurada antecipadamente a sua aplicabilidade, através dos pressupostos de normalidade e homocedasticidade de cada um dos grupos de dados. Para tal socorremo-nos do teste ANOVA.

Tendo em conta a tabela 2, é possível apurar que quer os valores da receita, quer as percentagens da receita líquida, o p-valor examinado no teste ANOVA é de 0,000 (inferior a 0,05) o que significa que a variância não é significativa. Porém, é necessário partir da suposição da recusa das hipóteses nulas e da aceitação das hipóteses alternativas, segundo as quais os valores médios dos montantes de receita e os valores médios das percentagens da receita líquida não são todos iguais.

Através do uso do teste de Scheffé (Scheffé, 1959) é possível concluir que, estatisticamente, não só as médias da receita e da percentagem da receita não são iguais, como são totalmente díspares entre as três correlações possíveis (Estado, União e Municípios).

Conclusões

A complexidade dos sistemas tributários resulta da maior sofisticação da vida coletiva e dos princípios que suportam os modelos de tributação dos nossos dias, como é o caso da igualdade/isonomia e do direito/dever fundamental à tributação segundo a capacidade contributiva efetivamente revelada, assentes num elevado ideal de justiça na tributação muito elevado e exigente. Desta conjuntura resultam sistemas fiscais e regimes/

modelos de tributação muito sofisticados, como é o caso dos modelos de imposto que tributam as rendas, seja das pessoas físicas seja das jurídicas. Estes tendem, todavia, a marginalizar as micro atividades, cuja incipiente estrutura não lhes permite satisfazer toda a demanda no cumprimento das obrigações formais várias requeridas pelos sistemas fiscais, segundo a ideia de justiça prevalecente, relegando-as, na prática, para fora do sistema tributário.

Por efeito desses elevados princípios de justiça e de tributação da renda real e efetiva, os sistemas fiscais relutam em adotar regimes de tributação que, podendo ser mais grosseiros na apuração do imposto efetivamente devido (ou prescindindo mesmo da apuração da renda real obtida), são mais simples e, consequentemente, acomodam melhor as necessidades e capacidades das pequenas e micro atividades económicas.

Os dados apurados sugerem, a partir do caso estudado, que da adoção de sistemas mais simples, ajustados às capacidades e necessidades das micros/pequenas empresas e dos micro empreendedores individuais podem resultar efeitos muito benéficos no que concerne aos três aspetos objeto da pesquisa: (1) redução da informalidade legal e fiscal e arrecadação de receita fiscal, (2) melhoria da repartição da carga tributária por um grupo mais alargado de contribuintes e (3) melhoria dos efeitos indiretos sobre os demais operadores económicos e sobre o crescimento económico geral, (4) materializando, ao mesmo tempo, o ideal de justiça prevalecente, ajustado à realidade observada.

Neste sentido, conclui-se que este tipo de regime, simplificado, podendo embora proceder a uma apuração da medida do imposto mais grosseira e, até certo ponto, desalinhada com os elevados padrões de justiça (distributiva) prevalecentes, que opta pela tributação da renda real e efetiva, apresenta vantagens assinaláveis que não só não violam esses ideais como justificam não só o seu aprofundamento e o transformam num caso de estudo que pode muito bem ser adotado noutras jurisdições fiscais do mundo.

Referências

ABRAHAM, M. (2019). **Curso de Direito Tributário Brasileiro**. Forense.

BALTHASAR, U. (Org.) (2006). **O tributo na história: da antiguidade à globalização**, História do imposto. Fundação Boiteux.

BLAIKIE, N. (2010). **Designing Social Research** – The Logic of Anticipation (2nd ed.). Polity.

BRYMAN, A. (2004). **Social Research Methods** (2nd ed.). Oxford University Press.

BRYS, B. (2014). **Dual progressive income tax.** Disponível em https://www.oecd.org/tax/tax-global/Session%206%20-%20BRYS%20Income%20Tax.pdf. Acesso em 20 de nov. 2021.

BURNS, E. M. (1980). **História da Civilização Ocidental** (vol. I). Printer Editora.

CARRAZZA, R. A. (2021). **Curso de Direito Constitucional Tributário** (33ª ed.). Malheiros.

CATARINO, J. R. (2021). **Finanças Públicas e Direito Financeiro** (6ª ed.). Almedina.

CATARINO, J. R. (2009). **Para uma Teoria Política do Tributo** (2ª ed.). CTF.

FAUSTINO, M. (2020). **O Imposto sobre o rendimento das pessoas singulares.** *In* J.R. CATARINO, J. R. Lições de Fiscalidade – Vol. I – Princípios gerais e fiscalidade interna (7ª edição). Almedina.

CATARINO, J. R.; GUIMARÃES, V. B. (Orgs.) (2015). **Lições de Fiscalidade** – Vol. II – Gestão e Planeamento Fiscal Internacional. Almedina.

CATARINO, J. R., VOUGA, M. M. (2015). **Personal Income Tax:** comprehensive or dual? a comparative study of the portuguese and spanish systems. EALR – Economic Analysis of Law Review, 6(1), 1-19.

FAVEIRO, V. (1960). **Fiscalidade Nacional Contemporânea.** Ministério das Finanças.

FAVEIRO, V. (1984). **Noções Fundamentais de Direito Fiscal** (vol. I). Coimbra Editora.

GENSER, B., REUTTER, A. (2007). **Mowing towards dual income taxation in Europe.** FinanzArchiv: Public Finance Analysis, 63(3), 436–456.

GOMES, M. L., ANTONELLI, L. P. (Orgs.) (2016). **Curso de Direito Tributário Brasileiro.** Quartier Latin.

HESPANHA, A. L., FAZENDA, A. (1993). Teoria Financeira do Antigo Regime. *In* J. Mattoso, **História de Portugal** – O Antigo Regime (vol. 4). Editorial Estampa.

IPEA (2016.) **Análise da dinâmica do emprego setorial de 2014 a 2015.** Instituto de Pesquisa Econômica Aplicada. Disponível em http://www.ipea.gov.br/portal/images/stories/PDFs/nota_tecnica/160115_nota_tecnica_disoc_23.pdf. Acesso em: 21 nov. 2021.

LEITÃO-PAES, N. (2015) **Reflexos do Simples Nacional no emprego e na formalização do mercado de trabalho no Brasil**. Economía, sociedad y território, 15(49), 639-663.

LEITÃO-PAES, N. (2014). **Simples Nacional no Brasil:** o difícil balanço entre estímulos às pequenas empresas e aos gastos tributários. Nova Economia, 24(3), 541-554. Acesso em: 23 nov. 2021.

ORGANIZAÇÃO PARA COOPERAÇÃO E DESENVOLVIMENTO ECONÔMICO (OCDE). **Revenue Statistics** 2016. OECD Publishing. Disponível em: http://dx.doi.org/10.1787/10.1787/rev_stats-2016-en-fr. Acesso em: 18 nov. 2021.

ORGANIZAÇÃO PARA COOPERAÇÃO E DESENVOLVIMENTO ECONÔMICO (OCDE). **Plano de ação para o combate à erosão da base tributária e à transferência de lucros**. OECD Publishing, 2014.

ORGANIZAÇÃO PARA COOPERAÇÃO E DESENVOLVIMENTO ECONÔMICO (OCDE). **Relatório BEPS** – Base erosion and profit shifting. OECD Publishing, 2013.

ORGANIZAÇÃO PARA COOPERAÇÃO E DESENVOLVIMENTO ECONÔMICO (OCDE). **Taxation of small and medium enterprises** – Key issues and policy considerations. OECD Publishing, 2009

ORGANIZAÇÃO PARA COOPERAÇÃO E DESENVOLVIMENTO ECONÔMICO (OCDE). **Taxation of SMEs in OECD and G20 Countries.** OECD Publishing. http://dx.doi.org/10.1787/9789264243507-en, 2015.

ORGANIZAÇÃO PARA COOPERAÇÃO E DESENVOLVIMENTO ECONÔMICO (OCDE). **Taxation of small businesses**. OECD Publishing, 1994.

OWENS, J. (2008). **Reforma fiscal fundamental**: uma perspectiva internacional. Cadernos de Ciência e Técnica Fiscal, 421, 121-187.

LAMBERT, P. J., THORESEN, T. O. (2011). **The inequality effects of a dual income tax system.** Discussion Papers, 663.

NABAIS, C. **Direito Fiscal** (11ª ed.). Almedina, 2019.

NABAIS, C. **Por um Estado Fiscal Suportável – Estudos de Direito Fiscal** (Vols. I e II). Almedina, 2008.

NABAIS, C. **O dever fundamental de pagar impostos:** contributo para a compreensão constitucional do estado fiscal contemporâneo. Almedina, 2020.

PESSOA, L. C., DA COSTA, G. E., MACCARI, A. As micro e pequenas empresas: o simples nacional e o problema dos créditos de ICMS. **Revista Direito GV**, 2016, 12(2), 345-363. https://doi.org/10.1590/2317-6172201614

RIBEIRO, T. **A justiça na tributação, boletim de ciências econômicas** (Vol. XXX). Universidade de Coimbra, 1987.

SANCHES, S. (1996). **Alargamento da base tributária e gestão fiscal**. Cadernos de Ciência e Técnica Fiscal, 381.

SANTOS, A. C. (2000). **A regulação internacional da concorrência fiscal prejudicial, cadernos de ciência e técnica fiscal.**

SERVIÇO BRASILEIRO DE APOIO AS MICRO E PEQUENAS EMPRESAS (SEBRAE). **Lei geral das micro e pequenas empresas**: a história de uma lei que veio fazer historia. 2007.

SERVIÇO BRASILEIRO DE APOIO AS MICRO E PEQUENAS EMPRESAS (SEBRAE). **3 anos da lei geral da micro e pequena empresa:** conectando a agenda econômica com a agenda social do Brasil. 2009.

SERVIÇO BRASILEIRO DE APOIO AS MICRO E PEQUENAS EMPRESAS (SEBRAE). **Participação das micro e pequenas empresas na economia brasileira**. 2014.

SERVIÇO BRASILEIRO DE APOIO AS MICRO E PEQUENAS EMPRESAS (SEBRAE). **Pequenos negócios em números**. 2014

SCHEFFE, H. (1959). **The Analisys of variance**. Wiley.

SORENSEN, P. B. (1994). **From the global income tax to the dual income tax**: recent tax reforms in the nordic countries. International Tax and Public Finance, 1, 57–79.

SORENSEN, P. B. (2005). **Neutral taxation and shareholder income**. International Tax and Public Finance, 12, 777–801.

YIN, R. (2009). **Case study research** – Design and Methods (4th ed.). Sage.

ANEXOS

Quadro X1 – Evolução da Carga Fiscal média na OCDE (1985-1995) em % do PIB

	1985	1986	**1987**	**1988**	**1989**	**1990**	**1991**	**1992**	**1993**	**1994**	**1995**
OCDE	31.55	32.22	32.66	32.63	32.47	31.96	32.48	32.73	33.13	33.07	33.30

Fonte: OCDE, Revenue Statistics: Comparative tables

Quadro X2 – Evolução da Carga Fiscal média na OCDE (1995-2005) em % do PIB

	1995	**1996**	**1997**	**1998**	**1999**	**2000**	**2001**	**2002**	**2003**	**2004**	**2005**
OCDE	33.30	33.58	33.56	33.70	33.93	33.96	33.48	33.23	33.15	33.08	33.56

Fonte: OCDE, Revenue Statistics: Comparative tables

Quadro X3 – Evolução da Carga Fiscal média na OCDE (2005-2015) em % do PIB

	2005	**2006**	**2007**	**2008**	**2009**	**2010**	**2011**	**2012**	**2013**	**2014**	**2015**
OCDE	33.56	33.71	33.77	33.17	32.43	32.57	32.95	33.44	33.81	34.18	34.27

Fonte: OCDE, Revenue Statistics: Comparative tables

2.
O SIMPLES NACIONAL À LUZ DA EXPERIÊNCIA INTERNACIONAL

MARCO AURÉLIO BERTAIOLLI
HADASSAH LAIS SANTANA
WILLIAM BAGHDASSARIAN

Introdução

De acordo com o Serviço Brasileiro de Apoio às Micro e Pequenas Empresas (Sebrae) mais de 3,9 milhões de empreendedores formalizaram micro e pequenas empresas ou se registraram como microempreendedores individuais (MEIs) em 2021. É um número superior aos 3,3 milhões de negócios abertos em 2020). Trata-se de segmentos bastante relevantes por sua contribuição para o emprego, crescimento econômico, inovação, diversidade e competição nos mercados.

No exterior a situação não é diferente. A Comissão Europeia (2016) define que as microempresas, as empresas de pequeno porte e as médias empresas são entidades que normalmente empregam menos de 250 pessoas e geram uma receita anual não superior a EUR 50 milhões ou alternativamente, possuem ativos inferiores a EUR 43 milhões[1]. Além disso, nove em cada dez empresas são micro, pequenas ou médias empresas e dois a cada três postos de trabalho são gerados por esse tipo de empresa. Já a OECD (2015) afirma que na maior parte dos países as pequenas e

[1] Article 2 of the annex to Recommendation 2003/361/EC

médias empresas correspondem a mais de 95% das empresas, respondem por uma elevada participação no total de empregos e contribuem para o desenvolvimento nacional e internacional. Segundo Bakaj (2022), as MPE desempenham um papel importante ao trazer inovação, diversidade e competitividade aos mercados.

Porém, para que o país possa usufruir dos benefícios das Microempresas, é necessário criar um ambiente regulatório, creditício e tributário que promova o empreendedorismo e a criação de empregos. O Estado não deve sufocar a inovação e a competitividade das micro e pequenas empresas por meio de regulamentações complexas, imprecisas e que gerem, ao final, aumento do risco jurídico e desincentivos à ao empreendedorismo.

Nesse sentido, a Emenda Constitucional nº 42, de 19 de dezembro de 2003 introduziu dispositivos na Constituição Federal que visavam conceder tratamento diferenciado às Microempresas e empresas de pequeno porte. Em 2006, foi enfim aprovado o Regime Especial Unificado de Arrecadação de Tributos e Contribuições devidos pelas Microempresas e Empresas de Pequeno Porte[2]. Trata-se de sistema que por um lado buscou a simplificação dos procedimentos de arrecadação tributária, cobrança, fiscalização e compartilhamento da arrecadação entre os entes federados e por outro trouxe redução da carga tributária das empresas beneficiadas.

Nesse contexto, o presente trabalho avalia a eficácia do Simples Nacional em comparação com os mecanismos de proteção presentes em outros países. Trata-se de tema relevante não só pela importância que as microempresas e empresas de pequeno porte possuem para a nossa economia em termos de participação no PIB, na geração de empregos e no total de empresas privadas, como também pelo potencial impacto que medidas de aperfeiçoamento da legislação podem ter com relação a crescimento econômico e emprego.

1. Fundamentos econômicos para a proteção à micro, pequena e média empresa

As pequenas e médias empresas são bastante heterogêneas quanto aos tipos de empreendimentos e setores, características comportamentais,

[2] Lei Complementar nº 123, de 14 de dezembro de 2006.

lucratividade de crescimento potencial, não sendo fácil estabelecer padrões únicos de tratamento entre elas (OECD, 2015). Além disso, essas empresas geram uma parcela significativa de toda a renda tributável das empresas na maior parte das economias.

De acordo com a Comissão Europeia (2016), diferentemente das empresas de grande porte, as micro e pequenas empresas precisam de tratamento especial pois estão expostas a fatores adversos como falhas de mercado e barreiras estruturais. A OECD (2015) lista como dificuldades das MPE as falhas de mercado, imperfeições nos mercados de capitais, custos regulatórios e de conformidade relativamente superiores aos das empresas de grande porte.

A literatura traz um conjunto de razões para que os países adotem estruturas de proteção às MPE. Juswanto e Febriyadi (2008), a Comissão Européia (2016), a OECD (2009), dentre outros listam pelo menos sete razões pelas quais o tratamento diferenciado para as MPE é teoricamente justificado: 1) Existência de externalidades positivas das MPE; 2) Capacidade assimétrica de competição com as grandes empresas; 3) Dificuldades no financiamento das empresas; 4) Peso desproporcional do sistema tributário sobre as MPE; 5) Capacidade de lidar de forma autônoma com gargalos de infraestrutura; 6) Acesso assimétrico a novas tecnologias e a recursos humanos de maior qualificação; 7) Dificuldades em lidar com a legislação trabalhista.

Externalidades Positivas

Um primeiro argumento é que o tratamento tributário especial gera benefícios na forma de externalidades positivas para toda a Sociedade que vão além daqueles auferidos de forma privada pelas empresas beneficiadas. São exemplos:

- Aproveitamento de novas soluções (inovação) geradas pelo micro, pequenas e médias empresas, por parte de outras empresas;
- Desenvolvimento da força de trabalho por meio dos investimentos em capacitação realizados pelas MPE.

Capacidade assimétrica de competição com as grandes empresas

Um segundo argumento sobre a importância de se proteger as empresas, refere-se às dificuldades das MPE em competir com as grandes empresas e com as empresas de outros países, em função de assimetria de informações sobre mercados e produtos, menor capacidade tecnológica, menor qualificação técnica e gerencial e menor capacidade de lidar com os custos regulatórios e de conformidade[3]. Além disso, as MPE enfrentam barreiras à entrada em certos mercados dominados por grandes empresas ou empresas estrangeiras.

Dificuldades no financiamento

Segundo a Comissão Europeia (2016), as micro e pequenas empresas enfrentam falhas de mercado ligadas a dificuldades no financiamento (acesso a capital de risco e crédito), em recursos para pesquisa e inovação, a regulamentações cujo cumprimento demandam recursos financeiros que comprometem a sua atuação.

A OECD (2015) confirma que as MPE têm acesso limitado a financiamento para crescimento e expansão. Como essas empresas têm menor acesso ao financiamento por meio de capital próprio (equity), elas acabam ficando dependentes de endividamento que nem sempre é disponível. As MPE têm limitações financeiras superiores às grandes empresas, levando a uma necessidade de intervenção do Estado para corrigir essa falha de mercado.

Em razão de sua reduzida dimensão, a captação de recursos na forma de capital (*equity*) é bastante restrita e normalmente ocorre junto a parentes e amigos. Isso acontece porque investidores institucionais como fundos de *Venture Capital* ou de *Private Equity* normalmente focalizam empresas já operacionais em estágios posteriores de desenvolvimento.

Além disso, a captação de recursos na forma de empréstimos e financiamentos também é limitada. Há uma evidência internacional de que a taxa de sobrevivência das empresas após cinco anos é inferior à 50%, podendo chegar a 30% em países como Espanha, por exemplo[4]. Esse é um fator que restringe e encarece os custos de captação de empréstimo das MPEs. Ainda assim, as instituições financeiras exigem significativas garantias para a concessão de empréstimos, o que acaba dificultando ainda mais os financiamentos.

[3] Bakaj (2022)

[4] Bakaj (2022)

Peso desproporcional do sistema tributário sobre as MPE

Um quarto argumento está relacionado ao peso desproporcional do sistema tributário e dos custos de conformidade tributária e regulatória sobre as MPEs comparativamente com as grandes empresas. A OECD (2015) inclui o sistema tributário como um fator que frequentemente se torna um obstáculo para o desenvolvimento desse tipo de empresa.

Nesse quesito, a teoria econômica afirma que o Sistema Tributário deveria ser neutro em relação à sua influência sobre as decisões econômicas das empresas e que se desviar da neutralidade significa tornar o sistema econômico menos eficiente. Entretanto, a OECD (2015) demonstra que muitos sistemas tributários trazem incentivos adversos sobre a economia com por exemplo:

- Assimetria de tratamento de lucros e prejuízos. Normalmente, os lucros são tributados quando eles ocorrem, mas o benefício tributário ligado à compensação dos prejuízos só ocorre em períodos futuros e quando a empresa passa a ter lucro. Em empresas grandes com elevado capital de giro e alta capacidade de captação de recursos isso não é um problema, mas para pequenas empresas em estágios iniciais de desenvolvimento, onde é bastante comum a acumulação de prejuízos nos primeiros anos de atuação, e onde a captação de capitais próprios (*equity*) e de terceiros (financiamentos) é complicada, isso tem peso significativo;
- O financiamento por meio de capitais próprios (*equity*), comparativamente com o financiamento junto a terceiros gera uma perda tributária. Como os juros dos empréstimos são abatidos da base a ser tributada para apuração dos impostos sobre a renda, a utilização de capital próprio que não paga juros vai levar a uma maior base tributável e ao pagamento de mais impostos[5].
- Os sistemas tributário e regulatório impõem elevados custos de conformidade relacionados ao registro de atividades, cumprimento de obrigações tributárias acessórias, preenchimento de documen-

[5] Como o Simples Nacional é sobre o faturamento, este ponto é mais relevante para as empresas de pequeno porte.

tos para reguladores, licenças, autorizações, certificados, dentre outros, cujo impacto é bastante desproporcional para as MPE do que para as grandes empresas. São custos que são "aparentemente" neutros, mas acabam tendo impacto relativo sobre o faturamento muito superior às MPE do que para as grandes empresas, reduzindo sua competitividade. Além disso, no caso brasileiro, há uma elevada insegurança jurídica em relação aos critérios das autoridades tributárias, trabalhistas e regulatórias que acabam se materializando em maiores custos e maior incerteza.

- Custos de transferência de MPE (alienação e herança) são desproporcionalmente mais altos para as MPE do que para as grandes, o que pode inviabilizar os negócios. Por exemplo, os tributos sobre ganhos de capital nas cotas de pequenas empresas por ocasião do inventario de um dos sócios pode descapitalizar o empreendedor a ponto de obrigar o fechamento da empresa.
- Ambiente de negócios desfavorável para as MPE com dificuldades para impor direitos de propriedade intelectual. As *startups* em estágios iniciais são MPE que focalizam em desenvolvimento de tecnologias que poderão alavancar seu crescimento. Trata-se, portanto, de atividade bastante arriscada já que as atividades de pesquisa podem não gerar uma nova tecnologia que seja rentável ou pode gerar uma nova tecnologia que, no seu lançamento, já seja obsoleta em relação a tecnologias desenvolvidas por outras empresas. Nesse sentido, a falta de garantia de que essas empresas poderão impor seu direito de propriedade sobre as tecnologias geradas é um fator que prejudica o ambiente de negócios em nosso país.

Capacidade de lidar de forma autônoma com gargalos de infraestrutura

Um quinto argumento está relacionado à capacidade das MPE em lidar com os gargalos de infraestrutura em comparação com as grandes empresas. Por exemplo, em função de sua maior escala é bastante simples para uma grande empresa contratar um conjunto de geradores caso o abastecimento de energia seja suspenso. Já para as MPE a contratação de apenas um gerador pode não ser economicamente viável.

Acesso assimétrico a novas tecnologias e a recursos humanos de maior qualificação

O sexto argumento é bem mais conjuntural e está relacionado à menor capacidade tecnológica de muitas MPE, tanto no que se refere ao acesso a bens de capital quanto à capacitação de sua força de trabalho e gerencial. Enquanto as MPE de países como China e Coréia do Sul estão constantemente expostas à tecnologias por meio de grandes feiras e outros eventos e também possuem recursos humanos mais sofisticados, por integrarem a cadeia de produção de bens intensivos em tecnologia, empresas de outros países como o Brasil acabam utilizando equipamentos antigos e mão de obra menos qualificada por atuarem em áreas com baixo valor agregado.

Essas empresas também enfrentam barreiras estruturais como a falta de capacidade técnica ou gerencial, e desconhecimento das oportunidades de expansão internacional.

Dificuldades em lidar com a legislação trabalhista

A dificuldade das empresas em lidar com a legislação trabalhista é um aspecto particularmente importante para as MPE no Brasil. Além de se tratar de legislação complexa, há problemas de interpretação dos dispositivos pelas autoridades fiscais o que gera elevado risco jurídico para as empresas e para os próprios empreendedores.

Por outro lado, há argumentos que alertam sobre os impactos distorcivos que o tratamento tributário especial pode trazer para o ambiente de negócios. Segundo Bakaj (2022), o modelo brasileiro traz incentivos para que as empresas do Simples Nacional continuem pequenas ou se fragmentem artificialmente para garantir o enquadramento e continuar se beneficiando do tratamento especial.

Por outro lado, Keen (2013) argumenta que há pontos negativos com relação ao tratamento preferencial às MPE:

- Restrições financeiras das pequenas empresas em captar recursos justificaria a redução das alíquotas do IRPJ além de outros benefícios tributários ligados aos investimentos. Infelizmente a redução das alíquotas do IRPJ seria de pouca importância para novas empresas que ainda operam com prejuízo. Além disso, essas políticas também beneficiariam as empresas que não estão sujeitas à essas restrições (problema de focalização das políticas). Já os benefícios ligados aos investimentos podem também beneficiar as empresas que não possuem restrições financeiras além de incentivá-las a permanecer pequenas para usufruir dos benefícios tributários.

- O tratamento tributário preferencial pode compensar outras desvantagens das MPE: Como os problemas nascem fora do sistema tributário, seria mais eficiente tratar esses problemas especificamente já que o custo do benefício fiscal pode não compensar a manutenção da causa da desvantagem específica.
- O tratamento tributário preferencial ajuda a desenvolver boas práticas de gestão: Indaga-se de que forma a política tributária poderia desenvolver as boas práticas de gestão das MPE.
- A política tributária das MPE pode ajudar na distribuição de renda: Argumenta-se que como empresas não são pessoas, um emprego em uma grande empresa pode ser tão bem remunerado como em uma MPE.
- A menor mobilidade internacional justificaria um tratamento preferencial para s MPE: Teoricamente, quanto menor a mobilidade, mais eficiente seria tributá-las já que não haveria o risco de migração.

2. Dificuldades na definição das Micro, pequenas e médias empresas

O primeiro desafio ao tratar das MPE refere-se à definição do que seriam Microempresas e Empresas de Pequeno Porte. A experiência internacional demonstra que não existe uma definição única do que sejam micro, pequenas e médias empresas. Esse tipo de definição varia em função de fatores ligados à economia, política, contexto social e tributação. Por isso, a comparação entre os diversos sistemas acaba prejudicada já que as bases de comparação são diferentes.

Inicialmente, importa mencionar que no Brasil as médias empresas não são beneficiadas pelo Simples Nacional e a segmentação das empresas é dada inicialmente por faixas de faturamento bruto anual, conforme legislação específica, Lei Complementar n. 123, de 14 de dezembro de 2006, considerando também os setores da economia em que as empresas exercem suas atividades. Registre-se que a Constituição Federal autoriza a utilização de critérios regionais diferenciados, mas que não foi adotada na Lei Complementar nº 123, de 2006.

Em outros países, a segmentação é feita pela combinação de critérios tais como o número de empregados, receita bruta anual, patrimônio líquido e setor de atividade. A classificação na Comunidade Europeia (2015) considera, por exemplo, como microempresas, as que possuem até 10 empregados, com faturamento bruto anual de EUR 2 milhões; para pequenas empresas, o número de empregados é ampliado para até 50, com faturamento bruto de EUR 10 milhões e para médias empresas, o número de empregados sobre para até 250 e o faturamento bruto anual pode chegar em EUR 50 milhões.

Outra dificuldade se refere ao tamanho das empresas com relação ao tamanho da economia. Algumas empresas que são classificadas como pequenas nos Estados Unidos ou na Europa, podem ser classificadas como médias ou grandes empresas para padrões de economias pequenas. Apesar disso, normalmente as maiores empresas dos países seriam classificadas como grandes na maior parte dos países. Ou seja, o tamanho da economia influencia as faixas de segmentação das empresas.

O modo de qualificar a empresa para usufruir do benefício tributário também varia entre os países. Em Luxemburgo, a redução de alíquota considera a renda tributável. No Canadá e Japão, ela é baseada nos ativos das empresas. França e Espanha utilizam o faturamento bruto para determinar a isenção tributária. A principal diferença com relação ao Brasil é que o Simples Nacional agrega um grande conjunto de tributos enquanto esses países focam nos impostos sobre a renda. Já a Bélgica adota modelo complexo em que, além da renda tributável, também se considera o setor de atuação da empresa, os acionistas, o nível de pagamento de dividendos (dividend yield) e a remuneração da gestão da empresa.

3. Diagnóstico do Simples Nacional

Uma comparação do Simples Nacional com os modelos utilizados por outros países não é tarefa simples já que o modelo brasileiro é baseado em faturamento e setor de atuação da empresa, enquanto outros países utilizam o número de empregados, o volume de ativos, dentre outros critérios.

Os modelos adotados no exterior são normalmente direcionados para os impostos sobre a renda, sobre previdência e aos impostos sobre mercadorias (VAT). No tocante aos impostos sobre a renda, a discussão teórica é sobre os incentivos de se passar de um regime em que os trabalhadores laboram por conta própria, sem a proteção de uma pessoa jurídica, para um regime em que o trabalho é realizado dentro de uma pessoa jurídica. No primeiro caso, a tributação (renda e previdência) acaba recaindo sobre a renda total e tem alíquotas elevadas. No segundo, os profissionais recebem tripla remuneração – salários, dividendos e ganhos de capital das quotas da empresa. Como as alíquotas dos dividendos e dos ganhos de capital são mais baixas, há um incentivo à migração para a institucionalização.

Por isso, há incentivos tributários que vão nessa direção e que vão desde menores alíquotas, tratamento diferenciado de investimentos (depreciação), dentre outros. No caso da renda, ainda se somam os tributos ligados à seguridade social que tornam a opção pela não institucionalização (manter-se pessoas físicas) ainda pior.

No caso dos impostos sobre consumo (VAT), há países que impõem uma isenção fiscal para vendas até certo limite com o objetivo de ajudar as pequenas empresas de baixo faturamento. Trata-se de tema relevante na medida em que, mesmo destinando parte da receita do imposto ao ICMS e ao IPI, as empresas do Simples Nacional acabam se prejudicando por não conseguirem utilizar os créditos tributários desses impostos não cumulativos, reduzindo sua competitividade.

Uma segunda diferença do modelo brasileiro com relação aos modelos utilizados na maior parte dos países refere-se à exclusão das empresas de médio porte da proteção oferecida pelo Simples Nacional. Em teoria, a legislação deveria considerar os sete argumentos teóricos que justificam a intervenção do Estado na Economia, mas supostamente o modelo brasileiro não protege adequadamente as médias empresas (em especial as médias empresas com menor faturamento).

Por outro lado, a comparação do modelo brasileiro com o utilizado em outros países demonstra que uma das grandes vantagens do Simples Nacional é uma simplificação regulatória já que ele substitui oito tributos com extensa legislação e que gera um elevado número de processos administrativos (CARF) e judiciais por uma legislação única e cujos lítigios são bem menos numerosos. Em termos de tributos, o Simples Nacional substitui:

- Imposto de Renda da Pessoa Jurídica – IRPJ,
- Contribuição Social sobre o Lucro Líquido – CSLL,
- Contribuição para o Financiamento da Seguridade Social – Cofins,
- Programa de Integração Social – PIS,
- Programa de Formação do Patrimônio do Servidor Público – PASEP,
- Contribuição Patronal Previdenciária – CPP, e
- Imposto sobre Circulação de Mercadorias e Serviços – ICMS.

Para demonstrar a simplificação regulatória gerada pelo Simples Nacional, pode-se citar o Decreto nº 9.580, de novembro de 2018, que trata do imposto de renda e proventos de qualquer natureza e que tem 1050 artigos, e a Instrução Normativa nº 700 da Receita Federal do Brasil, que trata Cofins que tem 1911 artigos. Essas são apenas duas das normas que são simplificadas com o Simples Nacional. Ainda assim, não se pode afirmar que o Simples Nacional seja um regime tributário "simples" do ponto de vista das empresas. As empresas submetidas a esse regime continuam tendo que pagar outros tributos tais como:

- Imposto sobre Operações de Crédito, Câmbio e Seguros, ou Relativas a Títulos e Valores Mobiliários (IOF);
- Imposto sobre Importação de Produtos Estrangeiros (II);
- Imposto sobre Exportação para o Exterior, de produtos nacionais ou nacionalizados (IE);
- Imposto sobre a propriedade territorial rural (ITR) ou Imposto predial e territorial urbano (IPTU);
- Imposto de Renda, relativo aos rendimentos ou ganhos líquidos auferidos em aplicações de renda fixa ou variável (IR);
- Imposto de Renda relativo aos ganhos de capital auferidos na alienação de bens do ativo permanente;
- Contribuição para o Fundo de Garantia do Tempo de Serviço (FGTS);
- Contribuição para manutenção da Seguridade Social, relativa ao trabalhador;

- Contribuição para a Seguridade Social, relativa à pessoa do empresário, na qualidade de contribuinte individual;
- Imposto de renda relativo aos pagamentos ou créditos efetuados pela pessoa jurídica a pessoas físicas;
- PIS, COFINS e IPI incidentes na importação de bens e serviços;
- ICMS devido:
  - Nas operações ou prestações sujeitas ao regime de substituição tributária;
  - Por terceiro, a que o contribuinte se ache obrigado, por força de legislação estadual ou distrital vigente;
  - Na entrada, no território do Estado ou do Distrito Federal, de petróleo, inclusive lubrificantes e combustíveis líquidos e gasosos dele derivados, bem como energia elétrica, quando não destinados à comercialização ou industrialização;
  - Por ocasião do desembaraço aduaneiro;
  - Na aquisição ou manutenção em estoque de mercadoria desacobertada de documento fiscal;
  - Na operação ou prestação desacobertada de documento fiscal;
  - Nas operações com mercadorias sujeitas ao regime de antecipação do recolhimento do imposto, bem assim do valor relativo à diferença entre a alíquota interna e a interestadual, nas aquisições em outros Estados e Distrito Federal, nos termos da legislação estadual ou distrital.
  - Quando a empresa tiver receita bruta maior do que R$ 3,6 milhões.
- ISS devido:
  - Em relação aos serviços sujeitos à substituição tributária ou retenção na fonte;
  - Na importação de serviços.
  - Quando a empresa tiver receita bruta maior do que R$ 3,6 milhões.
- Demais tributos de competência da União, dos Estados, do Distrito Federal ou dos Municípios, tais como taxas, licenças, alvarás, etc.

Além disso, as MPE são obrigadas a cumprir um conjunto de obrigações tributárias acessórias tais como:

- Declaração de Informações Socioeconômicas e Fiscais (DEFIS).
- Declaração de Arrecadação do Simples Nacional (DAS);
- Declaração de Imposto de Renda Retido na Fonte (DIRF);
- Declaração de Substituição Tributária Diferencial de Alíquotas e Antecipação (DESTDA);
- Outras comuns a outros regimes tais como:
  - o Escrituração Contábil Digital (ECD) – Microempresas e Empresas de Pequeno Porte que receberem aporte de capital de investidores "anjo" são obrigadas a declarar. É parte integrante do Sistema Público de Escrituração Digital (SPED) e visa substituir a escrituração em papel.
  - o Escrituração Fiscal Digital de Retenções e Outras Informações Fiscais (EFD-Reinf). Visa informar os rendimentos pagos e retenções de IRPJ e CSLL em complemento ao eSocial;
  - o Sistema de Escrituração Fiscal Digital das Obrigações Fiscais, Previdenciárias e Trabalhistas (eSocial). Também parte do SPED, ele agregou a parte trabalhista, previdenciária, e fiscal sobre a folha de pagamento. Substitui o Cadastro Geral de Empregados e Desempregados (Caged) e a Relação Anual de Informações Sociais (RAIS).
  - o Outras.

Além dos custos contábeis (entre meio e dois salários-mínimos por mês, dependendo da empresa e de suas características), é um modelo que expõe as empresas a um enorme risco de conformidade com a legislação tributária e trabalhista que, dependendo da interpretação das autoridades tributárias, trabalhistas e do Poder Judiciário, pode atingir o patrimônio pessoal dos empreendedores.

Segundo a Receita Federal do Brasil, o Simples Nacional representaria o maior gasto tributário[6] em montante estimado em R$ 81,8 bilhões

[6] Essa classificação decorre da definição para gasto tributário apresentada pela Receita Federal do Brasil pela qual "gastos tributários são gastos indiretos do Governo realizados

em 2022 ou aproximadamente 1% do PIB brasileiro. Por sua importância, o programa foi objeto de avaliação pelo Conselho de Monitoramento e Avaliação de Políticas Públicas (CMAP)[7], colegiado integrado pelos Secretários Executivos do Ministério da Economia, Casa Civil da Presidência da República e Controladoria-Geral da União. As principais conclusões da avaliação foram:

- O Simples Nacional não apresenta uma definição clara e formalizada dos objetivos e, consequentemente, não permite o monitoramento de indicadores e metas e nem uma avaliação técnica do programa;
- O programa tem problemas de implementação, especialmente relacionadas à atuação do Comitê Gestor do Simples Nacional, que não permitem, por exemplo, a análise de impacto e avaliação do resultado regulatório;
- Há problemas com relação à governança do programa. Não há uma estrutura efetiva de governança para o Simples Nacional e para as demais políticas de incentivo às MPEs, com mecanismos de integração e articulação entre elas, que evite a gestão compartimentalizada por diferentes instâncias;
- Quanto aos benefícios a empresas e emprego, foi estimada uma alíquota efetiva (inclusive dos custos diretos e indiretos) de aproximadamente 6.5% a menos do que seria a encontrada no sistema geral. Estimou-se ainda que o programa aumenta em 1.8% a taxa de entrada de firmas formais e reduz em 0,3% a taxa de saída. Quanto à geração de empregos, as firmas beneficiadas apresentam crescimento 3% maior do que o contrafactual sem o regime.

Os resultados da avaliação da CMAP corroboram o diagnóstico do presente trabalho e traz novos elementos que podem explicar a complexidade tributária a que se submetem as empresas do Simples Nacional.

por intermédio do sistema tributário, visando a atender objetivos econômicos e sociais e constituem-se em uma exceção ao Sistema Tributário de Referência, reduzindo a arrecadação potencial e, consequentemente, aumentando a disponibilidade econômica do contribuinte".

[7] Brasil (2020)

O Conselho Gestor do Simples Nacional acaba tendo uma visão praticamente focalizada nos aspectos tributários do programa, sem que necessariamente avalie o impacto de sua regulamentação sobre as sete falhas de mercado discutidas anteriormente e que justificam a intervenção estatal. Além disso, os resultados indicam que o programa não é avaliado sobre os benefícios que traz à população, mas apenas sobre o aspecto da renúncia fiscal (a maior dentre todas as renúncias). Ou seja, aparentemente é uma estrutura de governança que em vez de buscar tornar a política mais aderente às necessidades de desenvolvimento do país com relação a esse segmento, busca reduzir os benefícios tributários e não se importa com a pesada e caótica legislação tributária.

Considerando que o país vem tendo dificuldades em retomar o crescimento econômico sustentável e que as MPE representam mais de 50% do PIB e mais de 78% dos empregos, indaga-se até que ponto esse manicômio tributário[8] não seria uma das causas da estagnação que o país vive desde 2014?

Para que se compreenda de que forma esse excesso de regulação e de custos de conformidade afetam as microempresas e as empresas de pequeno porte, a tabela abaixo materializa um conjunto de atividades que poderiam ser incluídas em cada segmentação.

Quando se fala em limite de faturamento anual de até R$ 81 mil, os exemplos de empreendimentos são pedreiros, eletricistas, pipoqueiros, vendedores de picolé, com faturamento diário de R$ 221,92. Quando se fala do limite de faturamento anual de até R$ 360 mil, os empreendimentos ali enquadrados são pequenas padarias, pequenas oficinas, ou pequenos bares, que possuem um faturamento diário de R$ 986,30. A empresa enquadrada como de pequeno porte são mercados, bares de médio porte, com faturamento diário de R$ 13.150,68.

Tal exemplificação demonstra que o Simples Nacional beneficia realmente os pequenos empreendimentos que teriam sérias dificuldades em lidar com os custos regulatórios e de conformidade tributária. Apesar de

[8] A expressão manicômio tributário é atribuída ao tributarista gaúcho Alfredo Augusto Becker, ao descrever o sistema tributário brasileiro antes da elaboração do Código Tributário Nacional, aprovado em 1965. Cinquenta e sete anos depois, parece que a situação tributária não melhorou muito em nosso país.

muitas vezes a crítica da política centrar-se no suposto benefício tributário, a principal vantagem do Simples Nacional é evitar, por exemplo, que o dono de uma pequena padaria tenha que gastar seu tempo para cumprir alguma obrigação tributária do PIS ou da Cofins.

4. Experiências Internacionais

México

Bakaj e outros (2022) citam o "Régimen de Incorporación Fiscal" – RIF como um exemplo a ser seguido no processo de aperfeiçoamento do Simples Nacional. O RIF busca reduzir a informalidade das pequenas empresas de bens e serviços que não necessitem de título profissional e cujo faturamento não exceda 2 milhões de pesos (aproximadamente US$ 100 mil ou R$ 480 mil).

Ao contrário do Simples Nacional que pode se estender por tempo indeterminado, o RIF prevê a redução dos impostos e obrigações previdenciárias que incidem na empresa por um período de 10 anos, após o qual o contribuinte deve migrar para o regime de tributação geral.

Além disso, a redução das alíquotas é gradualmente revertida ao longo do período de forma que os benefícios de redução integral (100%) dos tributos devidos e de 50% da contribuição previdenciária no primeiro ano atinge 10% para ambos ao final de 10 anos. Também de forma diversa do Simples Nacional em que os tributos são pagos mensalmente, pelo RIF o pagamento é bimestral.

O cumprimento das obrigações acessórias é simplificado pela utilização da ferramenta "Mis Cuentas" que permite emitir notas fiscais eletrônicas, simplifica a contabilidade e mantem o registro de receitas e despesas que será utilizado na declaração de impostos.

Chile

Segundo Bakaj e outros (2022), recentemente o Chile passou a utilizar um regime unificado de tributação para pequenas e médias empresas, o "Pro-PyME (Pequeñas e Medianas Empresas). O objetivo do Pro-PyME é estimular o investimento, o capital de trabalho e a liquidez das micro, pequenas e médias empresas e abrange empresas cuja receita bruta média (inclusive entidades relacionadas) dos últimos três anos de até 75 mil Unidades de Fomento, ou US$ 2,77 milhões (R$ 13,3 milhões). Pelo modelo chileno, esse limite só pode ser ultrapassado uma vez e até o valor de 85 mil Unidades de Fomento. Além disso, o Pro-PyME estabelece um limite de até 35% para a receita proveniente de atividades de investimento de renda passiva, como por exemplo, as oriundas das cotas de investimento.

Ainda segundo Segundo Bakaj e outros (2022), no Pro-PyME as empresas são tributadas com "impostos de primeira categoria" (IDPC) sobre as receitas efetivamente percebidas descontando os custos e gastos, sem correção monetária. Além disso, os estoques são reconhecidos como despesas ao final do período. Já a depreciação dos ativos físicos do imobilizado é realizada de maneira instantânea e integral.

O Pro-PyMe utiliza uma alíquota geral de 25% para as empresas (IDPC), exceto nos três primeiros anos de vigência do novo regime sendo reduzida para 10% entre 2020 e 2022. Já a tributação dos proprietários ocorre na retirada, remessa ou distribuição dos lucros, sendo que o imposto corporativo pago pelas empresas (IDPC) é 100% creditado contra os impostos finais de seus proprietários.

Assim como o México, o Serviço de Impostos Internos do Chile disponibiliza plataforma eletrônica de registro de compras e vendas, cabendo à empresa o ajuste e complementação das informações. Além disso a plataforma facilita o cumprimento de obrigações tributárias acessórias.

Argentina

Segundo Bakaj e outros (2022), o monotributo argentino é um regime integrado e simplificado para pequenos contribuintes que abrange a tributação da renda, do consumo e o sistema das contribuições sociais. Por este regime, os contribuintes são categorizados conforme limites máximos de receita bruta anual, área de atendimento ao público, energia consumida e dispêndio anual com aluguel de espaço para atendimento ao público.

Segundo AFIP (2022)[9], a receita bruta anual de vendas não pode ser superior a $ 4.662.015,87 (ou R$ 201.120), a receita bruta anual de

[9] https://www.argentina.gob.ar/tema/trabajar/monotributo/preguntas-frecuentes

serviços não pode ser superior a $ 3.276.011,15 (ou R$ 141.327), o preço máximo dos produtos, por unidade, não pode ser superior a $49.646,21 (ou R$ 2.141,73). Além disso, o valor do tributo a ser recolhido varia por categoria, havendo casos de isenção. Bakaj e outros (2022) afirma que pequenos contribuintes que cumpram suas obrigações formais ou materiais podem ser bonificados em até 20% do imposto integrado.

Como o sistema considera vários fatores de enquadramento como receita, superfície, energia, aluguéis, dentre outros, as entidades que realizam mais de uma atividade devem ser enquadradas de acordo com a atividade que gera mais receitas. O sistema permite ainda a saída voluntária, por meio de renúncia ou compulsória, por exclusão, sendo vedado o retorno ao regime antes de 3 anos.

5. Propostas de aperfeiçoamento do Simples Nacional

Tanto o diagnóstico apresentado quanto as conclusões da avaliação do Simples Nacional apresentado pelo CMAP (2020) indicam a necessidade de corrigir imperfeições do sistema atual, além de trazer novos aperfeiçoamentos ao programa. Por um lado, o novo modelo deve responder às justificativas teóricas que motivam o tratamento preferencial às MPE. Por outro, há questões práticas trazidas por este estudo e pela avaliação do CMAP (2020) que precisam ser endereçadas.

5.1. Aperfeiçoamento da Governança do Simples Nacional

Conforme observado por CMAP (2020) a estrutura de governança do programa é falha e prejudica a sua avaliação. Inicialmente, é necessária alteração na legislação que inclua os objetivos e critérios de avaliação do programa sem os quais sempre se questionará o montante de renúncias fiscais do programa. Esse ponto foi trazido por Bakaj e outros (2022) que afirmam que, a exemplo do RIF mexicano, as propostas de aperfeiçoamento do Simples poderiam incluir um objetivo claro para a política pública (combater a informalidade). Ao comparar os benefícios com os custos, certamente a avaliação da renúncia fiscal ficará mais precisa.

Além disso, é bastante grave que as instâncias de Governança do Simples Nacional, notadamente o Comitê Gestor do Simples Nacional (CGSN) e o Fórum Permanente das Microempresas e Empresas de Pequeno Porte (FPMPE). Os achados do CMAP (2020) indicam dentre outros pontos problemas de representatividade de órgãos e entes da Federação nos colegiados. Além disso, o CGSN acaba focalizando em aspectos tributários do programa e como os beneficiados pela política acabaram ausentes do colegiado as decisões são normalmente em benefício do fisco. Neste caso, é necessário redefinir a composição e as atribuições do CGSN, incluindo novos integrantes e também atribuindo responsabilidades que vão além das questões tributárias.

5.2. Atualização dos limites de faturamento das categorias do Simples Nacional

Conforme mencionado, um dos maiores ganhos do Simples Nacional é a redução dos custos tributários, regulatórios e de conformidade. A esse respeito, mesmo considerando a inflação acumulada de mais de 130% entre 2006 e 2022, os limites de faturamento das Microempresas permaneceram estáticos desde a promulgação da Lei Complementar nº 123, de 2006, enquanto que os limites do MEI (R$ 81 mil) e das empresas de pequeno porte (R$ 4,8 milhões) tiveram pequeno aumento em 2016, mas permaneceram longe da manutenção dos valores reais de 2006. Para piorar, a Lei Complementar nº 155, de 2016 alterou as faixas de tributação das Microempresas e das Empresas de Pequeno porte, reduzindo o escalonamento e elevando as alíquotas reais. Ou seja, em vez de corrigir a distorção, a Lei Complementar aprofundou a distorção.

Por essa razão, é necessário que seja aprovada Lei Complementar que assegure a manutenção dos valores reais de 2006 para o enquadramento no Simples Nacional. Por causa da inação em assegurar a manutenção dos valores reais de 2006, milhões de empresas acabaram sendo excluídas do programa e passaram a se submeter à uma complexa estrutura tributária. Infere-se que parte do baixo crescimento econômico verificado entre 2016 e 2019 pode ser atribuído às mudanças da Lei Complementar nº 155, de 2016 que aumentaram as alíquotas das empresas.

Há, entretanto, quem tenha visão diferente sobre o assunto. O teto do Pro-PyME chileno é maior, mas inclui receitas de empresas ou entidades relacionadas, o que contribui para mitigar as estratégias de fragmentação para fins de enquadramento. Já Bakaj e outros (2022) defendem a adoção de um teto de faturamento consideravelmente mais baixo do que os valores atualmente encontrados como forma de melhor focalizar a política e evitar que as empresas tenham incentivos a permanecer pequenas indefinidamente.

A esse respeito, apesar de concordar que o sistema atual traz um desincentivo ao crescimento das microempresas e empresas de pequeno porte, a solução de redução das faixas de faturamento não considera outros aspectos relevantes. Inicialmente, um faturamento bruto de R$ 480 mil por ano equivale a um faturamento bruto diário de aproximadamente R$ 1.315,07 (ano de 365 dias), ou ilustrativamente o faturamento de uma pequena oficina mecânica e superior ao faturamento diário (R$986,30) de todas as Microempresas do Simples Nacional.

Por mais que a focalização da política pública seja um aspecto relevante a ser considerado na formulação das políticas, nos parece mais adequado determinar o grupo a ser beneficiado com o regime tributário especial a partir dos aspectos que a literatura econômica considera relevantes para justificar um tratamento diferenciado para essas empresas com relação às grandes organizações.

Em princípio, não nos parece que empresas com faturamento pouco superior a R$ 1.300,00 tenham condições sequer de lidar com a complexidade tributária e regulatória e nem com os custos de conformidade. Sabe-se que na prática elas delegam grande parte dessas responsabilidades para os escritórios de contabilidade, mas, em última instância, serão elas que terão que responder pela conformidade tributária, trabalhista e regulatória de legislações com milhares de artigos e dezenas de normas.

Também não nos parece claro que empresas com faturamento pouco superior a R$ 1300,00 por dia tenham acesso a linhas de crédito e de garantia, bem como ao aporte de fontes de capital próprio em volume suficiente para considerá-las elegíveis ao regime geral de tributação. Em outras palavras, a adoção de limites menores de faturamento irá excluir milhões de empresas do programa sem que o principal benefício que é a simplificação regulatória tenha sido resolvido.

5.3. Simplificação dos custos tributários, regulatórios e de conformidade

Há um consenso de que as obrigações tributárias acessórias, a interpretação não harmônica da legislação por parte da fiscalização, a elevada contestação (administrativa e judicial) prejudicam sensivelmente as empresas brasileiras. Bakaj e outros (2022) sugere a adoção de obrigações tributárias acessórias menos onerosas como a apresentação de declarações de forma menos frequente do que o regime geral e a disponibilização de ferramentas que ajudem a diminuir o alto custo fixo, comparativamente às empresas de maior porte, para o preenchimento de declarações e cumprimento das demais obrigações tributárias. A esse respeito, sugere-se além de uma revisão legislativa para reduzir a enorme quantidade de tributos que as Microempresas e as empresas de pequeno porte necessitam pagar (além do próprio Simples Nacional) a adoção de procedimentos de harmonização da interpretação das normas para que a fiscalização fiscal atue de forma homogênea e evite interpretações particulares das normas que, em última instância, levem a um menor número de horas utilizadas no cumprimento da legislação tributária, além de uma maior segurança jurídica para os empreendedores.

5.4. Adoção de nova metodologia que permita uma transição suave entre os regimes de tributação

Uma característica do RIF mexicano que pode inspirar o modelo brasileiro refere-se à estratégia gradual de migração do regime diferenciado para o regime geral de tributação. Trata-se de um problema do Simples Nacional que muitas vezes traz incentivos adversos para que os empreendedores cresçam ou mesmo os leva a adotar estratégias fraudulentas para se manter no programa.

Trata-se de aspecto que tem grande aderência com a simplificação da legislação e das obrigações tributárias acessórias. Conforme mencionado, as empresas do Simples Nacional pagam muito mais tributos do que a maior parte das pessoas sabe e estão sujeitas a uma quantidade imensa de obrigações tributárias acessórias. Ao migrar para o regime do lucro presumido (normalmente o próximo passo), o número de obrigações sobre e o risco para os empresários também aumenta.

Talvez, uma alteração desejável seja a inclusão das médias empresas no grupo de empresas beneficiadas com algum tipo de tratamento preferencial, a exemplo do que já existe no exterior.

Conclusões

O presente trabalho tem por objetivo fazer uma avaliação do Simples Nacional em comparação com outros regimes de tratamento preferencial para as micro e pequenas empresas. Trata-se de política pública bastante relevante para o país, já que atinge 78% dos empregos e mais de 50% do PIB, além de contribuir para a inovação e para a formação técnica dos jovens. Por essa razão, trata-se de tema que merece especial atenção por parte do Governo e da academia.

O trabalho apresentou argumentos teóricos que justificam o tratamento especial dessas empresas e demonstrou a partir de diagnósticos próprios e também do trabalho desenvolvido pelo CMAP que o Simples Nacional apresenta falhas que precisam ser corrigidas. As principais sugestões de aperfeiçoamento se referem ao aperfeiçoamento da governança do programa, com a definição de objetivos e metas que possam ajudar na avaliação do programa, além da melhor definição das atribuições e competências dos colegiados. Sugere-se a atualização dos limites de faturamento das categorias do Simples Nacional. Sugere-se ainda a simplificação dos custos regulatórios, tributários e de conformidade e a adoção de uma metodologia que assegure a transição suave entre os regimes.

Alguns temas, entretanto, não tiveram a atenção necessária neste trabalho e que deverão compor futuras atualizações do presente trabalho ou serão objeto de estudo de outras pesquisas. O principal seria uma nova avaliação do Simples Nacional tendo como parâmetro as sete falhas de mercado que justificam que se adote modelo simplificado de tributação para as micro e pequenas empresas. A avaliação do CMAP foi interessante, mas ainda trouxe pouco com relação aos benefícios gerados pela política. Outra linha de pesquisa está relacionada ao financiamento das MPE no país, especialmente em um ambiente pós-Covid-19 no qual várias inovações foram trazidas como o Pronampe, o PEAC maquininhas, dentre outros.

Referências

Administración Federal de Ingressos Públicos (2022) "Monotributo: Preguntas frequentes". https://www.argentina.gob.ar/tema/trabajar/monotributo/preguntas-frecuentes

Bakaj, P.G; Fritscher, A. M.; Motta, R. (2022) "Tributação de Pequenas Empresas: A Experiência Latino-Americana e Oportunidades de Reforma para o Simples Nacional do Brasil", IADB.

Brasil (2020), "Relatório de Avaliação – Simples Nacional", Conselho de Monitoramento e Avaliação de Políticas Públicas – CMAP, Brasília

European Commission (2016) "User Guide to the SME Definition", European Comission, https://ec.europa.eu/regional_policy/sources/conferences/state-aid/sme/smedefinitionguide_en.pdf

Juswanto, W; Febriyadi, M. (2018) "Taxation of Small and Medium-Sized Enterprises: The Indonesian Perspective", Asian Development Bank Institute. https://think-asia.org/bitstream/handle/11540/8864/adbi-tax-and-development-challenges-asia-pacific.pdf?sequence=1

Katua, N. T (2014) "The Role of SMEs in Employment Creation and Economic Growth in Selected Countries", International Journal of Education and Research, Vol 2, nº 12, December 2014.

OECD (2009), Taxation of SMEs Taxation of SMEs – Key Issues and Policy Considerations, OECD Tax Policy Studies, No. 18, OECD Publishing, Paris. https://doi.org/10.1787/9789264024748-en

OECD (2015), Taxation of SMEs in OECD and G20 Countries, OECD Tax Policy Studies, No. 23, OECD Publishing, Paris. http://dx.doi.org/10.1787/9789264243507-en

3.

TRIBUTACIÓN PARA LAS MIPYMES: UN RÉGIMEN PARA EL 80% DE LOS CONTRIBUYENTES QUE PAGAN EL 2%[1]

ALBERTO BARREIX
DARÍO GONZÁLEZ

Los pequeños contribuyentes individuales, micro y pequeña empresa (Mipymes) siempre han sido un factor de preocupación entre los formadores de la política tributaria. Por un lado, por cuanto constituyen el universo más grande de contribuyentes (60 al 96 % según el país), de otro su importancia en la recaudación es muy reducida (0,1 al 3,9%) en la región. En este blog proponemos un régimen tributario especial para las Mipymes a la salida de la post-pandemia.

Estos contribuyentes están, en muchos casos, en la economía de subsistencia, donde la informalidad es el factor dominante, sin cobertura de la seguridad social, con reducida capacidad administrativa y operación basada en flujos de efectivo. El desafío de las administraciones tributarias en América Latina es asegurar que estos contribuyentes paguen sus impuestos y que los costos de cumplimiento y control tributario sean asequibles estimulando su productividad y formalización. Las micro y pequeñas empresas son un factor dinamizador de la economía y consti-

[1] Los autores agradecen los valiosos aportes y comentarios de Daniel Alvarez, Fernando Diaz Yubero, Ubaldo González de Frutos, André Martinez Fritscher, Dalmiro Morán, Jerónimo Roca y Raúl Zambrano.

tuyen el mayor empleador de los países, pero padecen de una alta tasa de mortalidad y un bajo nivel de desarrollo en el que permanecen estancadas la gran mayoría de ellas.

Para resolver este desafío la región ha intentado diferentes soluciones.

Desde la década de los 70, la estrategia fue crear regímenes simplificados para el impuesto al valor agregado (IVA). Ante el fracaso de éstos, en la década de los noventa se intentó una solución más integral, que contemplara además el Impuesto sobre la Renta (IR) y las contribuciones a la seguridad social (CSS) principalmente pensiones y salud), para impulsar la formalidad y la inclusión social, y también fortalecer un control que era muy débil.

1. Regímenes especiales predominantes y lecciones aprendidas

Actualmente predominan básicamente 4 modalidades, a saber: 1) el régimen de magnitudes físicas (límites cuantitativos) según la actividad económica, sustitutivo del impuesto al valor agregado (IVA) y del Impuesto sobre la Renta (IR), como el Régimen de Módulos de España (1992 pionero en Iberoamérica que incluía hasta los sectores agropecuarios); 2) los regímenes específicos por actividad y/o impuestos, como son en Chile, Perú[2], etc., que por su multiplicidad han imposibilitado el control y favorecido el arbitraje, generando privilegios; 3) el régimen único para pequeños contribuyentes con sustitución de impuestos y recursos de la seguridad social, como el Monotributo -iniciado en Argentina[3], que ha tenido como objetivo la inclusión social al incorporar por primera vez las CSS, y limitar el "enanismo fiscal" al introducir además de los ingresos

[2] En Perú existen tres regímenes especiales: el NRUS (Nuevo Régimen Único Simplificado), el RER (Régimen Especial de Renta) y el RMT (Régimen MYPE Tributario). La disminución de contribuyentes del régimen general fue: 606 mil (2016) a 208 mil (2018).

[3] Creado en 1998, hoy tiene 3,2 millones de contribuyentes personas humanas. Tienen cobertura de seguridad social (salud, pensión, etc.) y de salud (obras sociales). Su recaudación impositiva es aproximadamente 1% de los ingresos de IVA e IR que sustituyen y del 2,2 % % de las CSS.

brutos otros parámetros[4] para su inclusión, categorización y exclusión[5], y 4) el régimen de los ingresos brutos: estos regímenes están dirigidos generalmente a micro y pequeñas empresas y determinan el impuesto a ingresar en base a un porcentaje de los ingresos brutos de los contribuyentes (SIMPLES de Brasil, Régimen Simple de Tributación de Colombia, IRE SIMPLE Y RESIMPLE de Paraguay, Régimen Simplificado de Tributación de República Dominicana, etc.).

México oportunamente aplicó el régimen de incorporación fiscal (RIF), desarrollado por México, que se ha destacado por tener como objetivo central la transitoriedad y el paso de los pequeños contribuyentes al régimen general[6], pero no contemplaba la situación fiscal de los pequeños contribuyentes que se mantienen en esa condición con el transcurso del tiempo y corrían el riesgo de reinscripción al régimen al vencer el plazo de transición. Este régimen fue sustituido en el 2022 por el RESICO (Régimen Simplificado de Confianza) que se encuadra en los regímenes basados en los ingresos brutos empresariales.

Ecuador tenía dos regímenes, el RISE (Régimen Impositivo Simplificado Ecuatoriano) y el RIM (Régimen Impositivo de las Microempresas), que los acaba de sustituir en setiembre de 2021 por el RIMPE (Régimen Simplificado para Emprendedores y Negocios Populares). A los que tengan ingresos bajos (negocios populares) solo deben pagar una cuota fija anual y el resto de los contribuyentes abonaría una cuota fija (fracción básica) y un tipo marginal (1% al 2% sobre ingresos).

[4] Energía eléctrica consumida, superficie afectada a la actividad, alquileres devengados, precio unitario máximo de venta.

[5] El SIMPLES NACIONAL (*Regime Especial Unificado de Arrecadação de Tributos e Contribuições das Microempresas e Empresas de Pequeno Porte*) de Brasil es un caso especial. Este régimen optativo sustituye 8 impuestos, dos de ellos subnacionales. Creado en 1996 tiene hoy 5 millones de inscriptos, y al basarse exclusivamente en los ingresos brutos con un alto límite máximo de USD 1 millón ha provocado el trasvase inverso de los contribuyentes desde el régimen general y que, por el efecto del "enanismo fiscal", concentra en la actualidad casi el 90% de las empresas en varios estados.

[6] Tiene una duración de 10 años. En el primero los pequeños contribuyentes (hasta USD 100 mil anuales de ingresos) no abonan nada y cada año agregan un 10 % de los impuestos del régimen general, y cuentan un sub-regimen más generoso para contribuyentes que facturan menos de USD 14 mil.

Visto este panorama, en primer lugar, hay que destacar que no existe una solución única para todos los tipos de pequeños contribuyentes, y en algunos países, se debe tener en consideración algún régimen específico por la actividad económica especial desarrollada. En segundo término, se ha demostrado el error de aplicar como parámetro para la definición de los sujetos exclusivamente a un límite de los ingresos brutos debido a que el mismo es de fácil evasión, con la consiguiente pérdida de recaudación, y el trasvase de los contribuyentes del régimen general. Por último, las características de la economía y la capacidad de la Administración Tributaria (AT) son elementos relevantes para definir la estructura del régimen.

2. Actualización del diseño de los regímenes vigentes

Para alcanzar los objetivos de apoyo al desarrollo y formalización de los pequeños contribuyentes mediante una simplificación que reduzca los costos de cumplimiento y control, surgen del análisis anterior las siguientes recomendaciones:

a) **Incentivar la formalidad y la inclusión social** brindando cobertura de pensiones y salud, inclusive de los empleados y familiares en su caso, con aportes reducidos a las contribuciones a la seguridad social (CSS). Adicionalmente, puede considerarse la posibilidad de compensar un porcentaje del crédito por sus compras de IVA, mediante la utilización de la Factura Electrónica (FE). Esto genera la "contraposición de intereses" y el control cruzado por parte de los contribuyentes, al incentivar que éstos requieran las facturas de compra a sus proveedores para ser aplicadas como cómputo del impuesto resultante.

b) **Favorecer el desarrollo tecnológico** de las micro y pequeñas empresas mediante la provisión por parte de la AT de los servicios *web* de FE y de soluciones de facturación electrónica que operen en equipos móviles, y la nómina electrónica gratuitamente. Debe incluir también un sistema de contabilidad y liquidación fiscal simplificada, reduciendo (o eliminando) obligaciones accesorias, por ejemplo, llevar libros y brindar asesoramiento fiscal como en las positivas experiencias brasileña y chilena.

c) **Simplificar el cumplimiento voluntario y reducir sus costos asociados** otorgando mayores plazos para las declaraciones (por ej. trimestrales preconfeccionadas usando la FE) y los pagos (ej. bi o trimestrales) siempre en base devengado. También se deberían otorgar facilidades de pago, mediante recargos e intereses de mora más benévolos.

d) **Impulsar una serie de incentivos no tributarios pero vinculados a su desarrollo**, como ser, entre otros, la asistencia técnica de gestión, el acceso a crédito (bonificado) basado en los balances generados por la AT, la implementación del "*factoring*" (crédito basado en las FE reconocidas por la AT).

3. Propuesta de régimen especial para contribuyentes individuales, micro y pequeñas empresas

Es evidente que los desafíos para el desarrollo y formalización de estos contribuyentes son multidisciplinarios y, por ende, tampoco puede definirse un tratamiento tributario óptimo pero nuestra región ha acumulado experiencias importantes. Por ello, siguiendo las recomendaciones descritas en el punto anterior se propone:

Para los contribuyentes individuales un régimen simplificado, consistente en una combinación del sistema tipo Monotributo como matriz, complementado con un proceso de transición al régimen general basado en la experiencia del Régimen de Incorporación Fiscal (RIF).

I. Se basa en un **régimen único de cuota fija** (tipo Monotributo), con muy pocas categorías sustitutivo de los impuestos (IVA y renta) y las contribuciones a la seguridad social. En su caso podrían incluirse también impuestos indirectos subnacionales. Este régimen tendría un límite superior de ingresos, combinado con otros parámetros, que de ser superados implicaría el pasaje automático al sistema tipo RIF. Es decir, pasaría al estadio intermedio de incorporación fiscal y no podría regresar al régimen de cuota fija por un lapso (ej. 3 a 4 ejercicios).

II. El régimen se complementa con un **sistema intermedio de incorporación** (tipo RIF) pretende constituirse en un "puente de plata" al régimen general por un periodo de transición (3 a 5 ejercicios) donde se vaya pagando un porcentaje creciente de los tributos (IVA, Renta y CSS) generados. Una vez que el contribuyente pase al régimen general no podrá regresar al transitorio hasta transcurrido (ej. 3 a 4 años) si se reducen sus ingresos (y los parámetros complementarios de control).

Asimismo, en el caso que el pequeño contribuyente superara directamente el límite superior de ingresos para pasar automáticamente al régimen general, tampoco podría regresar al mecanismo simplificado de cuota fija hasta pasado un periodo similar.

Para evitar el abuso a través del cese y creación artificial de una nueva empresa, deberá controlarse mediante el registro del "Ultimo Beneficiario de la Propiedad" como comprometido por nuestras jurisdicciones siguiendo las directivas del Foro Global.

A fines de 2021, la recuperación económica ya está presente, con dudas, pero con vigor. Muchas empresas ya no volverán con sus consecuencias en el empleo y la pobreza. Sin embargo, varios gobiernos están planeando modificaciones a los regímenes de pequeños, pero, en especial, Argentina ha intentado aumentar conjuntamente inclusión y la equidad. El "puente a la inclusión" conlleva medidas para facilitar el ingreso a la formalidad a quienes inician una actividad, la reinician después de una inactividad prolongada o desarrollan sus actividades en la informalidad. El régimen se ha basado en dar beneficios de inserción, incluyendo exención en los primeros años tanto para el componente impositivo (IVA y el Impuesto a las Ganancias) como para el previsional (pensiones). En tanto, en el régimen de Monotributo la propuesta efectuada exime permanentemente del componente impositivo a los integrantes de las tres categorías más bajas, reconociendo su menor capacidad contributiva.

Para los contribuyentes micro y pequeña empresa que no puedan ingresar por su nivel de facturación o nivel societario al régimen simplificado indicado, hasta un monto de ingresos (según las definiciones por ingresos, actividad económica y personal afectado a la actividad que se establecen por las respectivas autoridades económicas), resultaría beneficiosa su inclusión en el régimen general pero con medidas de estímulo fiscal para disminuir su carga tributaria y simplificar el cumplimiento de sus obligaciones formales.

Muchos países de la región, para facilitar el cumplimiento de las micro y pequeñas empresas han instrumentados regímenes especiales para

Mipymes en el **Impuesto sobre la Renta** en base a los ingresos brutos con alícuotas muy reducidas, lo que ha motivado un trasvase de contribuyentes de mayor capacidad económica del régimen general, y la casi nula incorporación de empresas nuevas o informales, que había sido su original objetivo. Inclusive en algunos casos también hay un drenaje de contribuyentes, en especial profesionales, desde el impuesto personal a la renta.

En conclusión, si bien la modernización de los regímenes especiales era necesaria con anterioridad a la pandemia del COVID-19, hoy resulta perentoria su realización por sus secuelas económico-sociales y la aceleración del cambio tecnológico que han impactado en este universo de contribuyentes, tan relevante en la creación de empleo y la reducción de la pobreza. Sin embargo, es perentorio adoptar los recaudos necesarios en estos regímenes para evitar la práctica de mecanismos de evasión que puedan ser aprovechados por los contribuyentes de mayor capacidad contributiva y, quizás más relevantes, que sean evaluados periódicamente en coyunturas tan cambiantes para la micro e pequenãs empresas.

4.

COVID-19, O BRASIL E A EXPERIÊNCIA INTERNACIONAL: POLÍTICAS ECONÔMICAS DE SUPORTE ÀS EMPRESAS DE MICRO E PEQUENO PORTE

GERALDO BIASOTO JUNIOR
MURILO FERREIRA VIANA

Introdução[1]

A pandemia do coronavírus resultou em profunda crises econômica e de saúde pública simultâneas e em escala global. Com receio do rápido espraiamento da doença e o consequente aumento no número de internações hospitalares, em ritmo incompatível com as condições de oferta de saúde, mais de 100 países adotaram medidas parciais ou totais de *lockdown*[2].

Os efeitos econômicos decorrentes da pandemia são comparáveis à grande depressão dos anos 1920, tamanha a queda do ritmo de atividade produtiva, provocada pelo avanço da pandemia. Seja pelos efeitos diretos decorrentes das medidas de distanciamento social, seja pelas mudanças de hábitos dos consumidores ou do sentimento de incerteza aguda por parte do empresariado, dado o desconhecimento sobre quando terão fim os riscos à saúde pública (Roubini, 2020; IMF, 2020e).

[1] Este texto foi escrito com base em informações veiculadas até julho de 2020.
[2] Ver: https://bbc.in/35CdcTf

A expressiva queda de receitas pressiona o caixa das empresas, deteriora as condições de balanços corporativos e torna provável que os problemas de liquidez se transformem rapidamente em crise de solvência em diversos setores da economia (OECD, 2020a).

Em alguns setores – como hotelaria, restaurantes, eventos, entre outros – não foi incomum a queda total da receita, devido às medidas sanitárias restritivas e às mudanças de comportamento da população. Outros setores também tiveram quedas muito expressivas.

O impacto é particularmente desafiador para as empresas de menor porte. Entre outros motivos, destacam-se o menor poder e diversificação de mercado, além de reduzida capacidade de caixa e piores condições de acesso a crédito (OECD, 2020a).

As empresas de menor porte também tendem a ter mais dificuldades de se adaptarem a uma nova realidade de distanciamento social. De acordo com estudo da OCDE (2020b, p. 8), os custos de prevenção e as mudanças solicitadas nos processos de trabalho, como por exemplo, as exigências de home-office, tendem a ser mais difíceis para as empresas de menor porte. Inclusive pelo baixo nível relativo de digitalização e as dificuldades em se obter capacitação sobre medidas de prevenção à disseminação do vírus, sobre estratégias comerciais – como acesso a novos canais de vendas – ou mesmo sobre programas governamentais, para aliviar o choque econômico.

No caso brasileiro, dados do primeiro quadrimestre de 2020 mostram que a crise sanitária provocou forte abalo na parcela da economia relativa à micro e pequena empresa. Em abril, foram abertas quase 190 mil empresas. Embora o número seja expressivo, uma comparação com a média do primeiro trimestre de 2020 indica o tamanho do problema. A queda na abertura de novas empresas foi de 32,8%.[3]

No campo do crédito, outra realidade bastante perversa se impõe. O freio ao consumo de bens e serviços derivado do confinamento se traduz em quebra de receitas que exige influxo de recurso de terceiros para equacionar a quebra do fluxo de caixa. A expansão do crédito é o caminho em situações de crise e o Banco Central do Brasil tomou medidas

[3] MINISTÉRIO DA ECONOMIA. **Mapa de empresas.** Brasília, abril de 2020, pág. 7.

para promovê-la. No entanto, esta não chegou à MPE. Enquanto o estoque de crédito subiu cerca de 10% entre fevereiro e abril, para as grandes empresas, o mesmo estoque ficou estagnado para a MPE.[4]

Por outro lado, são justamente as empresas de menor porte as maiores responsáveis pelos postos de trabalho nas economias. A rápida e profunda deterioração de balanço dessas empresas compromete, portanto, o trabalho e a renda das famílias, além de dificultar a recuperação econômica pós-pandemia (IMF, 2020e).

1. Experiência internacional de suporte às empresas de menor porte em contexto de covid-19

Os profundos efeitos econômicos negativos, em decorrência da pandemia, que se abateram sobre os mais diversos países, impactaram de forma severa a capacidade de geração de caixa das empresas, o emprego e a renda das famílias. O cenário ainda é incerto sobre quando a totalidade dos setores econômicos poderá voltar a operar sem os riscos e receios diretos decorrentes da Covid-19.

Entretanto, está bastante claro que as medidas sem precedente devem ser tomadas para evitar que grande contingente de empresas passe de saudáveis a insolventes em questão de poucos meses. Há ainda a generalizada preocupação dos formuladores de política pública com a manutenção mínima da renda e do emprego/trabalho.

Nesse sentido diversas são as medidas ficais, monetárias, creditícias e financeiras realizadas, buscando amenizar os danos econômicos e sociais de curto e médio prazo, destacadamente às empresas de menor porte.

1.1. Medidas fiscais de suporte às empresas de menor porte

É ampla a experiência internacional de medidas fiscais de apoio às empresas de menor porte, as quais se destacam as **políticas de garantia de trabalho e renda**: (i) suporte governamental para pagamento de salários; (ii) medidas de suporte aos trabalhadores por conta própria; (iii) medidas de suporte às licenças médicas, e as **medidas tributárias de apoio às empresas de menor porte**.

[4] CEMEC/FIPE, Impacto da crise do COVID19 no financiamento das empresas, Nota CEMEC 06/2020, pág. 18.

No curto prazo, a sobrevivência de muitas empresas de menor porte depende de suporte financeiro direto do Estado. Muitos governos estão flexibilizando a legislação trabalhista, tornando possível a redução significativa da jornada de trabalho e dos salários, ainda que de forma restrita ao período de pandemia. Em contrapartida, os governos estão assumindo total ou parcialmente os custos privados relativos a pagamento de salários, seja transferindo recursos diretamente às empresas, não cobrando contribuições à previdência, ou mesmo compensando aos trabalhadores a redução parcial da remuneração paga pelas empresas. Essas iniciativas significam sensível diminuição dos custos para as empresas, as quais, em contrapartida, garantem em algum grau a manutenção dos postos de trabalho.

1.2. Suporte governamental para pagamento de salários

É prática comum entre os diferentes países a adoção de medidas de apoio aos trabalhadores e empresas para viabilizar diminuir o peso da folha de pagamento ao mesmo tempo em que se busca preservar empregos e renda.

Polônia. Criação da Lei de Finalidade Especial ("*Special Purpose Act*") para apoiar empresas e amparar trabalhadores durante a crise. Entre as principais medidas, destacam-se os subsídios para pagamento de salários e contribuições para a seguridade social, para empresas que apresentarem queda nas receitas de venda em decorrência da pandemia. Há previsão de subsídio especial para pagamento de salário e contribuições para seguridade social, nos casos de micro, pequenas e médias empresas, por um período de até 3 meses, em caso de queda na receita total de vendas vis-à-vis o mesmo período de 2019. Alguns parâmetros devem ser observados, como: (i) caso a queda das receitas atinja 30%, o subsídio será de 50% do salário mínimo somado às contribuições de seguridade social, por funcionário; (ii) caso a queda nas receitas de vendas atinja 50%, o subsídio será de 70% do salário mínimo somado às contribuições de seguridade social; (iii) caso a queda nas receitas de vendas atinja 80%, o subsídio será de 90% do salário mínimo somado às contribuições de seguridade social. Há ainda a previsão de isenção de contribuições previdenciárias, por até 3 meses, aos proprietários de microempresas (empregam até 9 pessoas) estabelecidas antes de fevereiro de 2020, assim como, também, trabalhadores por conta-própria ("*self-employed people*"), cuja renda atual esteja inferior a 3 vezes a renda média registrada antes de fevereiro de 2020[5].

Romênia. O país está cobrindo 75% dos salários dos funcionários colocados em desemprego técnico ("*technical unemployment*") pelas companhias afetadas pelo coronavírus.

Alemanha ("*Kurzarbeit*")[6]. Concessão de subsídio governamental equivalente a 60% das perdas salariais líquidas de imposto, tendo valor majorado para 67% caso o funcionário tenha ao menos um filho. As contribuições para a seguridade social ("*social security contributions*") – parte relevante dos custos trabalhistas na Alemanha – pagas e que sejam relativas à jornada de trabalho reduzida, serão reembolsadas pelo governo. Os subsídios salariais poderão ser concedidos por até 12 meses, sendo que trabalhadores temporários também poderão se candidatar ao programa. As empresas que quiserem aderir ao plano, poderão pedir o benefício retroativamente a 1º de março de 2020, comprovando que ao menos 10% da força de trabalho da empresa apresenta redução superior a 10% da renda, em decorrência da pandemia.

França. Facilitou procedimentos para incentivar empresas em dificuldades a recorrerem a demissões temporárias. Sob determinados critérios, empresas podem operar com atividade parcial, em circunstância excepcional provocada pela pandemia. No caso de redução coletiva do horário de trabalho, os trabalhadores devem receber no mínimo 70% do salário bruto imediatamente anterior à crise ("*previous gross earning*"), o que é equivalente a cerca de 84% do salário líquido. Percentual que pode ser aumentado pelo empregador. Exceção é feita para funcionários que recebem salário mínimo, os quais devem permanecer recebendo 100% da remuneração. De acordo com o Ministério do Trabalho francês, os salários pagos pelas empresas serão 100% cobertas pelo governo, até o limite de 4,5 salários mínimos (*Salaire minimum interprofessionnel de croissance* – SMIC)[7].

[5] https://bit.ly/2A6h96Y
[6] https://bit.ly/35DgCVB
[7] https://bit.ly/3cbKryZ
https://bit.ly/35Cz00Z

Holanda. As empresas que estimam perder ao menos 20% de seu valor adicionado, em decorrência da crise, podem solicitar uma compensação governamental correspondente a 90% de seus custos salariais, sendo que 80% podem ser pagos antecipadamente.

Bélgica. Criou-se a possibilidade de "desemprego parcial por motivo de força maior ("*partial unemployment for force majeure*"), com benefícios de desemprego temporário prolongados por 3 meses, sendo que a aprovação de solicitação de nova modalidade de benefício ocorre dentro de 3 a 4 dias.

Dinamarca. O governo está subsidiando em 75% os custos salariais dos funcionários que, sem o benefício, teriam sido demitidos em decorrência das dificuldades financeiras enfrentadas pelas empresas mais impactadas pelo Covid-19. Para ser elegível ao benefício, a empresa deve demonstrar que o quadro de funcionários seria enxugado em pelo menos 30%, na ausência do benefício. Com isso, a empresa passa a contar com o subsídio como incentivo à manutenção do emprego dos trabalhadores temporariamente sobressalentes.

Chile. Trabalhadores que cumprirem alguns requisitos mínimos poderão solicitar seguro-desemprego, o qual cobrirá 70%, 55% e 45% da remuneração, respectivamente, no primeiro mês de desemprego, no segundo mês e nos meses subsequentes de suspensão do trabalho. Empregador e empregado podem concordar com a suspensão do contrato de trabalho ("*labour relationship*"). Durante a suspensão, o empregador continua responsável por fazer pagamentos de seguridade social e pagar o seguro saúde, sob certos limites máximos de teto para a obrigação financeira. Criou-se a possibilidade também de realização de acordo entre empregador e empregado para a redução proporcional da remuneração vis-à-vis diminuição da jornada de trabalho. Nesta situação, o empregado pode requisitar o seguro-desemprego correspondente a até 25% de seu salário. Os benefícios aos desempregados ("*unemployment benefits*") são limitados a aproximadamente US$ 265 por mês. Por outro lado, visando atender aos trabalhadores informais, o governo destinou aproximadamente US$ 2 bilhões para provimento de recursos a essa parcela da população que não conta com seguro-desemprego[8].

[8] https://bit.ly/3cn7ZRy

EUA. Aprovado pacote de estímulo fiscal (US$ 484 bilhões) para prover recursos às micro e pequenas empresas e empresas do setor de saúde. Operações coordenadas entre FED e Tesouro garantirão até US$ 600 bilhões em empréstimos às pequenas e médias empresas (*Main Street Lending Program*), o qual contará com capital (US$ 75 bilhões) aportado pelo Tesouro. O programa prevê a constituição de um veículo especial de propósito especial (*Special Purpose Vehicle – SPV*) que será responsável pela compra de até 95% dos créditos elegíveis. Outros 5% deverão ficar com os credores elegíveis pelo programa. Criou-se também o PPP ("*Paycheck Protection Program*"), que autoriza a concessão de empréstimos perdoáveis de até US$ 349 bilhões às pequenas empresas, para que possam pagar seus funcionários durante período de pandemia. Os recursos deverão ser utilizados para cobrir custos de folha de pagamento e juros de hipoteca, aluguel e custos de serviços públicos, por um período de 8 semanas após a concessão do empréstimo. Exige garantia do salário e do emprego, sendo o custo de folha de pagamento limitado a US$ 100.000 anual, por funcionário.

1.3. Medidas de suporte aos trabalhadores por conta própria

Por ocasião da pandemia, trabalhadores por conta própria estão enfrentando queda parcial ou mesmo total de suas receitas, sobretudo aqueles os quais a atividade de trabalho tem menor possibilidade de ser executada atendendo às necessidades de distanciamento social. Vários são os países que implementaram medidas de proteção social a esse grupo expressivo de trabalhadores, os quais frequentemente não contam com direitos como afastamento médico remunerado ou mesmo auxílio desemprego.

Bélgica. Os conta-própria ("*self-employed*") podem se beneficiar de redução, diferimento ou mesmo isenção de pagamento de contribuições para a seguridade social ("*Social security contributions*"). No caso dos que são obrigados a interromper as atividades em decorrência da pandemia, passam a ser elegíveis ao programa de compensação de renda ("*replacement income*"), no valor de € 1.300 a € 1.600, por mês (OECD, 2020a).

Dinamarca. Trabalhadores por conta-própria e os que trabalham em pequenas empresas com menos de 10 empregados e que apresentem uma queda de ao menos 30% da receita, passaram a ter direito a compensação financeira sujeita a impostos, de até 75% das perdas. O suporte financeiro direto está limitado a € 3.000 por mês, salvo algumas exceções que podem levar o teto de compensação a chegar a € 6.000 por mês.

França. Criou-se o um fundo de solidariedade, no valor inicial de € 2 bilhões. Este fundo é responsável pela transferência mensal de recursos para cada trabalhador por conta-própria e micro e pequenas empresas. O pacote original previa a compensação financeira mensal de € 1.500. O segundo pacote passou de € 2.000 para € 5.000, com possibilidade de ser majorado para € 10.000 mensais. São elegíveis para o pacote de ajuda de € 1.500 apenas as empresas com menos de 10 funcionários, com faturamento inferior a € 1 milhão por ano. A empresa precisa ainda cumprir um dos dois requisitos: (i) ter sido pedido o fechamento da empresa por motivos de saúde durante *lockdown* provocado pelo coronavírus (situação comum para muitos negócios, como setor de turismo, restaurantes etc.); (ii) a renda em março de 2020 ser inferior a 50% da renda em março de 2019, ou da média mensal desde a inauguração do negócio para as empresas abertas após março de 2019. A partir de 1º de junho, o fundo também estará disponível para todas as empresas que cumprirem alguns requisitos e que tenham até 20 funcionários e faturamento de até € 2 milhões por ano. Já o acesso ao segundo pacote, com benefícios financeiros maiores, é mais rigoroso. Entre outras exigências está a necessidade de comprovar incapacidade de honrar compromissos com dívidas pelo prazo de 30 dias, assim como incapacidade de acesso a empréstimos bancários[9].

Coreia. Um Fundo Emergencial está provendo suporte financeiro direto às pequenas e médias empresas, e aos trabalhadores por conta-própria, com incentivos à manutenção dos empregos.

Espanha. – O governo está concedendo aos conta-própria benefícios similares aos fornecidos aos desempregados, em caso de "força maior", como resultado da pandemia.

Itália. Criou-se um fundo de apoio à renda de última instância ("*last resort income support*") para trabalhadores e conta-própria que encerraram, reduziram ou suspenderam suas respectivas relações de trabalho ou negócios devido à pandemia. Os trabalhadores por conta própria recebem € 600 referentes ao mês de março, de uma única vez e livre

[9] https://bit.ly/2zdkYH0

de impostos. Ainda, profissionais autônomos e empresas cujas receitas sejam inferiores a € 2 milhões podem diferir o pagamento de tributos, o que inclui, por exemplo, Impostos sobre Valor Adicionado (IVA) anual e mensal, bem como seguridade social (*"social security and insurance"*)[10]. São garantidos também 9 semanas de salário para os trabalhadores não cobertos por outras redes de proteção social.

1.4. Medidas de suporte às licenças médicas

Em meio à pandemia, empresas estão lidando com aumento substancial de pedidos de licenças médicas relacionadas ao Covid-19, aumentando pressões sobre os custos empresariais. Por outro lado, muitos são os trabalhadores que não contam com proteção de seguro saúde ou outras formas de auxílio financeiro para momentos de afastamento por motivos de doença. Em vista desses fatores, os governos estão sendo chamados a garantir em alguma medida a cobertura desses custos empresariais ou mesmo de assistência social aos que precisam se afastar temporariamente de suas atividades profissionais. A forma e intensidade desse suporte governamental varia significativamente entre os países:

Dinamarca. Os empregadores recebem reembolso total pelo governo, desde o primeiro dia em que um funcionário adoece ou entra em quarentena em decorrência do coronavírus.

Letônia. Governo cobrirá 75% dos custos de licença, por trabalhador, limitado até € 700 por mês.

Chile. Governo está estendendo o seguro-desemprego para os que estão doentes ou mesmo incapazes de trabalhar em casa.

1.5. Medidas tributárias de suporte às empresas de menor porte

Os instrumentos são diversos e podem incluir desde diferimento do pagamento de tributos[11], reduções de alíquota – como os incidentes sobre bens e serviços –, até, entre outras medidas, a renúncia sobre contribuições previdenciárias. Políticas de diferimento de obrigação de

[10] https://bit.ly/2zgNLdT

[11] Prática muito utilizada pelos mais diversos países já nos primeiros dias de quarentena. O diferimento de tributos gera alívio de caixa para as empresas cujo efeito prático é similar a um empréstimo sem juros concedido pelo governo (OECD, p. 10, 2020b).

pagamento não-tributário também têm sido associadas às políticas tributárias. São os casos dos adiamentos das cobranças de serviços públicos ("*utilities*"), como água, energia elétrica e gás, ou ainda, o diferimento de aluguéis. Todas essas medidas têm sido adotadas em algum grau pelos mais diversos países, visando mitigar os efeitos econômicos adversos especialmente sobre famílias mais vulneráveis, assim como, trabalhadores por conta própria e empresários de menor porte.

Colômbia. Governo anunciou a possibilidade de diferimento de 36 meses para o pagamento, inicialmente apenas referente ao mês de abril de 2020, relativo às despesas de água, eletricidade e gás. A medida é focalizada nas famílias de baixa renda, as quais são frequentemente proprietárias ou mesmo funcionários de empresas de menor porte.

Peru. O governo peruano também está permitindo o diferimento para o pagamento de serviços públicos ("*utilities*"), além de possibilitar que cidadãos possam sacar até US$ 300 dos fundos de aposentadoria privada, sem qualquer penalidade.

França. O país anunciou a suspensão da cobrança de serviços públicos e de aluguéis às pequenas empresas, como parte de um plano maior de medidas de incentivo à sobrevivência dessas empresas em meio à crise provocada pelo coronavírus[12].

Chile. O governo anunciou um pacote de estímulo fiscal com valor inicial de US$ 11,8 bilhões (4,7 % do PIB). Considerado o maior pacote de estímulo da história chilena, o programa está subdividido em 3 partes: (i) aumento do orçamento para o sistema de saúde; (ii) adoção de medidas para a proteção de renda e emprego; e, (iii) apoio às empresas de pequeno e médio porte, por meio de medidas tributárias, como, por exemplo, diferimentos para pagamento do IVA, e do imposto de renda e de propriedade[13], por 3 meses (sem juros e com possibilidade de parcelamento). O país também acelerou o prazo para reembolso de impostos para as empresas de menor porte, além de suspender o imposto do selo e tornar dedutível do imposto de renda todos os gastos relacionados ao coronavírus[14].

[12] https://bit.ly/2L36rAi
[13] https://on.bcg.com/2SK45dT
[14] https://bit.ly/2WAx5G2

2. Covid-19 e as principais medidas de apoio às empresas de menor porte adotadas no Brasil

A crise sanitária já se configura como crise, também, em nossa estrutura econômica. O PIB certamente será negativo, em 2020, na comparação com o ano anterior (BCB, 2020). A crise atual parece singular na medida em que afeta a oferta e a demanda ao mesmo tempo. A política econômica brasileira segue de maneira distante as indicações dadas pelos países desenvolvidos na tentativa de impedir que o processo de retração desemboque numa forte depressão (BCB, 2020; TAX FOUNDATION, 2020).

Inúmeros analistas, nos mais diversos países, têm discutido o formato da crise que se avizinha. Os mais otimistas acreditam que a crise deva se assemelhar ao que graficamente seria um "V", ou seja, haja uma queda abrupta com o isolamento e, logo em seguida, o nível de atividade retome a situação pré-crise. Outros advogam que a melhor forma de representar a crise seja um formato de "U", onde a crise desorganiza a produção que demora alguns meses para se recuperar e voltar aos níveis pré-crise (ROUBINI, 2020; IMF, 2020e).

Já os mais pessimistas acreditam que o formato gráfico da crise se assemelhará a um "L". Esta alternativa mais desfavorável se caracteriza por uma forte queda do nível de atividade que não se recupera no curto prazo. Em verdade, esta trajetória teria que ser espelhada, no mundo real, pela desorganização definitiva de unidades empresariais e cadeias produtivas. Desta forma, parcela da estrutura econômica não retornaria a operar no pós-crise, jogando a economia num processo depressivo (IEDI, 2020b; IMF, 2020a).

Os elos com menos capacidade de sustentação em processos de crise são os mais afetados e fadados à desorganização. O escasso capital e, principalmente, o baixo acesso ao crédito indicam mortalidade mais que proporcional para a MPE durante os movimentos econômicos de forte queda do produto. Logicamente, a duração da crise também importa muito, tendo efeitos mais que proporcionais à média da economia, para as MPE (OECD, 2020a; OECD, 2020b).

Importa, portanto, avaliar a força das medidas de política econômica em curso, para preservar o conjunto da economia. Ao mesmo tempo, é crucial avaliar o formato destas políticas, no sentido de identificar sua adequação ao modo de funcionamento e às necessidades da MPE durante a crise.

As medidas tomadas no sentido de proteger a economia da crise sanitária, no Brasil, podem ser separadas em dois grandes blocos: medidas fiscais e medidas creditícias.

2.1. Medidas fiscais

O governo tomou medidas fiscais no enfrentamento da crise sanitária e dos seus efeitos sobre a atividade econômica. A aprovação da chamada PEC do Orçamento de Guerra (EC 106/2020) possibilitou ao governo uma maior flexibilidade e agilidade para lidar com vultosas despesas extraordinárias e temporárias relacionadas ao combate aos efeitos sanitários e econômicos decorrentes da Covid-19.[15]

Uma das primeiras, e talvez a mais importante medida já tomada, foi o auxílio ao pagamento das folhas salariais das empresas que suspendessem de forma temporária seus contratos de trabalho ou promovessem redução de horas trabalhadas. O seguro-desemprego passou a arcar com parcela do salário reduzido ou suspenso. A medida acabou tendo grande alcance às pequenas e médias empresas, dados os níveis de auxílio, frente aos salários praticados. Ao mesmo tempo, teve caráter importante para evitar a desorganização das unidades produtivas de menor porte.

Diversas ações de suspensão das obrigações tributárias foram tomadas para dar alívio às empresas neste momento de drástica retração no fluxo de caixa. Dentre elas, merecem destaque:

a) Prorrogação, por seis meses, do prazo para pagamento dos tributos federais no âmbito do Simples Nacional, relativos aos períodos de março, abril e maio, abarcando micro e pequenas empresas e contribuintes sob o regime de MEI;
b) Adiamento e pagamento parcelado do FGTS para todos os trabalhadores (inclusive domésticos);
c) Adiamento do pagamento de PIS/Cofins, PASEP e contribuição previdenciária patronal com vencimento em abril e maio;

[15] Para mais detalhes sobre a PEC do Orçamento de Guerra, ver: https://bit.ly/35AApoT

d) As contribuições ao Sistema S foram reduzidas em 50% por três meses, abrangendo Senai, Sesi, Sesc, Sest, Sescoop, Senac, Senat e Senar;
e) Redução de 3% a zero da alíquota de IOF sobre operações de crédito, até o final do semestre;
f) Redução de IPI e Imposto de Importação para produtos médico-hospitalares; e
g) Redução de impostos por parte de diversos governos estaduais e municipais para pagamento de tributos por micro e pequenas empresas.

A medida de maior impacto na economia foi o pagamento de R$ 600 aos trabalhadores informais, compreendidos aí os microempreendedores independentes. De um lado, por introduzir volume de recursos expressivos, que serão totalmente gastos. De outro, por garantir que muitos trabalhadores vejam a impossibilidade do trabalho efetivo ser em alguma medida compensada pelo fluxo de renda governamental.

O impacto econômico é tamanho que, segundo o Tesouro Nacional[16], dos R$ 506,1 bilhões (6,9% do PIB), atualmente previstos como despesas totais com Covid-19, R$ 211,5 bilhões (2,9% do PIB) foram efetivamente desembolsados. Quando se observa somente as despesas previstas e as pagas, referentes ao auxílio emergencial, nota-se que são estimadas R$ 254,2 bilhões (50% do total), tendo sido pagas R$ 121,8 (58% do total). Tal política resultou na transferência de renda para cerca de 60 milhões de pessoas, quase 30% da população brasileira.

2.2. Medidas creditícias

O governo brasileiro, em especial por meio do Banco Central do Brasil (BCB), adotou uma série de medidas para garantir a sustentação das condições de liquidez e solvência das instituições financeiras e impedir que o volume ofertado de crédito sofresse maiores restrições com a crise. Outras medidas também foram adotadas visando garantir a liquidez do sistema e regular o funcionamento dos mercados de crédito.

[16] https://bit.ly/2C8Abun. Dados atualizados até dia 06 de julho de 2020.

2.3. Medidas de sustentação de liquidez, solvência e crédito às instituições financeiras

a) Programa Emergencial de Suporte a Empregos

O Programa Emergencial de Suporte a Empregos (PESE) é uma linha de crédito emergencial para empresas com receita bruta anual entre R$360 mil e R$10 milhões. O uso dos recursos é limitado ao pagamento da folha salarial por dois meses, sendo a contrapartida a manutenção dos empregos por 4 meses.

O valor da linha de crédito emergencial é de R$ 40 bilhões, dos quais 85% provenientes da União e os 15% restantes das instituições de crédito.

A estimativa inicial do Governo Federal era de que o PESE beneficiaria 12,2 milhões de empregados vinculados a 1,4 milhão de PMEs. Como um dos incentivos à expansão da linha, o montante de crédito concedido por este canal não é contabilizado para cálculo do recolhimento compulsório sobre recursos a prazo.

O resultado, porém, está bem aquém ao inicialmente planejado. Entre dia 08 de abril e início de julho[17], dos R$ 40 bilhões inicialmente previstos, apenas R$ 4,5 bilhões (11,3%) foram efetivamente financiados.

Outro destaque é baixa participação dos bancos públicos no total financiado. Banco do Brasil (BB) e Caixa Econômica Federal (CEF) financiaram menos que os grandes bancos privados (Itaú, Santander e Bradesco). A diferença é tamanha que BB e CEF, em conjunto (R$ 974,1 bilhões), financiaram menos por esta linha que o Itaú (R$1,61 bilhão), isoladamente.

b) Programa Nacional de Apoio às Microempresas e Empresas de Pequeno Porte (PRONAMPE)

O Programa Nacional de Apoio às Microempresas e Empresas de Pequeno Porte (PRONAMPE) é um programa governamental destinado a estimular a concessão de crédito para investimento ou capital de giro às micro e pequenas empresas afetadas pela crise da Covid-19.

[17] https://bit.ly/2C7uIUO.

O prazo de pagamento é de 36 meses (até 8 meses de carência), e as instituições financeiras habilitadas podem requerer garantia do Fundo garantidor de Operação (FGO), o que pode chegar a 100% do valor da operação.

As próprias instituições financeiras habilitadas devem dispor de recursos para operar o programa, uma vez que não haverá aporte de recursos do governo para a operação do crédito. Por outro lado, o governo aportou R$ 15,9 bilhões no FGO (fundo gerido pelo BB), com o objetivo de garantir operações de crédito realizadas no âmbito do programa. Para as instituições financeiras já conveniadas com o Sebrae, o Fundo de Aval às Micro e Pequenas Empresas (FAMPE) pode ser utilizado em complemento ao FGO[18].

As empresas participantes podem tomar empréstimos de até 30% da receita bruta anual, registrada em 2019, com taxa de juros Selic mais 1,25% ao ano. Para ter acesso à linha, entretanto, poderão exigir garantia pessoal referente ao valor emprestado, acrescido de encargos, a qual poderá ser de até 150% do valor contratado, com respectivos encargos, quando se tratar de empresas constituídas e em funcionamento há menos de 1 ano.

A utilização de recursos próprios, combinada com limitação da taxa de juros muito próximo à Selic, são apontados como possíveis elementos significativos de desestímulo à expressiva e necessária oferta dessa linha de crédito pelos bancos, especialmente para atender novas MPE, que mesmo antes da crise já não tinham acesso adequado ao sistema de crédito bancário.

A exigência de aval pessoal do dono da empresa, que pode chegar a 150% do valor da operação, também é indicada como relevante obstáculo ao sucesso do programa.

c) Linha especializada da CEF para empresas menores

A Caixa Econômica Federal (CEF) conveniou com o Sebrae para a criação de uma linha de crédito de R$ 7,5 bilhões, para micro e pequenas empresas, com incidência de taxas de juros muito inferiores às normalmente praticadas pela CEF, para a qual contará com R$ 500 milhões do

[18] https://bit.ly/2O45hWA.

Fundo de Aval para Pequenas e Médias Empresas (Fampe), gerenciado pelo Sebrae. No caso dos MEI, empréstimos serão de até R$ 12,45 mil, com prazo é de 24 meses, taxa de juros mensal de 20,84% ao ano. As microempresas poderão obter até R$ 75 mil, com taxa de juros de 18,2% ao ano. Para as empresas de pequeno porte, os empréstimos são até R$ 125 mil, com taxa de juros mensal de 15,25% ao ano.

d) Redução dos recolhimentos compulsórios sobre recursos a prazo
O BC reduziu a alíquota do recolhimento compulsório sobre recursos a prazo de 25% para 17%, a partir de 30 de março de 2020, ampliando a liquidez disponível para o SFN em R$68 bilhões, o que se soma aos R$49 bilhões anteriormente liberados pela redução anterior, de 31% para 25%.

e) Novo Depósito a Prazo com Garantias Especiais
Foi criado um novo papel, o Novo Depósito a Prazo com Garantias Especiais (NDPGE), instrumento de captação de recursos alternativo para todas as IFs associadas ao Fundo

Garantidor de Créditos (FGC) que poderão aumentar captação, tomando depósitos de até R$40 milhões por titular de conta (em valor correspondente ao PL). A nova sistemática deverá aumentar a oferta de crédito em R$200 bilhões. Do mesmo modo, as instituições podem captar DPGE com garantia de até o valor máximo de R$ 400 milhões do total de créditos de cada instituição titular contra a instituição ou conglomerado emissor do DPGE.

f) Empréstimos do BCB para Instituições, garantidos em debêntures
O BC foi autorizado a conceder empréstimos em moeda nacional, garantidos em debêntures, às instituições, por meio de uma Linha Temporária Especial de Liquidez (LTEL), o que representa um potencial de R$91 bilhões para contratação de operações, aumentando a liquidez no mercado secundário de dívida privada.

g) Ampliação do limite para recompra de Letras Financeiras
O CMN aumentou o limite máximo para recompra de Letras Financeiras (LFs) de emissão própria de 5% para 20%, aumentando a liquidez dos fundos que carregam estes títulos, com potencial de recompra de R$30

bilhões. Note que o BCB passou a permitir que as LFs de própria emissão recompradas sejam deduzidas do compulsório sobre recursos a prazo.

h) Operações compromissadas com títulos soberanos denominados em dólares

O BCB passou a fazer operações de compra com compromisso de revenda (*repos*) de títulos soberanos brasileiros denominados em dólares (*global bonds*), ampliando a liquidez em dólares.

i) Injeção de recursos de prazos mais longos pelo BCB via operações compromissadas com lastro em Títulos Públicos

O BC passou a ofertar operações compromissadas longas para ampliar a disponibilidade de liquidez para o SFN, garantindo acesso a recursos líquidos de longo prazo em contraposição à demanda por liquidez de curtíssimo prazo por parte dos agentes de mercado, reduzindo o custo de captação.

2.4. Medidas de liberação de capital regulatório

a) Incentivo à renegociação de operações de crédito em boa condição

Para os próximos seis meses, as instituições foram autorizadas a classificar o nível de risco nos mesmos padrões vigentes até janeiro, impedindo que a crise deprecie suas operações ativas, alcançando um volume de operações de crédito de R$ 3,2 trilhões.

b) Redução do Adicional de Conservação de Capital Principal (ACP)

O *buffer* de conservação de capital principal foi reduzido de 2,50% para 1,25% dos APRs até março de 2021, aliviando o capital principal em R$56 bilhões, uma quantia que poderia amparar o empréstimo de cerca de R$ 637 bilhões.

c) Cômputo temporário do crédito tributário do *hedge/overhedge* no capital principal

O CMN permitiu que, até o final do ano, o crédito tributário de prejuízo fiscal de operações de proteção do investimento no exterior, chamado de hedge e *overhedge*, deixe de ser deduzido do capital principal das instituições, ampliando o conjunto do capital principal em R$ 46 bilhões.

Hedge é uma operação cujo resultado compensa o seu detentor pelo valor de uma perda em outra operação. Como o investimento no exterior só é tributado no momento da sua realização (venda).

d) Redução do requerimento de capital para operações de crédito com pequenas e médias empresas

Foi diminuída a exigência de capital regulamentar para operações de crédito com pequenas e médias empresas, para reduzir o custo das operações de crédito destinadas a essas empresas. O BC estima liberar para novas operações cerca de R$ 3,2 bilhões da exigibilidade de capital regulatório das instituições, o que permitiria reestruturar até R$ 228 bilhões em operações de crédito a empresas de pequeno e médio portes (receita bruta anual entre R$ 15 e R$ 300 milhões).

Conclusões

A crise econômica disparada pela Covid-19 é diferente das crises que o sistema capitalista viveu em sua trajetória nos últimos duzentos anos. Não é apenas um colapso das expectativas de realização e do valor do capital, dado que questiona a própria forma de vida das sociedades, com impacto direto sobre o trabalho e as formas de produção e circulação do produto.

O imenso leque de políticas acima descritas espelha o temor de que a crise sanitária se transforme numa depressão econômica. As medidas sociais refletem que os governos têm cada vez mais ciência de que sua legitimação social é elemento crucial da sustentação das expectativas privadas sobre a competência de o Estado manter a capacidade de arbitrar perdas e gerir as grandes variáveis macroeconômicas.

Vale observar que o enfrentamento da crise atual parece ser mais "inclusivo" do que o verificado em crises anteriores, quando o foco era os grandes bancos e as empresas de maior porte. A violência da crise sobre o pequeno negócio e o empreendedor individual deu lugar a diversas políticas focalizadas para estes atores econômicos.

No Brasil, as políticas são mais tímidas do que as levadas a efeito no mundo. Os próximos movimentos dirão se o apoio apenas creditício e limitado poderá manter no circuito econômico os milhões de trabalhadores e empresas de menor porte. Infelizmente, nossa percepção da crise é de que o prazo e a profundidade serão maiores do que os instrumentos atualmente desenhados poderiam trazer em termos de efeitos compensatórios.

O cenário internacional e um maior conhecimento da realidade brasileira podem garantir políticas mais amplas e eficientes para proteção da MPE, nos momentos mais agudos da crise. Mas o médio prazo verá grandes transformações econômicas decorrentes do Covid-19 e a MPE não fugirá a uma redefinição de sua forma de interação com essa nova sociedade. Cabe-nos garantir que isso se deu com o menor grau de traumas sociais.

As medidas de distanciamento social derrubaram as vendas físicas e aceleram o processo de digitalização das economias. Sem saber quando a crise virótica terá fim, muitos governos adotaram medidas para intensificar o processo de transformação digitalização das empresas.

Na Itália, o Ministério da Inovação e Digitalização desenvolveu uma iniciativa nomeada de Solidariedade Digital[19] "*Solidarietà Digitale*". Por meio de um portal na internet, as empresas – especialmente as de menor porte e os trabalhadores por conta própria – podem ter acesso a serviços digitais tipicamente mais utilizados por grandes empresas, como tecnologias de teletrabalho, videoconferência, dados móveis, computação em nuvem, programas para facilitar interação com clientes, entre outras tecnologias que facilitam a manutenção da rotina de trabalho e das vendas, mesmo com o distanciamento social.

O treinamento e o acesso a essas tecnologias muitas vezes representam custos demasiadamente elevados para empresas de menor porte. Nesse sentido, iniciativas governamentais como a Solidariedade Digital italiana representam oportunidades não somente de viabilizar a operação de diversas empresas de menor porte, mesmo em tempos de pandemia, como também estimula a difusão de melhores práticas tecnológicas, o ganho de produtividade e a adaptação das empresas de menor porte a uma nova sociedade cada vez mais interconectada e digital.

A Malásia também se destacou como país que adotou estratégia de acelerar o processo de digitalização da economia com objetivo de diminuir os impactos econômicos negativos decorrentes da pandemia e preparar

[19] Para maiores detalhes sobre o programa Solidariedade Digital, ver: https://bit.ly/3e5LqB8 e https://bit.ly/2CaHEJy.

suas empresas de menor porte para a transformação digital. A Corporação de Economia Digital da Malásia[20] ("*Malaysia Digital Economy Corporation* – MDEC"), em conjunto com empresas locais de tecnologia, está desenvolvendo soluções tecnológicas diversas para ajudar os empresários a acessarem mercados e a manterem capacidade gerencial em ambiente de distanciamento social.

De acordo com a MDEC, o acesso a soluções e tecnologias digitais é uma importante forma de inclusão social e de geração de maiores oportunidades, sobretudo às pequenas empresas. Ainda de acordo com o programa, o uso de tecnologias digitais permite simplificar as atividades diárias, possibilita a geração novas fontes de renda e viabiliza ao usuário o acesso à qualificação profissional por intermédio de experiências em canais de *E-learnig*.

Diante a dúvida sobre quando terminará a crise virótica e a certeza de que as economias caminharão inexoravelmente em direção à crescente digitalização, é desejável que o Brasil adote estratégicas políticas de incentivo e facilitação à digitação de suas empresas de menor porte. Muito mais que uma simples política de enfrentamento à crise da Covid-19, pode-se viabilizar a construção integrada de uma ponte entre a sobrevivência de muitas empresas no curto prazo e os ganhos de produtividade e expansão dos mercados nos médio e longo prazos.

Referências

BANCO CENTRAL DO BRASIL (BCB). **Relatório de estabilidade financeira**. Abril, 2020.

BERNANKE, B. Former fed chair ben bernanke weighs in on the economic response to covid-19. Webinar Transcript. **The brookings institution**. Washington, D.C. 2020

CEMEC/FIPE. **Impacto da crise do covid-19 no financiamento das empresas**. Nota CEMEC 06/2020

FEDERAL RESERVE BANK OF ST. LOUIS. **Back-of-the-envelope estimates of next quarter's unemployment rate**. 2020.

[20] https://bit.ly/38A2Mop.

INSTITUTO DE ESTUDOS PARA O DESENVOLVIMENTO INDUSTRIAL (IEDI). Coronavírus e o cenário econômico mundial. **Carta IEDI** n. 994. 2020.

INSTITUTO DE ESTUDOS PARA O DESENVOLVIMENTO INDUSTRIAL (IEDI). Novas ações contra a crise do coronavírus. **Carta IEDI** n. 992. 2020.

INSTITUTO DE ESTUDOS PARA O DESENVOLVIMENTO INDUSTRIAL (IEDI). Quantitative easing: experiência dos Estados Unidos e proposta no Brasil (PEC 10/2020 – 2º turno Senado). **Carta IEDI** n. 991. 2020

INTERNATIONAL MONETARY FUND (IMF). A post-coronavirus recovery in Asia – extending a "whatever it takes" lifeline to small business. **IMFBlog**. 2020.

INTERNATIONAL MONETARY FUND (IMF). Covid-19 crisis poses threat to financial stability. **IMFBlog**. 2020.

INTERNATIONAL MONETARY FUND (IMF). Fiscal policies for the recovery from Covid-19. **IMFBlog**. 2020.

INTERNATIONAL MONETARY FUND (IMF). Fiscal policies to contain the damage from Covid-19. **IMFBlog**. 2020.

INTERNATIONAL MONETARY FUND (IMF). The great lockdown: worst economic downturn since the great depression. **Press Release** No. 20/98. 2020.

INTERNATIONAL MONETARY FUND (IMF). The short-term liquidity line: a new IMF tool to help in the crisis. **IMFBlog**. 2020.

ORGANISATION FOR ECONOMIC CO-OPERATION AND DEVELOPMENT (OCDE). **SME Policy Responses.** Tackling coronavirus (covid-19): contributing to a global effort. 2020.

ORGANISATION FOR ECONOMIC CO-OPERATION AND DEVELOPMENT (OCDE). **Tax and Fiscal Policy in Response to the Coronavirus Crisis:** Strengthening Confidence and Resilience. Tackling coronavirus (covid-19): contributing to a global effort. 2020.

ROUBINI, N. **A Greater Depression?**. Project Syndicate. 2020.

TAX FOUNDATION. **Tracking economic relief plans around the world during the coronavirus outbreak.** 2020

5.
INSTRUMENTOS DE CRÉDITO PARA AS MPES: LEGADO DA PANDEMIA E POSSIBILIDADES DE EVOLUÇÃO

SERGIO GUSTAVO SILVEIRA DA COSTA
LUIZ GUSTAVO MEDEIROS BARBOSA

Se é que possível apontar algum legado positivo da pandemia do Covid-19, a experiência do Programa Nacional de Apoio as Microempresas e Empresas de Pequeno Porte (PRONAMPE) desponta como candidata.

Face ao desafio de fazer chegar crédito às micro e pequenas empresas (MPEs) visando mitigar o efeito cataclísmico da redução da demanda acarretado pelas medidas sanitárias de enfrentamento à pandemia, foi criado o PRONAMPE.

Instituído pela Lei no 13.999/2020, o Programa logrou superar obstáculos para que as medidas tomadas pelo Banco Central para ampliar a liquidez se materializassem para as MPEs.

De fato, considerando as quatro principais linhas disponíveis para as micro ou pequenas empresas – o PRONAMPE, o Programa de Capital de Giro para Preservação de Empresas (CGPE), a Garantia do Fundo Garantidor para Investimentos no âmbito do Programa Emergencial de Acesso a Crédito (PEAC-FGI) e o Programa Emergencial de Suporte a Empregos (PESE) –, o primeiro foi, com folga, o que mais contribuiu para a concessão de crédito à MPEs: 86% do crédito concedido às microempresas e 76% do crédito concedido às pequenas empresas.

Os seguintes fatores podem ser apontados como diferencias do PRONAMPE que contribuíram para seu bom desempenho:

- Ao invés de oferecer crédito diretamente, o programa assume o papel de garantidor das operações, cabendo bancos a responsabilidade de emprestar com recursos próprios;
- A garantia, oferecida pelo Tesouro Nacional, não se aplica a cada operação, mas à carteira do agente financeiro, permitindo, assim, garantir 100% do valor de cada operação, desde que respeitado o limite de 85% da carteira à qual se vincula; e
- A taxa de juros (SELIC + 1,25% a.a.), a carência para pagamento (inicialmente 8 meses e posteriormente 12 meses), o prazo para pagamento (até 36 meses) e a flexibilidade para aplicação tanto em capital de giro quanto em investimentos.

O sucesso do PRONAMPE ensejou a apresentação de Projeto de Lei (PL 5.575/2020), aprovado pelo Senado Federal em março de 2021 e em tramitação na Câmara dos Deputados quando da confecção desse artigo, visando estabelecer as condições para torná-lo permanente.

A esperada perenização do PRONAMPE, que representará um valoroso alento para as MPEs, não deve inibir a discussão de políticas públicas voltadas para soluções estruturais de mercado que permitam uma expansão autônoma (sem dependência direta de recursos do Tesouro Nacional) e diversificada dos instrumentos de crédito voltados para esse segmento. Trata-se não só de apoiar micro e pequenos empreendedores que objetivem alavancar seus negócios, mas, também, de permitir que o sistema financeiro possa exercer seu nobre papel de contribuir para a eficiência alocativa da economia.

Uma possibilidade a ser analisada seria o incentivo ao desenvolvimento de um sistema de *scoring* e ou *rating* para as empresas de menor porte.

Embora a problemática da dificuldade enfrentada pelas MPEs para ter acesso a créditos bancários tenha assumido uma dimensão crítica em meio a pandemia, ela assume uma dimensão estrutural, não só no Brasil, como em outras economias.

Ademais, Matias (2009) apresenta um resumo esquemático das causas desse problema, estudadas pela teoria econômica, reproduzido na figura abaixo.

FIGURA 1 – Os problemas decorrentes da assimetria de informação

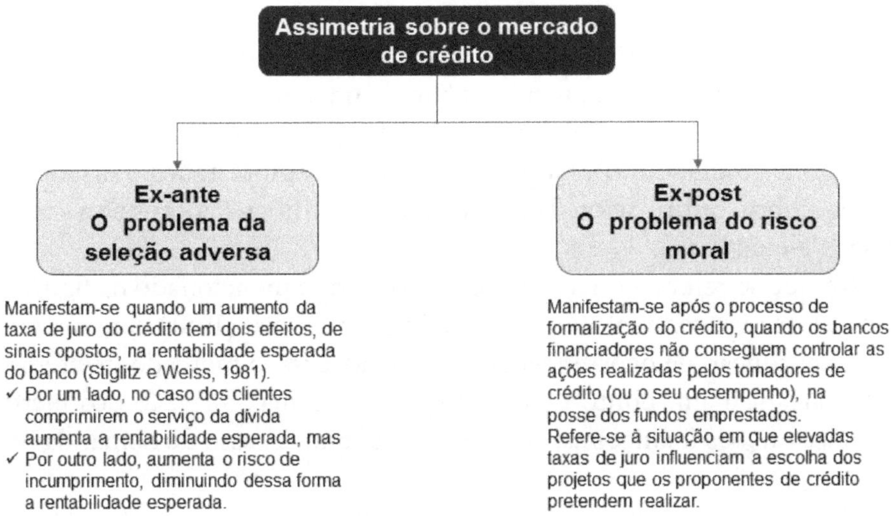

Fonte: Matias (2009).

Segundo Matias (2009), tipicamente, os credores, onde se incluem os bancos, enfrentam um problema de assimetria de informação na gestão do risco creditício, pois acreditam não conhecer plenamente as características das MPEs que pretendem financiar, refletindo-se, por exemplo, numa incapacidade em preverem com exatidão as ações do tomador do crédito e respectivos resultados.

A opacidade que caracteriza o relacionamento entre bancos e MPEs deriva de uma descredibilização generalizada em relação à informação econômico-financeira produzida e divulgada pelas MPEs, a que se associa uma natural incapacidade em estas se autofinanciarem. Em termos teóricos, a assimetria de informação na relação banco-MPE gera problemas decorrentes da seleção adversa na fase de análise de concessão "*ex-ante*" e do risco moral na fase de acompanhamento "*ex-post*".

O fenômeno da seleção adversa surge porque o conjunto de informações sobre o proponente de crédito é incompleto ou incerto, ou porque o financiador utiliza métodos de pesquisa ou fontes de informação que são inapropriadas para a avaliação do risco de financiamento em análise. Neste caso acaba por ser retida a ideia de que os proponentes de crédito mais propensos a pagarem elevadas taxas de juro tendem a ter um maior nível intrínseco de risco.

Os problemas de risco moral surgem após o processo de aprovação e formalização do crédito, quando os bancos financiadores não conseguem controlar a totalidade das ações realizadas pelos tomadores de crédito (ou o seu desempenho), na posse dos fundos emprestados. Portanto, o desequilíbrio informacional entre financiados e financiadores persiste na fase pós-contratual.

No que se refere à seleção adversa, conforme mencionado na figura 1, em seu o artigo seminal sobre o tema, Stiglitz e Weiss (1981) demonstram que, em função da ocorrência de seleção adversa, o mercado de crédito pode alcançar um ponto de equilíbrio, com a maximização dos lucros das instituições financeiras, em que se verifique excesso de demanda por crédito.

Basicamente, o modelo conceitua que as instituições financeiras levam em conta três fatores para concederem empréstimos: as taxas de juros que receberão sobre o montante emprestado, a comprovação de uma determinada quantidade de garantias e o risco do empréstimo (na expectativa de não sofrer inadimplência em seus contratos).

Na medida em que não detêm informações suficientes para avaliar o risco de crédito do tomador do empréstimo, a instituição financeira considera que as empresas que aceitarem tomar empréstimos a taxas de juros mais elevadas são aquelas mais propensas ao *default,* por trabalharem com projetos de maior risco. Assim, conforme aumenta a taxa de juros, se altera o *mix* de tomadores de empréstimo em favor dos detentores de projetos mais arriscados, acarretando a redução do retorno esperado da carteira, o qual pode vir a ser maximizado a uma taxa de juros menor do que aquela que equilibraria a demanda e a oferta.

A seleção adversa também ocorre em relação as garantias, uma vez que o volume de crédito demandado e as garantias apresentadas também afetam o comportamento e a distribuição dos tomadores de empréstimos.

Da mesma forma que com a taxa de juros, existiria um nível ótimo de garantias que um banco deveria exigir, de modo a maximizar seu retorno. Na medida em que não detêm informações suficientes para avaliar o risco de crédito do tomador do empréstimo, a instituição financeira considera que as empresas capazes de aportar maiores garantias são as menos avessas ao risco, que obtiveram maiores retornos por seus projetos. Da mesma forma, considera que os empreendedores mais avessos ao risco tenham obtido retornos menores e tenham menos capacidade de aportar garantias. Assim, conforme aumenta o nível de garantias exigidas, se altera o mix de tomadores de empréstimo em favor dos detentores de projetos mais arriscados, acarretando a redução do retorno esperado da carteira o qual pode vir a ser maximizado a um nível de garantias menor do que aquela que equilibraria a demanda e a oferta.

Os problemas da seleção adversa e do azar moral em relação às MPEs, classificadas como de alto risco por insuficiência de informações, justificaria as altas taxas de juros cobradas e os altos níveis de garantias exigidas, que acabam por alijar as empresas do mercado.

Matias (2009) aprofunda a análise desse processo, descrevendo um ciclo vicioso do financiamento bancário das MPEs, conforme reproduzido na figura 14.

Segundo Matias (2009) a assimetria informacional explica em grande parte porque no financiamento das MPEs se verifica uma predominância do endividamento bancário, em particular de prazos curtos, com taxas relativamente elevadas (associadas à percepção pelos bancos de um maior risco), o que faz com que uma parte substancial dos *cash-flows* por elas gerados possa vir a ser absorvido pelos elevados encargos financeiros, o que acaba também por explicar a quebra de rentabilidade (e de competitividade) e, consequentemente, novas dificuldades surgirão no acesso e na obtenção de melhores condições de financiamento no futuro.

Daí que, no limite, poderão reunir-se as condições necessárias para a eclosão de um ciclo vicioso, que se pode explicar, começando pela fraca afetação de capitais próprios, a volátil e modesta capacidade de geração de *cash-flows* e uma liquidez incipiente apresentada pelas MPEs, que se consubstanciará numa performance econômico-financeira debilitada.

Essa situação, por sua vez, intensifica o agravamento do nível de risco, prejudicando o acesso e as próprias características dos financiamentos obtidos que se refletem no peso significativo dos passivos de curto prazo e em encargos financeiros excessivos que, por sua vez, contribuem para a fraca rentabilidade e o ciclo vicioso.

FIGURA 2 – O ciclo vicioso do financiamento bancário das MPE

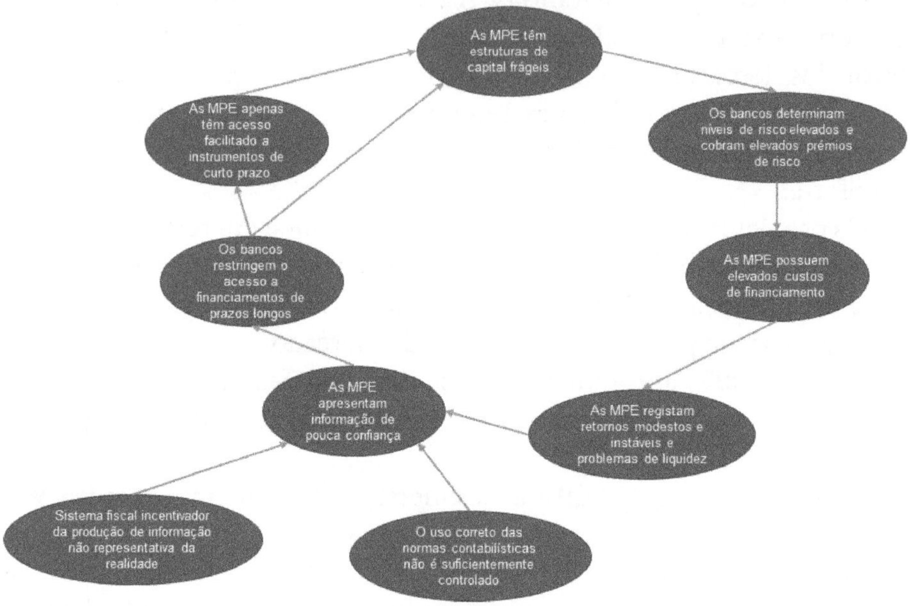

Fonte: Matias, 2009. Adaptado de Fórum para a competitividade das empresas portuguesas (1996).

Nesse contexto considera-se que a introdução de sistemáticas que permitam gerar maiores informações sobre o risco das MPEs, poderia representar uma contribuição estrutural importante para inseri-las nos mercados de crédito. Tradicionalmente, dois instrumentos são utilizados: o *scoring* e o *rating*.

Os conceitos de *rating* e *scoring* para a avaliação da capacidade de pagamento são definidos pela União Europeia, conforme se segue:

- *Rating* de crédito é uma opinião sobre a capacidade de tomar crédito de uma entidade, de uma dívida, título de dívida, ação preferencial ou outro instrumento financeiro ou do tomador/emissor de dívida, título de dívida, ação preferencial ou outro instrumento financeiro utilizando-se de um sistema de ranqueamento de categorias de avaliação estabelecido e definido; e
- *Scoring* de crédito é uma medida da capacidade de tomar crédito gerada por um sistema ou modelo estatístico pré-estabelecido, sem contar, de forma substancial, com input de uma avaliação realizada por analista de *rating*.

Fica patente, dessa forma, que a atividade de *scoring* consiste na aplicação mecânica de um modelo estatístico ao passo que a atividade de *rating*, envolve, necessariamente, a avaliação de analistas.

A referência de crédito, por sua vez, de forma geral corresponde ao levantamento e análise de informações públicas para verificação de dados cadastrais, processos judiciais, comprometimento de patrimônio e falências e a análise de solicitações e operações de crédito realizadas e de consultas das instituições financeiras a esses dados.

TABELA 1 – Porte de empresa, metodologia e informações para análise da capacidade de pagamento

Porte da empresa	**Abordagem metodológica**	**Informações utilizadas**
Médio	*Rating*	Entre 20% e 40% qualitativa e o restante quantitativa
Pequeno	*Scoring*	Até 20% qualitativa e o restante quantitativa
Micro	*Scoring*/ referência de crédito	Alguma informação quantitativa (pouco disponível) e referências qualitativas.
Zero empregados	*Scoring*/ referência de crédito	Quase que inteiramente qualitativa e o restante quantitativa

Fonte: CSES, 2014.

Justifica-se, portanto, a tendência de intensificação da adoção da abordagem metodológica do *scoring* pelas instituições financeiras à medida que o porte da empresa diminui, pois essa favorece ganhos de escala. A experiência das instituições financeiras na adoção de abordagens metodológicas de análise de risco de crédito em função do porte das empresas, apresentadas em CSES (2014)[1] e reproduzida na tabela abaixo, enseja um melhor entendimento dessa questão.

A figura abaixo apresenta uma síntese esquemática das sistemáticas de *scoring e rating*.

Figura 3 – Síntese esquemática das sistemáticas de *scoring e rating*

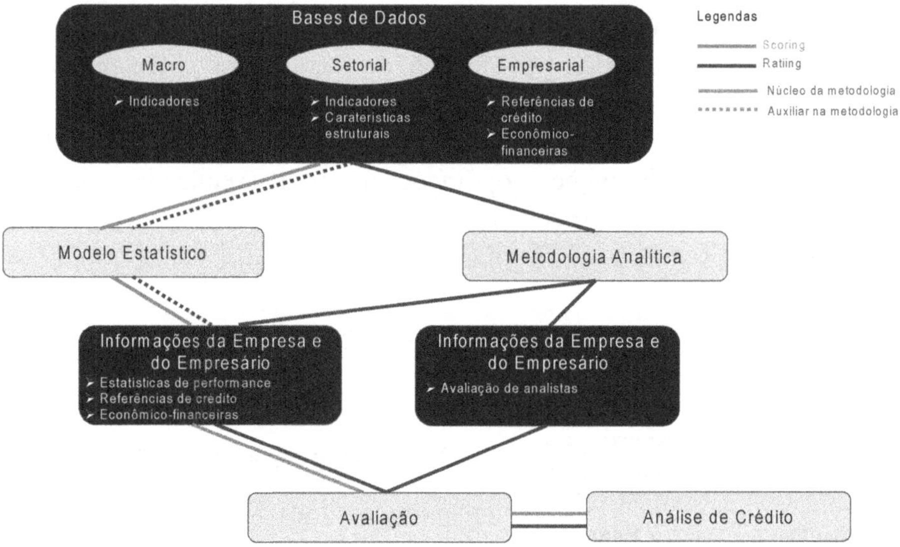

Fonte: Elaboração própria (2021).

As duas sistemáticas são alicerçadas em bases de dados.

No caso do *scoring*, o núcleo do processo é um modelo estatístico que permite estimar riscos de *default*. Esse modelo estatístico é aplicado a

[1] CENTRE FOR STRATEGY & EVALUATION SERVICES (CSES).

informações objetivas da empresa ensejando a avaliação. O resultado da avaliação tem como foco a análise do risco de crédito. A síntese apresentada corrobora o maior potencial de ganhos de escala da sistemática de *scoring*, em função de centrar-se em um modelo estatístico aplicado sobre informações objetivas da empresa e do empresário.

No caso do *rating*, o núcleo da sistemática é uma metodologia analítica que permite estimar riscos de *default*. Modelos estatísticos podem ser utilizados de forma auxiliar[2]. A metodologia analítica e, eventualmente, o modelo estatístico são aplicados a informações objetivas da empresa, contando-se também com avaliação de analistas no que se refere a características da empresa e do empresário, tais como capacidade de gestão, qualidade dos controles gerenciais, recursos humanos e aversão ao risco, ensejando a avaliação. O resultado da avaliação tem como foco a análise de crédito. A síntese apresentada corrobora o menor potencial de ganhos de escala da sistemática de *rating*, em função do papel fundamental da avaliação dos analistas.

Processos automatizados e algoritmos, utilizando informações quantitativas e qualitativas resultam em *scorings* ou *ratings* que permitem desenvolver avaliações de risco de crédito.

Sendo a principal distinção entre *scorings* e *ratings* as informações decorrentes de avaliações de analistas, cabe avaliar em que medida o julgamento por elemento humano é importante.

Conforme destaca CSES (2014), levantamento realizado junto a instituições financeiras aponta que o julgamento por elemento humano é importante, embora possa se adotar diferentes graus de discricionariedade, dependendo o tamanho e tipo das operações de crédito e empresas envolvidas.

Segundo o Comitê de Supervisão Bancária da Basileia, o julgamento por elemento humano, presentes nos processos de *rating* é importante no processo de avaliação do risco de crédito e o *scoring*, ou outros modelos mecânicos de análise, pode representar etapa preliminar ou parcial do

[2] Como registrado em CSES, 2014, conforme o Comitê de Supervisão Bancária da Basileia um sistema de rating, que pode compreender um sistema de scoring, engloba todos os métodos, processos, controles, dados e sistemas de tecnologia da informação necessários para a estimativa de probabilidade de default.

processo. A avaliação e julgamento de analistas é considerada necessária para garantir que a totalidade das informações relevantes seja levada em consideração. Embora os modelos mecânicos possam mitigar o risco de erros idiossincráticos, o uso mecânico de informações limitadas implica em riscos significativos de erros.

As instituições financeiras, de forma geral, detêm departamentos próprios de análise de crédito, uma vez que tal atividade seja um foco relevante de sua operação. Nesse contexto elas mantêm suas próprias metodologias, ferramentas (muitas vezes contemplando sofisticados modelos estatísticos computadorizadas) e bases de dados, tidos como determinantes de vantagens competitivas. Nesse sentido, é natural que não haja interesse em compartilhá-las.

Essa estrutura permite às instituições financeiras avaliarem probabilidades de *default*, reduzirem sua exposição ao risco e minimizarem os custos de recuperação de dívidas.

No entanto, em grande medida, a utilização dessas estruturas para a análise de crédito de MPEs é considerada antieconômica. Em primeiro lugar, em função dos custos de obtenção de informações, uma vez que muitas MPEs apresentam características como: dificuldade de *track record* em função da alta taxa de mortalidade, contabilidade e informação financeira precárias e ativos de difícil avaliação. Em segundo, porque o valor unitário das operações de crédito é baixo.

Nesse contexto, a geração de informações para análise de crédito das MPEs por parte de entidades externas surge como uma estratégia para mitigar os efeitos da assimetria informacional.

Asean (2016)[3], por exemplo, defende que a geração de informações sobre a capacidade de pagamento das PMEs é importante para expandir, acelerar e melhorar a qualidade do crédito disponibilizado para o segmento pelas instituições financeiras e preconiza a necessidade de ser desenvolvido um sistema de *rating/scoring* específico para as PME do sudeste asiático.

Destaca-se, no entanto, que para ser um instrumento de incentivo às instituições financeiras, deve ser capaz de prover essas informações a um

[3] ASSOCIATION OF SOUTHEAST ASIAN NATIONS – ASEAN.

custo adequado. Nesse contexto, seria possível fazer com que instituições financeiras sem experiência com o segmento, que não detêm as informações e a expertise necessário para desenvolver um sistema de análise eficiente, aumentem o direcionamento de suas carteiras de crédito para o segmento.

As funções dessa entidade externa seriam basicamente levantar e organizar informações e elaborar diagnósticos da capacidade de pagamento a serem considerados pelas instituições financeiras. Isso envolve o desenvolvimento de um modelo de análise de risco de crédito utilizando dados e informações disponíveis. Logicamente, o modelo deve se mostrar aderente o suficiente para ganhar e manter a confiança das instituições financeiras, permitindo o estabelecendo de um *track-record* favorável.

No caso brasileiro, o desenho de uma política pública voltada para o desenvolvimento de um sistema de *scoring* e ou *rating* para as empresas de menor porte poderia envolver a indução/incentivo à criação de uma agência independente, que poderia ser financiada por agentes privados, a exemplo da Câmara de Comercialização de Energia Elétrica - CCEE, ou a atuação de agências privadas de análise de crédito no segmento das MPEs. Nesse último caso, um *benchmark* interessante a ser analisado seria a experiência da Índia, que logrou consolidar um mercado de *ratings* para MPEs suprido por empresas que recebem aval das instituições financeiras para operar. Os serviços são pagos pela instituição financeira (preponderantemente) ou pelas empresas. O Governo, através da National Small Industries Corporation (NSIC) subsidia parcialmente *ratings* para as MPEs e menor porte.

Referências

ALTMAN, Edward I. **Financial ratios, discriminant analysis and the prediction of corporate bankruptcy.** The Journal of Finance. Volume 23, Issue 4, September 1968.

ASSOCIATION OF SOUTHEAST ASIAN NATIONS (ASEAN). **Developing an asean benchmark for SME credit rating.** Methodology. 2016.

CENTRE FOR STRATEGY & EVALUATION SERVICES (CSES). **Evaluation of market practices and policies on SME rating**, Final Report. 2014.

MATIAS, Miguel Neves. A assimetria informacional no financiamento das micro e pequenas empresas. **Revista TOC**, Setembro de 2009.

SUBRAMANIAN G Vairava e NEHRU S. (2012). **Implementation of credit rating for SMES (small & medium enterprises)-how is beneficial to indian smes?.** International Journal of Scientific and Research Publications, Volume 2, Issue 4, April 2012. ISSN 2250-3153. Mensal

6.
PEQUENO NEGÓCIO, POTENCIAL INOVADOR, NOVO NORMAL

GERALDO BIASOTO JUNIOR
JOSÉ ROBERTO AFONSO
MURILO VIANA

Introdução

A economia digital não apenas mudou a forma como vivemos e fazemos negócios, mas também impôs a revisão das medidas econômicas para a dimensionar e a avaliar um negócio, isto resultará na definição de novos conceitos e até mesmo teorias acerca de como fazemos e gerenciamos negócios. Em meio ao turbilhão de transformações tão radicais e abruptas, é naturalmente muito difícil para os analistas deixarem de lado as ideias e as mensurações em que foram formados, e que usaram por décadas, para tentarem se arriscar a entender e a construir novos indicadores para repensar o que ainda está a mudar.

No passado, onde trabalhadores eram empregados, com carteira assinada e o capital era formado por ativos imóveis e bem tangíveis, como fábricas, máquinas, equipamentos e construções, era típico se medir e pensar a produtividade, sobretudo a do trabalho. Contudo, cada vez mais se trabalha sem emprego e cada vez mais o grande capital é formado por bens intangíveis. O que se percebe, portanto, é que em que pese no dia a dia da vida dos economistas já se vive nesse novo e diferente mundo, ainda trabalha-se pensando em produtividade, assim dizendo, ainda não se desvencilharam do pensamento moldado num passado que não se repetirá no futuro.

A revolução digital tem transformado de forma profunda não apenas o modo de viver das pessoas, ante o surgimento de empresas como AirBnB, Uber, WhatsApp e Amazon, mas também tem levado a significativas mudanças nas estruturas de mercado (se é que elas ainda existem na forma como as conhecíamos), nas relações intersetoriais e no ambiente concorrencial.

1. A economia digital e seu potencial transformador

Os efeitos da revolução digital sobre o ambiente corporativo vão muito além do surgimento de novas empresas, como as anteriormente citadas e outras, que ante ao seu surgimento modificaram seus mercados de forma drástica, derrubando barreiras à entrada e levando à contestabilidade de mercados anteriormente consolidados ou, ainda, criando mercados completamente novos por meio de inovações radicais. O surgimento e o avanço de tecnologias como *big data*, inteligência artificial, computação em nuvem, entre outros inúmeros exemplos, são alguns dos componentes da nova economia digital, e possuem grande potencial para alavancar, e muito, a produtividade de empresas e setores de economias avançadas, ou mesmo, em desenvolvimento[1].

Os impactos destes elementos no crescimento da produtividade das empresas e dos sistemas econômicos são ainda pouco mensuráveis, e sua prospecção é altamente complexa[2].

Para efeito de grandeza, em estudo elaborado pela McKinsey[3], estimou-se, para os Estados Unidos e Europa Ocidental, um crescimento potencial da produtividade de 2% ao ano, entre 2015 e 2025. As oportunidades geradas pelas tecnologias digitais seriam responsáveis por 60% deste incremento de produtividade, sendo o restante distribuído entre todos os outros elementos que sempre impulsionaram o aumento de produtividade das economias centrais.

[1] Para aprofundar, ver: OECD. **Digital dividend: policies to harness the productivity potential of digital technologies**. OECD Economic Policy Paper, n. 26. 2019.

[2] Ver Ahmad, N.; Schreyer, P. **Are GDP and productivity measures up to the challenges of the digital economy?** OECD Economic Policy Paper. 2016

[3] McKinsey. **Digitalization, ai and productivity**. MGI Research – McKinsey Global Institute. 2018.

O potencial transformador da economia digital ainda se encontra em estágio inicial – vide gráfico 1. Nos Estados Unidos, por exemplo, país de origem de boa parte das maiores empresas de tecnologia, a fração de realização potencial da digitalização da economia é de apenas 18%. Se os países centrais ainda percorreram muito pouco do caminho aberto pela revolução digital, o caso brasileiro é de uma caminhada há pouco iniciada. A fração realizada pela economia brasileira é ainda menor, de apenas 5% do potencial de mudança (McKinsey, 2018).

Gráfico 1 – Percentual já realizado de digitalização da economia frente à estimativa de potencial total de digitalização

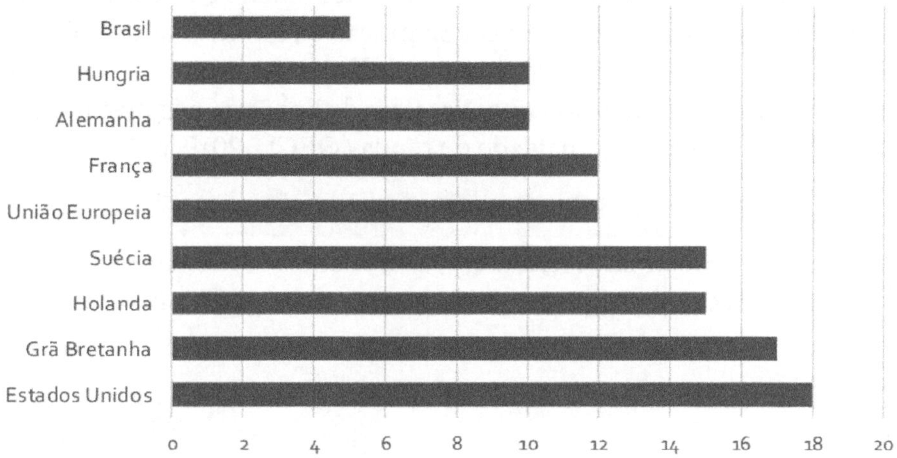

Fonte: McKinsey (2018).

Embora as tecnologias digitais estejam se espraiando pelos diferentes setores das economias, essa difusão tem sido lenta e desigual entre empresas e setores (OECD, 2019, p. 6). Os ganhos de produtividade advindos da adoção de tecnologias digitais exigem o concurso de recursos humanos qualificados e expressivos investimentos, além de aperfeiçoamento de processos e automatização de rotinas (OECD, 2019).

Em vista dos custos e dificuldades gerenciais e operacionais, os ganhos advindos da adoção de tecnologias digitais têm se concentrado em especial nas empresas que já são as mais produtivas. Em virtude desses obstáculos, estudo da OECD[4] apontou que entre 2001 e 2012 a dispersão da produtividade avançou de forma não desprezível – seja aquela captada como valor real adicionado por trabalhador, seja a avaliada pela produtividade total dos fatores. Este fenômeno ainda merece melhor avaliação, mas há indicações de que está ocorrendo um incremento nos diferenciais de produtividade dentro dos próprios setores (tipicamente intrassetorial) analisados. Este fenômeno está sendo observado tanto nos setores industriais como nos de serviços (OECD, 2017).

Também de acordo com a OECD[5], aproximadamente metade da divergência, entre a evolução da produtividade das empresas líderes vis-à-vis as demais empresas do setor, pode ser resultado do processo desigual de adoção de tecnologias digitais. Este fenômeno é relevante, entre outros motivos, porque essa alta concentração da difusão das tecnologias digitais, nas empresas mais dinâmicas, dificulta um maior crescimento médio da produtividade da economia, além de impactar negativamente a dispersão salarial e a desigualdade de renda (OECD, 2019, p. 6).

Gráfico 2 – Produtividade relativa em países selecionados da América Latina e da OECD (em %; produtividade das grandes empresas = 100%)

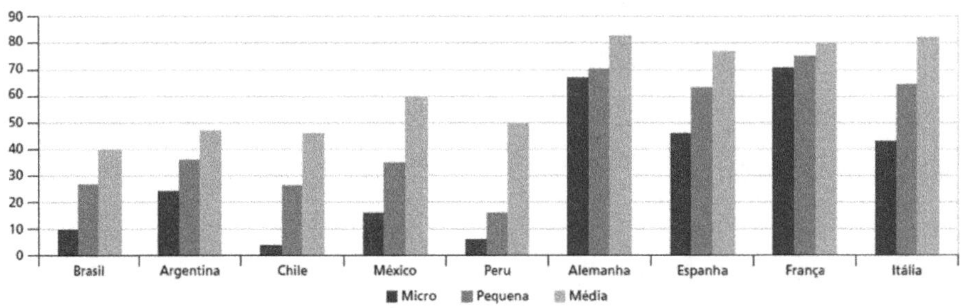

Fonte: Nogueira e Zucoloto (2017). Extraído de Pereira e Nogueira (2018, p. 8).

[4] OECD (Org.). **Business dynamics and productivity**. Paris: OECD Publishing, 2017. 226 p. Ver em: https://bit.ly/2UUTprB

[5] Ver nota de rodapé nº20

Embora diversos estudos da OECD apontem para o crescimento da divergência entre ganhos de produtividade das empresas líderes, normalmente grandes empresas, e das demais empresas concorrentes dentro do mesmo setor, o gráfico 2 revela que as empresas de menor porte dos países centrais apresentam nível de produtividade muito mais próximos ao nível das respectivas grandes empresas, do que o caso de países latino-americanos, como por exemplo o Brasil.

2. Heterogeneidade das pequenas empresas e a dificuldade de se alcançar seu potencial produtivo ante as novas tecnologias

As economias brasileira e latino-americana são marcadas por forte heterogeneidade de suas estruturas produtivas, tanto em âmbito intersetorial, como, especialmente, intrassetorial (NOGUEIRA; OLIVEIRA, 2015).[6] Significa dizer que existe uma coexistência de estruturas empresariais altamente produtivas – com nível de produtividade similar à de seus congêneres em países centrais – com a de estruturas bem menos produtivas, distantes da realidade verificada em boa parte dos países desenvolvidos que compõem a OECD.

Essa elevada heterogeneidade das estruturas produtivas tende a gerar fortes obstáculos à absorção do potencial produtivo decorrente das novas tecnologias digitais, por parte das micro e pequenas empresas – MPEs. Isso porque, o acesso a recursos humanos qualificados e às capacidades de investimento e de aperfeiçoamento de processos e automatização de rotinas, são indubitavelmente muito mais restritivos às MPE dos países subdesenvolvidos, de estruturas produtivas heterogêneas, do que às MPE dos países centrais, marcadamente de estruturas produtivas mais homogêneas.

Pensar uma economia tão flexível como esta economia digital sem que as instituições possam dar vazão aos movimentos dos agentes econômicos em busca da produção e da difusão dos novos paradigmas produtivos e da própria vida cotidiana é uma forma de colocar o governo contra o progresso. Não há dúvida de que propiciar a liberdade de empreender

[6] Nogueira, M.O.; Pereira, L. S. **As Empresas de pequeno porte e a produtividade sistêmica da economia brasileira:** obstáculo ou fator de crescimento? Ipea: Radar, Rio de Janeiro, n. 38, p.41-50, abr. 2015.

às MPE é um elemento inestimável para que a dinâmica da mudança seja preservada e reforçada.

Nunca é demais frisar que as MPEs têm focos muito distintos aos das grandes empresas – algumas na produção da inovação, outras na busca de mercados outras na própria manutenção da coesão social (as voltadas para a subsistência). Seja qual for, serão essenciais para mover e impulsionar a economia digital. As MPE inovadoras poderão cumprir o papel de produzir, de ousar o novo, e mudar os padrões de vida, comportamento e produção. Diversos exemplos disso já são disponíveis e frequentam as primeiras posições nas listagens de empresas com maior valor de mercado.

No caso das empresas voltadas para a subsistência não é menor a importância das MPE. A economia digital, do ponto de vista do trabalho, é uma ruptura radical. A bibliografia é farta sobre a destruição de profissões e queima de postos de trabalho no mundo da carteira assinada. Não há dúvida de que esta face da MPE jogará um papel essencial na manutenção de um mínimo de coesão social frente às mudanças da economia digital

Já no caso das empresas voltadas para o mercado, não é menor a importância. Afinal estamos falando de Brasil e, até mais do que a própria inovação, interessa sua difusão. Só isto garante que a produtividade setorial cresça de maneira consistente.

Conclusões

O que se tem, portanto, é que em que pese elevada heterogeneidade das estruturas produtivas tenderem a gerar fortes obstáculos à absorção do potencial produtivo decorrente das novas tecnologias digitais para mas micro e pequenas empresas, são pequenos negócios que possuem apetite para transformar suas bases produtivas, talvez de maneira mais rápida que as empresas de maior porte, onde a mudança é mais lenta por conta das decisões organizativas e de gestão de ativo imobilizado.

Assim, se conclui que já passa a hora de se despir de conceitos e preconceitos e atentar que, na economia digital, por trás de muitos dos pequenos negócios, estão muito dos ganhos de produtividade, inovação e transformação. Isso não pode ser compreendido com medidas e teorias corretas, mas construídas em torno de uma antiga realidade econômica e social que cada vez perde mais espaço. Não se pode medir como numa economia de bens os negócios da economia digital.

Referências

AHMAD, N.; SCHREYER, P. **Are GDP and productivity measures up to the challenges of the digital economy?** OECD Economic Policy Paper. 2016

MCKINSEY. **Digitalization, ai and productivity**. MGI Research – McKinsey Global Institute. 2018.

NOGUEIRA, M.O.; PEREIRA, L. S. **As Empresas de pequeno porte e a produtividade sistêmica da economia brasileira:** obstáculo ou fator de crescimento? Ipea: Radar, Rio de Janeiro, n. 38, p.41-50, abr. 2015.

OECD. **Business dynamics and productivity**. Paris: OECD Publishing, 2017. 226 p. Disponível em: https://bit.ly/2UUTprB

OECD. **Digital dividend:** policies to harness the productivity potential of digital technologies. OECD Economic Policy Paper, n. 26. 2019.

7.
MICROEMPRESA É MACROEMPREGADOR

JOSÉ ROBERTO AFONSO
THIAGO FELIPE RAMOS DE ABREU

Introdução

No debate econômico recente no país, cresceu a preocupação sobre o impacto do Simples Nacional e do MEI (Microempreendedor Individual) sobre o orçamento público e a efetividade que essas políticas possuem para a economia no geral.

Enquanto o mundo discute um novo contrato social, em virtude da nova onda tecnológica da automação do trabalho e do trabalho independente, onde cada vez mais trabalho não significa emprego[1], no Brasil, este debate vem sendo pautado por pensamentos e análises simplórias ante a dificuldade de lidar com desafios tão gigantescos e complexos como, por exemplo, repensar as relações do mercado de trabalho no futuro e a consequente necessidade de reorganizar a seguridade social e o seu financiamento. Além disso, o país padece de uma taxação excessiva sobre a folha salarial, muito além das encontradas em países em desenvolvimento como o Brasil, custo esse fruto das mais diversas medidas e fatos que só nosso país possui. Essa questão passa pelo debate das novas formas de trabalho da Revolução 4.0, porém possui um arcabouço político e não sociocultural, que o mundo hoje enfrenta.

[1] Shafik. N. **A new social contract.** IMF: finance & development, dez. 2018, v. 55, n. 4. Disponível em: https://bit.ly/33JEMxZ.

Pode-se citar como exemplo a publicação anual *The Global Competitiveness Report* do Fórum Econômico Mundial onde se apresenta como resultado que, numa amostra de 141 países, o Brasil fica na 105ª colocação na qualidade do seu mercado de trabalho. Galgando colocações ainda piores em: Práticas de contratação e demissão (133º); Cooperação nas relações trabalho-empregador (128º); e Flexibilidade de determinação de salários (123º)[2].

Culpar esses regimes especiais pela chamada "pejotização" diante de tamanho caos que é o mercado de trabalho brasileiro; acrescido ainda da recente recessão fiscal brasileira, seguida da crise provocada pela pandemia do novo coronavírus é algo falacioso.

No extremo, seria tratar como renúncia tributária a diferença entre o pago por um optante do MEI e o que em tese seria recolhido por ele e seu empregador caso tivesse um emprego com salário igual ao declarado no MEI. É um exercício teórico (para não dizer masoquista) supor que parte do trabalhador a opção de abrir mão de salário, com carteira assinada, mais benefícios e direitos, inclusive em caso de demissão, para se tornar microempreendedor por opção e vocação. É ignorada a realidade em que o MEI é uma opção à informalidade e, ao dominante hoje, ao desemprego e desocupação.

Neste contexto, é importante também atentar para a relevância do Simples Nacional como gerador do emprego formal no país. Em 2018, segundo a Rais, 28,9% de todos os empregos via CLT eram contratados por empresas optantes pelo Simples. Esse peso é ainda maior sobre vínculos que recebem até dois salários mínimos, chegando a 38,8%, sendo, portanto, de extrema importância para a população mais pobre, conforme gráfico 3.

Diante do exposto, é que se faz importante responder se: sem o tratamento tributário simplificado e diferenciado proporcionado pelo Simples às MEIs, esses empregados que recebem até dois salários-mínimos (cerca de 21,6% de todos os vínculos Celetistas) continuariam contratados via CLT ou estariam na informalidade/desempregados?

[2] **Fórum econômico mundial**. The Global Competitiveness Report 2019. Disponível em: https://bit.ly/3olF0U0.

GRÁFICO 1 – Quantidade de Vínculos Celetistas do Simples Nacional: Em % do Total (2018)

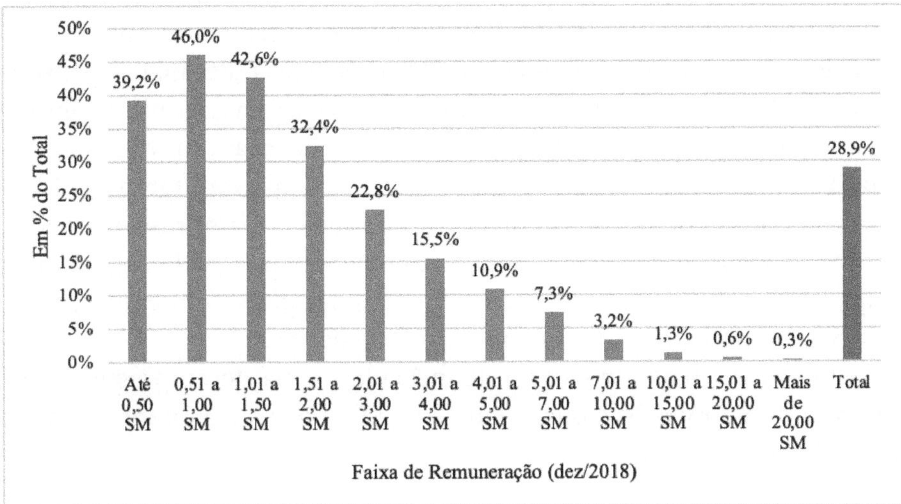

Fonte primária: RAIS Vínculo (2018). Elaboração própria (2021).
Nota: *excluso faixa de remuneração sem classificação.

Cabe lembrar que os possíveis **"pejotizados"** do Simples Nacional, caso das pessoas jurídicas optantes em atividade, mas sem empregado, contribuem compulsoriamente para a Previdência Social porque, no lugar da folha salarial (inexistente) recolhem sobre o faturamento –com alíquota que varia de 1,6% até 10,07%, conforme setor de atividade e tamanho de suas receitas[3].

Na prática, há um subsídio cruzado dentro do regime (e talvez injusto). As microempresas que faturam e não empregam subsidiam, indiretamente, aquelas que empreguem e proporcionalmente quanto mais empreguem. Estudo da FGV Projetos apurou que cerca de metade dos optantes do Simples (46,5%) em 2015 faturavam, mas não tinham

[3] Para mais detalhes ver: AFONSO, J. R. R.. **Não é (o) simples!** Conjuntura Econômica, v. 73, p. 22-26, 2019.

um funcionário[4]. A questão é que essa proporção é para o conjunto do regime e ele deve mudar muito conforme a atividade e suas vendas.

Uma indicação aproximada pode ser extraída de dados da RFB para 2018 sobre número de empresas e empregados mais faturamento, por faixa de faturamento[5]. Na média, quanto mais se faturava, mais se empregava, com visível contraste entre as duas faixas extremas: as microempresas que faturavam até R$ 180 mil por ano não chegavam a ter um empregado por empresa (0,9 na média), enquanto as que faturaram mais de R$ 4,8 milhões por ano, geravam 26,4 empregos por empresa, na média. Ainda que estas suportem alíquota para previdência superior às menores empresas, o fato é que muitos dos menores optantes, sem empregados, contribuem para previdência sem ter folha salarial.

A tabela 4, abaixo, mostra a quantidade média de empregados por empresa do Simples Nacional (dados de 2018) por faturamento e anexo da Lei Complementar 123/2006.

Tabela 1 – Quantidade Média de Empregados por Empresa do Simples Nacional (2018): por faturamento e anexo da Lei Complementar 123 de 2006

Fx. Receita Bruta	Sem PGDAS-D	Comércio	Indústria	Serviços em Geral	Serviços com a CPP paga fora do Simples Nacional[1]	Serviços Intelectuais[2]	Total
Sem Rendimento	0.3						0.3
de 0,01 até 180 mil		0.9	1.6	0.8	0.8	0.3	0.9
Acima de 180 mil até 360 mil		2.3	4.1	2.5	2.1	0.7	2.4
Acima de 360 mil até 720 mil		3.8	7.3	5.2	4.3	1.6	4.5
Acima de 720 mil até 1.800 mil		7.1	12.1	11.0	9.9	4.5	8.7
Acima de 1.800 mil até 3.600 mil		13.1	21.6	23.4	25.1	11.1	17.3
Acima de 3.600 mil até 4.800 mil		18.1	29.1	37.4	39.7	21.4	27.2
Acima de 4.800 mil		15.0	24.1	37.1	40.2	23.6	26.4
Total	**0.3**	**2.9**	**6.8**	**2.7**	**3.4**	**0.8**	**2.4**

Fonte: DW Simples Nacional. Elaboração própria (2021).
Nota: [1] Construção civil, Decoração e Paisagismo, Segurança, Limpeza e Serviços Advocatícios; [2] Médicos, Dentistas, Engenheiros, Consultores etc.

[4] Trata-se de um estudo realizado em parceria com o Sebrae e a RFB, mas não aberto ao público, para mais detalhes acerca do tema ver: AFONSO, J. R. R.. **Não é (o) simples!** Conjuntura Econômica, v. 73, p. 22-26, 2019.

[5] Para mais detalhes ver AFONSO J.R.R.; *et al.*. **Nada simples.** Conjuntura econômica, v. 74, p. 28, 2020. Disponível em: https://bit.ly/2VPdLVK.

Com relação ao MEI, no final do ano de 2019, havia 9,43 milhões de optantes. Estes contribuem mensalmente para a previdência social com um percentual de 5% sobre um salário-mínimo além de um valor fixo do ISS e ICMS, chegando a um valor para o ano de 2019 de R$ 50,90 para atividades de comércio e indústria e R$ 54,90 para atividades de serviços.

Infelizmente, em dezembro do mesmo ano, 46,5% de todos os MEIs não conseguiram pagar essa taxa mensal, além do mais, durante a crise da covid-19, 5,2 milhões de optantes, pouco mais da metade da quantidade total de MEIs, receberam auxílio emergencial.

De novo vale a pergunta: se não houvesse o Microempreendedor Individual e o tratamento diferenciado que se tem na tributação destas empresas, esses empreendedores estariam formalizados enquadrados na modalidade do Lucro Presumido ou Real, com um emprego de carteira assinada, ou estariam na informalidade/desempregados?

O Sebrae divulga anualmente o Perfil do MEI[6], lá é possível acompanhar algumas estatísticas sobre esses trabalhadores, onde se destaca que: 25% optaram por ser MEI para aproveitar os benefícios do INSS, 24% para se formalizar, 13% para conseguir emitir Nota Fiscal; 76% possuem o MEI como única fonte de renda; somente 2% era empreendedor formal antes de se tornar MEI, 51% era celetista e 12% era empreendedor informal. 53% afirmaram que passaram mais de 8 anos na informalidade antes da opção pelo MEI. Qual o tamanho do gasto tributário que teríamos em deixar tamanha população na informalidade?

A Receita Federal estima que a renúncia fiscal média em Contribuições à Previdência Social do MEI foi de R$ 2,36 bilhões nos anos de 2015 a 2020, em torno de 0,8% do total das Renúncias Tributárias; para o Simples Nacional R$ 24,5 bilhões, 8,4% do total.

Ou seja, paga-se ao ano tamanha quantidade para que 10 milhões de brasileiros possam se formalizar e se aposentar recebendo um salário mínimo, para que 38,8% dos vínculos celetistas de até 2 salários mínimos continuem a existir. De mesmo modo que se paga R$ 30 bilhões ao ano para 18 milhões de beneficiários do Bolsa Família.

[6] Disponível em: https://bit.ly/3ojJLgP.

A existência de tais programas possui dezenas de motivos, e é preciso combater e mitigar os problemas que endossam a necessidade destes. O país precisa afrontar a doença e não o paliativo. Se fosse possível auferir o tamanho do gasto tributário da informalidade, talvez não seria necessário tratar sobre esse assunto.

Referências

AFONSO, J. R. R.. **Não é (o) simples!** Conjuntura Econômica, v. 73, p. 22-26, 2019.

AFONSO J.R.R.; *et al.*. **Nada simples.** Conjuntura Econômica, v. 74, p. 28, 2020. Disponível em: https://bit.ly/2VPdLVK.

FÓRUM ECONÔMICO MUNDIAL. **The global competitiveness report** 2019. Disponível em: https://bit.ly/3olF0U0.

SHAFIK. N. **A new social contract.** IMF: finance & development, dez. 2018, v. 55, n. 4. Disponível em: https://bit.ly/33JEMxZ.

8.
IMPACTO DA ECONOMIA DIGITAL E DA TRIBUTAÇÃO 4.0 NAS EMPRESAS DO SIMPLES NACIONAL

HADASSAH LAÍS DE SOUSA SANTANA
BRUNNA PASSOS CLEMENTE ASSUNÇÃO

Introdução

O presente artigo pretende discorrer a respeito dos impactos da economia digital e da Tributação 4.0 sobre as micro e pequenas empresas, integrantes do regime tributário do Simples Nacional, através de uma análise das transformações que a implementação do meio digital tem causado às formas de relações sociais e econômicas, discutindo-se quanto ao papel do Estado em buscar os meios jurídicos e tributários necessários a adequação a nova era de serviços digitais.

1. Economia digital e a tributação 4.0

O mundo vem sofrendo uma grande evolução tecnológica e presenciando o funcionalismo ofertado pelos aplicativos e streaming. Esses avanços tecnológicos têm possibilitado que um maior número de pessoas sejam alcançadas com as ofertas de serviço, de compra e venda.[1]

[1] Abdalla Filho, Eduardo Mamed; Garcia, Silvio Marques. A tributação dos serviços de *streaming*. **Revista de Iniciação Científica e Extensão da Faculdade de Direito de Franca**. ISSN 2675-0104 v. 5, n. 1, 2020.

O *streaming*, ou "fluxo de mídia", é uma tecnologia que se fundamenta na transmissão digital de conteúdo, de forma temporária ou contínua, utilizando-se apenas a internet.[2]

A sociedade tem buscado cada vez mais a praticidade, principalmente nos serviços utilizados no cotidiano, de uma forma que se possa otimizar o tempo e poupar cada vez mais. Atualmente, os smartphones tornaram-se bens necessários às pessoas como um meio de comunicação e, até mesmo, de trabalho. Dessa forma, torna-se indispensável que as empresas estejam envolvidas no mercado virtual, a fim de se conectarem com seus clientes. Portanto, as empresas que desenvolvem a criatividade e a inovação têm ocupado lugares de grande relevância.

A pandemia do coronavírus resultou em diversos impactos econômicos e sociais. Os serviços que fazem parte do cotidiano das pessoas se tornaram um impasse para as empresas que não se submeteram à inovação, uma vez que a calamidade exigiu que todos se entregassem à tecnologia. Instituições educacionais aderiram ao ensino remoto, bem como trabalhadores trocaram o ambiente físico pelo virtual, laborando em suas próprias casas. Empresas substituíram a divulgação e venda de seus produtos em ambientes físicos pela utilização de plataformas virtuais.[3]

É certo que a economia digital apresentará um grande impacto na economia e na tributação, em especial sobre o consumo, uma vez que a ampliação dos novos serviços, seguramente, resultará na cobrança de impostos, levantando discussão a respeito dos "impostos do futuro", em relação às adaptações que serão necessárias para a administração tributária.[4]

Considerando que na nova economia tudo é digital, a grande discussão se dá em relação à tributação das plataformas de streaming, que cedem, de forma temporária, o direito de acesso a determinados serviços, como

[2] MALLON, Milene Suzano; MATOS, Jorge Rafael. A tributação da modalidade de compartilhamento de dados por streaming no ordenamento jurídico-tributário brasileiro. **Revista Direito Tributário Atual**, São Paulo: Instituto Brasileiro de Direito Tributário, v. 44, p. 358-376, 2020.

[3] GULLO, Maria Carolina Rosa. A economia na pandemia COVID-19: algumas considerações. **Revista Rosa dos Ventos – Turismo e Hospitalidade**, v. 12, n. 3., 2020.

[4] AFONSO, José Roberto R.; *et al.* **Tributação 4.0.** São Paulo: Almeida, 2020.

Netflix, YouTube e Spotify,[5] que vêm crescendo sobremaneira e fazendo cada vez mais parte do cotidiano das pessoas, resultado da ampla acessibilidade à internet, que alcança hoje, no país, 74,9% (setenta e quatro, vírgula nove por cento) das residências.[6]

Considerando a evolução acelerada do desenvolvimento tecnológico e das formas de negócios, é necessário discutir a respeito da adequação das normas tributárias à nova economia digital, envolvendo a denominada Indústria 4.0 e a Tributação 4.0.

Diante disso, em 15 de abril de 2020, diversos autores realizaram o lançamento da obra "Tributação 4.0", por meio de videoconferência, a fim de discutir sobre o contratempo normativo que os rápidos avanços tecnológicos têm exigido no cenário atual, bem como o impacto nas relações de trabalho. O grande e, talvez, maior desafio da Tributação 4.0 está relacionado à necessidade de uma conformidade positivada que se adapte às novas realidades do país.

Segundo Marco Aurélio Greco (2000), analisando a problemática que envolve a aplicação das leis em um contexto completamente virtual, a sociedade passa a ser global realizando atos, celebrando negócios, transmitindo e recebendo informações de todo o Mundo e, muitas vezes, sua conduta acaba escapando do controle jurídico de cada ordenamento positivo.[7]

Há interesse por parte do Fisco na tributação dos serviços de streaming, entretanto, ainda há discussões a respeito da classificação de sua natureza jurídica, o que interfere na forma de arrecadação dessas atividades. Considerando a velocidade das mudanças estruturais, torna desafiadora a discussão a respeito dos impostos mais apropriados para o futuro.

[5] ABDALLA FILHO, Eduardo Mamed; GARCIA, Silvio Marques. A tributação dos serviços de *streaming*. **Revista de Iniciação Científica e Extensão da Faculdade de Direito de Franca**. ISSN 2675-0104 v. 5, n. 1, 2020.

[6] MALLON, Milene Suzano; MATOS, Jorge Rafael. A tributação da modalidade de compartilhamento de dados por streaming no ordenamento jurídico-tributário brasileiro. **Revista Direito Tributário Atual**, São Paulo: Instituto Brasileiro de Direito Tributário, v. 44, p. 358-376, 2020.

[7] GRECO, Marco Aurélio. **Internet e Direito**. São Paulo: Dialética, 2000.

O atual Sistema Tributário, por possuir um caráter indiscutivelmente complexo e regressista, necessita de transformações em sua estrutura, para que, assim, possa acompanhar a implementação da Tributação 4.0.

Precisa-se entender o papel da tributação na estabilização da economia de um país, como responsável por controlar os preços do mercado e a política monetária.

Tal como, é fundamental para o desenvolvimento do país que se estabeleça um sistema tributário eficiente e equilibrado, levando em conta que a conexão entre o cidadão e a responsabilidade social como contribuinte é gerada pela forma de tributação.[8]

Cabe destacar que a tributação influencia diretamente no fator econômico, vez que a incidência de impostos interfere na realidade econômica do país, considerando a competência do Estado em intervir na estabilização da economia, de forma a regular os preços de mercado; assim como no bem-estar social, considerando que o destino da tributação é a função social.

A tecnologia está pontualmente ligada ao aspecto político do país, uma vez que o seu desenvolvimento está relacionado à implementação de novas tecnologias no âmbito econômico e social.[9]

O progresso da Indústria 4.0 no Brasil requer do Estado que a tributação digital esteja como prioridade, discutindo-se a respeito das reformas administrativa e tributária e investindo na inovação de forma acelerada, ainda que obtendo um resultado a longo prazo.

A considerável presença da internet no setor industrial, bem como a produção automatizada, apresenta diversas oportunidades aos empreendedores, especialmente às empresas integrantes do Simples Nacional, que podem usufruir da tecnologia para a inserção de seus serviços à competitividade do mercado de forma ampla e ilimitada.

[8] INDA, Eduardo David; IBAÑEZ, André Pedreira. Tributação digital: análise sobre a incidência de ICMS e ISSQN na tecnologia *Streaming*. **Revista do Curso de Direito do Centro Universitário Metodista – IPA**. Justiça e sociedade v. 3, n. 1, 2018.

[9] DEL MASSO, Fabiano. In: CARVALHO, Maria Miguel *et al.* **Democracia Económica e Responsabilidade Social nas Sociedades Tecnológicas**. Braga: Edum, 2019. p. 259. Disponível em: http://hdl.handle.net/1822/59081. Acesso em: 25 maio 2021.

2. O simples nacional

Atualmente, o Brasil adota três modalidades de regime tributário. Dentre essas modalidades está o Simples Nacional, criado pela Lei Complementar nº 123/2006[10] com a finalidade de diminuir a burocracia e o alto custo para as micro e pequenas empresas (MPEs), bem como os microempreendedores individuais (MEIs).[11]

Segundo Teixeira (2017), a figura do microempreendedor individual foi criada a fim de reduzir a carga tributária e eliminar a burocracia dos processos de escrituração para os empreendedores, afirmando que, em menção à Lei Complementar nº 123/2006:

> A legislação citada visa primordialmente regularizar a situação de milhares de empresários irregulares no Brasil, que permanecem nesta condição entre outras razões pelo custo burocrático e tributário, sem prejuízo do tempo necessário para se formalizar perante os órgãos competentes, entre eles a Junta Comercial. (TEIXEIRA, 2017)[12]

Em outros termos, o sistema unificado de arrecadação de tributos – Simples Nacional – tem o objetivo de possibilitar que as MPEs possuam equidade quanto às grandes empresas, uma vez que o custo econômico que incide sobre as MPEs, devido ao seu pequeno porte, acaba sendo maior do que o custo que incorre sobre as grandes empresas.[13]

Por esse motivo, é necessário que as MPEs sejam preservadas, considerando que, segundo a Organização para a Cooperação e Desenvolvimento Econômico (OCDE), compõem 94% (noventa e quatro por cento)

[10] BRASIL. Lei complementar nº. 123, de 14 de dezembro de 2006. Institui o Estado Nacional da Microempresa e da Empresa de Pequeno Porte e dá outras providências. **Diário Oficial da União**: seção IV, Brasília, DF, dez. 2006.

[11] SANTIAGO, Silas. **Simples nacional:** o exemplo do federalismo fiscal brasileiro. São Paulo: Saraiva educação. 2017.

[12] TEIXEIRA, Tarcísio. **Direito empresarial sistematizado.** 6ª ed, São Paulo: Saraiva, 2017.

[13] PAES, Nelson Leitão. **Simples Nacional no Brasil:** o difícil balanço entre estímulos às pequenas empresas e aos gastos públicos. Belo Horizonte: Nova Economia, 2014.

das empresas industriais e cerca de 95% (noventa e cinco por cento) das empresas de prestação de serviços nos países ocidentais.[14]

Dessa forma, para que sejam corrigidas as falhas de mercado e reduzida a desigualdade entre as MPEs e as empresas de grande porte, é necessário empregar diligências, como a diminuição da carga tributária, a redução das declarações e a supressão das obrigações acessórias, o que facilita a gestão e a rotina das empresas.

Adotar o Simples Nacional como regime tributário para cálculo e recolhimento de impostos é uma opção para as micro e pequenas empresas, sendo que aquelas que assim optarem, usufruirão da vantagem do recolhimento mensal, através de um documento único de arrecadação. Ademais, o cálculo das tabelas de alíquotas dos impostos para as empresas integrantes do Simples Nacional será fundamentado pela receita da transação comercial, em substituição ao pagamento de elevada porcentagem de tributos dos demais regimes tributários.

Através do regime do Simples Nacional, o Brasil promoveu diversos benefícios fiscais para as micro e pequenas empresas, uma vez que são responsáveis por uma elevada representatividade na economia do país.

3. O impacto da tributação 4.0 nas empresas do simples nacional

O mercado das micro e pequenas empresas tem sido transformado através da implementação expressiva da tecnologia das relações de consumo.

A expectativa é que a economia digital se expanda cada vez mais, o que é visto como uma oportunidade para as MPE, uma vez que diminui as limitações em relação às grandes empresas, proporcionando um maior alcance ao consumidor, considerando que, por serem menores, existe uma maior facilidade de adaptação. Portanto, é possível que, utilizando os novos meios tecnológicos, as MPE superem as empresas maiores.

Percebe-se que, atualmente, o sistema de marketing se tornou digital e tem se tornado cada vez mais indispensável como estratégia de alcance e de facilitação aos clientes. As micro e pequenas empresas que aderem

[14] ORGANIZAÇÃO PARA COOPERAÇÃO E DESENVOLVIMENTO ECONÔMICO (OCDE). **Taxation of small and medium enterprises – Key issues and policy considerations.** Paris: OCDE, 2009.

ao meio digital, certamente se destacam e permanecem na competitividade do mercado.

O mundo está conectado ao digital, quase todos utilizam smartphones como formas de lazer e, até mesmo, de trabalho, o que torna imprescindível que as MPEs estejam sempre inovando e utilizando a tecnologia a fim de aperfeiçoar os seus serviços.

Investir em uma boa infraestrutura de Tecnologia da Informação é necessário para assegurar a agilidade e a efetividade dos serviços, tendo em conta que a conectividade entre o cliente e a tecnologia está presente em todo o planejamento estratégico de mercado.

A economia digital afeta todos os setores de uma empresa, como é o caso das transações financeiras, levando em conta que até mesmo alguns bancos são inteiramente digitais.

Dessa forma, para que o cliente obtenha segurança ao consumir um serviço completamente digital, as MPEs devem investir em uma segurança de ponta, ressaltando a importância dos serviços de Tecnologia da Informação na empresa.

As micro e pequenas empresas já se destacam no quesito de possuírem grande relevância na geração de empregos. Com a implementação dos meios digitais, é ainda mais possível que sejam gerados novos pequenos negócios, uma vez que o mercado virtual expande as oportunidades e, consequentemente, aumenta a criação de novos empregos.

A tributação sobre o comércio físico e o digital difere-se em algumas peculiaridades, como em relação ao Imposto sobre Circulação de Mercadorias e Serviços (ICMS). Isso porque, no ato de compra e venda por meio virtual, as partes dessa relação não estão no mesmo ambiente, podendo, até mesmo, estar em Estados diferentes, o que, pelo fato do ICMS ser um imposto estadual, sua incidência dependerá da distinção do imposto, se devido ao Estado onde reside o vendedor ou se ao Estado de destino do objeto de compra.[15]

[15] SEBRAE. **Microempresa, empresa de pequeno porte e microempreendedor individual: diferenças e características**, 2021.

Quanto ao Imposto de Renda (IR), sua incidência sobre pessoa jurídica é calculada em relação resultado operacional da empresa.[16]

Entretanto, o microempresário individual, desde que sob as condições do regime tributário do Simples Nacional, possui isenção de todos os impostos federais, o que inclui o Imposto de Renda sobre Pessoa Jurídica (IRPJ), excluindo a obrigação de declarar IR. Por outro lado, o MEI possui outras obrigações, como efetuar, mensalmente, o pagamento do Documento de Arrecadação do Simples Nacional (DAS), entregando a Declaração Anual do Simples Nacional (DAS-SIMEI) até a data prevista.[17]

Já as micro e pequenas empresas inseridas no regime do Simples Nacional, devem pagar o IRPJ, com a especificidade de que não necessitam realizar a declaração do Imposto de Renda, mas precisam entregar a devida DAS-SIMEI.[18]

Ante ao exposto, vê-se que a evolução do comércio eletrônico tem sido capaz de produzir um grande impacto financeiro no país, submetendo o Direito Tributário à capacidade de se posicionar como garantidor da igualdade entre os comerciantes, desafio a ser enfrentado nas reformas administrativas e tributárias, para que o comércio digital seja tributado por um sistema simples e eficaz.

Conclusões

O presente artigo buscou analisar os efeitos que a evolução tecnológica tem gerado na sociedade e, especialmente, à economia do país. Foi apresentado o tema da Tributação 4.0, como uma discussão a respeito do papel do Estado frente às novas formas de prestação de serviços, o que vem tornando as empresas cada vez mais virtuais. Foi realizada uma abordagem quanto às empresas integrantes do regime tributário do Simples Nacional, em relação a digitalização das micro e pequenas empre-

[16] Sebrae. **Microempresa, empresa de pequeno porte e microempreendedor individual: diferenças e características**, 2021.

[17] Pessôa, Leonel Cesariano; Costa, Giovane de; Maccari, Emerson Antonio. **As micro e pequenas empresas, o simples nacional e o problema dos créditos de ICMS**. São Paulo: Revista Direito GV, 2016.

[18] Pessôa, Leonel Cesariano; Costa, Giovane de; Maccari, Emerson Antonio. **As micro e pequenas empresas, o simples nacional e o problema dos créditos de ICMS**. São Paulo: Revista Direito GV, 2016.

sas e como o a economia digital interfere no mercado das novas relações negociais.

Por fim, conclui-se que a problemática da tributação frente à economia digital é um desafio que os países estão enfrentando, tendo em vista que a tecnologia tem predominado nas relações sociais e econômicas, necessitando, portanto, de um sistema tributário claro, simplificado e eficaz, de forma que, em especial, as empresas integrantes do Simples Nacional, acompanhem o desenvolvimento, a fim de continuarem gerando riquezas e empregos ao país.

Referências

ABDALLA FILHO, Eduardo Mamed; GARCIA, Silvio Marques. A tributação dos serviços de *streaming*. **Revista de Iniciação Científica e Extensão da Faculdade de Direito de Franca**. ISSN 2675-0104 Vol. 5, n. 1, 2020.

AFONSO, José Roberto R.; ARAÚJO, José Evande Carvalho. A tributação dos lucros das gigantes de tecnologia. *In*: AFONSO, José Roberto; SANTANA, Hadassa Laís (coord.). **Tributação 4.0.** São Paulo: Almeida, 2020.

BRASIL. Lei complementar nº. 123, de 14 de dezembro de 2006. Institui o Estado Nacional da Microempresa e da Empresa de Pequeno Porte e dá outras providências. **Diário Oficial da União**: seção IV, Brasília, DF, dez. 2006.

DEL MASSO, Fabiano. In: CARVALHO, Maria Miguel et al. **Democracia Econômica e Responsabilidade Social nas Sociedades Tecnológicas**. Braga: EDUM, 2019. p. 259. Disponível em: <http://hdl.handle.net/1822/59081>. Acesso em: 25 mai. 2021.

GRECO, Marco Aurélio. **Internet e Direito**. São Paulo: Dialética, 2000.

GULLO, Maria Carolina. **A economia na pandemia COVID-19:** algumas considerações. Vol. 12 n. 3. Rosa dos Ventos – Turismo e Hospitalidade, 2020.

INDA, Eduardo David; IBANEZ, André Pedreira. Tributação Digital: Análise sobre a Incidência de ICMS e ISSQN na Tecnologia *Streaming*. **Revista do Curso de Direito do Centro Universitário Metodista – IPA**. JUSTIÇA E SOCIEDADE Vol. 3, n. 1, 2018.

MALLON, Milene Suzano; MATOS, Jorge Rafael. A tributação da modalidade de compartilhamento de dados por streaming no ordenamento jurídico-tributário brasileiro. **Revista Direito Tributário Atual**, São Paulo: Instituto Brasileiro de Direito Tributário, v. 44, p. 358-376, 2020.

ORGANIZAÇÃO PARA COOPERAÇÃO E DESENVOLVIMENTO ECONÔMICO (OCDE). ***Taxation of small and medium enterprises – Key issues and policy considerations.*** Paris: OCDE, 2009.

PAES, Nelson Leitão. **Simples Nacional no Brasil:** o difícil balanço entre estímulos às pequenas empresas e aos gastos públicos. Belo Horizonte: Nova Economia, 2014.

PESSÔA, Leonel Cesariano; COSTA, Giovane de; MACCARI, Emerson Antonio. **As micro e pequenas empresas, o simples nacional e o problema dos créditos de ICMS.** São Paulo: Revista Direito GV, 2016.

SANTIAGO, Silas. **Simples Nacional:** O exemplo do Federalismo Fiscal brasileiro. Saraiva Educação. 2017.

SEBRAE. **Microempresa, Empresa de Pequeno Porte e Microempreendedor Individual:** diferenças e características, 2021.

TEIXEIRA, Tarcísio. Direito empresarial sistematizado, 6ª ed: Saraiva, 2017.

9.
NÃO É (O) SIMPLES!

JOSÉ ROBERTO AFONSO

Retomar o crescimento e a geração de emprego e, ao mesmo tempo, promover o ajuste fiscal já é um grande desafio. Ainda mais complicado é fazer isso em meio a transformações estruturais profundas na economia e na sociedade. Para desafios tão complexos, não faltam soluções simples e também erradas, como ensina a sabedoria popular.

Benefícios fiscais viraram uma nova panaceia, objeto de muitas análises oficiais recentes[1]. Ocorre que são estipulados sem esclarecimentos acerca de memórias de cálculos e aspectos metodológicos – sem o que não se consegue fazer uma avaliação íntegra e consistente. Além da grave carência de transparência em torno do cálculo do gasto público indireto, difícil é traçar cenário sobre quanto se pode recuperar de recursos diante da óbvia reação dos beneficiários a sua redução. Banalizar dessa forma a análise poderia ser apenas uma limitação acadêmica, mas há um risco de se tomar decisões com base em diagnósticos ultrapassados ou até falsos. Não faltam recursos (humanos e financeiros) para que sejam divulgados os microdados – pois é incompreensível que, uma vez digitalizada

[1] Dentre outros, o gasto tributário foi objeto de análise recente em: documento Perspectivas Fiscais do Ministério da Fazenda (https://goo.gl/V3Uxfv), análise sobre fiscalidade da saúde pela STN (https://goo.gl/ap6i3L); coletânea organizada pela ESAF que analisa renúncias em geral e caso particular do Simples (https://goo.gl/jnR5XG); bem assim estudo do Banco Mundial sobre eficiência do gasto público (https://goo.gl/AADwgP).

toda escrituração fiscal, os bancos de dados não se **falem** entre si e não se tenha internamente as posições que tanto se espera sejam publicados.

O Simples Nacional é emblemático dessa opção, uma vez que sua disponibilidade de dados primários sem verificação de consistência e detalhes[2] não impede que sejam extraídas críticas retumbantes: maior renúncia nacional (R$ 87,3 bilhões só em tributos federais em 2019)[3], prejuízos a produtividade e fomento à pejotização.

Antes de tudo, há de se questionar a razão de classificar o Simples Nacional como renúncia. Afinal, aí não são contadas as imunidades ditadas na Constituição Federal – como recíproca entre governos, igrejas, jornais, exportações. Mas aquele preceito metodológico parece esquecido, apesar de três diferentes dispositivos constitucionais[4] assegurarem às microempresas e empresas de pequeno porte "tratamento diferenciado e favorecido" para simplificar, reduzir e até eliminar suas obrigações, das tributárias às trabalhistas, sem contar a faculdade para aderir a um regime único nacional.

As dúvidas metodológicas aumentam quando observada com lupa a consolidação das contas de 2013, último ano-calendário para o qual foram publicados dados básicos declarados pelos contribuintes que seguem as ditas regras correntes (lucro real) vis-à-vis aqueles que optaram por outros regimes (presumido, Simples e até isentos e imunes).[5]

Em um universo de 5,1 milhões de pessoas jurídicas em 2013, foi identificada uma receita bruta de quase R$ 10 trilhões e uma arrecadação de tributos federais (incluída a contribuição patronal para o INSS) de apro-

[2] Na citada coletânea da ESAF, Santos, Mattos e Martins (2018, p.339) chamaram a atenção para falta de dados e estudos sobre o Simples Nacional: "A relativa escassez de estudos se explica, em grande medida, pela indisponibilidade de microdados dos estabelecimentos do Simples para pesquisadores em geral. Dada a importância econômica e social do Simples, é justo antecipar que a disponibilização dos referidos microdados (devidamente de identificados, naturalmente, para evitar problemas relacionados ao sigilo das informações tributárias) ensejaria um verdadeiro "boom" de pesquisas sobre o tema."

[3] Renúncia tributária federal é divulgada pela RFB em: https://goo.gl/OPselY

[4] Vide, no capítulo tributário da CF, alínea "d" do inciso II e parágrafo único do art. 146, bem como art. 179 da ordem econômica.

[5] Consolidação das declarações constam na página de estatísticas em: https://goo.gl/W51Z8W

ximadamente R$ 760 bilhões – o que resulta no que se pode chamar de alíquota efetiva média geral de 7,6%. Ficaram no regime do lucro real 155 mil empresas, que geraram pouco menos de 80% da receita bruta e da arrecadação, com uma alíquota de 7,7%.[6] Já no caso do Simples Nacional[7], a alíquota geral dos tributos federais foi de 4,9%, pois 3,6 milhões de optantes (70% do total de pessoas jurídicas) declararam receita de R$ 832 bilhões e arrecadaram R$ 41,2 bilhões só para União. Comparada à alíquota do lucro real, a diferença é de 2,8 p.p. da receita bruta e, aplicada a esta, equivale a uma renúncia de R$ 23 bilhões em 2013 (vide gráfico 6).

GRÁFICO 1 – Alíquota efetiva média de tributos federais por regime de apuração, 2013

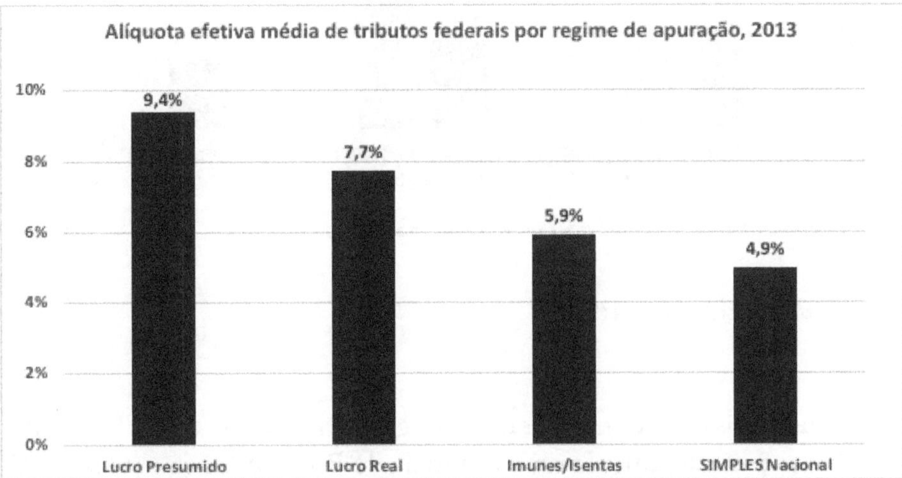

Fonte: RFB. Elaboração própria (2021) (Não compreende ICMS e ISS no Simples).

[6] Mais de um milhão de empresas (21% do total) optaram pelo lucro presumido e, surpreendentemente, arrecadaram 9,4% do que faturaram – ou seja, arcaram com uma carga 21,6% superior à do regime normal (em que pese toda crítica de cortes muito altos de enquadramento, o regime especial tributa muito mais que o normal).

[7] Dados não se referem apenas Microempreendedor Individual (MEI).

Não só a razão tributos federais/faturamento do lucro presumido supera por larga margem a do lucro real, como a distância deste para o Simples se encurta no caso de tributos sobre vendas e até fica atrás no caso da contribuição patronal para o INSS[8] – vide gráfico 7.

Gráfico 2 – Alíquota média efetiva de tributos federais selecionados – lucro real x simples, 2013

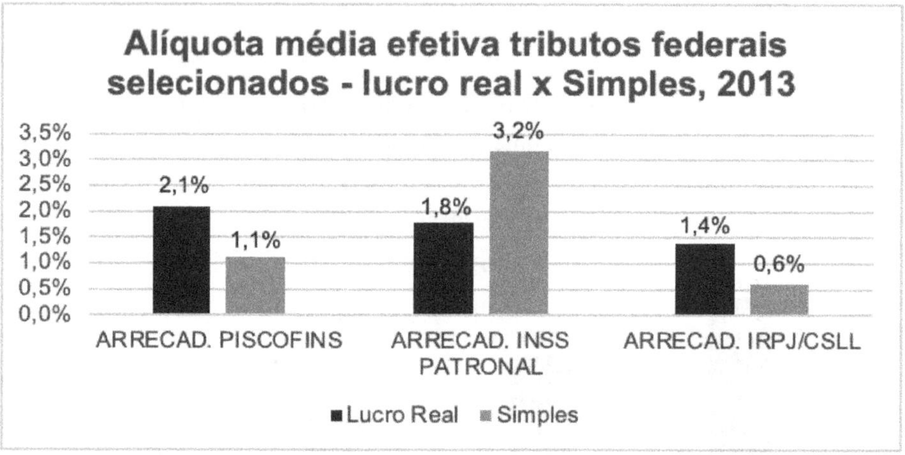

Fonte: RFB. Elaboração própria (2021).

Enquanto isso, o demonstrativo de gasto tributário da RFB, mesmo com bases efetivas, calcula uma renúncia de R$ 62 bilhões – ou seja, 2,7 vezes maior. Se repetido o mesmo cálculo por maiores tributos, também se constata com base nos próprios dados da RFB uma diferença muito

[8] A massa salarial equivalia a 18.1% da receita bruta no Simples contra apenas 7.0% no lucro real, ou 9.5% no lucro presumido – ou seja, é de esperar que valor adicionado nas microempresas mobilizem mais salários do que nas maiores empresas. Apurada a alíquota média da contribuição patronal em proporção da massa salarial, a do Simples (17.6%) fica atrás da apurada no lucro real e presumido (25%), mas essa diferença proporcional de 31% das alíquotas contrastam com a renúncia previdenciária estimada pela RFB.

grande entre regimes e o que se calcula como renúncia.[9] Não surpreende que a alíquota média efetiva geral do Simples tenha sido crescente (vide gráfico 8), até quando a RFB publicou dados.

Gráfico 3 – Evolução da Alíquota Média Geral do Simples Nacional, 2009/14

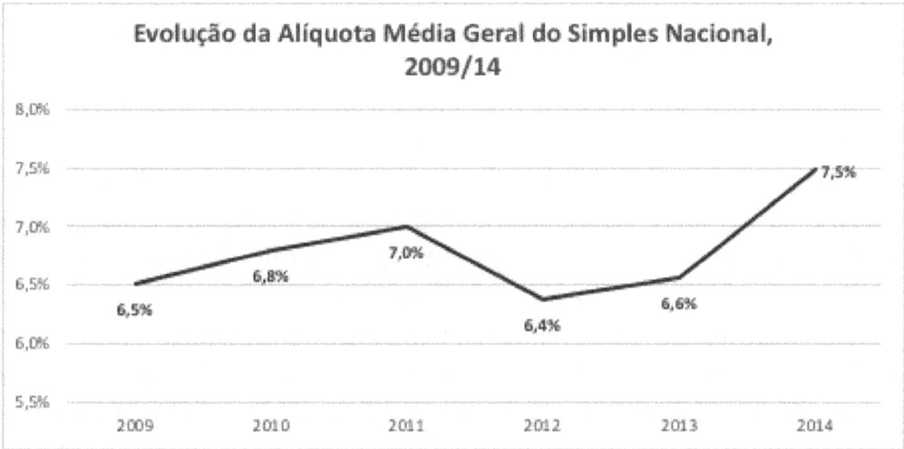

Fonte: RFB. Fonte: RFB. Elaboração própria (2021). Computados tributos federais mais ICMS e ISS.

[9] Sempre usando os dados publicados pela própria RFB para 2013 e comparando os regimes tributários, se verificar que, no caso particular da arrecadação patronal para o INSS, o arrecadado equivale a 25.7% da massa salarial no lucro real e a mesma razão caia para 17.6% no caso do Simples Nacional. A diferença de 8.1 pontos aplicada sobre o volume daquela massa salarial resulta em R$ 12,1 bilhões. Porém, o cálculo de bases efetivas da renúncia da RFB imputava ao Simples uma renúncia de contribuição previdenciária da ordem de R$ 18,3 bilhões, ou seja, 51% a mais do que apurado pela diferença de alíquota média dos regimes. Divergências crescem em outros tributos. Na COFINS/PIS, a razão arrecadado/receita bruta era de 1,1% no Simples contra 2.1% no lucro real e este 1 ponto aplicado sobre o faturado resultava em um benefício de R$ 8,1 bilhões, mas a renúncia das duas contribuições foi calculada em R$ 21 bilhões, ou seja, 2,6 a mais do que inferido pelo diferencial de alíquotas. No caso do IRPJ/CSLL, o Simples arrecadou apenas 0.8 pontos da receita bruta a menos que no lucro real, e aplicado sobre a receita bruta, resultava em R$ 6,5 bilhões de diferencial, mas a RFB calculou uma renúncia 3,1 vezes superior (R$ 20,5 bilhões).

Desde 2013, a escrituração fiscal passou a ser integralmente digital e foi dispensada a apresentação da declaração de IRPJ. Mesmo dispondo dados mais completos, a RFB nunca mais publicou dados consolidados por regimes, salvo os de arrecadação. Neste caso, a carga tributária de 2017 desagregada por tributo[10] evidenciou, com base em valores corrigidos pela variação do Deflator Implícito do PIB, que, desde 2013: o arrecadado de IRPJ/CSLL despencou no lucro real (-17,3%) e no lucro presumido (-20,8%), bem como também teve queda a COFINS/PIS do regime não-cumulativo (-11,9%). Enquanto isso, o Simples Nacional cresceu em 7,2%. A recessão pode ter derrubado mais a alíquota efetiva do lucro real, enquanto a inclusão de serviços no Simples pode ter elevado a alíquota deste regime, quando inclusas as parcelas do ICMS e do ISS, além das parcelas de tributos federais comentadas anteriormente (vide gráfico abaixo). Foi outra, porém, a evolução do cálculo oficial da renúncia, que manteve estável sua proporção do PIB, com viés de alta.

Mais descobertas em tabulações preliminares do Simples[11] reforçam as dúvidas sobre a real dimensão de sua renúncia. Relevante é o caso do optante desse regime que não tem empregado, mas ainda assim tem que recolher para previdência social, beneficiada por parcela da alíquota incidente sobre faturamento (entre 1,6% e 10,07%). Esse é o destino de metade da alíquota global do Simples Nacional[12]. Nesse caso, inexiste renúncia, ainda que seja recolhido menos do que normalmente deveriam sobre salários.

O detalhe é ser tal situação predominante em tal regime: em 2015, em um total de 4,02 milhões de empresas, 58% não tinham sequer um empregado e geravam 51% do faturamento total declarado em R$ 967,1

[10] Vide desagregação no documento de 2017 em: https://goo.gl/qvQPUJ

[11] Acessadas a partir de pedidos com base na Lei de Acesso a Informações.

[12] A RFB divulgou grandes números do Simples até 2014 (https://goo.gl/NYZ7E5). Neste ano, incluindo também o ICMS e o ISS (não computados nos cálculos anteriormente citados), o Simples recolheu R$ 62,0 bilhões, dos quais R$ 30,3 bilhões para a Previdência Social. Como a receita bruta foi de R$ 828,9 bilhões no mesmo ano, a alíquota média efetiva global foi de 7,5%, sendo que 3,7% para o INSS. Dados resumidos do Simples cobrindo até período mais recente em: http://bit.ly/2Czvkjv

bilhões[13] (ver gráfico seguinte). Se sobre esta base incidiu uma alíquota média de 3,7%, é estimado em R$ 18,3 bilhões o recolhido para o INSS por microempresários e pequenas empresas sem folha salarial. No mesmo ano, a renúncia da contribuição previdenciária do Simples foi estimada pela RFB em cerca de R$ 22,5 bilhões. Isto implica supor que optantes com empregados deixaram de recolher para o INSS cerca de R$ 40,8 bilhões, equivalente a 8,6% do que faturaram e superando o montante de R$ 33,3 bilhões arrecadados por tal regime ao caixa do INSS – até porque aí está incluída a contribuição normal oriunda de 11,2 milhões de vínculos empregatícios.[14]

Gráfico 4 – Composição dos Optantes do Simples com ou sem Empregos, 2015

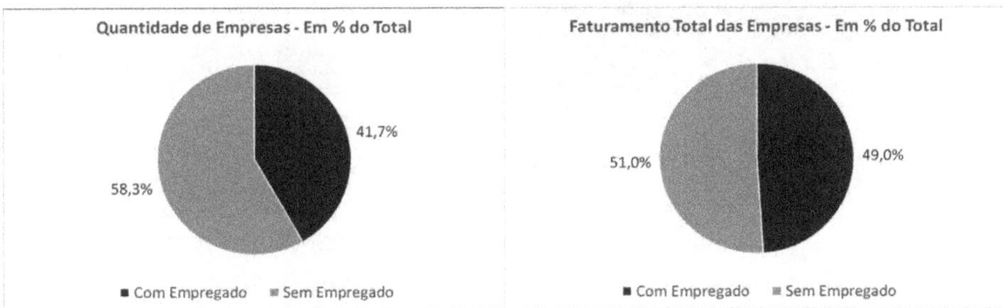

Fonte: RFB/Sebrae (Tabulação especial). Elaboração própria (2021).

Se metade dos optantes do Simples não possuem empregado e isso conspira contra projeções tão elevadas de renúncia previdenciária, por outro lado, as mesmas fontes preliminares não permitem associar tal movimento à dita *pejotização*. Na composição setorial do declarado em 2015, só o comércio varejista concentra 37% dos optantes e 40% do fatu-

[13] Fracionamento de optantes do Simples foi apurado no trabalho publicado pela ESAF antes citado, no qual estimaram ser essa a razão para criação de 4% das PJs que aderem ao Simples Nacional – um fluxo anual até muito baixo comparado ao estoque identificado em 2015.

[14] Vide detalhamento sobre o Simples no Anuário Estatístico da Previdência Social em: https://goo.gl/TPjqqD

ramento, que salta para metade com outros ramos de comércio (vide gráfico a seguir). Agregados os serviços profissionais e aqueles prestados principalmente às empresas mal faturam 3,4% do total declarado (menos que transporte terrestre).

GRÁFICO 5 – Composição setorial do faturamento dos optantes do Simples, 2015

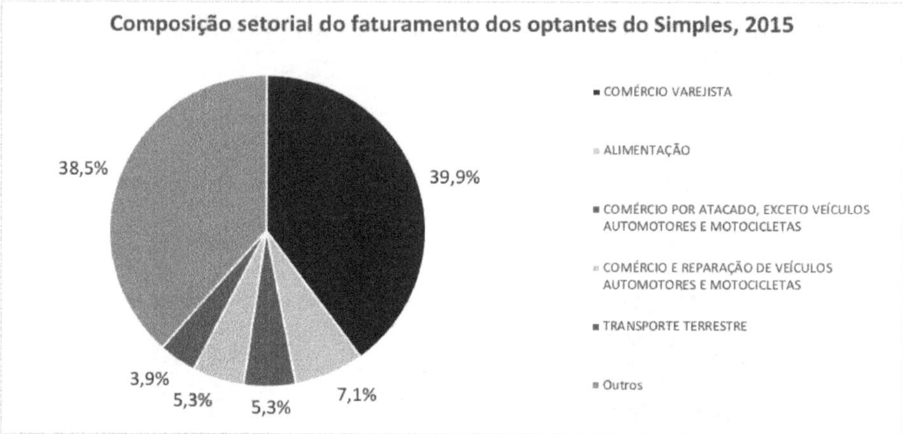

Fonte: RFB/Sebrae (Tabulação especial). Elaboração própria (2021).

Avaliação mais interessante é considerar cada atividade e comparar o relativo a cada regime tributário. Tomando a arrecadação tributária federal (exceto contribuição previdenciária e receitas extraordinárias) dos últimos doze meses, até outubro de 2018, nota-se que, no agregado geral, Simples respondeu por 3,5% do total (contra 12,7% do lucro presumido e 79,9% do lucro real), mas cai para 0,4% em atividades jurídicas, contábeis e de assessoria empresarial, 0,1% em atividades de atenção à saúde e 0% em serviços prestados principalmente a empresas ou pesquisa e desenvolvimento – ramos nos quais se esperam atuar os profissionais via PJ de maior renda. O Simples só se torna relevante em casos de atividades cinematográficas (4,4%), artísticas (4,8%), agências de notícias (8,7%) e desportivas (13%), serviços pessoais (36%) e educação infantil (43%), mas que pouco representam para o setor de serviços em geral – vide gráficos a seguir. A dita *pejotização* passa mais pelo lucro presumido e mesmo lucro real (responde por 66% do arrecadado em serviços às empresas, 84% em informática e 68% de atividades recreativas e culturais).

O fracionamento de empresas do Simples, ao que tudo indica, trata-se de uma fuga do salto de carga que seria faturar na faixa do lucro presumido, muito mais tributado que no regime normal. Esse fato tem sido ignorado por quem compara produtividade dos diferentes regimes por optante e não pelo conjunto de suas empresas ou por ramo de atividade.[15] O ótimo seria construir um sistema simples ou ao menos integrar o simplificado e o presumido em um só regime que segue uma curva de alíquota, no lugar dos atuais degraus.[16] Mudanças recentes caminharam nessa direção. Paradoxalmente, se uma reforma tributária simplificar verdadeiramente o sistema, se a revolução digital derrubar o custo de serviços contábeis e acessórios e se forem novamente ampliadas as alíquotas do Simples Nacional e sobretudo do Lucro Presumido[17], poderá haver forte estímulo para contribuintes migrarem para o regime do lucro real e isso sim poderá derrubar a arrecadação agregada, ao contrário do que se comumente se pensa (ao se medir e, sobretudo, ao se interpretar de forma incorreta as estimativas de renúncia).

[15] Em tese, o drible na regulação tributária leva a uma situação limite de máxima produtividade, pois mais da metade dos optantes do Simples produz e fatura sem um funcionário sequer em sua firma. A crítica considera só o que se fatura no estabelecimento em que está o empregado e ignora que, mesmo proibido regularmente, é obvio que em todas as atividades se está a abrir outra empresa para continuar a faturar sem elevar a carga tributária. O ideal seria identificar o total faturado na pessoa jurídica do familiar ou do amigo do sócio daquela pessoa em que está o funcionário. Como isso é impossível, caberia ao menos avaliar o agregado por setor, comparando com contribuintes da mesma atividade em outros regimes e avaliando evolução ao longo do tempo.

[16] Dentre várias recomendações, se destaca o estudo da CNI de 2014, "Simples Nacional: Mudanças para Permitir o Crescimento" – ver https://goo.gl/mGjwUs

[17] No documento da Fazenda (Panorama Fiscal Brasileiro), se defendeu: majorar a base de cálculo de serviços profissionais do lucro presumido (de 32% para 40%) e a incidência de IRRF sobre o excedente do lucro contábil na distribuição de lucro do presumido e Simples.

Gráfico 6 – Composição por regime de apuração da arrecadação tributária federal recente

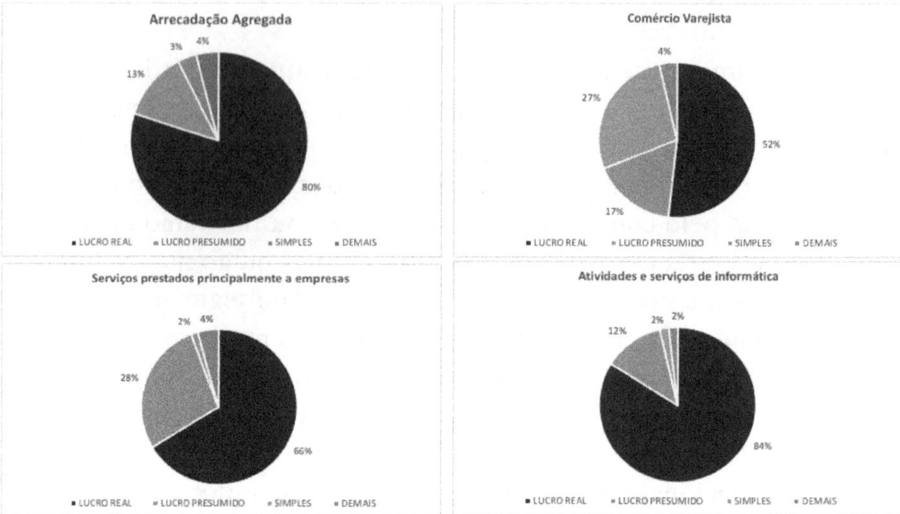

Fonte: RFB/Sebrae (Tabulação especial). Elaboração própria (2021).
Nota: Acumulado em doze meses até outubro de 2018.

Além de aperfeiçoar a mensuração do gasto tributário, é preciso começar a estudar com mais profundidade a capacidade de recuperação de recursos. É óbvio que só em caso excepcionalíssimo se conseguirá arrecadar exatamente o mesmo que se estima renunciar quando um benefício fiscal for reduzido ou eliminado, considerando que quase sempre o contribuinte mudará sua operação ou ação.[18] Não é de se estranhar que apenas um quinto dos optantes do Simples responderam que continuariam como estão em pesquisa realizada pelo Sebrae a respeito do que aconteceria em caso de extinção do regime. Cerca de metade anteciparam o fechamento do negócio ou a opção pela informalidade.[19]

[18] É ressalvado que análise coordenada por Mauricio Leister sobre gastos tributários, incluído no compêndio já citado da ESAF, traça diferentes cenários para recuperação de receita, sendo arbitrado que este seria o caso de só metade da receita.

[19] Relatório "Os Impactos do Simples Nacional", de 2017, resumiu a pesquisa: "E para a maioria das empresas (pelo menos 67%), haveria uma forte consequência negativa para

Seja pela inconsistência das informações divulgadas ou das críticas direcionadas a esse regime, torna-se urgente a avaliação detalhada do Simples Nacional, assim como toda e qualquer outra despesa pública, direta ou indireta. Precisamos de mais e melhores dados e menos elucubrações baseadas naquilo que parece, mas não se sabe ao certo se é realmente. Urge retomar a divulgação das consolidações de dados das pessoas jurídicas e, sobretudo, avançar na divulgação de microdados fiscais, como já o fazem autoridades fazendárias de muitos países e sem qualquer risco de quebra de sigilo. As transformações estruturais já realizadas na economia mundial e brasileira exigem se despir de preconceitos e pesquisar para atualizar análises e definir novos conceitos, que ajudem a remodelar as políticas públicas.

Não é o Simples o maior problema da tributação brasileira, nem será nada simples enfrentar desafios tão complexos.

o seu negócio, caso o Simples acabasse: 29% fecharia o negócio, 20% iria para a informalidade e 18% reduziria suas atividades. Para 20% "a empresa continuaria como está" e 12% citaram "outras consequências" não especificadas anteriormente. O que mostra que a eliminação desse regime de impostos colocaria 2/3 das empresas optantes em situação bastante difícil."

10.
ESTUDO DOS IMPACTOS DA ATUAL ESTRUTURA TRIBUTÁRIA E PROPOSTAS PARA O TRATAMENTO DIFERENCIADO DAS MPE NO CONTEXTO DA ADOÇÃO DO IVA[1]

JOSÉ ROBERTO AFONSO
ÂNGELO DE ANGELIS

Resumo: Este texto analisa o tratamento diferenciado e simplificado para micro e pequenos negócios no sistema tributário brasileiro atual e, sobretudo, diante de hipóteses para sua reforma ou reconstrução. Conclui-se que a integração do Simples Nacional a um eventual novo Imposto sobre Valor Agregado (IVA), e à qualquer outro imposto, se mostraria mais viável, politicamente, e mais factível, operacionalmente, se atrelada à implantação de um sistema informatizado, onde encontrem-se integradas a contabilidade do contribuinte e as autoridades tributárias. Por fim, em esforço preliminar, são apresentadas algumas ideias em termos do lançamento de impostos no sentido de resgatar e avançar na sua simplificação.

1. Simples: migração para o iva ou manutenção da atual sistemática?

A concessão de um regime tributário diferenciado e simplificado para micro e pequenos negócios pode ser considerado um instituto indepen-

[1] O presente ensaio foi originalmente escrito em 2017 como relatório para a FGV Projetos acerca de propostas para o tratamento diferenciado das micro e pequenas empresas no contexto da reforma tributária.

dente de qual seja o sistema tributário vigente no País. Isto é observado em termos de fato e de direito.

Em termos administrativos ou operacionais, seja quais foram os tributos exigidos no País, se, por hipótese, se cobra um imposto sobre vendas ao varejo, sobre valor adicionado ou sobre o faturamento ou receitas brutas, aqueles negócios, nada impede, por direito e em tese, que contribuintes enquadrados na definição de micro e pequenas empresas possam optar e aderir a uma cobrança simplificada e diferenciada daquela exigida dos contribuintes sujeitos ao regime normal de tributação.

É possível afirmar que qualquer que seja o tributo, seja qual for sua base de cálculo ou fato gerador, é possível prever que um contribuinte o recolha em condições facilitadas, mais simples, do que as exigidas em condições normais. Não é a natureza do tributo, em si, mas o porte ou o perfil do contribuinte que define a instituição e a administração de um regime mais simplificada para aqueles considerados menores do que os normais ou grandes contribuintes.

Em termos constitucionais, mesmo sem qualquer alteração na legislação vigente no Brasil, é importante recordar que a determinação (aliás, é muito mais do que uma faculdade) para se ofertar uma tributação diferenciada, nos termos aqui em questão, foi inscrita no título da Ordem Econômica.[2]

Não se trata apenas de uma norma do título do Sistema Tributário – que, aliás, data posteriormente, inserida por emenda constitucional. Em ambos os casos, a previsão não está vinculada especificamente a um ou a outro tributo. Nem mesmo há vinculação a um dos tributos sobre o mercado doméstico de bens e serviços (como IPI, ICMS, ISS, COFINS ou PIS), logo, se estes forem modificados, ou mesmo se estes forem extintos e substituídos por um ou outro novo tributo, continua sendo aplicada a exigência de tratamento diferenciado.

As regras desse novo sistema foram bem definidas pelas normas constitucionais. A Constituição Federal, promulgada em outubro de 1988, inovou ao dedicar pela primeira vez na história das constituições brasilei-

[2] Vale ver a versão sempre atualizada e vigente da Constituição Federal em: https://bit.ly/31MCs87

ras uma norma dedicada especial e especificamente para simplificar obrigações para microempresas e para empresas de pequeno porte (MPEs).

Não o fez no capítulo tributário porque a motivação dos Constituintes foi muito mais ambiciosa e ampla: alcança também obrigações administrativas, previdenciárias e creditícias. E não teve caráter facultativo, mas sim obrigou a dispensar o tratamento diferenciado, que, necessariamente, depende de lei. Assim, a seguinte norma consta do capítulo "Dos Princípios Gerais da Atividade Econômica", o primeiro do Título VII, "Da Ordem Econômica e Financeira":

> Art. 179. A União, os Estados, o Distrito Federal e os Municípios dispensarão às microempresas e às empresas de pequeno porte, assim definidas em lei, tratamento jurídico diferenciado, visando a incentivá-las pela simplificação de suas obrigações administrativas, tributárias, previdenciárias e creditícias, ou pela eliminação ou redução destas por meio de lei. (BRASIL, 1988).

Este comando constitucional motivou a instituição do Estatuto Nacional de Microempresa e da Empresa de Pequeno Porte – através da Lei Complementar n. 123, de 14/12/2006.[3] Não custa recordar que tal estatuto tem significado, importância, abrangência e alcance muito mais amplo do que apenas à simplificação tributária. É fato que esta lei regulamentou o regime tributário do Simples Nacional, sendo inegável que a matéria tributária é a mais conhecida e a expressão mais citada. Porém, não custa insistir que este regime é uma parte do todo que forma o referido Estatuto.

Em seu primeiro e mais geral comando, o art.1º da citada lei complementar (importa atentar para tal detalhe) é definido que o **tratamento diferenciado e facilitado** alcança impostos e contribuições em geral, cobrados pelas três esferas de governo – ou seja, não há remissão precisa para este ou aquele tributo. Mais uma vez, o que delimita o regime é que sejam aqueles devidos por MPEs. Vale mais uma vez reproduzir a disposição básica da lei complementar:

[3] Ver íntegra da lei em: https://bit.ly/2PRRK8V

> Art. 1º Esta Lei Complementar estabelece normas gerais relativas ao tratamento diferenciado e favorecido a ser dispensado às microempresas e empresas de pequeno porte no âmbito dos Poderes da União, dos Estados, do Distrito Federal e dos Municípios, especialmente no que se refere:
> I – à apuração e recolhimento dos impostos e contribuições da União, dos Estados, do Distrito Federal e dos Municípios, mediante regime único de arrecadação, inclusive obrigações acessórias;

A mesma matéria também é objeto de norma no Título da Tributação da Constituição. Ela não constou redação originalmente promulgada em outubro de 1988. É mais uma curiosidade histórica porque a cronologia em nada diminui ou muda a eficácia. A previsão foi inserida pela Emenda Constitucional n. 42, de 19/12/2003, tendo sido acrescida às matérias remetidas à lei complementar, por força de um "Dos Princípios Gerais", do capítulo do Sistema Tributário. Aqui estando, a norma não foi inserida no capítulo dedicado aos tributos de uma das três esferas de governo.

A inovação veio na forma de um comando geral em termos de legislação tributária. Assim, o tratamento diferenciado foi inserido como mais uma dentre quatro outras matérias que devem constituir o que se convencionou chamar de Código Tributário Nacional – ou seja, o tratamento foi definido na alínea "d", como uma das normas gerais previstas no inciso III, a ser regulado pela lei complementar prevista no art. 146 da Constituição. A saber:

> Art. 146. Cabe à lei complementar:
> [...]
> III – estabelecer normas gerais em matéria de legislação tributária, especialmente sobre:
> [...]
> d) definição de tratamento diferenciado e favorecido para as microempresas e para as empresas de pequeno porte, inclusive regimes especiais ou simplificados no caso do imposto previsto no art. 155, II, das contribuições previstas no art. 195, I e §§ 12 e 13, e da contribuição a que se refere o art. 239.
> Parágrafo único. A lei complementar de que trata o inciso III, d, também poderá instituir um regime único de arrecadação dos impostos e contribuições da União, dos Estados, do Distrito Federal e dos Municípios, observado que:

> I – será opcional para o contribuinte;
> II – poderão ser estabelecidas condições de enquadramento diferenciadas por Estado;
> III – o recolhimento será unificado e centralizado e a distribuição da parcela de recursos pertencentes aos respectivos entes federados será imediata, vedada qualquer retenção ou condicionamento;
> IV – a arrecadação, a fiscalização e a cobrança poderão ser compartilhadas pelos entes federados, adotado cadastro nacional único de contribuintes.

O tratamento diferenciado em questão tem caráter obrigatório, afinal o artigo 146 diz que a lei complementar (atentar aos dois verbos) "estabelecerá" normas gerais e, dentre eles, "definirá" tratamento diferenciado. Como no caso da norma econômica, tal regime está vinculado especificamente à natureza do contribuinte que a ele pode aderir (microempresa ou empresa de pequeno porte) e não a este ou aquele tributo.

De fato, desta vez, ao contrário do artigo 179 da Constituição, há menção, na referida alínea do inciso do caput do art.146, ao ICMS estadual e as contribuições para seguridade e do PIS/PASEP, mas isso tem caráter exemplificativo: vale atentar que a referência é precedida da palavra "inclusive". É pressuposto, pela redação dada, que já existem regimes especiais ou simplificados para MPE no caso daqueles tributos e que estes devem ser incorporados ao novo e geral regime tributário que vier a ser criado ou regulamentado ao amparo dessa lei. A relação institucional não é invertida, ou seja, a oferta do tratamento diferenciado não está condicionada ou dependente da cobrança daqueles tributos. Logo, se eles vierem a serem extintos ou modificados, isso em nada muda ou diminui a obrigação de oferta, no sistema tributário, seja ele qual for, com os tributos que vier a exigir, de "tratamento diferenciado e favorecido" para MPEs.

A base constitucional mais específica que levou a criação do Simples Nacional pela Lei Complementar n. 123/2006 está no parágrafo único do artigo 146, que, de novo, só veio a ser previsto na Carga Magna por força da emenda de 2003. O disposto é obviamente facultativo: *"lei complementar [...] poderá instituir[...]"*. Ou seja, o tratamento diferenciado é obrigatório, mas o regime único para abranger tributos das três esferas é facultativo. Dito de outra forma, cada esfera e unidade de governo está obrigada a oferecer um tratamento diferenciado e favorecido às MPEs., mas o mesmo não se aplica à instituição do regime único. Porém, neste caso, não depende da decisão unilateral de cada governo, e sim de uma posição nacional, do Congresso Nacional e do Executivo Federal – isto é, que o primeiro poder aprove uma lei, com quórum especial e elevado, e que o segundo poder o sancione sem vetos.

O parágrafo único do art. 146 da Constituição não especifica nenhum tributo em seu corpo, que inclui quatro incisos. Portanto, mais uma vez, a criação do regime do Simples Nacional não está vinculada a ser exigido este ou aquele imposto ou contribuição, logo, pode ser aplicado na vigência de qualquer um desses tributos. Não importa, por exemplo, se um governo cobre um imposto sobre mercadorias, ou sobre serviços, que seja cumulativo ou não, que cobre um imposto e mais uma contribuição sobre lucros ou que exija um só tributo sobre essa base, o fato é que qualquer imposto ou contribuição, da competência de qualquer uma das três esferas de governo, pode ser abrangido por um regime único, e como tal nacional, desde que isso seja contemplado e regulado por uma lei complementar.

É preciso atentar ainda para outros dois detalhes das normas constitucionais que vão além da mera questão semântica.

Em primeiro lugar, a Constituição exige que seja ofertado tratamento especial para MPE, na forma da lei que a regulamentar, mas quando prevê que isso passe por um regime unificado e nacional especifica que a adesão *"será operacional para o contribuinte"*, conforme o inciso I do parágrafo único do art. 146. Portanto, é facultativo ao contribuinte, que atenda ao enquadramento legal como MPE, decidir se opta ou não a contribuir através do regime do Simples Nacional. Ainda que tal faculdade tenha sido constitucionalmente vinculada apenas ao regime único, a legislação infraconstitucional acabou por estender o mesmo princípio a toda e qualquer outra forma de tratamento diferente e favorecido.

Em resumo, é obrigatório a lei ofertar a MPE um tratamento tributário especial, porém, é facultativo ao contribuinte optar ou não por contribuir dessa forma. Isto reforça a tese anterior de que, independentemente de quais sejam os tributos exigidos no País e qual seja o sistema tributário vigente, é preciso dispensar a MPE um tratamento tributário que não seja o mesmo dado aos demais contribuintes e deixar a ela decidir se contribui por tal forma especial ou se o faz pelo regime comum.

Em segundo lugar, a referência à simplificação. Sem dúvida, esta é a característica central e mais conhecida do regime hoje aplicado às MPEs, a tal ponto que este seja descrito em lei complementar, oficialmente denominado e popularmente conhecido como "Simples Nacional".

Porém, os dois dispositivos constitucionais centrais para regular a matéria – o art. 179 e a alínea "d" do inciso III do art. 146 – não se referem àquela característica, mas sim a outra e dupla: tratamento diferenciado e favorecido. A Constituição deixa claro que MPE devem ter opção de recolher tributos de outra forma que não seja a mesma aplicada aos demais contribuintes (como tal, diferenciada) e, mais que isso, que essa seja uma forma privilegiada em relação à exigida dos contribuintes em geral (como tal, favorecida).

A simplificação surgirá na regulamentação dos dois dispositivos constitucionais como uma forma de atender aqueles dois princípios e pressupõe que o regime comum, que os tributos exigidos de forma geral, sejam razoavelmente complexos – ou seja, necessariamente é preciso que seja algo diferente e pior na forma e na carga do que o exigido da MPE.

De fato, é forçoso reconhecer que há menção a "regimes especiais ou simplificados" no texto que foi acrescido ao art. 146 da Constituição por sua emenda de 2003, mas, como já dito antes, ele é antecipado da palavra "inclusive". O objetivo foi abranger no novo tratamento diferenciado e favorecido os já existentes regimes de impostos e contribuições a seguir especificados.

Isto não contraria, mas sim reforça o que antes foi aqui defendido: a simplificação é uma das formas que compõe ou que permitem atender à exigência constitucional de tratamento diferenciado e favorecido, mas não é a única forma e não esgota o campo de abrangência daquele comando. Se assim o fosse, a Constituição deveria ter feito referência a "tratamento simplificado", no lugar do que nela consta, por duas vezes, de "tratamento diferenciado e favorecido".

À parte, não custa mencionar que este princípio desqualifica tratar como renúncia de receita (e, como tal, como desoneração, incentivo ou benefício fiscal) os efeitos dos regimes simplificados, seja o nacional, seja o específico de um tributo.

Foi a Constituição que exigiu e garantiu a MPE merecer um tratamento tributário diferente e não foi uma decisão de livre iniciativa e arbítrio do legislador ordinário ou mesmo do administrador da receita. Como tal, pela origem e natureza do comando constitucional, não há diferença entre um regime diferente para MPE e à imunidade recíproca entre governos, para exportações ou para imprensa e templos religiosos, dentre outros casos, sendo que nenhum desses nunca foi tratado como renúncia quando esta já foi apurada pelos órgãos fazendários, federal, estadual ou municipal.

Em particular, chama-se a atenção que nenhuma dessas imunidades tributárias são atualmente classificadas pela Receita Federal como gasto tributário, que entende como tal os benefícios concedidos e medidos segundo padrões da Organização para a Cooperação e Desenvolvimento Econômico (OCDE) e do Centro Interamericano de Administrações Tributárias (CIAT). Assim, por exemplo, não consta na mensuração da renúncia do Imposto sobre Produto Industrializado (IPI), da Contribuição para Financiamento da Seguridade Social (COFINS) ou do Programa Integração Social (PIS) quanto que se deixou de arrecadar ao não incidirem sobre vendas ao exterior porque tal tratamento especial foi ditado pela Constituição e não foi fruto de uma decisão do legislador infraconstitucional. Já no caso do Simples Nacional, o demonstrativo de gasto tributário da Receita Federal do Brasil (RFB) simplesmente ignora os dois artigos da Constituição que asseguram tratamento diferenciado e favorecido para MPE e se reporta apenas às Leis Complementares, como se esta tivesse concedido uma vantagem e não regulamentado um mandamento da Carga Magna. No descritor da renúncia, é mencionado "redução da base de cálculo e modificação das alíquotas" dos optantes e novamente nenhuma referência é feita a eventual comparação entre alíquotas efetivas praticadas neste vis-à-vis a do regime do lucro real. Estudo já demonstrou que a distância não é tão grande assim e em algumas atividades que concentram a atuação das MPEs ocorre até o inverso do suposto pela RFB, com o montante de tributos declarados pelos contribuintes do Simples Nacional em razão de sua receita superando o mesmo percentual apurado no caso daqueles enquadrados no regime do lucro real, e, por princípio, neste caso específico, não faz o menor sentido lógico alegar que quem é tributado relativamente mais do que um contribuinte comum possa ter se beneficiado de uma renúncia.

Ainda analisando a Constituição, resta mencionar que, de forma indireta, a diferenciação de tratamento também é prevista como faculdade (e não como obrigação) no caso das contribuições para a seguridade social, por força do disposto no § 9º do art. 195, cuja redação foi dada pela Emenda n. 47 de 2005, a saber:

> Art. 195. A seguridade social será financiada por toda a sociedade, de forma direta e indireta, nos termos da lei, mediante recursos provenientes dos orçamentos da União, dos Estados, do Distrito Federal e dos Municípios, e das seguintes contribuições sociais:
> I – dos empregadores, incidente sobre a folha de salários, o faturamento e o lucro;
> I – do empregador, da empresa e da entidade a ela equiparada na forma da lei, incidentes sobre:
> a) a folha de salários e demais rendimentos do trabalho pagos ou creditados, a qualquer título, à pessoa física que lhe preste serviço, mesmo sem vínculo empregatício;
> b) a receita ou o faturamento;
> c) o lucro;
> II – dos trabalhadores;
> II – do trabalhador e dos demais segurados da previdência social, não incidindo contribuição sobre aposentadoria e pensão concedidas pelo regime geral de previdência social de que trata o art. 201;
> III – sobre a receita de concursos de prognósticos;
> IV – do importador de bens ou serviços do exterior, ou de quem a lei a ele equiparar.
> [...]
> § 9º As contribuições sociais previstas no inciso I do caput deste artigo poderão ter alíquotas ou bases de cálculo diferenciadas, em razão da atividade econômica, da utilização intensiva de mão-de-obra, do porte da empresa ou da condição estrutural do mercado de trabalho.

Ao contrário dos dois outros artigos da Constituição já examinados, este comando do capítulo da Seguridade Social, no título da Ordem

Social, não faz referência expressa à MPE. Mas define que o "porte da empresa" seja uma das razões para se poder aplicar alíquotas ou adotar bases de cálculo diferentes de um para outro contribuinte.

Isto respalda o fato de que, a MPE que adere ao Simples Nacional, quando contribui sobre a folha salarial (mais conhecida como contribuição previdenciária), a receita (no caso da COFINS) e o lucro (no caso da CSLL), possa adotar uma base diferenciada em relação aos demais contribuintes (no caso, todas bases substituídas pela do faturamento, como uma aproximação), o mesmo valendo para alíquota. Isso não constitui uma benesse criada por uma lei, mas sim está regulamentando um comando constitucional. O que, por sua vez, reforça a dúvida de qualificar tal diferenciação, regulamentada através do Simples Nacional, como mais uma forma de renúncia da receita tributária federal.

Em conclusão, desde que não seja revogado ou alterado o disposto no art. 179 da Constituição Federal, bem como o mesmo realizado com a alínea "d" do inciso III do art. 146, será obrigatório dispensar tratamento diferenciado e favorecido às microempresas e as empresas de pequeno porte, seja qual for o imposto ou a contribuição exigida no Brasil, seja qual for o sistema tributário adotado.

Especificamente, a eventual criação de um imposto sobre valor adicionado, em substituição a um ou a todos impostos e contribuições que incidem sobre produção, venda, circulação de mercadoria ou prestação de serviço não dispensa a obrigação do poder público, em qualquer uma das três esferas e de suas unidades de governo, oferecer àqueles contribuintes a possibilidade de apurar e recolher tributos de uma forma diferente e privilegiada da exigida dos demais contribuintes. Sempre atentando que isso pode contemplar a simplificação de suas obrigações, mas vai além desta característica, e sempre pressupondo que o contribuinte tem a faculdade de aderir ou não a tal tratamento especial.

Analisada a experiência internacional, evidencia-se que o tratamento tributário diferenciado das MPE é uma prática amplamente adotada ao redor do mundo. O regime diferenciado para um conjunto de tributos (categoria em que o estudo da OCDE classifica o Simples Nacional), é adotado, mesmo que em menor amplitude, em mais 7 países, os quais, em conjunto com o Brasil, representam 8% do PIB mundial.

Dessa forma, a integração do Simples Nacional a um eventual novo IVA (e à qualquer outro imposto) se mostraria mais viável (politicamente) e mais factível (operacionalmente) se atrelada à implantação de um sistema informatizado, onde encontrem-se integradas a contabilidade do contribuinte e as autoridades tributárias – em linha com o processo já em curso no Brasil que envolve a adoção universal de nota fiscal eletrônica e sistema de cadastro eletrônico (SPE).

É preciso, além disso, que a análise de mudanças dessa natureza levem em consideração a possibilidade de o tratamento tributário diferenciado das MPE no Simples Nacional não ter como função apenas mitigar os impactos dos custos de *compliance*. Embora, não se deva desprezar o tamanho de tais custos no Brasil, pois assumem dimensão sem precedente em qualquer outro país, conforme medido, dentre outros, pelo *Doing Business* – no quesito número de horas gastas para pagar os impostos. Como o País ostenta custos que superam com larga margem até das economias emergentes, não é de se estranhar que a linha de corte do Simples Nacional seja muito mais alta do que a observada no resto do mundo. Fora isso, lembrando que esse custo é distribuído desigualmente entre as empresas, pesando proporcionalmente muito mais para as MPEs do que para as médias e grandes empresas – na verdade, quanto maior a empresa, menos o impacto do *compliance* no custo e na receita das empresas (vide figura 16).

Além do custo *compliance* ser alto no Brasil, não custa registrar que o ônus tributário também é relativamente alto. Conforme dados apresentados na tabela a seguir, em artigo publicado em 2015, Rabello e Oliveira evidenciam que a carga tributária em relação ao PIB do Brasil em 2012 estava alinhada com a dos países de renda per capita alta embora esse não seja o caso. Além das empresas brasileiras suportarem ônus tributários maior que congêneres em outras economias emergentes e se aproximando de economias avançadas, é possível que novamente a dispersão dessa carga seja regressiva. Estudo da FGV comparando as alíquotas médias efetivas dos diferentes regimes, demonstrou que, no geral, a razão para o Simples está um pouco abaixo da aplicada no lucro real e a do lucro presumido supera em muito a do lucro real e da média – ou seja, o fato de simplificar a apuração não necessariamente reduz a carga tributária.

FIGURA 1 – Compliance no custo e receita das empresas

Abertura de empresas – Brasil ocupa a 123ª posição no item

	Brasil	América Latina e Caribe	OCDE*
Número de procedimentos	13	9	5
Duração (dias)	107,5	36,1	11,1
Custo (% RNB *per capita*)	4,6	33,1	3,6
Capital integralizado mínimo (% RNB *per capita*)	0	3,6	10,4

Pagamento de impostos – Brasil ocupa a 159ª posição no item

	Brasil	América Latina e Caribe	OCDE*
Pagamentos (número)	9	30	12
Tempo (horas por ano)	2.600	369	175
Impostos sobre os lucros (% lucros)	24,9	20,5	16,1
Contribuições e impostos sobre o trabalho (% lucros)	39,6	14,7	23,1
Outros impostos (% lucros)	3,8	12,1	2
Alíquota de imposto total (% do lucro)	68,3	47,3	41,3

Custo da estrutura consultiva tributária

	Pequeno porte	Médio porte	Grande porte
Faturamento médio por empresa*	R$ 24,5 milhões	R$ 277,8 milhões	R$ 1,5 bilhão
Custo médio da área consultiva tributária por empresa**	R$ 443.673,00	R$ 605.746,00	R$ 1.140.821,00
Participação do custo da área consultiva tributária sobre o faturamento das empresas	1,81%	0,22%	0,08%

* Estimados pelos limites inferiores das respostas de faixa de faturamento
** Salários mais encargos anuais estimados

O peso da estrutura de compliance
A participação da estrutura de compliance tributário sobre o faturamento das empresas

Faixa de faturamento	Fiscal	Consultiva tributária	Total
Até R$ 100 milhões	1,72%	1,81%	3,53%
De R$ 100 milhões a 1 bilhão	0,26%	0,22%	0,48%
Mais de R$ 1 bilhão	0,12%	0,08%	0,2%

Fonte: Deloitte – Pesquisa "Compliance tributário no Brasil – As estruturas das empresas para atuar em um ambiente complexo" (2013).
Nota: Contou com a participação de 124 líderes da área fiscal de empresas, em grupos representativos dos mais diferentes portes e setores.

Assim, o Simples Nacional contribui para mitigar o exorbitante impacto do custo do *compliance* e da própria carga tributária em si para as características do País, que, de outra forma, acentuaria ainda mais as desvantagens já enfrentadas pelas MPE.

Tabela 1 – Carga tributária em relação ao PIB: Comparação internacional (2012)

Incidência	Brasil	Demais Países		
		Renda Alta	Renda Média-Alta	Renda Baixa-Média
Tributação sobre lucro/receita – pessoa jurídica	3,38%	2,80%	2,75%	2,98%
Tributação sobre lucro/receita – pessoa física	3,91%	7,66%	1,84%	2,02%
Contribuições sociais	9,21%	9,15%	5,09%	2,83%
Tributação sobre propriedade	2,10%	1,90%	0,83%	0,51%
Tributação sobre bens e serviços	15,71%	10,60%	12,46%	9,39%
Outros	1,30%	4,58%	0,02%	0,24%
Total	35,61%	36,69%	22,99%	17,97%

Fonte: Rabello; Olibeira (2015).

1. Migrado para IVA: como preservar tratamento diferenciado?

Se for mesmo criado um novo e amplo IVA, como já foi argumentado, nada impede que o regime diferenciado para MPE continue a ser ofertado e aplicado exatamente como se dá atualmente, desde que a Lei Complementar n. 123, de 2006, não venha a ser alterada – além da mera substituição da remissão aos vigentes impostos e contribuições pela do novo tributo ou novos tributos (na hipótese de ser um IVA compartilhado).

Ao contrário de constituir uma ameaça, a eventual criação do IVA pode ser vista como uma oportunidade, e muito boa, para reformar e aperfeiçoar a operação do regime do Simples Nacional.

Não há como negar que o atual regime sofre de distorções e desequilíbrios. Dentre outros problemas, não constitui de fato uma sistemática realmente simplificada de apuração do tributo e, pior, favorecido, face a exigência de tantas obrigações acessórias e aplicação de tantas listas de alíquotas, e sobretudo face ao ônus adicional suportado pela substituição tributária quando não recuperada. É criticada que seja amplo demais o benefício (muito acima da linha de corte adotada no exterior), acarrete cumulatividade tributária (ao incidir sobre faturamento doméstico, mas bruto), não melhore a produtividade (indicadores iniciais não mostram resultado melhor que no regime normal) e puna a expansão dos negócios (pela troca de faixa de alíquota), sem falar no custo da renúncia tributária (das maiores dentre os gastos apurados pela Receita Federal).

Cada uma dessas críticas pode ser questionada ou refutada, porém, não é este o objeto da análise neste momento. De forma pragmática, a proposta é aqui especular até onde não se poderia aproveitar a mudança da competência tributária para vir a eliminar ou a atenuar tais distorções.

Não se entra na discussão se seria um ou mais de um IVA e se ele substituirá só o ICMS ou vários ou todos outros tributos indiretos. É certo que o IVA necessariamente deverá substituir aquele imposto estadual, por ser o maior dos impostos arrecadados no país no momento. A análise prospectiva será focada nele, mas fique claro que pode e deve ser expandida aos demais impostos e contribuições que também venham eventualmente a serem extintos e substituídos por aquele novo tributo.

O pragmatismo desta análise pode ir além da mera mudança da competência tributária. É boa oportunidade para modernizar o regime do Simples Nacional tomando por partida que se deve reconhecer e considerar que, no Brasil e no mundo, já está em curso uma drástica mudança que se passa na tecnologia, na economia e na sociedade, em torno da adoção de novos modos de produção e de relacionamento. Alguns autores chamam de quarta revolução industrial, outros de segunda era das máquinas, mas de certo, qualquer que seja o nome, pouco na economia e na sociedade funcionará no futuro, e não muito distante, exatamente como se dá. Ainda que seja difícil ou impossível precisar qual deva ser um sistema tributário mais compatível a essa nova realidade, é possível antever e antecipar algumas mudanças que poderiam tornar o regime do Simples Nacional mais racional.

A tese aqui a ser defendida é que, com ou sem uma nova IVA, com ou sem outros impostos e um novo sistema tributário, é um bom momento para se aperfeiçoar o atual regime e o tornar Simples Mesmo e Moderno, numa argumentação mais popular do que se pretende e se propõe nele mudar. A seguir são apontadas algumas ideias preliminares, mas preocupadas com aspectos práticos, sobretudo em termos dos fiscos, para que se possa viabilizar essa transformação o regime.

O atual ciclo do ICMS, desde os processos envolvendo sua coleta e fiscalização até as estruturas organizacionais montadas para administrá-lo, foi arquitetado, em sua totalidade, para uma época analógica. As novas tecnologias de informação na área fiscal – a saber, a Nota Fiscal Eletrônica (NFe), a Nota Fiscal de Consumidor Eletrônica (NFCe), Conhecimento de Transporte Eletrônico (CTe) e os demais componentes do Sistema Público de Escrituração Digital (SPED) – permitem a redução drástica deste ciclo, de forma a trazer o lançamento do imposto para o mais próximo possível da ocorrência do fato gerador e, ao mesmo tempo, considerável redução dos custos de conformidade para os contribuintes.

O Simples Nacional se enquadra nessa situação, principalmente depois de verificada a enorme complexidade de um regime desenhado para simplificar. Em esforço preliminar de um esboço esquemático de uma proposta em termos do lançamento de impostos no sentido de resgatar e avançar na sua simplificação, uma vez que todos os contribuintes estiverem nos universos dos documentos digitais do SPED e estando já cadastrada a atividade e outras informações básicas, listam-se as seguintes ideias:

1) impostos sobre as empresas do Simples Nacional lançados pela Receita Federal do Brasil (RFB) ou pelas secretarias de fazenda estaduais, respeitados a legislação nacional e os critérios estabelecidos pelo Comitê Gestor no Simples Nacional;
2) lançamento feito anualmente pela aplicação das alíquotas progressivas sobre base de cálculo composta pelo conceito de Valor Adicionado Anual Líquido (VAAL), uma forma de lucro ou margem de comercialização que seria calculado pela diferença entre o valor das vendas anuais de produtos, mercadorias e serviços e o valor anual das respectivas compras de insumos, mercadorias e serviços, subtraindo-se dessa diferença o valor anual da folha de pagamento e o valor anual pago a título de substituição tributária do ICMS nas aquisições de mercadorias e serviços;
3) geração da Declaração Anual Preliminar do Simples Nacional (DAPSN) ao final do período (ano) pelo próprio fisco, contendo a composição do VAAL, a alíquota aplicável para a respectiva faixa de faturamento, o imposto devido e as inconsistências detectadas;

4) notificação da DAPSN à empresa efetuada via Domicílio Eletrônico do Contribuinte (DEC);
5) na ausência de inconsistências, previsão de um prazo de 30 dias para empresa ajustar a DAPSN ou impugná-la mediante apresentação de documentos comprobatórios;
6) findo este prazo, não havendo ajustes ou impugnação, a DAPSN seria homologada pelo fisco e passaria a denominar Declaração Anual do Simples Nacional (DASN), ocasião em que, como no caso do E-Social, a Guia de Pagamento do Imposto seria automaticamente emitida pelo sistema para liquidação em 30 dias ou parcelamento, a critério da empresa;
7) alternativamente, efetuação por parte do próprio sistema do débito na conta corrente bancária da empresa e geração de recibo da guia paga a ser encaminhado automaticamente via DEC (idem caso a empresa faça opção pelo parcelamento);
8) sistema bancário encarregado de efetuar distribuição automática do imposto pago às diversas espécies tributárias de cada sujeito ativo (União, Estados ou Municípios), assim como feito atualmente;
9) diante da ocorrência de inconsistências na DAPSN, previsão de um prazo de 30 dias para empresa sanear as inconsistências ou justificá-las mediante apresentação de documentos e provas;
10) saneadas ou justificadas as inconsistências, DAPSN seria homologada pelo fisco e passaria a denominação de DASN, entrando no fluxo de pagamento normal ou parcelamento conforme o descrito nos itens 6 a 8;
11) findo o prazo de 30 dias e não havendo saneamento ou justificativas, auto de infração seria lavrado e a DAPSN seria homologada pelo fisco, passando à denominação de DASN, entrando no fluxo de pagamento normal ou parcelamento conforme o descrito nos itens 6 a 8;
12) inconsistências do lado da administração tributária seriam detectadas mediante:
    a) cotejamento sistemático de dados entre Notas Fiscais Eletrônicas de entradas ou de serviços tomados com Notas Fiscais Eletrônicas de saídas e de serviços prestados ou, no caso do

varejo, Notas Fiscais à Consumidor Eletrônicas ou Notas Fiscais de Serviços Eletrônica;

b) no caso de indústrias, outros indicadores poderiam ser considerados para fins de apuração de irregularidades como, por exemplo, consumo de energia elétrica, compatibilidade da área do estabelecimento com o volume de mercadorias movimentadas, cruzamentos de dados de entradas e saídas de mercadorias com os dados de saídas e entradas de fornecedores e clientes, e outros;
c) no caso do varejo, poder-se-ia considerar também cotejamentos sistemáticos das emissões de Nota Fiscal à Consumidor Eletrônica com dados de vendas por cartão de débito/crédito (as administradoras seriam obrigadas a disponibilizar suas bases de dados detalhadas ao fisco, respeitado, obviamente, o sigilo fiscal); e
d) outras iniciativas baseadas em data-mining poderiam ser levantadas

13) deste modo, na medida em que inconsistências fossem sendo detectadas ao longo do ano, o contribuinte (empresa) poderia ser notificado via DEC para saneá-las. Esta configuraria uma chance dada pelo fisco à empresa para evitar acúmulo de autos de infração por ocasião do fechamento anual da DAPSN.

Toda essa sistemática se traduz em considerável simplificação de procedimentos e redução de custos de conformidade para as empresas do Simples Nacional, principalmente por inverter os procedimentos de lançamento e apuração do imposto do contribuinte para o fisco.

Para este fim, o fisco passaria a utilizar dos bancos de dados gerados pelos sistemas que compõem o SPED, principalmente os universos da Nota Fiscal Eletrônica, Nota Fiscal de Consumidor Eletrônica, Conhecimento de Transporte Eletrônico e outros dados. Além disto, proporciona, ao fisco, instrumentos capazes de atingir de forma ágil e eficiente contingentes massificados de pequenas empresas.

A migração da base faturamento para a base do VAAL é justificada como meio de mitigar a cumulatividade que a atual sistemática de lançamento da Declaração Anual do Simples Nacional impõe às micro e pequenas empresas, colocando-as em situação de desvantagem competitiva no mercado, principalmente nas suas relações comerciais com as grandes empresas. Nesse caso, caberia propor ampliação das alíquotas para não incorrer em perda de receitas.

A dedução da folha de pagamento do valor adicionado para fins de apuração da base de cálculo tem por objetivo o incentivo à não proliferação de CNPJs atribuídos às pessoas físicas que de fato trabalham como empregados dessas empresas, uma conhecida forma das mesmas não se sujeitarem ao pagamento das contribuições previdenciárias, o que poderia atenuar ou desestimular a onda da dita pejotização em massa que se verifica atualmente no Brasil.

Já a dedução do imposto pago por substituição tributária do ICMS ou do novo IVA atende a três objetivos.

Primeiro, evita a bitributação. Mercadorias sujeitas ao regime ST têm de ser excluídas da DAPSN para o cálculo da parcela ICMS no total da guia porque o imposto já está pago pelo contribuinte substituto. Assim, a sua inclusão na base de cálculo do DAPSN com incidência da alíquota do ICMS do Simples Nacional faz surgir a bitributação, isto é, o contribuinte paga o imposto na entrada embutido no total da Nota Fiscal, não pode tomar o crédito e, ao vender a mercadoria, teria de pagar o ICMS sobre o ICMS já pago por ST. Importante destacar que com o advento do Código Especificador da Substituição Tributária (Cest) por Convênio Confaz, criou-se a possibilidade do destaque do ICMS-ST nas notas fiscais das operações intermediárias entre atacadistas e varejistas.

Em segundo lugar, como forma de aliviar a carga tributária dessas empresas que, ao adquirirem mercadorias e serviços sujeitos ao regime, passam a incorrer em carga tributária equivalente à das grandes empresas, além de sacrificarem parte significativa do seu capital de giro. Isto é, a substituição tributária impõe sacrifícios desproporcionalmente maiores às empresas de pequeno e médio porte em relação às grandes empresas, contrariando o princípio constitucional de tratamento diferenciado que lhes deve ser atribuído.

E, em terceiro lugar a medida atende à recente decisão do STF de retirar o ICMS da base de cálculo das contribuições sociais.

Ainda em relação à substituição tributária, é importante ressaltar que esta prática constitui em enorme complicador para as empresas do Simples Nacional. Pequenos negócios não apenas não possuem capital de giro suficiente para suportar a ST e não conseguem mitigá-la por meio de planejamentos tributários só acessíveis às grandes redes, como também a ST instigou grandes esquemas de sonegação igualmente "acessíveis" somente às grandes redes.

Estas e outras discussões surgem apenas como resultado de um sistema tributário que resiste ano após ano sem configurar-se, efetivamente, como um sistema. A apresentação anterior (de apenas alguns desses pontos) nos leva à colocação de um novo Simples, que se objetiva seja um Simples MM – Mesmo e Moderno. Isto é, um regime onde a apuração seja o mais simples possível na prática e não apenas no nome ou no discurso, e moderno, no sentido de uma modernização que nunca esteve tão ao nosso alcance com a tecnologia da qual dispomos nos dias de hoje.

Referências

ACEMOGLU. D.; RESTREPO, P.. The Race Between Machine and Man: Implications of Technology for Growth, Factor Shares and Employment. **NBER Working Paper Series.** n.22252 mai./2016. Disponível em: https://bit.ly/2GLAOLK. Acesso em 6/4/2018.

AFONSO, José Roberto. **Na direção errada.** Correio Braziliense. Artigo de jornal. 18/04/2020. Disponível em: https://bit.ly/2DuReI9. Acesso em 7/8/2020.

AFONSO, J. R.; CASTRO, K. **Repensando o financiamento do "Sistema S"**. Poder 360. Artigo de jornal. 09/04/2020. Disponível em: https://bit.ly/2DuSlrj Acesso em 7/8/2020.

AFRICAN DEVELOPMENT BANK *et al.* **The future of work**: regional perspectives. 2018. Disponível em: https://bit.ly/2MDcfQ0. Acesso em: 9/8/2018.

BANCO MUNDIAL. **Digital Dividends.** World Development Report. 2016.

CEDEFOP. **European sectoral trends**: the next decade. 2016. Disponível em: http://www.cedefop.europa.eu/files/8093_en.pdf. Acesso em: 3/9/2018.

CONSIDERA, C.; VELOSO, M. A. G.. **Joga pedra na Geni... Ela veio para nos salvar.** Blog do Ibre: abr. 2020. Disponível em: https://bit.ly/2xUmbm8. Acesso em: 24/4/2020.

DANTAS, Karlo Eric Galvão. **A vinculação de receitas pós-Constituição Federal de 1988 – rigidez ou flexibilidade?**: o caso da cide-combustíveis. 2008. 91 f. Tese

(Doutorado) – Curso de Economia do Setor Público, Universidade de Brasília, Brasília, 2010. Disponível em: https://bit.ly/3dHwh9e. Acesso em: 13/5/2020.

DESBORDES, R.; AZÉMAR, C.. Who ultimately bears the burden of greater non--wage labour costs? **Sire discussion paper**, Glasgow, 2010.

DUCCI, M. A.. Financing of Vocational Training in Latin America. **Training Discussion Paper** n. 71, ILO. Geneva: 1991.

EUROPEAN COMMISSION. **On the follow-up to the action plan on vat towards a single eu vat area**: time to act. 2017. Disponível em: https://bit.ly/2xiYUJ2. Acesso em: 9/8/2018.

FLEURY, E.. A contribuição para o Sistema S deve ser voluntária? SIM. **Folha de São Paulo**. São Paulo, jul. 2018. Disponível em: https://bit.ly/2NzPoVE. Acesso em: 30/7/2018.

FUNDO MONETARIO INTERNACIONAL. **World economic outlook**: cyclical upswing, structural change. abr./2018. Disponível em: https://bit.ly/2INcfLk. Acesso em 11/4/2018.

FOLHA DE SÃO PAULO. **Metade dos eleitores prefere ser autônomo a ter emprego CLT, diz Datafolha**. 2018. Disponível em: https://bit.ly/2P0gzOP. Acesso em: 29/10/2018.

HARRIS, Karen; KIMSON, Austin; SCHWEDEL, Andrew. **Labor 2030**: the collision of demographics, automation and inequality. 2018. Disponível em: https://bit.ly/2nSpX6v. Acesso em: 9/8/2018.

HERSCHBACH, Dennis R.. Financing vocational education and training in developing countries. **Training discussion paper** n. 111, ILO. Geneva: 1993.

INTERNATIONAL FEDERATION OF ROBOTICS. **World robotics**: indutrial. 2017. Disponível em: https://bit.ly/2DlUowy. Acesso em: 25/8/2018.

INTUIT RESEARCH. **Intuit 2020 report**: twenty trends that will shape the next decade (2010). Disponível em: http://intuit.me/2kMQtMd. Acesso em: 29/10/2018.

KOSE, M. Ayhan; OZTURK, E. O.. A world of change: taking stock of the past half century. **Finance and development**, v. 3, n. 51, p.6-11, set. 2014.

IEL. Síntese de resultados: construindo o futuro da indústria brasileira. **Indústria 2027**, Brasília, 2018. Disponível em: https://bit.ly/2O4LjN3. Acesso em: 24/9/2018.

LEAL, S. T.. A contribuição para o Sistema S deve ser voluntária? não. **Folha de São Paulo**. São Paulo, jul. 2018. Disponível em: https://bit.ly/2uUeC9J. Acesso em: 30/7/2018.

MCKINSEY GLOBAL INSTITUITE. **Jobs lost, jobs gained**: workforce transitions in a time of automation. 2017. Disponível em: https://mck.co/2sTNKGL.Acesso em: 9/8/2018.

MINISTÉRIO DO TRABALHO E PREVIDÊNCIA SOCIAL. **Anuário estatístico da previdência social.** Brasília: 2016, 934 p. Disponível em: https://bit.ly/2moiD2m. Acesso em: 18/7/2018.

NEDELKOSKA, L.; QUINTINI, G.. Automation, skills use and training, **OECD social, employment and migration working papers**, n. 202, Paris, 2018. Disponível em: https://bit.ly/2H84sYF. Acesso em 3/9/2018.

NEUT, Alejandro. **The new google tax**: an experiment in taxation policy. 2018. Disponível em: https://bit.ly/2OXYopg. Acesso em 9/8/2018.

OCDE. **Key issues for digital transformation in the G20**. 2017. Disponível em: https://bit.ly/2gq4HFg. Acesso em 9/8/2018.

ORAIR, Rodrigo; GOBETTI, Sérgio. Reforma tributária no Brasil: princípios norteadores e propostas em debate. **Novos estudos**, v. 37, n. 2, p.213-214, maio 2018. Disponível em: https://bit.ly/2MRIBKy. Acesso em 27/8/2018.

PEDDER, R. A.. Enterprise based vocational training. **Asian and pacific skill development programme**, ILO. Islamabad. 1989.

PERALTA, A., ROITMAN, A. **A tecnologia e o futuro do trabalho**. International monetary fund. maio/18. Disponível em: https://bit.ly/2KIMocG. Acesso em 9/8/2018.

PWC. **Uk economic outlook**. 2017. Disponível em: https://pwc.to/2rEXpOW. Acesso em 27/8/2018.

SEETHARAMAN, M.; GAURET, F. Workers' rights transformed: ensuring social protection. Euronews. maio/18. Disponível em: https://bit.ly/2sfVwKv. Acesso em 10/7/2018.

TEIXEIRA, M.; CARNEIRO, L. O.. **STF declara constitucional a terceirização das atividades-meio e fim das empresas**. 2018. Disponível em: https://bit.ly/2wxhHNQ. Acesso em 3/9/2018.

TROTTA, T.. **A inovação destrói empregos com mais rapidez do que a educação os salva**. 2017. Disponível em: https://bit.ly/2oPe820. Acesso em 9/8/2018.

UHY. **The cost of 'taxes' on jobs around the world**: how social security payments and other employer costs impact job creation and wage growth in different economies. 2016. Disponível em: https://bit.ly/1MxUCtX. Acesso em 9/8/2018.

UNESCO. **Financing technical and vocational education**: modalities and experiences. Berlin: 1996.

WORLD ECONOMIC FORUM. **The global competitiveness report**: 2017-2018. Geneva: 2017.

WORLD ECONOMIC FORUM. **The future of jobs rebort**: 2018. Geneva: 2018. Disponível em: https://bit.ly/2xeWN7e. Acesso em 18/9/2018.

11.
A REFORMA TRIBUTÁRIA, AS MICROEMPRESAS E AS EMPRESAS DE PEQUENO PORTE

SILAS SANTIAGO

Introdução

Os projetos de reforma tributária no Brasil vêm se arrastando há mais de 30 anos, sem sucesso. São vários os problemas apontados, desde a suposta inadequação do peso dos fatores econômicos atualmente tributados, com preponderância da incidência sobre produção e consumo, da incorreta distribuição dos tributos entre os entes federados, da rigidez constitucional, da constitucionalização excessiva dos aspectos tributários – como em todos os demais aspectos da nossa Carta Magna, da necessidade de compatibilizar os tributos à nova realidade trazida quarta revolução industrial, pela qual os conceitos de territorialidade, tipologia das transações econômicas, origem e destino ficam difusos, e, em grande escala, da complexidade do nosso sistema tributário, com grande peso nos custos de cumprimento – *compliance*, que por vezes são mais indigestos do que o próprio tributo, aumentando o custo Brasil e fazendo com que nosso contencioso tributário – administrativo e judicial, seja um dos maiores do mundo.

Cabe salientar que qualquer reforma que venha a ser feita no nosso caótico sistema tributário deverá ter como premissas a adaptação do nosso sistema impositivo à nova realidade mundial proveniente da quarta revolução industrial.

Temos grandes desafios, a exemplo da nossa rigidez constitucional, da tributação sobre a renda, sobre o trabalho, sobre as moedas virtuais e transações digitais.

No entanto, o maior desafio é conseguir reformar a tributação sobre o consumo. Todos os demais aspectos são importantes, principalmente na nova era digital, onde será preciso pensar em soluções que tragam mais justiça na tributação da renda das empresas multinacionais com presença digital, da necessidade de construir novos caminhos para a tributação sobre o trabalho, no qual o trabalho sem vínculo empregatício é uma realidade cada vez mais presente, e da nova realidade das criptomoedas e da grande intensidade das movimentações financeiras, seja ou não com moedas de curso legal.

Entretanto, não há como adiar por muito tempo o enfrentamento da balbúrdia atualmente existente na tributação brasileira sobre produção e consumo, com tributos existentes nos três níveis federados, com uma tipologia que não mais se sustenta no mundo atual – produtos, mercadorias e serviços, com uma mescla entre tributações cumulativas e não cumulativas, com incidência ora na origem ora no destino, com o pesadelo da autodeclaração, e com a intensa guerra fiscal entre os entes federados, na qual o único perdedor é a sociedade brasileira.

Nesse contexto, cabe tratar dos reflexos de eventual reforma tributária no âmbito das microempresas e empresas de pequeno porte (MPE), além das alternativas para modificar a tributação desse segmento tendo em vista dois objetivos, sendo o primeiro representado pela necessidade de simplificação, e o segundo pela necessidade de adaptação dessa tributação à nova realidade econômica, seja no âmbito do trabalho quanto no de consumo.

Nunca é demais lembrar que o Simples Nacional, sistema tributário simplificado destinado às MPE, decorre de comandos constitucionais, constantes dos artigos 146, III, "d" e 179 da Carta Magna. Dito isso, faz-se necessário acompanhar as mudanças que venham a ser propostas para que se mantenha o tratamento diferenciado e favorecido determinado pela constituição.

1. Da rigidez e prolixidade da constituição brasileira

A rigidez da nossa constituição é estudada com afinco pelos autores constitucionalistas, mas essa rigidez pode ter sido incrementada, nesse último período constitucional, pela falta de confiança do cidadão no Estado Brasileiro. Ou seja, era preciso construir uma barreira constitucional contra a atuação do Estado. Isso se refletiu na estrutura da nossa última constituição, de 1988, na qual desejou-se cravar no texto, por exemplo, direitos individuais e coletivos de forma absolutamente descritiva, visando a fortalecê-los, principalmente contra as ações do próprio Estado, em uma sociedade ainda assustada com a ditadura militar, naquele momento em que o fenômeno do totalitarismo ainda reinava na memória e nas experiências do povo brasileiro.

Não foram suficientes, portanto, as tentativas de Costa e Amaral (1986), que defendiam, quando ainda estávamos construindo nossa Carta Magna atual, a necessidade de uma constituição concisa.

Adicionalmente, estabeleceram-se as denominadas cláusulas pétreas, pelas quais algumas matérias não podem ser objeto de emenda. Mas essa não é uma característica específica da nossa Carta Magna. Duarte Neto (2009) ratifica essa constatação quando emite a seguinte afirmação:

> [...] as cláusulas pétreas subsistem no texto das Constituições modernas, e sua previsão faz crer, ao menos em um primeiro momento, não se tratar de mero equívoco ou de tentativa fadada ao insucesso de possibilitar a permanência das Constituições Rígidas. (COELHO, 2009).

O grande problema é a prolixidade da nossa Carta Magna. Ela fala sobre tudo e todos, sobre todos os assuntos, sobre detalhes que, a princípio, deveriam estar em legislação infraconstitucional.

Faz-se necessário, portanto, enxugar o texto constitucional.

2. As controvérsias sobre o enxugamento do texto constitucional

Claro que a defesa do enxugamento do texto constitucional é controversa, e algumas vezes essa defesa é taxada de "elitista", como afirma Coelho (2009), cujo título de seu artigo é deveras curioso: "Lipoaspiração Constitucional[4]: Enxugamento da Constituição é Inconstitucional".

No entanto, a defesa dessa inconstitucionalidade do encolhimento do texto constitucional reside mais nos aspectos dos Direitos Individuais e Sociais. O próprio Coelho (2009) afirma que:

[4] Pois é; o termo lipoaspiração aqui empregado não é novo, mas com certeza facilita o entendimento.

> A tentativa de reduzir o texto da Constituição não possui justificativa que lhe dê calço, pois não trará vantagens materiais à sociedade brasileira. Apenas facilitará a vida do parlamento, que poderá dispor com facilidade sobre as matérias retiradas da Constituição, sem a exigência do quórum qualificado atualmente exigido para alterar matéria constitucional, aumentando o poder dos parlamentares e diminuindo a proteção da sociedade contra eventuais maiorias congressuais. (COELHO, 2009).

Todavia, essa defesa do texto analítico da nossa Carta Magna não se sustenta quando, por exemplo, ela determina as horas da jornada de trabalho, ou o percentual de acréscimo de remuneração durante o período de férias. São matérias claramente de índole infraconstitucional.

3. A prolixidade da constituição em matéria tributária

Em matéria tributária, a nossa constituição é um verdadeiro Código Tributário, avançando em aspectos muito específicos. Dentre outros assuntos, citamos exemplos de definição constitucional de incidências particularizadas (155, § 2º, IX), exclusões da base de cálculo (155, § 2º, X; 156, § 2º, I), definições de tributação cumulativa ou não cumulativa (153, § 3º, II; 155, § 2º, I; 195, § 12), alíquotas (153, § 5º), validação da substituição tributária para fatos geradores futuros (sic) (150, § 7º), características de impostos específicos (153, § 2º, I), tributação na origem ou destino (155, § 2º, VII; 155, § 4º), responsabilidade tributária (155, § 2º, VIII), definições sobre base de cálculo – *ad valorem* ou com base na unidade de medida adotada (149, § 2º, III, a; 155, § 4º, IV, b), e até, pasmem, prazos máximos de parcelamento (195, § 11).

O fato de quase tudo na área tributária estar constitucionalizado torna muito difícil sua alteração – apesar das inúmeras emendas constitucionais.[5]

Deveria constar do texto constitucional, no âmbito tributário, a distribuição de competências entre os entes federados, sobre qual base tributária cada ente federado poderia legislar, regras de relacionamento entre os entes quanto à tributação, e todo o resto poderia e deveria estar em

[5] Em março de 2021 promulgou-se a Emenda nº 109 à Constituição Federal de 1988. Tivemos até então, portanto, cerca de 3,3 emendas por ano.

lei, complementar ou ordinária. A rigor, a lei complementar deveria estar reservada ao Código Tributário e, quanto aos tributos, apenas àqueles nos quais poderia haver a condução ou inter-relacionamento entre mais de um nível de governo.

Mesmo a Emenda Constitucional nº 33, de 2003, que permitiu a criação do Simples Nacional, regime tributário destinado às microempresas e empresas de pequeno porte, com a inclusão no texto constitucional da alínea "d" e do Parágrafo único no artigo 146, extrapolou suas finalidades constitucionais, ao estipular, por exemplo, no inciso III do referido parágrafo único, que:

> [...] o recolhimento será unificado e centralizado e a distribuição da parcela de recursos pertencentes aos respectivos entes federados será imediata, vedada qualquer retenção ou condicionamento. (BRASIL, 2003).

Esse inciso denota a desconfiança dos estados e municípios com relação ao governo central. Ora, fazer constar no texto constitucional que não poderia haver retenção ou condicionamento de recursos na partilha da arrecadação do novo regime significou dizer que, caso essa condição ali não estivesse, o Tesouro Nacional poderia vir a não distribuir os valores arrecadados dos tributos pertencentes a outro ente federado, o que, em tese, soaria absurdo.

Com a prolixidade do nosso texto constitucional, os textos propostos para a Reforma Tributária já apresentados propõem modificar múltiplos dispositivos da Carta Magna, repetindo os erros já sacramentados e sobre os quais discorremos.

O ideal seria aproveitar a reforma tributária que se avizinha, e que esperamos que prospere, para promover a chamada lipoaspiração do texto constitucional, pelo menos no campo tributário.

4. Apuração dos tributos pelas administrações tributárias

No passado os impostos foram sempre determinados pelos fiscos. Cabia aos contribuintes pagá-los ou contestá-los, mas sempre a partir do crédito tributário calculado pelas administrações tributárias com base em elementos de que dispunham.

Com o passar do tempo, inclusive em decorrência da crescente complexidade dos fatos imponíveis, o fisco transferiu essa responsabilidade para os contribuintes. Dessa forma, a constituição do crédito tributário passou a depender da ação do contribuinte, por meio de declarações, cabendo ao fisco fazê-lo somente nas omissões ou incorreções nos atos prévios do contribuinte.

Restaram sob responsabilidade originária de lançamento por parte dos fiscos apenas alguns impostos, a exemplo do Imposto sobre a Propriedade Predial e Territorial Urbana (IPTU) e do Imposto sobre a propriedade de veículos automotores (IPVA).

Com a complexidade cada vez maior tanto das transações econômicas e da legislação tributária, essa apuração tornou-se extremamente penosa, gerando o que chamamos hoje de pesadelo da autodeclaração.

A rigor, nem o fisco consegue apurar facilmente os impostos, caso tivesse que determiná-los, principalmente quanto ao Imposto sobre Operações relativas à Circulação de Mercadorias e Prestação de Serviços de Transporte Interestadual e Intermunicipal e de Comunicação (ICMS). Vários fatores interferem no cálculo do valor devido, a exemplo do tipo de operação – interna, interestadual, exportação, transferência entre filiais; do regime tributário do emissor – normal ou especial; da destinação do produto ou serviço – para revenda, consumo, imobilização ou industrialização; da existência ou não de substituição tributária ou tributação concentrada; da espécie de substituição tributária; da geração ou não de créditos e do respectivo percentual etc.

Todavia, com o fenômeno das Notas Fiscais Eletrônicas, que em poucos anos colocou o Brasil na vanguarda mundial, criaram-se condições para que a apuração dos tributos volte a ser feita pelos fiscos, sem necessidade de declarações adicionais.

Para as MPE optantes pelo Simples Nacional, a emissão do documento fiscal representa sua própria escrituração, devendo os dados serem compartilhados entre os fiscos, conforme determinam os §§ 10 e 11 do art. 26 da Lei Complementar nº 123, de 2006:

> § 10. O **ato de emissão** ou de recepção de documento fiscal por meio eletrônico estabelecido pelas administrações tributárias, em qualquer modalidade, de entrada, de saída ou de prestação, na forma estabelecida pelo CGSN,

> **representa sua própria escrituração fiscal e elemento suficiente para a fundamentação e a constituição do crédito tributário.**
> § 11. Os dados dos documentos fiscais de qualquer espécie podem ser compartilhados entre as administrações tributárias da União, Estados, Distrito Federal e Municípios e, quando emitidos por meio eletrônico, na forma estabelecida pelo CGSN, a microempresa ou empresa de pequeno porte optante pelo Simples Nacional fica desobrigada de transmitir seus dados às administrações tributárias. (BRASIL, 2006, grifos nossos)

Para os impostos apurados fora do Simples Nacional, a apuração hoje já seria possível no âmbito do ICMS e do Imposto sobre Serviços de Qualquer Natureza (ISS), esse último para os municípios que já têm implantada a Nota Fiscal Eletrônica de Serviços.

Os estados e o Distrito Federal têm todas as condições de apurar o ICMS, porque detêm, em suas bases, todos os documentos fiscais eletrônicos sujeitos ao imposto, seja no âmbito estadual quanto interestadual, de compras ou vendas, bem como dos documentos emitidos ao consumidor. Aliás, os documentos fiscais emitidos para o consumidor final não têm um modelo unificado em nível nacional, mas cada unidade da federação tem o controle da sua respectiva base.

Os estados poderiam alegar que não detêm todos os elementos necessários para a apuração, sendo necessárias declarações adicionais dos contribuintes. Todavia, e se isso for realmente verdadeiro, bastaria acrescentar campos nos documentos fiscais de forma a preencher as lacunas, a exemplo da destinação dada pelo comprador ao objeto ou serviço adquirido.

O que não se justifica é manter a necessidade da apuração pelo contribuinte quando o estado detém todas as informações para a determinação do imposto em suas bases, a partir dos documentos fiscais.

Quanto ao ISS, para os municípios que têm nota fiscal eletrônica de serviços, a apuração é ainda mais fácil, porque, pelo menos antes da reforma tributária, estamos falando de um imposto cumulativo, de fácil operacionalização. Adicionalmente, há pelo menos um município – São Paulo, o maior do país, que já apura e determina o pagamento do imposto.

Por incrível que possa parecer, a Receita Federal teria mais dificuldades do que os entes subnacionais para apuração do Imposto sobre Produtos Industrializados (IPI), da contribuição para o Pis/Pasep e da Contribuição para o Financiamento da Seguridade Social (Cofins), pois faltam, em suas bases, as notas fiscais eletrônicas ao consumidor (dos estados) e as notas fiscais eletrônicas de serviços (dos municípios).

Há um projeto de padronização das notas fiscais eletrônicas de serviços (NFSe), conduzido pela Receita Federal e pelos municípios, com apoio do Serviço Brasileiro de Apoio às Micro e Pequenas Empresas (SEBRAE), mas isso deve levar algum tempo, até mesmo porque, exceto quanto ao Microempreendedor Individual[6], funcionará por meio de adesão dos municípios.

Mais prioritária do que essa padronização dos documentos fiscais de serviços é a unificação das bases. Sendo assim, a Receita Federal e os municípios teriam que criar um leiaute unificado de transmissão dos dados básicos das NFSe para uma base nacional, que permita o acesso por todos os fiscos.

A mesma providência de unificação de bases deveria se operar com os documentos fiscais dos estados ao consumidor, mesmo antes de se concretizar os projetos de padronização dos modelos, que vêm sendo conduzidos pelo Comitê Nacional de Secretários da Fazenda, Finanças, Receitas ou Tributação dos Estados e Distrito Federal (Comsefaz), com coordenação técnica do Encontro Nacional de Coordenadores e Administradores Tributários Estaduais (ENCAT).

Apesar de os autores das propostas de reforma tributária no Congresso Nacional preconizarem que "os novos tributos serão apurados pelos fiscos", consideramos isso impossível, pelo pelos agora, pelos motivos acima citados.

Essa unificação das bases das notas fiscais ao consumidor (dos estados) e de serviços (dos municípios) também se faz necessária para permitir a apuração dos tributos devidos pelas MPE optantes pelo Simples Nacional. Trata-se de uma apuração relativamente simples, que depende, na maior parte dos casos, apenas do volume de receita bruta mensal. Mas

[6] A Nota Fiscal de Serviços Eletrônica para o Microempreendedor Individual poderá ser instituída em todo o país por meio de resolução do Comitê Gestor do Simples Nacional (CGSN), com a prerrogativa constante do inciso II do § 2º do art. 106 da Resolução CGSN nº 140, de 22 de maio de 2018.

se não houver como determinar a receita bruta das empresas por falta de dados centralizados, essa apuração se torna impossível.

O ideal seria iniciar os procedimentos de apuração dos tributos devidos no Simples Nacional por meio de fornecimento, às MPE, de declarações pré-preenchidas.

O fornecimento de declarações pré-preenchidas para os contribuintes é um dos mecanismos de medição de efetividade da ação das administrações tributárias, que é aferida internacionalmente por meio do *Tax Administration Diagnostic Assessment Tool* (TADAT), cuja secretaria é albergada pelo Fundo Monetário Internacional.

TADAT (2019) preconiza, em seu guia, que os fiscos devem "*Simplifying filing arrangements, including pre-filling of tax declarations*", ou seja, simplificar os procedimentos de declaração, incluindo declarações pré-preenchidas.

Essa diretriz do TADAT vem impulsionando fiscos mundo afora no sentido de fornecer, aos contribuintes, as declarações pré-preenchidas, começando, a exemplo do Brasil, pelas declarações de imposto de renda das pessoas físicas.

A Receita Federal está conduzindo um projeto, com apoio do SEBRAE, para fornecimento das declarações pré-preenchidas para apuração do Simples Nacional no Programa Gerador do Documento de Arrecadação do Simples Nacional – Declaratório (PGDAS-D).

Apesar das dificuldades representadas pela falta de informações, nas bases federais, dos documentos eletrônicos ao consumidor (dos estados) e de serviços (dos municípios), a ideia é iniciar a pré-apuração com estados e municípios que concordem em compartilhar os dados desses documentos com a Receita Federal, os quais participarão do projeto piloto.

Enfim, seja dentro ou fora do Simples Nacional, as declarações pré-preenchidas representam um passo para que, no futuro, a apuração completa seja feita pelos fiscos.

Essa simplificação de procedimentos, que depende da vontade política e operacional dos fiscos, talvez seja até mais importante do que a reforma dos tributos em si, porque reduzirá os custos de cumprimento para os contribuintes, além de diminuir o contencioso tributário, seja administrativo ou judicial.

Pode ser o início do fim do pesadelo da autodeclaração, mas há muito ainda a caminhar nesse sentido.

5. Desafios da tributação do trabalho

Os desafios relativos à tributação do trabalho talvez sejam os mais difíceis de serem solucionados, porque as relações de trabalho alteraram-se sensivelmente nas últimas décadas, mas a tributação não acompanhou essa evolução.

Para piorar, não se trata apenas de questões relativas à tributação, porque essa tributação tem caráter contraprestacional, direta ou indireta, na medida em que os recursos são destinados, no todo ou em parte, para financiar benefícios sociais futuros relativos aos trabalhadores.

Mesmo que se ajuste a tributação com vistas a adequá-la à nova realidade, na qual o trabalho independente, sem vínculo empregatício, vem ganhando cada vez mais força, a sociedade teria que construir uma solução para o estoque de benefícios já contratados com os trabalhadores que ora são segurados da Previdência Social brasileira.

Nesse sentido, qualquer desembarque do modelo atual teria que ser muito bem pensado, no sentido de se construir uma transição suave para o modelo que venha a ser adotado, sob pena de se atribuir, ao já combalido orçamento nacional, uma responsabilidade sem fonte de recursos.

É preciso ratificar que trabalho é bem mais amplo do que emprego. Trabalho é toda prestação de serviços, com ou sem subordinação, de forma autônoma ou não, com remuneração. Emprego é uma espécie do gênero trabalho no qual há subordinação jurídica do prestador ao tomador dos serviços, mediante contrato protegido por lei, seja com empresas ou com governos.

Trabalho sem vínculo empregatício pressupõe autonomia na atuação do prestador com relação ao tomador, sem subordinação jurídica. Eventual contrato entre as partes terá conotação civil ou comercial.

O trabalho sem vínculo empregatício tem se verificado, muitas vezes, por prestadores que se formalizam como empresas – com Cadastro Nacional da Pessoa Jurídica (CNPJ), mesmo não tendo caráter empresarial, por exigência dos empregadores, que querem fugir dos altos encargos sobre o trabalho que vigem no Brasil.

Afonso (2017) pontua que:

> A terceirização de mão de obra é um fenômeno mundial, mas surgiu e se expandiu vinculado basicamente à prestação de serviços auxiliares a maioria dos negócios, como os de vigilância e segurança, limpeza, transportes ou mesmo processamento de dados e contabilidade. Porém, nos últimos anos, a terceirização no Brasil foi muito além desse processo tradicional, alcançando contingentes crescentes de executivos, engenheiros, professores, jornalistas e artistas, dentre outros. Na verdade, nestes casos, deixou de haver um intermediário que é contratado para ele empregar trabalhadores e estes prestarem um trabalho, que muitas vezes eram contratados diretamente. É outro processo. (Afonso, 2017).

A chamada **"pejotização"** não é uma escolha do trabalhador, e Afonso (2017) ratifica isso, quando afirma que "mesmo que o trabalhador preferisse ser contratado como empregado e com carteira assinada, sua opinião pouco conta nessa decisão". Ou ele aceita trabalhar com CNPJ ou terá que procurar outro empregador. Como o mercado de trabalho está cada vez mais competitivo, não lhe resta outra opção.

Esse fenômeno fez com que o emprego tenha subsistido em alguns nichos. Para os baixos salários, o emprego reside preponderantemente nas microempresas e empresas de pequeno porte, em sua maior parte abrigadas no Simples Nacional, regime tributário que engloba os tributos previdenciários, tornando-os mais palatáveis. No Simples, a contribuição previdenciária patronal é paga por um percentual sobre o faturamento, juntamente com os demais tributos que compõem a cesta do regime. Os altos salários ainda subsistem entre os empregados de estatais, do governo, de grandes bancos, grandes indústrias ou multinacionais.

A resolução desse nó que ata o emprego não passará apenas pela revisão na tributação do trabalho, mas sim por medidas que envolvem toda a tributação.

6. Alternativas de compensação dos custos tributários do emprego

Faz-se necessário pensar em alternativas tributárias que compensem os atuais custos da tributação do trabalho, como forma de incentivo ao emprego formal.

Não somos favoráveis à redução da atual carga tributária do trabalho diminuindo-se alíquotas, porque isso afetaria o equilíbrio atuarial da Previdência Social, salvo se essa diminuição for acompanhada de diminuição de benefícios.

O ideal seria criar formas alternativas de tributação com outras bases econômicas, compensando-as com as contribuições sobre o trabalho. Para essa compensação teria que se pensar em todas as bases, a exemplo da renda, do consumo, de serviços digitais e até mesmo, com ressalvas, de transações financeiras.

Qualquer adicional que venha a ser criado na tributação dessas bases teria que ser compensada, pelo menos em parte, com os tributos incidentes sobre o emprego, tornando-o menos oneroso do que hoje.

Nesse diapasão, uma das alternativas que poderiam se viabilizar é representada pela criação de um tributo sobre movimentação financeira, com alíquotas baixas que não comprometam a sua efetividade, de acordo com a Curva de Laffer Albuquerque (2001) apontou uma alíquota máxima de 0,69% para a então vigente CMPF, a partir da qual a arrecadação perderia efetividade:

> Observa-se a existência de uma curva de *Laffer* para este imposto. Para calcular a alíquota da CPMF que maximizaria o valor esperado de arrecadação bruta em relação ao PIB, basta usar a equação
>
> $$\alpha_b = -\frac{a}{2b} = 0{,}69\%,$$
>
> ou seja, alíquotas maiores que 0,69% levariam a quedas na arrecadação bruta da CPMF." (Albuquerque, 2001, grifos nossos).

Esse tributo, ou um adicional sobre o imposto de renda, ou um adicional sobre tributos sobre valor agregado que venham a ser propostos, deveriam ser necessariamente compensados com a cota patronal previdenciária, o que levaria à diminuição da carga tributária sobre o trabalho e teria o condão de trazer importante incentivo à prestação de serviços com vínculo empregatício.

7. A experiência do Simples Nacional

A experiência do Simples pode jogar luzes sobre possíveis soluções. O Simples possui mecanismos internos de compensação entre empresas na medida em que as empresas com faturamento maior, dentro do regime, compensam parte das perdas tributárias oriundas das empresas com menor nível de receitas.

No conjunto de contribuintes do Simples, o recolhimento de tributos proporcionalmente à receita bruta não é muito diferente das empresas fora do regime. Assim, ao contrário do senso comum, se comparados os impostos pagos com o que se fatura, as micro e pequenas empresas contribuem tanto quanto ou mais do que grandes empresas.

Essa constatação foi reforçada com dados publicados pela Receita Federal para o ano de 2018[7], os quais mostram que, por meio do Simples, foram recolhidos impostos e contribuições federais equivalentes a 8,2%[8] da receita bruta com impostos federais – próximo a mesma proporção apurada para quem optou pelo regime do lucro presumido (8,8%).[9]

[7] Disponível em https://receita.economia.gov.br/dados/receitadata/estudos-e-tributarios-e-aduaneiros/estudos-e-estatisticas/estudos-diversos/dados-informacoes-e-graficos-setoriais-2009-a-2018. Acesso em 2021-04-03.

[8] Na verdade, a Receita Federal divulgou o percentual de 9,96% de recolhimento de tributos pelas empresas do Simples com relação ao faturamento, mas depois informou que, nesse percentual, estavam incluídos valores recolhidos a título de ICMS e ISS apurados no Simples.

[9] Um parêntesis: essa constatação quanto ao pagamento proporcional de tributos pelas empresas do Simples em níveis próximos aos do Lucro Presumido, e bem superiores aos do Lucro Real, torna desarrazoada a divulgação anual dos Gastos Tributários relativos ao Simples nas leis orçamentárias anuais, a exemplo de 2020, quando a Receita Federal fez constar do respectivo demonstrativo gastos tributários do Simples da ordem de R$ 74,3 bilhões (disponível em https://receita.economia.gov.br/dados/receitadata/renuncia-fiscal/previsoes-ploa/dgt-ploa).
A Lei de Responsabilidade Fiscal – LRF determina, no artigo 14, que "a concessão ou ampliação de incentivo ou benefício de natureza tributária da qual decorra renúncia de receita deverá estar acompanhada de estimativa do impacto orçamentário-financeiro no exercício em que deva iniciar sua vigência e nos dois seguintes".
Como se vê, o conceito de gastos tributários no direito brasileiro está relacionado à decisão do ente tributante em "conceder", com discricionariedade, segundo seu juízo de conveniência e oportunidade, diferenciações com relação aos regimes tributários de referência.
Em tese, não se pode conceber que uma previsão de imunidade ou benefícios contidos na Constituição Federal sejam classificados como gastos tributários. Se o fossem, seriam despesas obrigatórias e não discricionárias.

O montante também fica bem acima do pago por grandes corporações e instituições financeiras que usam o regime do lucro real (7,0%).

Além disso, há um incentivo ao trabalho prestado por pessoas físicas às empresas de serviços de natureza intelectual, a exemplo de medicina, odontologia, consultoria e engenharia, normalmente tributadas com base na tabela do Simples Nacional, cuja alíquota mínima é de 15,5%. Caso essas empresas paguem remunerações a pessoas físicas, sejam elas empregados, autônomos ou o pró-labore dos sócios, em patamar superior a 28% do seu faturamento, passam a ser tributadas pela tabela Anexo III, que tem alíquota mínima de 6%, de acordo com o § 5º-J do art. 18 da Lei Complementar nº 123, de 2006:

> § 5º-J. As atividades de prestação de serviços a que se refere o § 5º-I serão tributadas na forma do Anexo III desta Lei Complementar caso a razão entre a folha de salários e a receita bruta da pessoa jurídica seja igual ou superior a 28% (vinte e oito por cento). (BRASIL, 2006).

Claro que essa solução não poderia ser utilizada para todas as empresas, sob o risco de inviabilizar o equilíbrio atuarial da Previdência Social, pois haveria um maior volume na expectativa de benefícios com arrecadação menor de contribuições.

Mas essa compensação interna dentro das empresas optantes pelo Simples reforça a necessidade de pensarmos em alternativas tributárias que tornem a tributação sobre o emprego menos onerosa do que na realidade atual.

8. Compatibilização do simples nacional com alterações efetuadas fora do regime

Todas as propostas de reforma tributária que venham a ser discutidas no país deverão levar em consideração o tratamento diferenciado e favore-

Ademais, também não se pode considerar como gastos tributários aqueles decorrentes de um regime que tem, apenas em sua versão nacional, vigente desde julho de 2007, cerca de 15 anos de existência. Com certeza trata-se de um dos regimes de referência para a tributação de microempresas e empresas de pequeno porte.

cido previsto constitucionalmente para as microempresas e empresas de pequeno porte, constantes dos artigos 170 e 179 da nossa Carta Magna.

Sendo assim, mesmo que se refiram a tributos apurados fora do Simples Nacional, o peso das suas alterações deverá ser verificado para aferir eventual aumento na carga tributária dos pequenos negócios.

A título de exemplo, citamos o PL 3.887/2020, por meio do qual o Governo Federal propõe a criação da Contribuição sobre Bens e Serviços (CBS), em substituição às atuais contribuições para o Pis/Pasep e Cofins.

Com base na alíquota proposta, de 12%, as MPE teriam aumento de carga tributária em suas aquisições, que hoje são gravadas com alíquotas de 3,65% – quando o vendedor está sujeito a alíquotas cumulativas, e 9,25% – quando o vendedor está sujeito a alíquotas não cumulativas.

Em resumo: as alterações que venham a ser efetuadas na tributação sobre a produção e consumo, mesmo na hipótese de inclusão dos futuros tributos no Simples – em substituição aos atuais, poderiam não afetar significativamente a tributação dentro do Simples, mas com certeza afetariam os custos da MPE nas aquisições de insumos, mercadorias e serviços.

Em alguns casos os percentuais devidos dentro do Simples Nacional poderiam demandar revisão, a exemplo eventual desoneração da folha de salários que venha a ocorrer fora do Simples.

O mesmo cuidado teria que ser tomado quanto a eventuais modificações no Imposto de Renda da Pessoa Jurídica (IRPJ) e na Contribuição Social sobre o Lucro Líquido (CSLL), seja a título de unificação de tributos ou alteração de alíquotas, ou mesmo de introdução da tributação da distribuição de lucros e dividendos, quando teriam que ser verificados os impactos nas MPE.

9. A cesta de tributos do simples nacional e a tributação sobre produção e consumo

Preliminarmente, cabe uma rápida avaliação sobre a tributação do consumo em nosso país.

Apesar de termos problemas na tributação da renda e patrimônio, e da necessidade de revisão na tributação do trabalho, em face da sensível mudança nas relações de trabalho nas últimas décadas, não se pode negar que grande parte da complexidade do nosso sistema tributário decorre da tributação do consumo.

10. Os problemas da atual tributação do consumo no Brasil

A base tributária de produção e consumo é gravada por inúmeros tributos de competência dos três níveis de governo, seja por meio de impostos, de contribuições sociais ou contribuições de intervenção no domínio econômico (CIDE).

Além disso, há o que podemos chamar de "tempestade perfeita" para as MPE: a substituição tributária do ICMS.

11. A substituição tributária do ICMS

A substituição tributária é uma das modalidades de atribuição de responsabilidade tributária prevista no inciso II do art. 121 do Código Tributário Nacional (CTN):

> Art. 121.
> Parágrafo único. O sujeito passivo da obrigação principal diz-se:
> II – responsável, quando, sem revestir a condição de contribuinte, sua obrigação decorra de disposição expressa de lei. (BRASIL, 1966).

O problema foi o que o legislador derivado constitucional, o legislador complementar e os estados fizeram com o instituto.

O legislador constitucional derivado inseriu o § 7º no artigo 150 da Carta Magna, pela Emenda Constitucional nº 3/1993:

> § 7º A lei poderá atribuir a sujeito passivo de obrigação tributária a condição de responsável pelo pagamento de imposto ou contribuição, **cujo fato gerador deva ocorrer posteriormente**, assegurada a imediata e preferencial restituição da quantia paga, caso não se realize o fato gerador presumido. (BRASIL, 1993, grifos nossos).

Mesmo antes dessa mudança constitucional, a Lei Complementar nº 87/1996 previu dois tipos de substituição tributária.

A primeira delas **em relação às operações ou prestações antecedentes ou concomitantes**. Na prática, trata-se do diferimento do pagamento do imposto atribuindo-se a responsabilidade a um dos participantes da cadeia, normalmente um distribuidor ou o último participante da cadeia.

O problema está na segunda modalidade, em relação **às operações ou prestações subsequentes**. Nessa hipótese, o imposto deve ser recolhido de forma antecipada, seja pela indústria ou pelo comércio atacadista, abrangendo todas as fases seguintes que ainda não ocorreram, com base em um valor estimado da comercialização ao consumidor final.

Trata-se, então, de tributação antecipada de fatos imponíveis futuros, que ainda não aconteceram.

O tributo sempre deve ser aplicado sobre o passado ou, no máximo, sobre o presente. O que determina o comando que gera a obrigação tributária não prescinde da completude do fato imponível, e sua subsunção à hipótese abstrata prevista em lei.

Não precisamos recorrer a outros tributos. No próprio ICMS, a hipótese abstrata seria "circular mercadorias". Na substituição tributária em relação às operações subsequentes, a circulação de mercadorias não ocorreu, pelo menos não até o consumidor final. Tributa-se um futuro incerto e imprevisível. Caso fôssemos buscar um comando legal para a hipótese de incidência, seria **presumir uma circulação de mercadorias no futuro, que pode ou não ocorrer, a um preço incerto**.

Apesar disso, os Estados não se preocuparam com o comando constitucional constante do final do § 7º do art. 150 da Carta Magna, já citado, e que deveria ser um balizador para a conduta estatal: assegurada a imediata e preferencial restituição da quantia paga, caso não se realize o fato gerador presumido.

Por si só, isso já reforçaria a excepcionalidade do instituto. Mas os Estados, principalmente nos últimos quinze anos, incluíram inúmeros produtos na substituição tributária, fazendo com que ele deixasse de ser a exceção e passasse a ser praticamente a regra para a determinação do ICMS.

O fato chegou ao STF e, em julgamento com repercussão geral (RE) 593.849/MG, o Tribunal entendeu que o contribuinte tem direito à diferença entre o valor do tributo recolhido previamente e aquele realmente devido no momento da venda. O Ministro Lewandowski (2016) foi muito feliz no seu voto, quando destacou que:

> E, embora tenha esta Suprema Corte considerado legítima a técnica da substituição tributária para frente, ela não deixa de ser uma forma excepcional de arrecadação, devendo ter, por isso mesmo, suas bases e limites muito bem definidos.
>
> A excepcionalidade dessa técnica decorre exatamente da circunstância de se permitir a tributação de um fato ainda não ocorrido, ou melhor, de um fato que terá lugar no futuro. Em outras palavras, permite que se presuma a ocorrência de um fato gerador, para o efeito de incidência do Imposto de Circulação de Mercadorias e Serviços – ICMS.
>
> Assim sendo, é razoável supor-se que, na eventualidade de inocorrência do fato gerador presumido, o valor recolhido por antecipação seja imediatamente devolvido ao contribuinte.
>
> [...]
>
> Isso posto, dou provimento ao recurso extraordinário (art. 21, § 2º, do RISTF), para reconhecer, com base no § 7º do art. 150 da Constituição Federal, a possibilidade de **exigir-se a restituição de quantia cobrada a maior, nas hipóteses de substituição tributária para frente, em que a operação final resultou em valores inferiores àqueles utilizados para efeito de incidência do ICMS**. (STF, 2016, grifos nossos)

Mesmo depois dessa diretriz do STF, não enxergamos diferença significativa nas ações dos Estados com relação à substituição tributária do ICMS.

Para as MPE optantes pelo Simples Nacional a substituição tributária é o pior dos pesadelos, por alguns motivos.

Primeiro porque a pretendida redução de carga tributária do ICMS não se opera no Simples porque o peso desse imposto se mantém igual ao das demais empresas, na medida em que ele deixa de ser pago nesse regime.

Segundo porque muitos estados instituíram a cobrança do ICMS na entrada dos produtos e mercadorias nas suas fronteiras, o chamado “recolhimento antecipado do imposto”. Além da barbaridade tributária representada pela cobrança do imposto de fatos imponíveis futuros e incertos, ainda prejudica o fluxo de caixa das MPE, que têm que arcar com tributos antes mesmo da venda dos respectivos produtos.

Terceiro porque representa uma enorme complexidade paras as MPE, seja pela necessidade de compreender os mecanismos da substituição tributária – e sua complexa operacionalização, seja pela necessidade de segregar as receitas de vendas cujo imposto foi pago antecipadamente, pelo contribuinte ou por terceiro, para evitar o pagamento em duplicidade no Simples Nacional.

Enfim, poderíamos classificar a substituição tributária do ICMS como a **tempestade perfeita** para as MPE optantes pelo Simples Nacional.

Trata-se, portanto de um dos problemas a serem enfrentados na reforma tributária. Na verdade, sua aplicação deve ser evitada e, em seu lugar, deveria ser priorizada a apuração dos tributos pelos fiscos com base nos documentos fiscais eletrônicos, diminuindo os custos de cumprimento e acabando com o pior pesadelo dos contribuintes – a autodeclaração.

12. Entes instituidores de tributos sobre consumo, a balbúrdia normativa e a guerra fiscal

Apenas em nível federal temos o IPI, a Contribuição para o Pis/Pasep, a Cofins e a CIDE. Os Estados têm o ICMS, e os Municípios o ISS.

Além disso, tanto no Lucro Presumido quando no Simples Nacional a receita bruta das empresas é utilizada em substituição à base de cálculo tradicional de outros tributos. No Lucro Presumido, para a apuração do IRPJ e CSLL. No Simples Nacional, para a apuração do IRPJ, CSLL, IPI, Pis/Pasep, Cofins, Contribuição Patronal Previdenciária (CPP), ICMS e ISS. Finalmente, a receita bruta funciona como base substitutiva para a apuração da CPP para produtores rurais – permanentemente, e para setores com folha de pagamento desonerada – por prazo determinado, conforme determina a Lei nº 12.546/2001.

Isso faz com que haja uma balbúrdia legislativa. Há normas emanadas da União, dos Estados e dos Municípios todos os dias sobre a tributação do consumo. Quanto ao ICMS, 26 Estados e o Distrito Federal têm legislações e procedimentos distintos. Pior ainda é a situação do ISS, com legislações diferentes em cada um dos 5.570 municípios brasileiros.

A guerra fiscal do ICMS que vem sendo travada há décadas pelos estados para atrair empresas teve como únicos perdedores os próprios estados e a sociedade brasileira. A expressão inglesa *race to the bottom* para essa guerra expressa fielmente essa realidade: trata-se de uma corrida para o fundo do poço.

A guerra fiscal do ISS travada pelos municípios foi amenizada com a edição da Lei Complementar nº 157, em 2016, que determinou a aplicação da alíquota mínima de 2%, e tipificou o descumprimento dessa diretriz como ato de improbidade administrativa.

A tipologia na tributação do consumo e os conflitos de competência entre estados e municípios.

A tipologia que sempre foi aplicada à tributação do consumo no Brasil, classificando as transações sujeitas à tributação como mercadorias, produtos ou serviços, além de não abranger todos os fatos econômicos relacionados ao consumo, traz sérios problemas de conflitos de competência.

Mesmo antes das mudanças trazidas pela era digital, a partir da qual tornou-se difícil classificar as transações econômicas em definições fechadas, referida tipologia produziu fenômenos muito prejudiciais, seja aos entes federados ou aos contribuintes.

Um deles é representado pelas transações econômicas que acabaram não sendo tributadas nem pelo ICMS e nem pelo ISS, a exemplo da locação de bens.

Por outro lado, há transações objeto de disputa entre estados e municípios, onde cada lado entende que há a incidência do imposto de sua competência. Assim que se fecha uma fronteira nesses conflitos de competência outra se abre. O foco mais frequente de disputas, nos últimos anos, refere-se a serviços de comunicação, e as controvérsias sobre se determinada transação econômica se enquadra ou não nessa classificação. Exemplo clássico são os serviços de streaming, que teve a *Netflix* como pioneira no Brasil em 2011. Desde então os entes subnacionais brigam por sua tributação, apesar de a Lei Complementar nº 157/2016 ter incluído a atividade de "Disponibilização, sem cessão definitiva, de conteúdo de áudio, vídeo, imagem e texto por meio da internet" no rol de serviços sujeitos ao ISS.

Essa tipologia, e seus consequentes conflitos de competência, fazem com que essas questões acabem sendo decididas pelo STF. Quando o STF chega a decidir a questão – normalmente muitos anos depois, os fatos em análise pela Corte nem fazem mais sentido na realidade econômica, tão mutável em virtude das cada vez mais rápidas transformações que o mundo vivencia.

13. Os tributos sobre consumo em eventual reforma do Simples Nacional

Hoje os mais significativos tributos sobre consumo são apurados no Simples Nacional, quais sejam o IPI, Pis/Pasep, Cofins, ICMS e ISS. Juntamente com o IRPJ, a CSLL e a CPP, compõem o que chamamos de "cesta de tributos" do Simples.

A teoria relativa à política tributária aponta que os regimes tributários que abrangem tributos sobre o consumo, destinados a microempresas e empresas de pequeno porte, não são adequados para as empresas que atuam no início ou meio da cadeia de produção, porque normalmente esses contribuintes precisam gerar créditos fiscais na venda de seus produtos a distribuidores ou aos negócios que estão no final da cadeia.

Sendo assim, a regra geral aponta no sentido de que, ao aderirem a um regime simplificado de recolhimento de tributos sobre o consumo, por terem tratamento diferenciado e favorecido, por terem carga tributária menor – em tese, as empresas optantes, ao efetuarem vendas, não devem gerar créditos fiscais.

No Brasil essa regra é parcialmente obedecida. No âmbito do Pis/Pasep e Cofins, na medida em que os créditos fiscais são apurados confrontando-se as bases de vendas e compras, e não as contribuições constantes das vendas e compras, a Receita Federal admitiu a geração de créditos pelas empresas optantes pelo Simples. Essa diretriz foi confirmada pelo Ato Declaratório Interpretativo RFB nº 15, de 26 de setembro de 2007.

Quanto ao ICMS, o § 1º do artigo 23 da Lei Complementar nº 123, de 2006, admite o crédito no mesmo percentual devido pela empresa optante no Simples:

> As pessoas jurídicas e aquelas a elas equiparadas pela legislação tributária não optantes pelo Simples Nacional terão direito a crédito correspondente ao ICMS incidente sobre as suas aquisições de mercadorias de microempresa ou empresa de pequeno porte optante pelo Simples Nacional, desde que destinadas à comercialização ou industrialização e observado, como limite, o

ICMS efetivamente devido pelas optantes pelo Simples Nacional em relação a essas aquisições. (BRASIL, 2006).

Em resumo: as empresas optantes hoje podem gerar créditos de Pis/Pasep e Cofins – na totalidade, e de ICMS – no percentual devido no Simples Nacional.

Essa ausência de geração de créditos de ICMS em sua totalidade, como já apontamos, não afeta as empresas que estão no final da cadeia de produção e fazem suas vendas predominantemente para consumidores finais. Mas com certeza trazem problemas para as empresas que estão no início ou no meio da cadeia, a exemplo da indústria e de distribuidores.

Em eventual reforma do Simples, pensamos que poderiam ser oferecidas às MPE optantes pelo Simples três opções, com relação aos tributos sobre consumo.

A primeira seria a continuidade da inclusão desses tributos no Simples, mas não gerando créditos para seus adquirentes. Essa opção seria adequada para as empresas que estão no final da cadeia, fazendo suas vendas para consumidores finais.

A segunda seria a apuração dos tributos sobre consumo fora do Simples, com submissão às alíquotas normais previstas para as empresas não optantes, mas gerando crédito também com alíquotas cheias.

Finalmente, a terceira opção seria quase igual à segunda, com apuração dos tributos sobre consumo fora do Simples, mas com alíquotas reduzidas, gerando crédito também com alíquotas reduzidas.

As alíquotas reduzidas da terceira opção justificam-se pelo tratamento diferenciado e favorecido previsto constitucionalmente para as MPE.

Nessa opção, a redução nas alíquotas dos tributos sobre produção e consumo poderia ser decrescente à medida em que se aumenta a receita bruta da empresa, utilizando-se as próprias faixas de faturamento do Simples Nacional. Dessa forma, uma MPE com nível de faturamento baixo teria descontos maiores, e outra com nível de faturamento alto teria descontos menores. Essa opção poderia trazer mais transparência ao sistema, permitindo tanto aos entes federados quanto aos contribuintes perceber os benefícios constitucionais destinados às MPE.

As duas últimas opções seriam adequadas para as MPE optantes que estejam no início ou no meio da cadeia de produção, necessitando gerar créditos em suas vendas. A escolha pela segunda ou pela terceira opção dependeria da necessidade do mercado onde ela atua.

Em qualquer uma das alternativas acima, não se prescindiria da apuração dos tributos pelas administrações tributárias, ou ao menos o fornecimento de declarações pré-preenchidas, medida essencial para a redução dos custos de cumprimento – um dos maiores problemas do nosso atual sistema tributário.

14. Outras medidas de simplificação para o simples nacional

Além das medidas de simplificação que podem representar eventual apuração dos tributos pelas administrações tributárias, da reforma dos tributos sobre o consumo – e com as consequentes possibilidades de tratá-los para as MPE optantes pelo Simples Nacional, da necessidade de extinguir ou minimizar ao máximo a substituição tributária nos tributos sobre consumo, seria de bom alvitre, em uma janela de oportunidades de reforma tributária, tratar de algumas das restrições qualitativas atualmente existentes para a opção pelo Simples Nacional.

15. Restrições qualitativas ao gozo dos benefícios previstos na LC n. 123/2006

O § 4º do art. 3º da LC n. 123/2006 traz restrições de ordem jurídica no que tange ao gozo dos benefícios da lei.

Trata-se, por exemplo, daqueles concernentes à composição societária, de gestão ou da espécie societária escolhida:

> I – de cujo capital participe outra pessoa jurídica; II – que seja filial, sucursal, agência ou representação, no País, de pessoa jurídica com sede no exterior; III – de cujo capital participe pessoa física que seja inscrita como empresário ou seja sócia de outra empresa que receba tratamento jurídico diferenciado nos termos desta Lei Complementar, desde que a receita bruta global ultrapasse o limite de que trata o inciso II do caput deste artigo; IV – cujo titular ou sócio participe com mais de 10% do capital de outra empresa não beneficiada por esta Lei Complementar, desde que a receita bruta global ultrapasse o limite de que trata o inciso II do caput deste artigo; V – cujo sócio ou titular seja administrador ou equiparado de outra pessoa jurídica com fins lucrativos, desde que a receita bruta global ultrapasse o limite de que trata o inciso

> II do caput deste artigo; VI – constituída sob a forma de cooperativas, salvo as de consumo; VII – que participe do capital de outra pessoa jurídica; [...] IX – resultante ou remanescente de cisão ou qualquer outra forma de desmembramento de pessoa jurídica que tenha ocorrido em um dos 5 (cinco) anos-calendário anteriores; X – constituída sob a forma de sociedade por ações. (BRASIL, 2006).

Tais dispositivos têm objetivo claro: impedir que empresas com receita bruta maior do que o limite da lei obtenham os benefícios dela decorrentes.

Alguns desses dispositivos são de fácil compreensão.

Os incisos I e VII determinam que a ME ou a EPP não pode ter em seu quadro societário outra pessoa jurídica, e da mesma forma não pode participar na formação de outra pessoa jurídica.

Essas regras determinam, também, o impedimento à participação da ME ou da EPP em sociedade não personificada, a exemplo da sociedade em conta de participação, tendo em vista o disposto no art. 987 do Código Civil (2002), o qual elenca que *"Os sócios, nas relações entre si ou com terceiros, somente por escrito podem provar a existência da sociedade, mas os terceiros podem prová-la de qualquer modo".*

O inciso II veicula a vedação à obtenção dos benefícios por parte de empresas com sede no exterior.

Os incisos VI e X tratam da questão da espécie societária: não podem usufruir os benefícios a sociedade cooperativa (exceto a de consumo), a sociedade anônima e a sociedade em comandita por ações.

O inciso IX visa impedir que a ME ou a EPP resultante ou remanescente de transformação empresarial (por cisão ou qualquer outra forma), ocorrida nos últimos cinco anos, venha a ter os benefícios da lei.

Os incisos III, IV e V demandam mais cuidados. Dizem respeito às pessoas físicas que compõem a empresa, na qualidade de titular, sócio ou administrador.

Na situação prevista no inciso III, uma mesma pessoa física é titular ou sócio de duas ou mais empresas, e pretende que todas tenham os benefícios da lei. Nesse caso, a soma da receita bruta anual total das empresas não pode ultrapassar o limite máximo previsto na lei.

É possível, portanto, ser titular ou sócio de uma, duas, três ou mais empresas, todas beneficiadas pela lei, desde que a soma da receita bruta total anual de todas não ultrapasse o limite máximo.

A restrição prevista no inciso III: a) independe do percentual de participação societária; b) deve ser obedecida por todas as pessoas físicas que compõem a empresa.

O inciso IV veicula situação mista: uma empresa beneficiada e outra não beneficiada pela lei. Aqui se introduz o critério de percentual de participação societária. Não há restrições à participação do titular ou sócio da empresa beneficiada em empresa não beneficiada pela lei, desde que referida participação limite-se a no máximo 10% do capital. Caso a participação seja superior a 10%, a soma da receita bruta total anual das empresas não pode ultrapassar o limite da lei.

Não é possível, portanto, ser titular ou sócio de empresa impedida por ser, por exemplo, média ou grande empresa, com participação superior a 10%, e constituir uma pequena empresa pretendendo obter os benefícios da lei.

O inciso V pode ser denominado "a pá de cal" das restrições. O titular ou sócio de empresa beneficiada não pode administrar, de qualquer forma, outra empresa, salvo se a receita bruta total de todas não ultrapasse o limite da lei.

O comando do legislador nesse ponto foi claro: não pode haver subterfúgios. Os benefícios da lei são destinados tão somente à ME e à EPP.

Entenda-se por "administrador ou equiparado" qualquer forma de gestão, direta ou indireta, formal ou informal, escrita ou tácita, clara ou subentendida. Não adianta constituir, por exemplo, duas pequenas empresas, cada uma delas utilizando o limite máximo da lei, com titulares ou sócios diferentes, se de alguma forma elas tiverem administrador(es) comum(ns), mesmo que sob subterfúgios.

16. Consequência das restrições qualitativas no simples nacional

As restrições relativas à composição societária, à gestão ou à espécie societária escolhida impedem o associativismo, apesar da previsão de formação de sociedades de propósito específico, de acordo com o artigo 56 da LC n. 123/2006.

Concordamos que há necessidade de conhecer os beneficiários da legislação relativa às MPE, mas essa necessidade traz inúmeros problemas, tanto para as empresas quanto para as administrações tributárias.

Antes de 1º de janeiro de 2018, quando tiveram início os efeitos das modificações trazidas pela Lei Complementar nº 155, de 2016, havia um problema de transição entre o Simples Nacional e o Lucro Presumido, com grande diferença de carga tributária entre os dois regimes.

No entanto, a partir de 2018 houve a suavização dessa diferença, e podemos dizer que, para as MPE que tenham receita bruta acima de R$ 3,6 milhões, provavelmente elas estão pagando mais tributos dentro do Simples do que no Lucro Presumido, o que possibilita, desde então, uma transição tranquila entre os regimes[10].

17. Liberação das restrições relativas ao capital

Na medida em que, para a MPE que está nas faixas superiores do Simples Nacional não mais faria sentido estar no regime, salvo pela simplificação tributária, da mesma forma não mais faria sentido restringir a participação de empresas por questões de ordem societária ou de gestão.

O caminho poderia ficar livre para a opção por qualquer empresa que se enquadrasse no limite de receita bruta anual, à sua livre escolha.

Essa solução traria e enorme simplificação à operacionalização e compreensão do regime.

Todavia, outros aspectos do Estatuto da MPE também importam muito para o tratamento diferenciado previsto constitucionalmente, e para alguns deles pode ser mais complicada a conciliação do que na parte tributária.

Na parte tributária, há benefícios maiores para as empresas de menor receita bruta, porque há progressividade nas alíquotas.

No capítulo de Aquisições Públicas, por exemplo, não há diferenciação entre microempresas e empresas de pequeno porte, e todos os benefícios ali previstos são destinados igualmente a todas elas. Isso faz com que, por questões de melhor organização e capacidade burocrática, as pequenas empresas acabem usufruindo muito mais dos benefícios do que as microempresas.

[10] O problema de falta de transição ainda ocorre entre o Microempreendedor Individual (MEI) e a microempresa que paga os tributos variáveis do Simples Nacional, com grande diferença entre os dois subsistemas. Trata-se de uma questão pendente de solução.

Sob essa ótica, a liberação das restrições relativas à composição societária ou à gestão poderia evidenciar ainda mais essas diferenças, na medida em que MPE componentes de grandes grupos econômicos passariam a ter os mesmos direitos.

De qualquer forma, trata-se de algo a pensar quanto à simplificação, no Simples Nacional, que poderia advir da eventual retirada destas restrições.

Conclusões

Não se discute a necessidade de reformar nosso sistema tributário. São vários os problemas apontados, desde a inadequação do peso dos fatores econômicos atualmente tributados, com preponderância da incidência sobre produção e consumo, da incorreta distribuição dos tributos entre os entes federados, da rigidez constitucional, da constitucionalização excessiva dos aspectos tributários – como em todos os demais aspectos da nossa Carta Magna, da necessidade de compatibilizar os tributos à nova realidade trazida quarta revolução industrial, pela qual os conceitos de territorialidade, tipologia das transações econômicas, origem e destino ficam difusos, e, em grande escala, da complexidade do nosso sistema tributário, com grande peso nos custos de cumprimento – *compliance*, que por vezes são mais indigestos do que o próprio tributo, aumentando o custo Brasil e fazendo com que nosso contencioso tributário – administrativo e judicial, seja um dos maiores do mundo.

Todavia, não será uma tarefa fácil. Aliás, muito já se tentou desde a década de 90, mas dificuldades técnicas e políticas sempre representaram grandes empecilhos. É muito difícil conciliar interesses dos três níveis da complexa federação brasileira, além dos agentes econômicos.

Mas a quarta revolução industrial, que alterou profundamente a lógica dos fatores econômicos, além da nova realidade do mundo do trabalho, tornam cada vez mais claro que nosso sistema tributário está obsoleto e precisa de profundas modificações.

Não se conseguirá isso, no entanto, sem aprofundar a discussão técnica e política. Maciel (2021) defende que reformas tributárias "devem ser precedidas de estudos, que exponham de forma clara os problemas que pretende enfrentar, as possíveis soluções e suas repercussões, a serem submetidas a debate aberto e transparente." Ele aponta ainda que, nas duas últimas grandes reformas tributárias levadas a cabo no Brasil, instituíram-se comissões compostas por especialistas, instaladas em 1953 e em 1965.

O que se viu até agora foram tentativas que sempre partiram do fim do processo, ou seja, pela apresentação de propostas ao Congresso Nacional, sem estudos técnicos prévios e aprofundados que analisassem todos os aspectos relacionados ao que se pretende reformar, e quais os impactos que poderia trazer à sociedade, à economia e aos governos.

Cabe salientar que qualquer reforma que venha a ser feita no nosso caótico sistema tributário deverá ter como premissas a adaptação do nosso sistema impositivo à nova realidade mundial proveniente da quarta revolução industrial.

Temos grandes desafios, a exemplo da nossa rigidez constitucional, da tributação sobre a renda, sobre o trabalho, sobre as moedas virtuais e transações digitais.

No entanto, o maior desafio é conseguir reformar a tributação sobre o consumo. Todos os demais aspectos são importantes, principalmente na nova era digital, onde será preciso pensar em soluções que tragam mais justiça na tributação da renda das empresas multinacionais com presença digital, da necessidade de construir novos caminhos para a tributação sobre o trabalho, no qual o trabalho sem vínculo empregatício é uma realidade cada vez mais presente, e da nova realidade das criptomoedas e da grande intensidade das movimentações financeiras, seja ou não com moedas de curso legal.

Nada obstante, não há como adiar por muito tempo o enfrentamento da balbúrdia atualmente existente na tributação brasileira sobre produção e consumo, com tributos existentes nos três níveis federados, com uma tipologia que não mais se sustenta no mundo atual – produtos, mercadorias e serviços, com uma mescla entre tributações cumulativas e não cumulativas, com incidência ora na origem ora no destino, com o excesso de tributação com substituição tributária, com o pesadelo da autodeclaração, e com a intensa guerra fiscal entre os entes federados, na qual o único perdedor é a sociedade brasileira.

Nesse contexto, cabe tratar dos reflexos de eventual reforma tributária no âmbito das microempresas e empresas de pequeno porte (MPE), além das alternativas para modificar a tributação desse segmento tendo em vista dois objetivos, sendo o primeiro representado pela necessidade de simplificação, e o segundo pela necessidade de adaptação dessa tributação à nova realidade econômica, seja no âmbito do trabalho quanto no de consumo.

Nunca é demais lembrar que o Simples Nacional, sistema tributário simplificado destinado às MPE, decorre de comandos constitucionais, constantes dos artigos 146, III, "d" e 179 da Carta Magna. Dito isso, faz-se necessário acompanhar as mudanças que venham a ser propostas para que se mantenha o tratamento diferenciado e favorecido determinado pela constituição. Além disso, como verificamos, o peso proporcional dos tributos com relação ao faturamento das empresas do Simples é superior ao das empresas do Lucro Real, e ligeiramente inferior ao das empresas do Lucro Presumido, o denota a necessidade de uma profunda revisão no valor dos gastos tributários divulgados nos orçamentos públicos.

Ressaltamos que esse trabalho teve o escopo de contribuir para o debate, notadamente quanto à necessidade de desconstitucionalizar grande parte da matéria tributária hoje constante da nossa Carga Magna, construir uma tributação sobre o consumo que atenda à nova realidade econômica trazida pela quarta revolução industrial e pensar novas formas de tributação para o trabalho – ou alternativas tributárias que compensem o peso tributário da contratação de empregados. Tudo isso permeado pela necessidade de transferir para as administrações tributárias a apuração dos tributos – notadamente os relativos ao consumo, com base nos documentos fiscais eletrônicos. Isso faria com que acabasse o atual pesadelo da autodeclaração, mitigando sobremaneira os custos de cumprimento e o contencioso tributário. Por si só, representaria uma reforma tributária essencial para o país.

Referências

AFONSO, José Roberto. PORTO, Lais Khaled. FUCK, Luciano Felício. **Sistema constitucional versus novos (e desconhecidos) tributos.** *In*: AFONSO, José R.; SANTANA, Hadassah L. (Coord.) Tributação 4.0. São Paulo: Almedina, 2020.

AFONSO, José Roberto. **Transfigurações**. *In:* AFONSO, José Roberto; LUKIC, Melina; ORAIR, Rodrigo; Silveira, Fernando. (Org.). Tributação e Desigualdade. Rio de Janeiro: Letramento, Casa Do Direito, IPEA, FGV Direito, 2017, p. 625-670.

ALBUQUERQUE, Pedro H. **Os impactos econômicos da CPMF**: Teoria e Evidência. BCB, Junho, 2001. Disponível em: https://www.bcb.gov.br/pec/wps/port/wps21.pdf. Acesso em: 18 de abril de 2021.

BRASIL. **Emenda constitucional nº 3**, de 1993. Altera os arts. 40, 42, 102, 103, 155, 156, 160, 167 da Constituição Federal. Disponível em: http://www.planalto.gov.br/ccivil_03/constituicao/emendas/emc/emc03.htm. Acesso em 9 de maio de 2021.

BRASIL. **Emenda constitucional nº 33**, de 2003. Altera os arts. 149, 155 e 177 da Constituição Federal. Disponível em: http://www.planalto.gov.br/ccivil_03/constituicao/emendas/emc/emc33.htm. Acesso em 9 de maio de 2021.

BRASIL. **Emenda constitucional nº 42, de 2003.** Altera o Sistema Tributário Nacional. Disponível em: http://www.planalto.gov.br/ccivil_03/constituicao/emendas/emc/emc42.htm. Acesso em 9 de maio de 2021.

BRASIL. **Lei complementar nª 87/1996**. Dispõe sobre o ICMS. Disponível em: http://www.planalto.gov.br/ccivil_03/leis/lcp/lcp87.htm. Acesso em 08 de abril de 2021.

BRASIL. **Lei complementar nº 123/2006**. Institui o estatuto da MPE e cria o simples nacional. Disponível em: http://www.planalto.gov.br/ccivil_03/leis/lcp/lcp123.htm. Acesso em 8 de maio de 2021.

BRASIL. **Lei complementar nº 155/2016**. Altera a Lei Complementar no 123, de 14 de dezembro de 2006. Disponível em:
http://www.planalto.gov.br/ccivil_03/leis/lcp/lcp155.htm. Acesso em 8 de maio de 2021.

BRASIL. **Lei complementar nº 157/2016**. Dispõe sobre a alíquota mínima do ISS. Disponível em: http://www.planalto.gov.br/ccivil_03/leis/lcp/lcp157.htm. Acesso em 8 de maio de 2021.

BRASIL. **Lei nº 5.172/66**. Dispõe sobre o Sistema Tributário Nacional e institui normas gerais de direito tributário aplicáveis à União, Estados e Municípios. Disponível em: http://www.planalto.gov.br/ccivil_03/leis/l5172compilado.htm. Acesso em 8 de abril de 2021.

BRASIL. **Lei nº 12.546/2011**. Institui a desoneração da folha de salários para setores específicos. Disponível em: http://www.planalto.gov.br/ccivil_03/_ato2011-2014/2011/lei/l12546.htm. Acesso em 9 de maio de 2021.

BRASIL. **Projeto de Lei 3.887/2020** – Institui a Contribuição Social sobre Operações com Bens e Serviços – CBS. Disponível em: https://www.camara.leg.br/

proposicoesWeb/fichadetramitacao?idProposicao=2258196. Acesso em 8 de abril de 2021.

BRASIL. **Proposta de emenda à constituição 110/2020**. Disponível em: https://www25.senado.leg.br/web/atividade/materias/-/materia/137699._Acesso em 8 de abril de 2021.

BRASIL. **Proposta de emenda à constituição 45/2020**. Disponível em: https://www.camara.leg.br/proposicoesWeb/fichadetramitacao?idProposicao=2196833. Acesso em 8 de abril de 2021.

CAGNIN, Rafael F.; FREITAS, Maria C. P. de. **Tributação das transações financeiras: a experiência brasileira com o IOF e a CPMF**. Análise Econômica, Porto Alegre, ano 33, n. 63, p. 139-169, mar. 2015.

CINTRA, Marcos. **Economia digital e tributação (I e II).** Blog Prof. Marcos Cintra. Maio de 2020. Disponível em: www.marcoscintra.org.br. Acesso em 8 de abril de 2021.

COELHO, Marcus V. F. **Lipoaspiração constitucional: enxugamento da constituição é inconstitucional**. Conjur, 31.07.2009. Disponível em: https://www.conjur.com.br/2009-jul-31/proposta-enxugamento-constituicao-elitista-inconstitucional?pagina=2. Acesso em 8 de abril de 2021.

COSTA, Regina H.; AMARAL, Ana L. A necessidade de uma constituição concisa. **Revista Justiça.** São Paulo, jul./set. 1986. Disponível em: http://www.revistajustitia.com.br/revistas/7190b8.pdf. Acesso em 8 de abril de 2021.

DUARTE NETO, José. **Rigidez e estabilidade constitucional: estudo da organização constitucional brasileira.** 2009. Tese (Doutorado em Direito do Estado) – Faculdade de Direito, Universidade de São Paulo, São Paulo, 2009. doi:10.11606/T.2.2009.tde-06102010-154809. P. 131. Acesso em 8 de abril de 2021.

GONZÁLEZ, Darío. **El impuesto a las transacciones financieras (ITF)**. CIAT, 1 febrero, 2021. Disponível em: https://www.ciat.org/ciatblog-el-impuesto-a-las-transacciones-financieras-itf-en-alc/?utm_source=WebBlog&utm_medium=ActiveCampaign&utm_campaign=el-impuesto-a-las-transacciones-financieras-itf-en-alc&utm_content=febrero2021. Acesso em 8 de abril de 2021.

MACIEL, Everardo. **Propostas de reforma tributária subestimam reações aos impactos da tributação sobre preços**. Estadão. São Paulo, maio de 2021. Disponível em: https://economia.estadao.com.br/noticias/geral,propostas-de-

-reforma-tributaria-subestimam-reacoes-aos-impactos-da-tributacao-sobre-precos,70003705502. Acesso em 6 de maio de 2021.

RECEITA FEDERAL DO BRASIL. **Ato Declaratório Interpretativo RFB nº 15**, de 26 de setembro de 2007. Dispõe sobre o desconto de créditos da Contribuição para o PIS/Pasep e Cofins calculados em relação às aquisições de bens e serviços de pessoa jurídica optante pelo Simples Nacional. Disponível em: http://normas.receita.fazenda.gov.br/sijut2consulta/link.action?visao=anotado&idAto=5661. Acesso em 5 de maio de 2021.

SANTIAGO, Silas. **Simples nacional:** o exemplo do federalismo fiscal brasileiro. 2. ed. São Paulo: Editora Saraiva, 2013.

SUPREMO TRIBUNAL FEDERAL. **Voto do Ministro Ricardo Lewandowski no RE 593.849/MG**, em 19/10/2016. Disponível em: http://www.stf.jus.br/arquivo/cms/noticiaNoticiaStf/anexo/RE593849LEWANDOWSKIICMS.pdf. Acesso em 8 de abril de 2021.

TAX ADMINISTRATION DIAGNOSTIC ASSESSMENT TOOL (TADAT). **Field Guide**. FMI, 2019.

12.
A REFORMA DO IMPOSTO DE RENDA NO BRASIL E OS PEQUENOS NEGÓCIOS[1]

JOSÉ ROBERTO R. AFONSO
THIAGO FELIPE R. ABREU
BERNARDO MOTTA MONTEIRO

Reforma tributária não é tarefa fácil de ser desenhada e implantada no Brasil, como em qualquer outro país, seja no presente, seja em qualquer tempo.

Há um conceito fundamental que deveria permear tal debate e decisão: o entendimento de que a construção de um novo sistema tributário constitui um processo.

Esta não é o tipo de mudança que pode ser limitada apenas a um ato. Não é possível desatar tantos nós que amarram o sistema tributário brasileiro com uma única emenda constitucional, por mais bem preparada que seja.[2]

[1] O presente capítulo é construído com base em uma coletânea de artigos, sendo eles dados por: AFONSO, José Roberto. **Reforma tributária**: começando pelo fim. Conjuntura Econômica, Rio de Janeiro, v. 73, p. 19-23, 2019; AFONSO, José Roberto. **(Cada vez mais) Brasil-empresa**. Conjuntura Econômica, Rio de Janeiro, v. 75, p. 18-22, 2021.; e AFONSO, José Roberto. Reforma do imposto de renda: novidades e dúvidas. Conjuntura Econômica, Rio de Janeiro, v. 75, p. 22-32, 2021.

[2] Esta tese central e argumentos a seguir deste artigo já foram defendidos no relatório da Comissão Especial de Reforma Tributária do Senado Federal, relatada pelo Senador

Estes alertas se tornam ainda mais necessários diante de uma perspectiva incontestável de transformações estruturais profundas, promovidas pelas novas tecnologias digitais, mas que também mudam relações econômicas e sociedade. Aliás, um erro crasso é acreditar que o desafio da tributação para o futuro se limita apenas a conseguir tributar os gigantes da internet – que é uma tarefa árdua, mas não única e talvez nem a mais relevante.

Se ninguém sabe como devem ser cobrados tributos nessa nova era, quanto mais antecipar e equacionar o futuro em um único projeto de mudança da Carta Magna o que será tal sistema em meio ou em um século.

Seria interessante tirar lições das últimas e sucessivas tentativas de reforma dos tributos no pós-Constituinte, sem esquecer que é o mais longo período de vigência de uma Constituição democrática (o atual sistema foi moldado em 1965 em meio a um regime militar).

Uma primeira regra de ouro deveria ser não concentrar demasiada atenção na mudança constitucional. O atual texto já trata do sistema de impostos em texto muito mais extenso e prolixo do que nas anteriores Cartas Magnas brasileiras, quanto mais comparado às outras Constituições do resto do mundo.[3] O pior é que todos os projetos e emendas de reforma tributária, independente do mérito e do objeto, pretendem ampliar ainda mais o tratamento da matéria no texto constitucional e permanente[4], descendo a pormenores na cobrança e na divisão da receita.

São muitos os problemas em constitucionalizar ainda mais o sistema tributário (aliás, o governo apresentou recentemente propostas para fazer o mesmo com as regras fiscais). Isso vai na contramão da necessidade ou dúvida crucial decorrente da revolução digital. Novos padrões

Francisco Dornelles e presidida pelo Senador Tasso Jereissatti, publicada em 2010 e disponível em: https://bre.is/myqJFdGU_

[3] Ver Tôrres, Heleno Taveira *et al.* **Sistema tributário e direitos fundamentais no constitucionalismo comparado.** *In*: Tôrres, Heleno Taveira (Coord.). *Sistema Tributário, legalidade e Direito Comparado:* entre forma e substância. Belo Horizonte: Fórum, 2010. p. 21 (28).

[4] Esta é uma das críticas recorrentes de alguns tributaristas à PEC n. 45 que pretende criar Imposto sobre Operações com Bens e Serviços (IBS), como feita por Everardo Maciel em entrevista de 22/9/2019 – ver em: https://bre.is/KkjwHEQE

econômicos e sociais implicarão criar impostos hoje desconhecidos, em valorizar alguns dos atuais, e negligenciar ou mesmo extinguir outros.[5] Nunca é demais relembrar que o Brasil Colonial tributava a posse e o comércio de escravos negros,[6] um triste e repugnante negócio, mas que movia a economia local daquela época.

Contraditoriamente, é reclamado que o legislador constituinte cria constrangimentos para o legislador ordinário e para os governos, mas a proposta solução passa por cravar mais regras no texto constitucional. Também se crítica que o judiciário legisla e trava o governo, em particular qualquer questão acaba sendo levada e decidida pelo Supremo Tribunal Federal, mas os mesmos críticos defendem aprovar projetos que aumentam o tamanho do texto constitucional que implica em levar todas as ações, mesmo tratando de menores questões, até aquela maior corte.

Todavia, o debate atual sobre da reforma tributária quase que ignora a existência de um Código Tributário Nacional abrangente, consistente e harmônico acerca das diferentes matérias. A verdade é que ao longo de mais de meio século, esqueceu-se do código tributário vigente e, optou-se por aprovar diferentes e sucessivas leis complementares, sem, contudo, consolidar com as matérias já existentes naquele Código. É um pecado capital menosprezar e até abandonar as alterações na legislação complementar, na ordinária e até mesmo nos regulamentos dos impostos.

Outra regra de ouro para uma reforma novamente esquecida é ter um debate centrado na apresentação e exame de propostas texto legal. Cada segmento da economia e da sociedade tem um projeto ou uma emenda,

[5] Ver Correia Neto, Celso de Barros; Afonso, José Roberto; Fuck, Luciano Felício. A Tributação na Era Digital e os Desafios do Sistema Tributário no Brasil. **Revista Brasileira de Direito**, v. 15, n. 1, p. 145-167, set. 2019. ISSN 2238-0604. Disponível em: https://bre.is/bKD4wECQ

[6] Ver Lemos, Marcílio N.; Curado, Bento A. A. J. F.; Machado, Lúcio S. **O valor monetário de um ser humano**: tributação de escravos (peças) na capitania e província de goyaz (1727-1888). XVI Congresso USP de Iniciação Científica em Contabilidade. São Paulo, 24 a 26 de julho de 2019. Disponível em: www.congressousp.fipecafi.org. Acesso em 12 nov. 2019. Ou Fernandes, Guilherme Vilela. **Tributação e escravidão:** o imposto da meia siza sobre o comércio de escravos na província de São Paulo (1809-1850). *In*: Tributação e escravidão: o imposto da meia siza sobre o comércio de escravos na província de São Paulo (1809-1850) Disponível em: http://www.almanack.usp.br. Acesso em: 12 nov. 2019.

sem se quer mesmo saber direito qual tese se defende e como se faz a concertação entre tantas e tão diferentes propostas.

Antes de se formular e discutir um texto de emenda constitucional, caberia formar o consenso em relação ao desenho proposto, principalmente no tocante aos aspectos federativos, que historicamente sempre foram tão preciosos ao Brasil. Isto significaria apresentar um desenho inicial e conceitual do que deverá o novo sistema.

Esse desenho deveria ser baseado em uma estratégia econômica e social. O atual sistema não sobrecarrega a tributação do consumo e de mercadorias por um acaso.[7] De forma correta, em meados dos anos sessenta, seus idealizadores criaram impostos que permitiriam explorar o milagre da economia de bens duráveis que o País montou. Tributar a produção industrial e o trânsito de mercadorias era muito mais relevante que taxar serviços, que eram incipientes e voltados para atender famílias.

Qual é o plano de nação do Brasil? Esta resposta deveria preceder a definição de uma nova estratégia tributária e, o principal, a se criar um pacto político, que seja mínimo e básico, em torno dos eixos centrais de um novo sistema tributário. Sem fazer acordo, se partiu para escrever e discutir minucias de disposições constitucionais, que tende a transformar o debate em embates políticos permanentes, pois não se tem um consenso mínimo firmado e acordado.

Havendo entendimento sobre princípios e estrutura tributária, passar-se-ia a examinar as estatísticas fiscais. Aqui reside mais uma regra de ouro para a reforma tributária que foi esquecida pelo atual debate. Diante do excesso de texto constitucional, os números sucumbiram – se já eram poucos, nem sempre precisos, agora desapareceram.

Mesmo sobrando projetos de reforma, (sic) nenhum apresenta simulações – nem mesmo que fossem contas só para se fazer de conta. Mais surpreendente, ou melhor, decepcionante, que ninguém cobra os dados

[7] É leitura obrigatória os anais da Comissão de Reforma Tributária que funcionou na FGV até 1965, tendo sido criada antes da revolução militar, na qual antecipou as bases do milagre econômico e construiu um sistema que permitisse ao fisco tirar o melhor proveito possível da produção e consumo dos bens industriais que moveriam o País. Vide Rezende, Fernando; Afonso, José Roberto R. 50 anos da reforma tributária nacional: origens e lições. Editora FGV. Ed. 1. 2014. 160 p.

e ou reclame faltar fundamentação empírica. Talvez se espere que na ausência do suporte técnico seja mais fácil e rápido exercer o livre arbítrio político.

Talvez explique o desinteresse em projetar o impacto das propostas porque se perdeu a mínima noção de onde se está no presente. As mudanças estruturais já citadas, fora o tempo em si, passadas mais de três décadas da Constituição de 1988 e meio século do sistema tributário de 1965, envelheceram e mudaram velhas teses que continuam a ser repetidas – por exemplo, que as Prefeituras não cobram impostos.[8]

Também deve se levar em consideração o novo normal imposto pela pandemia que está mudando também prioridades nas políticas públicas. A tributária, por exemplo, incorpora novas questões na sua agenda mundial. Como resposta a um forte e inevitável aumento das desigualdades, entrou na mesa de discussões a necessidade de maior progressividade dos tributos, assunto que até há pouco, ou não despertava maior atenção, ou até era combatido.

A concentração da renda e, sobretudo, do patrimônio, já vinham sendo detectadas como tendências nas economias mais avançadas, inclusive naquelas com políticas mais ativas de proteção social.[9] Dentre os novos consensos formados, inclusive entre organismos multilaterais, está o agravamento da desigualdade, em suas mais diferentes expressões, como um dos impactos diferenciados na pandemia. Na esfera empresarial, as grandes corporações se fortalecem ainda e cada vez mais, sobretudo aquelas com negócios digitais. No campo pessoal, as profissões mais qualificadas, especialmente mais habilitadas ao teletrabalho, inclusive em escala mundial, tendem a saltar ainda mais na pirâmide da renda, enquanto afundam boa parte daqueles menos qualificadas e cada vez menos pagos.

[8] A arrecadação direta municipal cresceu fortemente no período pós Constituição: se em 1988 sua arrecadação fora de 0,6% do PIB, em 2010 ela alcançou 2% do PIB. Trata-se da maior expansão relativa de receita entre as três esferas de governo. Durante a atual década, os governos locais mantiveram a trajetória crescente de sua carga tributária, alcançando aproximadamente 2,5% do PIB em 2018.

[9] Thomas Piketty ganhou notoriedade denunciando o fenômeno – vide, por exemplo, seu livro “A economia das desigualdades”, Editora Actual, 2018.

Diante de novo cenário, uma resposta pública esperada é que os tributos podem ter um papel redistributivo, tributando proporcionalmente mais aqueles de maior renda e patrimônio. Começa a cair o dogma de que essa função redistributiva deveria ser deixada exclusivamente para a despesa pública, especialmente através dos programas sociais, de modo que os tributos poderiam ser lineares, alcançar a todos de forma mais parecida, porque a diferenciação viria do outro lado do orçamento. As posturas se invertem rápida e drasticamente, de modo que bandeiras historicamente empunhadas mais pelos ditos socialistas passam a ser defendidas pelos ditos liberais, preocupações que outrora deveriam assolar mais economias emergentes passam a assustar economias avançadas.

Não apenas no campo tributário, mas na agenda econômica e governamental em geral,[10] parece que não há muita preocupação em justificar uma mudança tão drástica de discurso, pois a emergência da pandemia impõe o pragmatismo de responder e rapidamente aos novos desafios. De fato, não apenas nas ciências médicas, também no da economia, em particular das finanças públicas, nunca se produziu tanto em tão pouco tempo, e não há nem tempo para se reconhecer ou se acusar o reposicionamento intelectual e político.[11]

Tributar mais e progressivamente a renda e o patrimônio entrou na pauta dos debates internacionais, sobretudo de organismos multilaterais e autoridades dos países ricos. Ao ponto de que até o imposto sobre grandes fortunas, ignorado e vetado até há pouco, voltou a ser considerado – ainda que sem expectativa de maior arrecadação. O mais inédito é ver os próprios contribuintes cada vez mais ricos estão a pedir para pagar mais impostos. [12]

[10] Uma boa síntese da mudança de postura foi dada por Martin Sandbu, em artigo de opinião no Financial Times, "**A new Washington consensos is born**", em 11/04/2021 – ver: https://tinyurl.com/yfkfwhva.

[11] Ver por exemplo o periódico **"Covid economics – vetted and real-time papers",** inciativa lançada em maio de 2020 pelo Centre for Economic Policy Research para disseminar produção acadêmica relativa as implicações econômicas da pandemia. Disponível em: https://bit.ly/2RXb59D. Acesso em 2/6/2021.

[12] Ver, por exemplo, reportagem "**Nos EUA, bilionários fazem lobby para pagar mais impostos;** conheça alguns deles", do Valor Investe, em 18 mar. 2020 – em: https://tinyurl.com/yjbca7nq

Revisitar o imposto de renda parece se tornar aos poucos a grande novidade nesse novo normal de políticas tributárias. Dentre muitas obras, resume bem a seguinte prioridade destacada por Steven Weisman e Anjali Bhatt, no estudo do PIIE "*Rebuilding the Global Economy*"[13]:

> [...] Another common theme was advocacy of automatic stabilizers, i.e., budgetary spending and tax relief that self-activates at times of future downturns. A future tax system should increase the burden on highest-income households and raise and reform the corporate income tax, while working with other high-income countries to prevent corporations from exploiting tax havens. (WEISMAN; BHATT, 2021, p.7).

Já estava posto e algo velho o desafio da tributação dos negócios digitais, embora siga sem solução definitiva, parece que as cartas já estão postas na mesa e as partes ora medem forças na direção de buscar um consenso, tanto para alcançar suas vendas, quanto seus lucros.[14] Esta é uma agenda que gira mais em torno da OECD.[15]

Em 2021, o que surge como novo na mesa é a atenção para o esquecido imposto de renda. Surpreendeu a declaração norte-americana ao mundo que poderia aceitar um patamar mínimo de imposto de renda corporativo a nível internacional, enquanto, internamente, se deve atender a anunciada reversão da redução da alíquota do mesmo imposto sobre lucro. Pode não ser coincidência que o FMI lance um denso livro sobre revisão do imposto de renda das empresas, sob título "*Corporate Income Taxes under Pressure: Why Reform Is Needed and How It Could Be Designed*", organizado por Ruud Mooij, Alexandre Klemm e Victoria Perry,[16] , inclu-

[13] Vide PIIE Briefing 21-2, de fevereiro de 2021, em: https://tinyurl.com/ygxhstpp

[14] Em movimento recente, a administração Biden propôs um imposto global sobre as vendas locais de multinacionais a despeito de sua presença física no país. Ver detalhes em **"US offers new plan in global corporate tax talks"**, do Financial Times Disponível em: https://on.ft.com/3sK7PLC. Acesso em: 2 maio 2021.

[15] Especificamente dentro do contexto da Ação 1 **"Tax Challenges Arising from Digitalisation"** do projeto BEPS, em conjunto com o G20. Disponível em: https://bit.ly/3viEmdr Acesso em: 2 maio 2021.

[16] Livremente disponível em: https://tinyurl.com/yzbttj7r Acesso 2/5/2021.

sive investindo forte em seus debates e divulgação.[17] Não custa recordar que, há cerca de três anos, mas sem muita repercussão na época, a direção do FMI já tinha flertado com a ideia de que o imposto de renda corporativo precisaria ser harmonizado internacionalmente.[18]

É curioso que a reforma do imposto de renda se torne repentinamente uma agenda das economias avançadas no lugar do financiamento do estado de bem-estar social, ancorado no emprego e na folha salarial.

Este pilar da tributação moderna, não resta dúvida, já foi fortemente abalado pelas tendências à automação e ao trabalho independente, anteriores à pandemia sanitária, mas agravadas por ela. Se a questão já estava identificada e posta e se foi acentuada, as alternativas para seu equacionamento ainda estão longe de serem discutidas mais a fundo. Há mais de uma década alguns países promoveram a dita desoneração salarial, mais pensando em melhorar a competitividade externa, e trocaram a contribuição por Imposto sobre Valor Agregado (IVA).[19] O Brasil inovou, tanto ao trocar setorialmente por faturamento bruto, quanto ao discutir uma possível e generalizada nova mudança de base para a movimentação financeira – hipótese que até começa a ser discutida marginalmente no resto do mundo.[20] Talvez a enorme complexidade do problema e proporção do que se arrecada proveniente da contribuição previdenciária nas economias mais avançadas, sobretudo nas europeias,[21] expliquem esse desafio ser reconhecido, mas não se tornar central no debate atual.

[17] Vide conferência sobre "**Corporate Income Taxes Under Pressure**", realizada em 4/5/2021.

[18] Ver artigo **"A tributação das empresas na economia internacional"**. Disponível em: https://tinyurl.com/ye4ul2pc. Acesso em: 2 maio 2021.

[19] *"...the current focus on domestic tax changes as a potential response to difficulties in some euro area countries, in the specific form of a revenue-neutral shift from employers' social contributions toward a value-added tax. Such a reform has come to be known as a "fiscal devaluation," though there are other tax reforms that could equally well be called the same. It has been urged, in particular, as a way for Greece and Portugal to improve their competitiveness..."*. IMF. Addressing Fiscal Challenges to Reduce Economic Risks. Fiscal Monitor. September 2011.

[20] No Brasil, dentre outros, vale citar Marco Cintra, **"Sabedoria convencional e questionamento crítico".** Caminhos para a Reforma Tributária. 2020. Já sobre propostas internacionais, ver análises destacadas pela Tax Foundation em: https://tinyurl.com/yetmpw3f

[21] Vale citar: *"...there was an increase in the difference between the Lac and Oecd averages for social security contributions between 1990 and 2018 as the Oecd average increased more than the Lac*

Se a nova agenda mundial de discussão do imposto de renda deve girar em torno de sua incidência empresarial, o que tem a ver com a necessidade de buscar maior progressividade da tributação? Ainda que costumem a ser analisados ou propostas reformas isoladas, deve haver uma conexão entre reforma da tributação do consumo (sobretudo do IVA), da economia digital, da folha salarial e do emprego e, agora, dos lucros empresariais e dos ganhos dos rentistas. [22]

Uma hipótese seria a do pragmatismo fazendário. Seria a de um reconhecimento implícito de que é muito difícil tributar a riqueza de um indivíduo, quando este pode fácil e rapidamente se mudar ou se estabelecer em qualquer parte do mundo, bem assim que seus ganhos e posses decorrem da propriedade de negócios digitais que estão nas "nuvens" e, como tal, também podem ser ancorados em diferentes países ou cidades. Ainda que as empresas também possam se mover, parece que seja mais fácil ir atrás de seus negócios, que de alguma forma acabam por conectar com os consumidores de uma certa localidade, do que dos donos dos respectivos negócios – ainda que eles digam, romanticamente, que gostariam de ser mais tributados, ou ainda que se tributem os mesmos robôs que criam e que os tornam cada vez mais ricos.[23] No lugar do romantismo, a busca da eficiência na fiscalização. Os ganhos de eficiência e de integração mundial das administrações tributárias (e há muito por avançarem na mesma digitalização que os contribuintes já exploram mais firme e rapidamente) podem compensar os atrasos na reforma da política e da legislação tributária. [24]

Se for essa a lógica, de reformar o imposto de renda corporativo para alcançar ganhos na progressividade global do sistema tributário, há uma hipótese e caminho para a estratégia que pautou a radical reforma do

average over the same period." Ver OECD *et al.* (2021), Revenue Statistics in Latin America and the Caribbean 2021, OECD Publishing, Paris. https://bit.ly/3gEJK6s

[22] HASLEHNER, Werner; LAMENSCH, Marie. **General report on value creation and taxation:** outlining the debate. BFD, vol. 19 da EATLP International Tax Series (não publicado)

[23] Não à toa já há alguns anos se discute a ideia do Robot Tax – ver por exemplo matéria do *The* wall street journal *"the 'Robot Tax` Debate Heats Up"* 08/01/2020. Disponível em: https://on.wsj.com/3eySet5

[24] Dentre outros, a modernização fazendária é destacada por McKinsey. *Reimagining tax authorities for the future*. Disponível em: https://mck.co/3sQ1ePN. Acesso em 16/08/2020.

imposto de renda realizada no Brasil em 1995.[25] A criação do Real exigiu o fim da correção monetária do balanço das empresas, que estava na origem da reforma anterior, nos anos sessenta. Talvez até hoje não se tenha noção que, na época, se promoveu muito mais do que uma mudança pontual para desindexar a economia. Foi feita uma clara opção de que a tributação da renda nacional passaria a concentrar a extração da arrecadação a partir do lucro gerado nas grandes empresas (do regime do lucro real), como reflexo do fim da correção do balanço e da adoção e crescente majoração de alíquota elevada em termos internacionais (consideradas as do IRPJ e da CSLL, mais alíquotas adicionais em cada um dos casos, sobre lucros crescentes e de alguns setores, sobretudo o financeiro).[26] Para compensar tal sobrecarga, as maiores inovações passaram pela criação dos regimes do juros do capital próprio[27] e do simplificado para microempresa consolidando vários tributos federais (que depois foi expandido para abranger outros tributos, inclusive estaduais e municipais, e virou o Simples Nacional). Ao mesmo tempo se concedeu isenção no imposto de renda das pessoas físicas para os lucros e dividendos efetivamente recebidos.[28] A arrecadação agregada de imposto de renda sobre Contribuição Social sobre o Lucro Líquido (IR/CSLL) aumentou e muito depois da reforma – como mostra, na figura 1, o aumento em 2 pontos do Produto Interno Bruto (PIB) em sua carga entre 1995 e 2020 (mesmo sendo último ano afetado pela pandemia).

[25] Para uma perspectiva histórica ver: RFB. **Tributação da renda no Brasil pós-real.** Ministério da Fazenda – Brasil, 2001. NÓBREGA, Cristóvão Barcelos da. **História do imposto de renda no Brasil:** um enfoque da pessoa física (1992-2013). Brasília: Secretaria da Receita Federal do Brasil, 2014. Disponível em: https://bit.ly/32OUp6t>

[26] O documento mais importante para compreender essa reforma é o livro editado pela RFB e esgotado denominado "Tributação da Renda no Brasil pós-Real", Ministério da Fazenda, 2001.

[27] Afonso, J. R. R.; Lukic, M. D. S. R. **Tributação da renda das pessoas jurídicas no Brasil e os juros sobre o capital próprio.** FGV Direito Rio. Juruá Editora. 2016.

[28] Condutor da reforma do IR de 1995, Everardo Maciel assim justifica a isenção no IRPF: "A melhor forma de tributação do sócio é a tributação exclusiva no lucro da empresa, pois: É mais simples; É menos vulnerável à sonegação (distribuição disfarçada de lucros) e ao planejamento tributário abusivo; É neutra em relação aos regimes de tributação; Dá liberdade de escolha ao investidor após a distribuição" – ver apresentação no 3º Congresso do CODECON em Outubro de 2019.

Figura 1 – Carga de Tributos Federais sobre Renda – 1995 versus 2020 em % do PIB

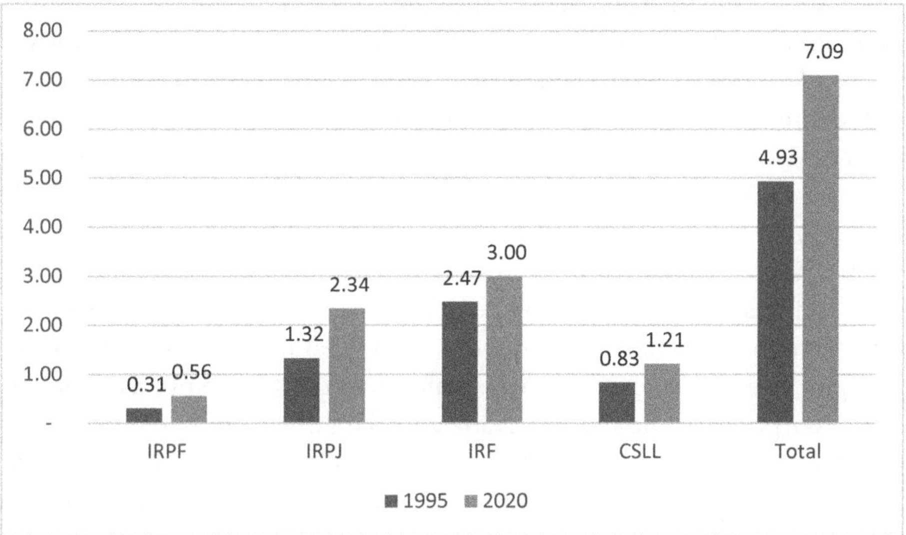

Fonte: RFB. Elaboração própria (2021).

O pragmatismo arrecadatório aplicado à estruturação atual da tributação da renda se assemelha ao que se aplica na tributação do consumo – no qual se concentra a cobrança em poucas atividades e contribuintes através da substituição tributária e dos regimes especiais. Obviamente era muito mais fácil fiscalizar, no caso das empresas (dados de 2018), cerca de 169 mil CNPJs inscritos no lucro real do que 883,2 mil inscritos no lucro presumido e 4,2 milhões inscritos no Simples, fora mais 5,0 milhões no MEI. Naquele ano, os contribuintes do lucro real geraram cerca de 68,2% da arrecadação nacional do IRPJ/CSLL de R$ 314,3 bilhões. No mesmo ano de 2018, cerca de 3,2 milhões de pessoas físicas declararam no IRPF anual receber lucros e dividendos, tendo respondido por 15,1% do IRPF devido, que monta a apenas R$ 27,4 bilhões (no ano de 2018).[29]

[29] Dados disponíveis da RFB para 2018 – ver em: https://bit.ly/2QXbIzu e https://bit.ly/3etug2r.

Uma atualização desse quadro, para março de 2021, reforça que mesmo a pandemia não interrompeu o processo de proliferação de novas empresas no País. Segundo Painel publicado pelo Ministério da Economia,[30] editado em março de 2021, são consideradas matrizes ativas apenas 43,8 mil sociedades anônimas, 353 sociedades de economia mista e 262 empresas públicas, e em meio a um universo impressionante de mais de 17,1 milhões de matrizes de empresas ativas no País (dos quais mais de 12,7 milhões de MEI, 4 milhões de Ltda. e quase 1 milhão de EIRELI).

As citações de tantos números visam facilitar a resposta do que seja mais fácil acompanhar, fiscalizar e cobrar. Se o Brasil é dos raros países que não tributam lucros e dividendos individualmente, [31] por outro lado, também o é dos que aplicam as maiores alíquotas nominais sobre os lucros corporativos no mundo. Não ficou clara que a opção da política de tributação da renda seja privilegiar a eficiência arrecadatória em detrimento de sua maior progressividade.[32] Uma prova inconteste é que, se nos últimos anos surgiram e cresceram propostas para eliminar a isenção no IRPF dos lucros e dividendos, não se conhecem estudos nessa direção da RFB e nunca o Executivo Federal tomou iniciativa nessa direção junto ao Congresso Nacional.

Quando instado a se manifestar por parlamentares sobre proposta, ao simular os ganhos de arrecadação com o fim da isenção no IRPF, considerou *"[...] hipóteses que a distribuição de dividendos será menor do que a observada atualmente em 57%."*[33] Já alertou que se paga mais juros do capital próprio

[30] Ver https://tinyurl.com/yeno7o88

[31] Em particular, o modelo brasileiro de tributação dos dividendos e alternativas para sua reforma são abordados, dentre outros autores, por Isaías Coelho em trabalhos disponíveis em: https://tinyurl.com/yfjbpq84 e https://tinyurl.com/yk4t4pec

[32] É importante qualificar que a questão é o grau e não a qualidade de progressividade inconteste do IRPF, constatada em várias pesquisas. A mais recente é a do IPEA, "A progressividade dos tributos diretos nas pesquisas de orçamentos familiares (POFS) 2008-2009 e 2017-2018", de Pedro Humberto Bruno de Carvalho Junior, abril de 2021 – ver em: https://tinyurl.com/yzugr8gp

[33] "Vale lembrar que, face ao aumento da tributação sobre dividendos, os contribuintes terão incentivo a aumentar a distribuição dos lucros sobre a forma de Juros sobre Capital Próprio." Nota SIC Cetad/Coest nº 155, de 06 de junho de 2019

(sujeita a retenção de 15% na fonte) a outras pessoas jurídicas do que a pessoas físicas, e como tal aqueles juros viram receitas submetidas à CSLL e ao Imposto de Renda de Pessoa Jurídica (IRPJ).[34]

É inegável que seria leviano e irresponsável supor que se possa eliminar a desoneração do lucro e dividendo do IRPF e, ao mesmo tempo, não reduzir as alíquotas da CSLL e/ou do IRPJ – e não apenas no lucro real, como também e proporcionalmente, as alíquotas àquela vinculadas e exigidas nos regimes do lucro presumido, do arbitrado e do Simples Nacional. Isto significa que aquela medida deve ser adotada no âmbito de uma reforma maior do imposto de renda, e que, no caso particular do Brasil, também remete à da contribuição previdenciária.

Se a reforma tributária entrou na agenda de debate, é passada a hora de atentar para detalhes da forma peculiar de tributação da renda, ainda mais se for o caso de se avançar na ideia de rever a isenção para lucros e dividendos. Isso é possível graças ao excelente esforço de transparência realizado pela Receita Federal que passou a divulgar a consolidação do IRPF cada vez mais com mais detalhes,[35] sobre as rendas declaradas, os pagamentos e as deduções realizadas, bem assim os bens disponíveis, mas, que, infelizmente, não parecem ter encontrado eco dos analistas, pois são raros os estudos que esmiúçam tais dados – até porque os mais detalhados só passaram a ser divulgados pela RFB.

Antes de tudo, é interessante verificar a alíquota efetiva do IRPF, apurado para ano calendário de 2019 considerando todos os rendimentos, ou seja, os tributáveis (como salários e aluguéis), os isentos (como lucros e renda de caderneta de poupança) e aqueles tributados exclusivamente

[34] "Outro aspecto importante diz respeito à composição acionária, ou seja, quem receberá o JCP. A vantagem tributária de dedução dos JCP pela PJ que os distribui pode desaparecer caso os controladores desta sejam holdings, por exemplo. Neste caso, os beneficiários PJs terão que pagar a alíquota cheia do IRPJ de 34%, descontando o IRRF de 15% retido na fonte. Além do mais, conforme visto a seguir, o beneficiário PJ terá que pagar as contribuições PIS e COFINS sobre estes valores, cujas alíquotas são 3,65% para optantes do lucro presumido e 9,25% para optantes do lucro real. Ou seja, caso o acionista controlador seja uma PJ, o benefício tributário gerado pelo JCP pode não compensar do ponto de vista do grupo e, por isso, a empresa pagadora pode optar por não o pagar". (Afonso; Lukic, 2016).

[35] É possível acessar os dados sobre o IRPF em: para os grandes números (https://bit.ly/3xmoqJ0) e para análise por centil (https://bit.ly/2QXtkeR).

na fonte (como décimo-terceiros e ganhos de capital). Considerando o imposto devido na declaração mais o retido exclusivamente na fonte, se calcula uma alíquota média geral de 7,6% da soma daqueles rendimentos e, quanto apresentada por percentil, há uma curva de clara progressividade do IRPF, conforme a Figura 2.

Figura 2 – IRPF Ano 2019: Arrecadação Efetiva por Percentil classificado pelo Rendimento Tributável: Em % do Rendimento Total

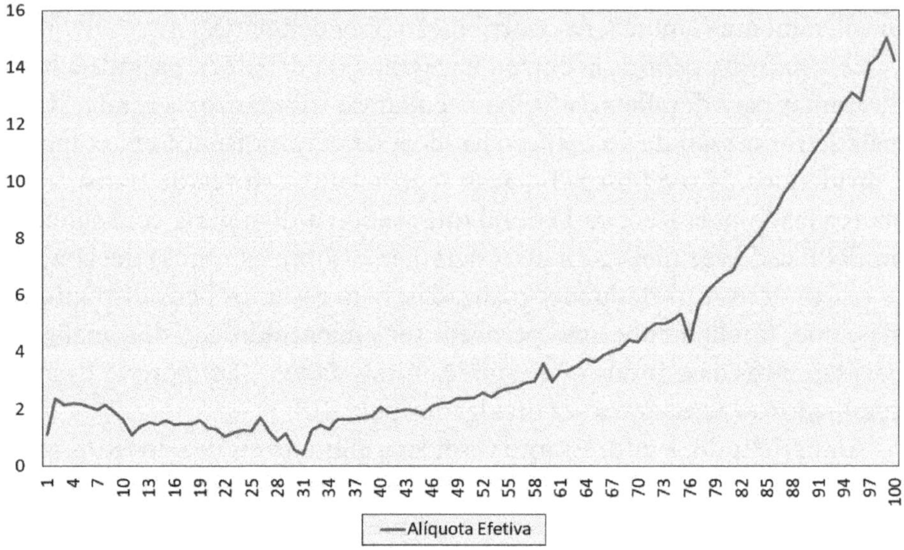

Fonte: RFB. Elaboração própria (2021)
Nota: Alíquota Efetiva é calculada pela razão entre o imposto devido na declaração mais o arbitrado como tendo sido retido exclusivamente na fonte, e o rendimento total, somando tributáveis, isentos e tributado na fonte, acrescido deste próprio imposto.

Não custa citar que o IRPJ e o IRPF estão vinculados e influenciados pela aplicação da contribuição previdenciária dos empregadores. Isto passa pela já conhecida transformação de pessoa física e jurídica, que embora seja tendência mundial, talvez não tenha um caso tão avançado quanto o brasileiro. Esse fenômeno não é corretamente compreendido e analisado porque se pega ao conceito equivocado da "**pejotiza-**

ção". [36] Este ignora que menos decorre da opção das pessoas físicas e muito mais da imposição das pessoas jurídicas, dos empregadores, que preferem contratar serviços no lugar de assinar carteira de trabalho ou de contratar autônomos – que exigem igual contribuição previdenciária.[37] Como está se aplica com alíquotas das mais altas do mundo[38] e sobre toda folha salarial como um todo embora o empregado só contribua e se aposente até o salário-de contribuição, na casa de sete salários-mínimos, isto estimulou que a dita terceirização da mão-de-obra, que começou como no resto do mundo, pelos serviços auxiliares e geralmente de mão de obra menos qualificada e menos remunerada, se generalizasse e alcançasse também o andar mais alto da pirâmide de renda, com dirigentes e também trabalhadores mais qualificados se organizando como pessoas jurídicas – sobretudo no regime do lucro presumido, e menos no do Simples Nacional, porque a sua tabela para serviços implica tributação superior ao daquele regime facultativo.

É importante ressaltar que tais rendimentos isentos passaram a ser apresentados separadamente desde o ano calendário 2016, dividindo entre aqueles oriundos de empresas optantes do Simples (R$ 120,5 bilhões no ano calendário de 2019), e os lucros e dividendos recebidos das demais empresas (R$ 359 bilhões), fora o que foi tributado exclusivamente na fonte, a título de juros de capital próprio (R$ 16,4 bilhões) e participação nos resultados (R$ 33,2 bilhões). Agregado o que as próprias pessoas físicas declararam no ano passado, se chega a impressionar cifra de R$ 529 bilhões, equivalentes a 7,1% do PIB e a 27,7% do total de rendimentos tributáveis do país – ver figura 3. Muito dessa participação expressiva decorre de uma evolução muito mais favorável do que salários e demais rendas submetidas à tabela progressiva, que cresceram apenas

[36] RFB publicou **"O fenômeno da pejotização e a motivação tributária"**, em abril de 2016 – ver em: https://tinyurl.com/yzqvmknx

[37] Ver: AFONSO, José Roberto. Imposto de renda e distribuição de renda e riqueza: as estatísticas fiscais e um debate premente no Brasil. **Revista da Receita Federal:** estudos tributários e aduaneiros, 2014, 1.1: 28-60. https://bit.ly/3ezY4ui

[38] Quando se compara internacionalmente a distribuição por fontes das contribuições para a seguridade social, é verificado que empregador brasileiro recolhe 74% do total contra uma média de 53% na OCDE.

6% entre 2016 e 2019, contra 22% do conjunto de retiradas recebidas, dos quais, aquelas oriundas do Simples, cresceram em 34%.

FIGURA 3 – IRPF Consolidação das Declarações: lucros, dividendos e retiradas, isentas e tributadas exclusivamente na fonte – 2016/2019

Rendas Declaradas	2016	2017	2018	2019
Em R$ Milhões Correntes				
Lucros e dividendos recebidos	269,41	280,56	327,91	359,15
Rendimentos de sócio de ME ou optante pelo Simples, exceto pró-labore	80,86	89,68	104,08	120,51
Retiradas Isentas	350,27	370,24	431,99	479,66
Juros sobre capital próprio	13,40	15,00	15,66	16,40
Retiradas Proprietários	363,67	385,24	447,65	496,06
Participação nos lucros ou resultados	24,75	26,67	31,16	33,23
Lucros Totais	**388,42**	**411,91**	**478,81**	**529,29**
Em % do Rendimento Tributável				
Lucros e dividendos recebidos	16,63	16,15	17,84	18,77
Rendimentos de sócio de ME ou optante pelo Simples, exceto pró-labore	4,99	5,16	5,66	6,30
Retiradas Isentas	21,62	21,31	23,50	25,07
Juros sobre capital próprio	0,83	0,86	0,85	0,86
Retiradas Proprietários	22,45	22,18	24,36	25,93
Participação nos lucros ou resultados	1,53	1,54	1,70	1,74
Lucros Totais	**23,98**	**23,71**	**26,05**	**27,67**
Em % do PIB				
Lucros e dividendos recebidos	4,09	4,01	4,43	4,82
Rendimentos de sócio de ME ou optante pelo Simples, exceto pró-labore	1,23	1,28	1,41	1,62
Retiradas Isentas	5,32	5,29	5,83	6,44
Juros sobre capital próprio	0,20	0,21	0,21	0,22
Retiradas Proprietários	5,52	5,50	6,04	6,66
Participação nos lucros ou resultados	0,38	0,38	0,42	0,45
Lucros Totais	**5,90**	**5,88**	**6,46**	**7,11**

Fonte: RFB e IBGE. Elaboração própria (2021).

Ainda que aqui agregados, a distribuição de lucros e dividendos por faixa de rendimentos do contribuinte é muito diferente conforme o tipo de rendimento antes citado. Como seria de esperar, há uma fortíssima concentração nas retiradas isentas, porém, ela é bem mais acentuada no caso do proveniente nas grandes empresas (irrelevantes para quem ganha até o teto de contribuição previdenciária) do que nas retiradas do Simples, ao se comparar ambas contra a soma dos rendimentos tributáveis declarados – vide figura 4.

FIGURA 4 – DIRPF Ano 2019: Distribuição de Rendimentos Isentos com Lucros e Retiradas, por Faixa de Renda – em % da renda total

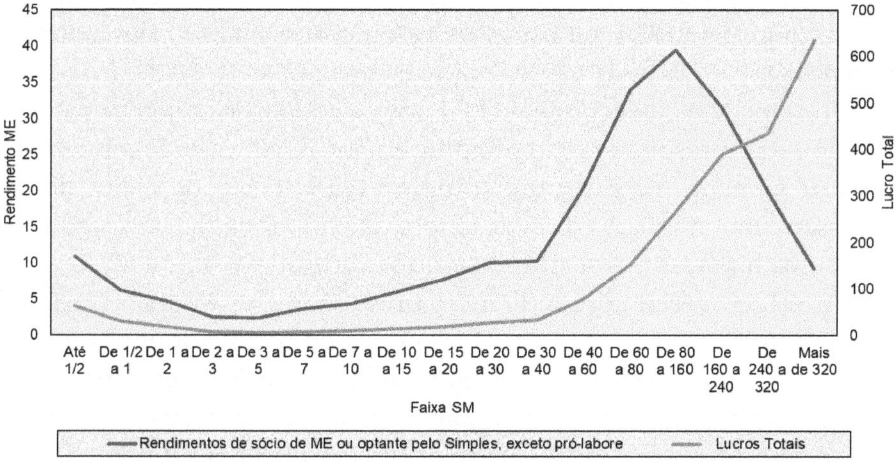

Fonte: RFB. Elaboração própria (2021).

Há muito mais por se conhecer, estudar e debater em torno da atual forma de tributação e arrecadação do IRPF antes de o reformar, pois o senso comum indica que um microempreendedor e um microempresário levantam renda de uma forma muito diferente do que um acionista de uma grande corporação, ainda que, por conceito e mesmo por lei, ambos levantem a mesma forma de renda – o lucro (que, no caso das sociedades anônimas, é chamado de dividendo). Se a intenção é ser progressivo, é bom ter cuidado para não tratar a classe média cada vez mais dependente de retiradas de suas pequenas empresas como se fossem os muitos ricos, ou mesmo os milionários, cujos ganhos decorrem dos lucros oriundos das grandes empresas. É possível se afetar a própria organização e viabilidade dos pequenos negócios ao se confundir a característica muito diferenciada dentro desse mesmo conjunto de contribuintes sócios ou acionistas de empresas.

Não custa recordar que, em economias mais avançadas, é comum se tributar o lucro gerado nas empresas de menor porte na declaração de seus proprietários – ou seja, não entra como arrecadação de IRPJ e sim de IRPF, aí sim submetido a tabela progressiva. Isto é um modelo radicalmente oposto ao brasileiro: nada se cobra de IRPJ e só se aplica o IRPF (progressivo). Antes de tudo, significa que não se pode comparar a distribuição proporcional da receita do IRPJ e IRPF entre o Brasil e a OCDE, porque o IRPF será subestimado no nosso país e sobrestimado no bloco.[39]

Não se pode esquecer que é facultativa a adesão aos regimes facilitados, do lucro presumido e do Simples Nacional. No caso de a mudança implicar aumento da carga tributária no IRPF, talvez os sócios determinassem uma migração de suas empresas para o regime do lucro real. Não é uma hipótese a descartar quando se verifica que hoje a razão entre IRPJ/CSLL e a receita bruta do lucro presumido e do Simples Nacional estão muito acima da mesma razão apurada no regime do lucro real. A digitalização dos serviços contábeis já reduziu sensivelmente os custos de se passar a escriturar e apresentar ao fisco todas as transações. Aliás, sem se reformar o IR no País, já se noticiou uma possível migração de contribuintes para o regime de lucro real – cuja alíquota efetiva é muito menor, na prática, que as aplicadas nos regimes do lucro presumido e do Simples. [40] Além do já conhecido e inevitável fenômeno do incentivo à distribuição disfarçada de lucros (transferindo gastos pessoais dos sócios para empresa), pode haver estímulo para que se passe a acumular riqueza na pessoa jurídica e assim converter o contrato social em uma forma indireta de testamento, de modo a se atenuar ou mesmo evitar uma futura tributação da herança. Ao menos seria positivo se esse efeito colateral de se trocar a poupança da pessoa física pela jurídica fosse convertido, direta ou indiretamente, em aumento do investimento produtivo, porém, é possível que, se visto como mera reserva de valor, seja mantido no circuito financeiro, ainda que sujeito a maior tributação.

[39] Por princípio, para igualar as situações, seria preciso eliminar a cobrança do IRPJ/CSLL do lucro presumido (que gera 27,2% da respectiva arrecadação atual no País), bem como de sua parcela da alíquota do Simples Nacional, e, em princípio, a imputar o mesmo percentual do faturamento bruto da empresa como se fosse rendimento tributável do respectivo sócio no IRPF, e submetido à tabela progressiva.

[40] **"Reforma tributária deve levar à migração para lucro real"**. Valor Econômico. 11/08/2020 https://glo.bo/3vjGL7M

Se para uma ação tende a resultar uma reação, a própria Receita Federal do Brasil (RFB) já alertou ao fato quando respondeu requerimento sobre os ganhos esperados com a tributação dos dividendos como ganhos de capital. Alertou que a simulação foi realizada "... considerando a hipótese que a distribuição de dividendos será menor do que a observada atualmente em 57%. Para o cálculo das estimativas foi considerado que o efeito líquido da tributação de dividendos incidirá apenas na pessoa física. Para a pessoa jurídica considerou-se que o dividendo distribuído será considerado como antecipação do imposto devido." A figura 5 é a transcrição do que a RFB informou em projeções, para dez anos, dos ganhos que espera com a medida. É possível inferir que a base de cálculo esperada pela RFB é de apenas R$ 123 bilhões. Considerada a alíquota de 15%, a mais aplicada aos ganhos de capitais, a arrecadação adicional esperada para 2020 é de apenas R$ 18,5 bilhões. Por si só, o número já é pequeno, quanto mais comparado ao declarado no ano passado – equivaleria a 1% do total de rendimentos tributáveis e 6% do total de rendimentos tributados exclusivamente na fonte, ainda que elevasse em cerca de 34% o que deve ser pago de imposto por tais retenções e não compensadas.

Alíquota	Total em 10 Anos	2020	2021	2022	2023	2024	2025	2026	2027	2028	2029
5%	70.292,58	6.153,31	6.333,20	6.518,34	6.708,90	6.905,04	7.106,90	7.314,66	7.528,50	7.748,60	7.975,12
10%	140.585,15	12.306,62	12.666,40	13.036,69	13.417,81	13.810,07	14.213,80	14.629,33	15.057,01	15.497,19	15.950,24
15%	210.877,73	18.459,93	18.999,59	19.555,03	20.126,71	20.715,11	21.320,70	21.943,99	22.585,51	23.245,79	23.925,36
20%	281.170,31	24.613,24	25.332,79	26.073,38	26.835,62	27.620,14	28.427,60	29.258,66	30.114,02	30.994,38	31.900,48

Fonte: RFB. Elaboração própria (2021)

O que foi pedido para a RFB simular toma por base uma tendência predominante entre as dezenas de projetos que tramitam no Congresso, eliminando a referida isenção, mas adotando no seu lugar a mesma regra atualmente aplicada aos ganhos de capital, ou seja, que passem a ser tributados exclusivamente na fonte. Se seria a alternativa mais fácil para se cobrar e fiscalizar, por outro lado, peca em atender a principal justificativa para eliminar a isenção dos lucros: melhorar a progressividade do imposto de renda. Por princípio, assim seria dado o mesmo tratamento seja a um microempreendedor quanto ao acionista controlador de um grande banco ou empresa. Isso fica claro na Figura 6, quando se pondera, por percentil das declarações entregues em 2020, a curva da alíquota efetiva global do IRPF atual de apenas 7,59% no total, com a da esperada depois da tributação na fonte dos dividendos e que elevaria aquela para apenas 8,15%.

Se os lucros distribuídos às pessoas físicas forem tributados apenas na fonte e mantiverem a mesma distribuição atual por percentil, daí decorre uma mudança imperceptível entre as alíquotas atuais e esperada, conforme revela a figura 6.

Figura 6 – IRPF Ano 2019: Alíquota Efetiva Atual e Esperada com Dividendos Tributados Exclusivamente na Fonte (segundo projeção da RFB) Percentis Classificados pelos Rendimentos Totais – Em % dos Rendimentos Totais

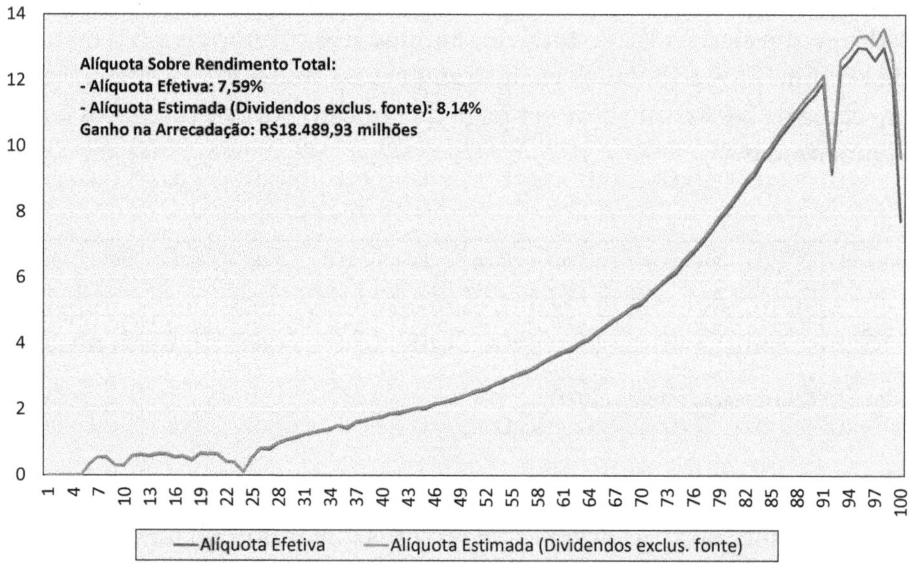

Fonte: RFB. Elaboração própria (2021)

Nota: Alíquota Efetiva é calculada pela razão entre o imposto devido na declaração mais o arbitrado como tendo sido retido exclusivamente na fonte, e o rendimento total, somando tributáveis, isentos e tributado na fonte, acrescido deste próprio imposto. Alíquota estimada segue o mesmo padrão da efetiva, mas admitindo que os Dividendos passem a ser tributados com IR retido na fonte de 15%.

Outra alternativa, menos considerada nas propostas legislativas, mas que, em tese seria mais justa, seria acrescer os lucros aos rendimentos tributáveis e aí levar a tabela progressiva. Não é simples tal simulação porque é preciso considerar algo raramente comentado: tais contribuintes poderão aumentar suas deduções do IRPF, salvo que se altere também os seus limites. Atualmente, no caso extremo, de um contribuinte que tenha como fonte de renda apenas as retiradas de dividendos, ele não pode realizada qualquer dedução pois, por princípio, esta é limitada à renda tributável ou por ela balizada – caso, por exemplo, do desconto-padrão de 20% da renda tributável e do teto de 12% da mesma renda para deduzir contribuição à previdência complementar. A mudança tende a favorecer aos contribuintes com maior remuneração porque hoje declaram pagar muito mais do que deduzem. A RFB passou a divulgar pagamentos na consolidação das declarações de 2020 e assim se pode apurar a distância por faixa de renda, conforme figura 7.

Figura 7 – DIRPF Ano 2019: Diferença entre Pagamentos e Deduções com Despesas Médicas e Previdenciárias por Declarante, por Faixa de Salário-Mínimo dos Rendimentos Totais: em Reais

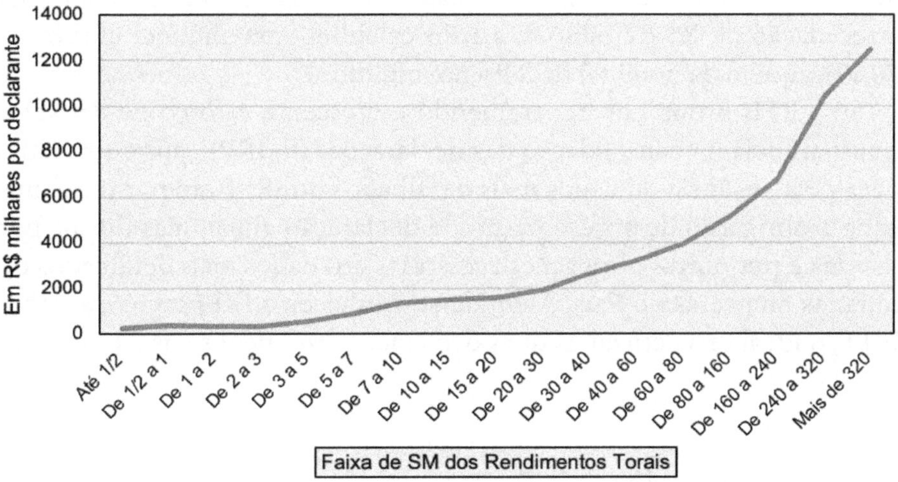

Fonte: RFB. Elaboração própria (2021).

Como o IRPF atualmente aplica uma alíquota média global muito abaixo de 15%, a opção por levar os lucros para tabela progressiva, se inegavelmente apresenta ganhos na progressividade, provavelmente resultará em menor ganho de arrecadação, do que a opção por tributar exclusivamente na fonte. Isto sem contar que não se sabe como será a redução das alíquotas do IRPJ, pois dificilmente será possível saber ao certo o ponto de ajuste exato em relação à mudança de base e ganho de receita no IRPF.

Um pecado capital para a reforma do imposto de renda corporativo é que não se dispõe mais de dados das declarações do IRPJ a partir do exercício financeiro de 2013. A criação do SPED criou uma grave lacuna na transparência fiscal, pois tem sido divulgado, aos poucos, apenas um agregado de grandes variáveis – número de contribuintes, faturamento bruto, massa salarial, número de empregados, em uma consolidação genérica da pessoa jurídica.[41] A RFB dispõe das informações detalhadas e que só a elas recorre reservada e pontualmente quando obrigada a responder requerimentos, parlamentares e da lei de acesso.[42] Por exemplo, recentemente, mostrou que as alíquotas efetivas do IRPJ são muito baixas no Brasil para as maiores empresas optantes do lucro real. Em simulação para empresas com receita bruta superior a R$ 100 milhões[43], para um total de 10.723 empresas, enquadradas no Lucro Real, e com uma arrecadação de R$ 62 bilhões, a RFB calculou uma alíquota efetiva de 20,5%, aquém da nominal de 34% no mínimo.

Se a RFB prima por um tremendo e crescente esforço de dar mais transparência na consolidação das declarações do IRPF, por outro lado, peca pela ausência de dados mais detalhados do IRPJ, até por ter eliminada a obrigação de apresentação de declaração anual, mas dispor por sistema e por outras obrigações acessórias dos dados mais detalhados de todas as empresas do País. Além de se conhecer o IRPJ tanto quanto o IRPF, o ideal seria cruzar as duas declarações, ao menos das 3,6 milhões

[41] Principais dados agregados das pessoas jurídicas por regime de tributação e por divisão cnae para os anos-calendário de 2009 a 2018. https://bit.ly/32QcdOM

[42] Por Exemplo: Nota CETAD/COEST nº 048, de 24 de abril de 2019; Nota SIC Cetad/Coest nº 067, de 07 de maio de 2020; Nota SIC Cetad/Coest nº 155, de 06 de junho de 2019

[43] Nota CETAD/COEST nº256 de 28/12/2020 (https://bit.ly/3evhQHB)

de pessoas físicas que recebem lucros com os dados das respectivas pessoas jurídicas, para se poder formular uma correta análise e proposta de reforma abrangente e consistente do imposto de renda no País. É mais do que hora de apurar e publicar estatísticas detalhadas para tornar mais racional o debate sobre a reforma tributária.

De qualquer forma, a eventual reforma do imposto de renda parece vir a se somar a enorme lista de mitos e falácias que cercam o debate sobre renúncia tributária no Brasil, em que pouco se atenta à peculiar metodologia de seus conceitos e, pior, e que nada se sabe da memória de cálculo da sua estimativa, que nunca foi divulgada pela Receita Federal – nem quando pedida por requerimento parlamentar. O detalhamento da DIRPF permite ao menos se conhecer melhor quem se aproveita e em que proporção das suas deduções. É inegável que o atual modelo permite que a dita classe média aproveite proporcionalmente muito mais que a classe alta as deduções na apuração do seu IRPF. Também diferencia a classe média, de modo que aquela remunerada com salários pode aproveitar deduções que um contribuinte exatamente com a mesma renda, porém, oriunda de pequenos negócios, pois, como tal, não pode fazer deduções na pessoa física (além de pagar na pessoa jurídica proporcionalmente mais impostos que os mais ricos e donos das maiores empresas.

É possível até se concluir que o modelo de tributação já adotado pelo País seja a aquele para o qual os países mais ricos também caminham. Não seria surpresa afinal no caso da tributação dos negócios digitais, a opção emergencial adotada recentemente por muitos países tem sido taxar o faturamento bruto[44], justamente a base das contribuições sobre receitas – Programa Integração Social (PIS) e Contribuição para o Financiamento da Seguridade Social (COFINS) –, já aplicadas pelo Brasil, do qual até o governo apresentou proposta para mudar.

O Brasil parece que se desconectou do debate mundial, inclusive no caso de rumos nos debates tributários. Não surpreende afinal se o País não consegue nem fazer o que é mais premente e básico, na saúde e no enfrentamento da pandemia, que diria compreender os novos rumos e reposicionar as políticas públicas. E a crise fez surgir oportunidades

[44] Disponível em: https://taxfoundation.org/digital-tax-europe-2020/

novas e enormes, como um fortalecimento dos governos estaduais e municipais sem igual na história republicana, invertendo a tônica para apontar pela primeira vez uma federação que se constrói de baixo para cima, e uma intensificação ativismo dos outros poderes nacionais, que já estava posto, mas agora precisa também suprimir as lacunas abertas pela omissão e inépcia do Executivo Federal.

Diante da Covid-19, à revelia do governo e das leis, sem nenhum planejamento ou estratégia, as vezes sem leis adequadas, as famílias e as empresas estão a promover radicais mudanças em suas vidas e em suas transações como forma de sobreviver à pandemia e, mais que isso, já se conformando ao novo normal. A intensa e rápida digitalização, o teletrabalho que se soma à tendência antes posta do trabalho independente, a migração mais acelerada do emprego (com carteira assinada) para o empreendedorismo (ainda que forçado), a tempestiva e drástica acumulação de liquidez (empresarial) e poupança (familiar), o crédito cada vez menos **"bancarizado"** e menos concentrado, são apenas algumas das muitas e múltiplas facetas desse novo mundo.

Resta às instituições e ao governo, mais uma vez, reagir e correr atrás de se adaptar ao mundo que já mudou e de forma irreversível. Recentemente, é o que se viu com a aprovação da reforma para flexibilizar a contratação formal de emprego, cuja lei chegou muito atrasada e ignorou que o mesmo fenômeno foi resolvido na prática pelo mercado de trabalho, quando se avançou na transformação dos trabalhadores em empresas e empresários, e, como tal, imunes aos efeitos da nova lei, aplicada a empregadores e a empregados.

Por opção ou falta dela, por medo ou por esperança, o empreendedorismo cresce cada vez mais no Brasil. Cada vez mais sua forma jurídica passa pela constituição e pelo funcionamento na forma de empresas. A esmagadora maioria delas formalizadas como microempreendedores individuais (MEI) e, já na forma tradicional de microempresas, como pequenas sociedades limitadas ou empresas individuais de responsabilidade limitada (EIRELI).

Talvez até mais no Brasil do que no resto do mundo, a pessoa jurídica deixou de ser a forma clássica pela qual se mobiliza capital para montar um empreendimento de algum porte, com atividades mais amplas ou complexa, que tenderia a contratar empregados (com carteira assinada) para desempenhar tais funções. Ao contrário, o mero ato de trabalhar está cada vez mais sendo realizado através da prestação comercial de serviços, formalizado ao menos como MEI e, na medida em que envolve mais qualificação e renda, como uma empresa, individual ou as vezes até com mais sócios, geralmente familiares ou da mesma profissão.

Isto pode ser fundamentado pela mera visão atual dos números atuais do Painel Mapa das Empresas, disponibilizado e sempre atualizado pelo Ministério da Economia.[45] Em abril de 2020, haviam pouco menos de 18 milhões de empresas classificadas como ativas no Brasil – vide tabela.[46] Pouco menos de 200 mil delas eram sociedades anônimas, de economia mista ou empresas públicas. Como esperado, mais de 98% constituíam pequenos negócios, sendo cerca de 5 milhões constituídas como sociedades limitadas (inclusive EIRELI) e mais de 12,6 milhões de MEIs. Estas formas certamente marcam as atividades econômicas com mais empresas ativas, pela ordem: comércio varejista de vestuário (1 milhão de empresas), cabeleireiros e manicures (774 mil), comércio varejista em geral (463 mil), obras de alvenaria (458 mil), lanchonetes (431 mil) e promoção de vendas (426 mil).

Se a multiplicação de empresas era uma tendência já consolidada no Brasil, impressiona ainda mais que, ao contrário do esperado, não foi freada na pandemia da Covid-19 – salvo nos seus primeiros meses. Como destacado pelo último boletim do citado Painel,[47] em 2020, foram abertas 3,36 milhões de empresas, 6% a mais do que em 2019 e a maior marca anual desde 2010. No ano da pandemia foram fechadas 1,04 milhões de empresas, um número inferior ao de 2019 e muito menos que as 2,4 milhões encerradas em 2018. As surpresas são ainda maiores quando se detalham os dados, com mais aberturas no meio do que no final do ano, crescendo mais nas regiões menos desenvolvidas do que nas mais ricas, e aumentando MEI e sobretudo sociedades limitadas enquanto retrocederam todas demais empresas, inclusive sociedades anônimas.

[45] Ver Portal em: https://tinyurl.com/yeno7o88

[46] O Painel contava 41,2 milhões de empresas abertas em abril de 2020, portanto, com um número ainda mais impressionante de empresas em inatividade ou encerradas.

[47] Disponível em: https://tinyurl.com/yfzfjne4

FIGURA 8 – Empresas Ativas no Brasil: por porte e natureza jurídica (abr. 2020)

EMPRESAS ATIVAS NO BRASIL
Abril de 2020

Natureza Jurídica	Quantidade	% Total
Grandes Negócioisi	***193.995***	***1,1%***
Sociedade Anônima	167.944	0,9%
Sociedade Ecomomia Mista	12.094	0,1%
Empresa Pública	13.957	0,1%
Pequenos Negócios	***17.712.859***	***98,5%***
Menores Empresas	***5.024.006***	***28,0%***
Sociedade Limitada	4.027.716	**22,4%**
Empresa Individual Resp.Ltda. (EIRELI)	996.290	**5,5%**
Empresário Individual (MEI)	12.688.853	70,6%
Demais	66.843	0,4%
TOTAL	**17.973.697**	**100,0%**

Fonte primária: Painel Mapa das Empresas, Min. Economia
Posição em 20/4/2021.
Contadas apenas empresas ativas. Total de abertas era 41,2 milhões.
Ver em: https://tinyurl.com/yeno7o88

Fonte primária: Painel Mapa das Empresas, Min. Economia
Posição em 20/4/2021.
Contadas apenas empresas ativas. Total de abertas era 41,2 milhões.
Ver em: https://tinyurl.com/yeno7o88

Estes constituem indícios de que na medida em que a Covid-19 provocou uma recessão que diminuiu emprego e sobretudo ocupação e renda dos demais trabalhadores, alcançando localidades e profissões de menor qualificação, estes optaram por manter alguma forma de formalização. Seguiram a onda que já vinha varrendo economia e sociedade, com mais brasileiros ainda se tornando donos de seus próprios negócios, até para continuar contribuindo para previdência social como MEI ou a título de pró-labore (nos casos mais organizados). O custo burocrático para tanto caiu muito no Brasil – para este segmento, pouco ou nada tem a ver com o número de horas necessárias para pagar tributos.[48]

[48] A pesquisa mundial mais conhecida, *Doing Business,* considera uma mesma empresa padrão, para fins de comparar dezenas de países, porém, está em pouco ou nada tem a ver

A empresa contada aqui como ativa não quer dizer necessariamente que esteja adimplente. Poder-se-ia esperar que pequenos negócios atrasassem ou pagassem menos impostos diante do impacto da pandemia. Este senso comum mais uma vez foi traído pela realidade e pelas evidências. Em 2020, o desempenho da arrecadação dos optantes do Simples foi muito melhor do que os demais contribuintes, visto que esses recolheram em tributos federais 1,9% a mais do que em 2019, enquanto demais contribuintes e para mesmos tributos arrecadaram 3,7% a menos. [49]

Certamente, a recessão da década passada e a da Covid-19 impuseram um tremendo **empreendedorismo do medo**, em que foi a falta de opção que empurrou muitos brasileiros para adotar esta forma legal, da pessoa física que se transforma em pessoa jurídica. É preciso, porém, louvar que a impressionante onda de brasileiros que optaram por terem o mínimo de formalidade e vínculo com a previdência social, acentuado uma vantagem do Brasil em comparação a demais economias emergentes ou menos desenvolvidas.

De acordo com levantamento do Sebrae, empreendimentos optantes pelo regime do Simples têm taxa de sobrevivência duas vezes maior (83%) que a de não-optantes (38%). Sem o Simples, 64% das empresas optantes fechariam as portas, iriam para a informalidade ou reduziriam suas atividades. Além disso, pesquisas mais recentes também apontam o esforço próprio pela inovação – para não dizer pela sobrevivência. É bem simbólico deste quadro a drástica evolução da presença na internet dos pequenos negócios, notadamente do MEI, como apurado nas pesquisas do SEBRAE depois da pandemia. Em poucos meses, o segmento do MEI deu um salto impressionante no uso das redes sociais para suas vendas, e chega este ano a marca de 69% de presença, inclusive já superando o mesmo índice apurado para microempresas e das empresas de pequeno de porte.

com um MEI e talvez até mesmo com uma microempresa do Simples. Ver em: https://tinyurl.com/yjeo3ta9

[49] Ver boletim mensal de arrecadação da RFB.

FIGURA 9 – Pesquisa sobre vendas na Internet: (20-21)

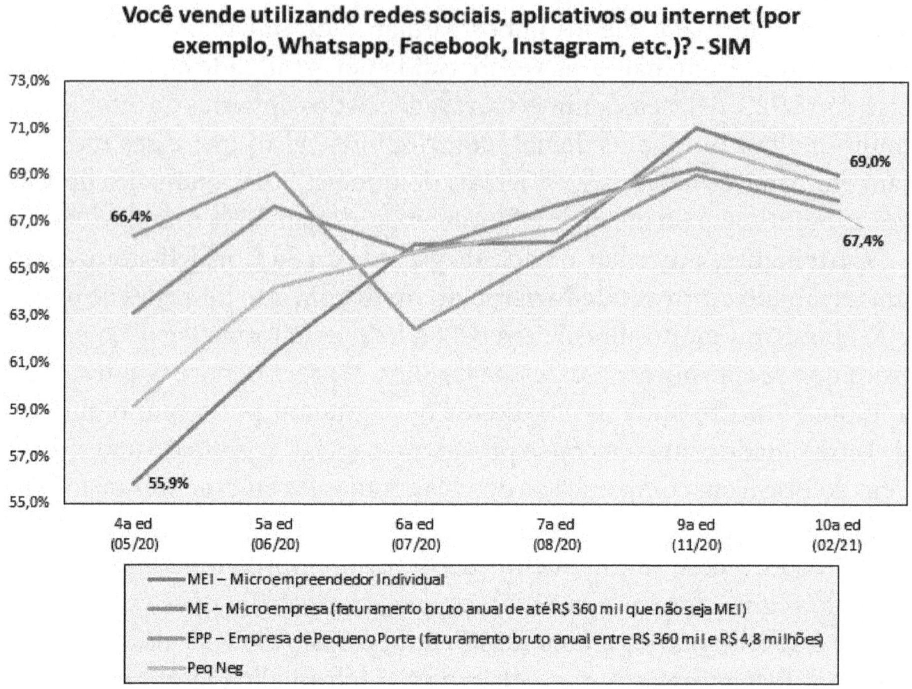

Fonte: SEBRAE (2021)

Faltam políticas públicas e as ações governamentais darem o mesmo salto de qualidade buscando novas soluções e medidas. Uma das áreas mais demandas será a de formação e retreinamento de mão-de-obra para dar aos trabalhadores brasileiros as habilidades para lidar com o novo normal, já consolidado, com atuação cada vez mais digital, em alguns casos com teletrabalho mesmo depois de vencida a pandemia. O Sistema S tem muito a contribuir nesse esforço, podendo atuar em parcerias com órgãos públicos e talvez até com sistemas públicos de ensino, sobretudo médio e superior.

Esse fenômeno do **Brasil empresarial** exige uma revisão de conceitos e de análises.

Antes de tudo, é preciso compreender, por exemplo, que parcela significativa da renda distribuída pelas empresas na forma de lucro não passa da forma pela qual, legalmente, se remunera o trabalho desenvolvido por seus proprietários, geralmente únicos. Uma eventual reforma tributária exigirá mais estudos e cautela para não se confundir a natureza das rendas e, sobretudo, dos rentistas.

Desde o anto-calendário de 2007 (ano mais antigo que a RFB publicou lucros abertos por categorias), até o 2020, o montante de tais rendimentos isentos declarados por pessoas físicas acumularam um crescimento real de 229% no período, subindo para 1.280%, se contadas apenas retiradas oriundas de empresas optantes do Simples – ver gráfico. No mesmo período, os rendimentos tributáveis (incluindo salários) aumentaram apenas 141%. Se as rendas oriundas de lucros equivaliam a apenas 15% daquelas submetidas à tabela progressiva em 2007, passaram a casa dos 20% a partir de 2010, mas deram um salto no último biênio, para 23,5% e 25,1% em 2018 e 2019.

Os pequenos negócios constituem um universo cada vez mais amplo e diversificado de atividades, mas que muitos analistas continuam os vendo com uma visão ultrapassada, quando não míope. Não se pode esperar ou querer que eles evoluíssem como a cada vez mais velha ideia de que um negócio nascia na garagem de uma casa, se transformava numa pequena fábrica de fundo de quintal, daí se formalizaria com CNPJ e a deseja produtividade é que passasse a contratar empregados, a comprar terrenos e prédios, para então se tornar uma grande indústria, formal, com enormes instalações físicas, dezenas ou centenas de funcionários com carteira assinada. Sem prejuízo de desejar e ocorrer, não é mais esse o paradigma na economia moderna, a começar que cada vez mais os serviços ocupam o lugar da indústria da transformação, que os computadores contam mais do que as garagens ou os terrenos, e que o trabalho passa a ser organizado na forma de empresas individuais ou de poucos profissionais. Os negócios mais bem sucedidos do mundo estão nas nuvens e não mais no campo físico de um terreno ou prédio.[50]

[50] Essa tese foi mais bem explicada, incluindo citações biográficas, em nosso artigo com Geraldo Biasoto e Murilo Viana, "**Pequeno negócio, potencial inovador, novo normal**", publicado no Poder 360, em 25/10/2020: https://tinyurl.com/yxcp6382.

Figura 10 – Renda de lucros e dividendos informados pelas pessoas físicas nas declarações anuais: (2007 a 2020)[51]

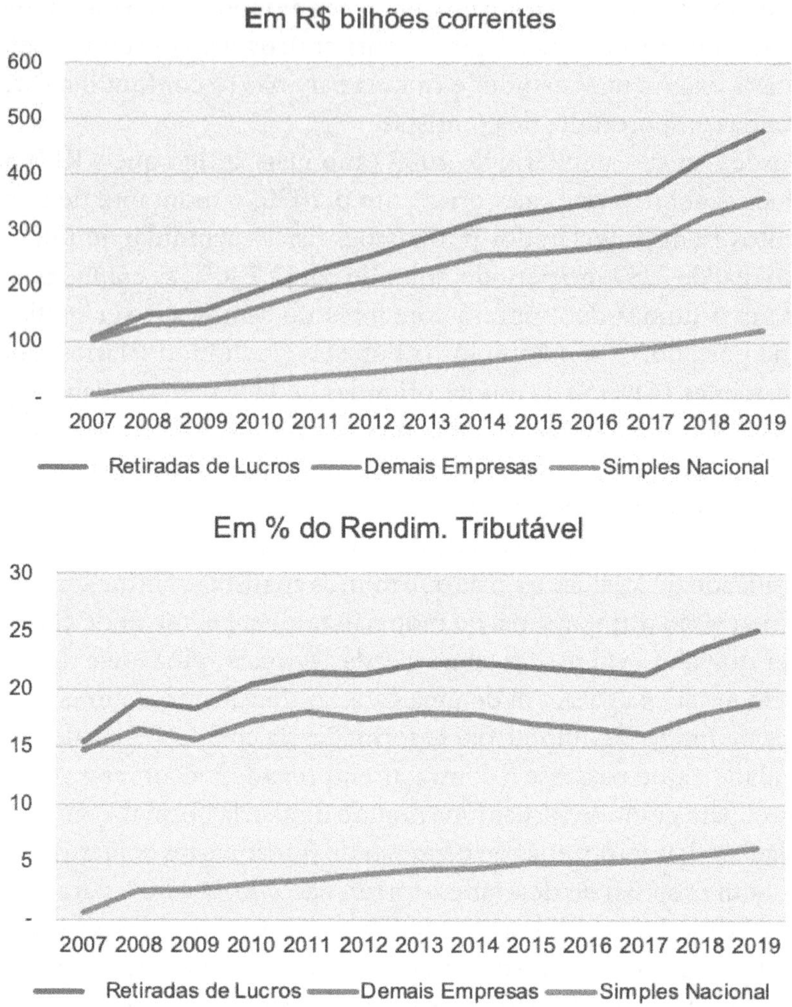

Fonte: RFB: DIRPF Grandes Números (2021)

[51] Demais empresas: refere-se aos rendimentos isentos classificados como Lucros e dividendos recebidos pelo titular e pelos dependentes.; Simples Nacional: refere-se aos rendimentos isentos classificados como Renda. sócio/titular microempresa ou empresa peq. Porte; Retirada de Lucros: Refere-se a soma de ambos os rendimentos, do simples nacional e das demais empresas.

O regime do Simples Nacional, incluindo o MEI, constituem um tremendo caso de sucesso na formalização de pequenos negócios, como atestado por farta e recente literatura internacional.[52] Em particular,

[52] Pode ser interessante reproduzir aqui várias citações de estudos recentes publicados no exterior pois parecem ignorados no debate nacional:

"(....) Motivations to formalize: Entrepreneurs have found the monotax regime attractive as it allowed them to access social security services. The motivation to operate in a formal environment has also been very important. In Brazil, the monotax regime enables entrepreneurs to operate formally, which in turn opens opportunities to benefit from various public policies designed for IME(...)

Motivations and capacity to formalize: Monotax regimes for own-account workers and MSEs which are based on a monotax system can make an important contribution to formalization of enterprises and workers. Small entrepreneurs have indicated that access to social security and advantages of operating formally are their main motivations to enroll under these regimes. The simplicity of administrative procedures and predictability of payments are important success factors."

Fonte: Simples National: Monotax Regime for Own-Account Workers, Micro and Small Entrepreneurs: Experiences from Brazil. International Labour Organization 2019

https://www.ilo.org/wcmsp5/groups/public/---ed_emp/---emp_ent/documents/publication/wcms_715864.pdf

"This can also be an excellent opportunity to accelerate government regulatory reform and reduce the excessive costs of doing business in Brazil. Implementing and accelerating reforms to improve insolvency procedures, firm registry and minority investor protection is critical to ensure the survival of profitable firms, easing labor costs and firm exit in an expedited way and, especially, facilitating entry of new firms creating new employment."

Fonte: Moreno, Rafael Muñoz. How to support MSMEs so they overcome the COVID-19 shock. 2020.

https://www.worldbank.org/en/news/opinion/2020/07/10/brazil-how-support-micro-small-medium-enterprises-overcome-covid-19-coronavirus-shock

"For Brazil, Fajnzylber, Maloney, and Montes-Rojas (2011) show that tax reductions and simplification led to a significant increase in formal firms with higher levels of revenue and profits."

Fonte: IMF Fiscal Monitor: Achieving More with Less, April 2017 April 2017. Pg 57

https://www.imf.org/en/Publications/FM/Issues/2017/04/06/fiscal-monitor-april-2017

"I am only aware of one rigorous within-country study that investigates the impact of a reform that simplified tax regulation. This paper, Fajnzylber, Maloney, and Montes-Rojas (forthcoming), shows that the introduction of the "SIMPLES" tax regime in Brazil increased the share of micro firms that are registered with the tax authorities by 7.2 percentage points (from only 13 percent before the reform to 20.2 percent after the reform). The authors also find that the SIMPLES increased firms' sales by 37 percent. While SIMPLES consolidated six separate federal tax and social security payments into a single monthly Payment, thus lowering the regulatory burden of taxes, it also reduced the tax rate by up to 8 percent of annual revenue for both micro and small firms. It is therefore not clear to what extent we can attribute the measured effect to simplifying regulation vs. lowering tax rates."

organismos internacionais têm destacado o papel do regime simplificado de tributação para incentivar processo de formalização pela sobrevivência de micro e pequenos empreendimentos. Por certo, esse regime precisa ser modernizado e realmente simplificado, porém, isso exige atenção para a nova realidade dos negócios, de sua organização e mesmo de sua estruturação e movimentação.[53]

Fonte: BRUHN, Miriam. What Do We Know about the Impact of Tax Reforms on Private Sector Development?. World Bank Blog. 2011.
https://blogs.worldbank.org/allaboutfinance/what-do-we-know-about-the-impact-of-tax--reforms-on-private-sector-development
"The placebo results indicate the program was not effective in increasing formalization rates of small firms, however one should be cautious before jumping to that conclusion. The analysis suggests that the data used in both Fajnzylber et al. (2011) and Monteiro and Assunção (2012) do not allow for a clean identification strategy that could inform the impact of SIMPLES on firms' formalization decisions and performance. The impact of this program on formalization rate of firms thus remains an open question."
Fonte: PIZA, Caio. Out of the shadows? Are firms more likely to formalize through tax simplification programs?. World Bank Blog. 2016.
https://blogs.worldbank.org/developmenttalk/out-shadows-are-firms-more-likely-formalize-through-tax-simplification-programs
"Brazil also operates two important preferential tax and regulatory regimes for SMEs: Simples Nacional and the Micro Empreendedor Individual (MEI). Simples Nacional is the main federal policy for SMEs, to the extent that 65% of Brazilian companies operate under this regime which accounts for one-quarter of federal tax exemptions. MEI, which is much smaller than Simples Nacional, is mostly aimed at own-account workers. Both policies have encouraged the formalization and survival of micro and small enterprises. Some elements of both could be reformed within the context of a broader fiscal reform of the corporate tax system (...)
Going forward, any reform of Simples Nacional should go hand in hand with an overall reform of the Brazilian tax system to make the latter simpler and less costly for all businesses. A mere abolition of Simples Nacional could, indeed, push micro and small companies towards the informal sector, defeating any eventual purpose to increase tax revenues."
Fonte: OECD (2020), SME and Entrepreneurship Policy in Brazil 2020, OECD Studies on SMEs and Entrepreneurship, OECD Publishing, Paris
https://www.oecd.org/publications/sme-and-entrepreneurship-policy-in-brazil-2020--cc5feb81-en.htm

[53] Complementando as citações internacionais, vale mencionar o artigo de Caio Piza, muito bem fundamentada e estrutura, ainda que publicado em 2018, tomou por base um painel de dados de 1996, quando o Simples era só um regime federal e recém-montado. Se quer tinha sido criado o regime nacional do Simples, compreendendo também ICMS e ISS, e ainda era muito restrito o rol de atividades passíveis *de enquadramento.*

É imprescindível se despir de preconceitos e realizar pesquisas para atualizar análises e definir novos conceitos que ajudem a remodelar as políticas públicas, dada as grandes transformações estruturais já realizadas na economia mundial e brasileira. Antes da Covid-19, já era preciso e vinha sendo evitado construir um novo sistema de proteção social dos trabalhadores – e não apenas daqueles que são empregados, com carteira assinada, que contribuem sobre salários. O empreendedorismo exige uma visão ampliada e renovada. Não é apenas para conseguir trabalho em meio ao desemprego e a desocupação, mas deve ser visto como uma promissora fonte de trabalho e de financiamento e organização da seguridade social.

É preciso explorar mais as evidências, por exemplo, como as oferecidas pela publicação detalhada das declarações do IRPF, para termos diagnósticos mais atualizados e, a partir deles, formularmos estratégias mais consistentes e daí implementarmos mudanças. As tentativas de reforma tributária insistem no erro de discutir propostas de emenda constitucional sem antes conhecer os problemas e, sobretudo, sem definir e pactuar as mudanças. Se quer ultrapassar a linha de chegada, sem ter cumprido a corrida, entre dados e entre acordos.

Das raras novas teses que surgiram há pouco, como dos excessos de renúncia[54] e de iniquidade, não se verifica a acuidade das fontes primárias das informações ou não se faz uma leitura completa e adequada. Podemos citar dois casos emblemáticos dessa miopia, quase uma cegueira, em torno das estatísticas de um único imposto, que nem é o maior dos arrecadados no País – o imposto sobre a renda de pessoas físicas.

"The main finding of this paper suggests that the program did not affect formalization rates. The large effects of the program on formalization rates found previously were likely confounded by measurement error in the assignment variable and seasonal."
shocks that affected more intensely the sectors that the reform initially targeted.Fonte: Piza, Caio. "Out of the Shadows? Revisiting the impact of the Brazilian SIMPLES program on firms´ formalization rates", Journal of Development Economics, 134 (2018) https://www.researchgate.net/publication/327372265_Out_of_the_Shadows_Revisiting_the_impact_of_the_Brazilian_SIMPLES_program_on_firms'_formalization_rates

[54] A maior das renúncias tributárias federais é superestimada conforme demonstrado em nosso artigo **"Não é (o) simples!"**. Conjuntura Econômica (FGV/IBRE). Jan/2019. P. 22-26.

A consolidação das declarações do IRPF tem sido publicada periodicamente pela RFB, com riqueza crescente de dados[55]. Dois fenômenos bombásticos são ignorados por analistas e autoridades governamentais que se dizem preocupados em melhor distribuir carga de tal imposto.

O que se declara ao IRPF ter sido pago de doações disparou desde 2015, alcançou magnitudes impressionantes, e ultrapassou em larga escala o que consta como renda da mesma fonte na mesma declaração – conforme gráfico a seguir. Na soma global da última declaração, consta terem sido doados R$ 350 bilhões, embora só se declare ter sido recebido R$ 105 bilhões. O concedido equivale a 6% do montante de rendimentos tributáveis declarados – e quanto maior a renda, maiores as doações (25% a 52% ente quem ganha de 80 a 320 salários, ou supera em duas vezes a renda, acima daquele teto salarial). Entre 2010 e 2017, as doações declaradas no IRPF cresceram em 830%, contra 45% dos pagamentos de serviços de saúde, e queda de 3% nos de previdência privada e 28% nos de educação.

FIGURA 11 – DIRPF: Rendimentos x Doações:
Em R$ bilhões constantes (IPCA:2017=1) (2007-2017)

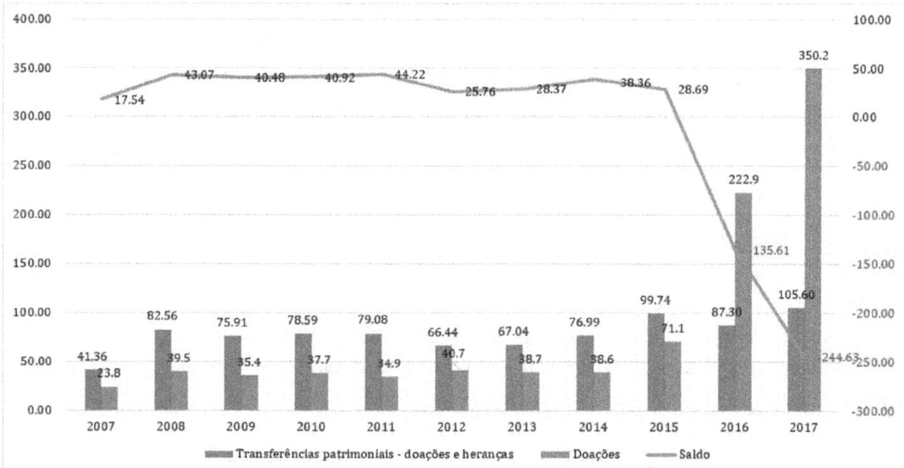

Fonte: RFB. Elaboração própria (2021).

55 As consolidações das declarações do IRPF, inclusive por percentis, são publicadas pela RFB em seu portal: https://bre.is/RnPDEFYs

Ainda sobre declarações do IRPF, é curioso notar a distribuição por faixa de rendas da opção dos contribuintes pelo modelo completo ou pelo simplificado (que deduz 20%, até o limite atual em torno de R$ 16 mil). Era de se esperar que todos de maior renda e com maiores deduções optassem pelo completo. A realidade é outra.

Figura 12 – Quantidade de Contribuintes com Declaração Simplificada x Completa: Por Faixa de Renda – Em % do Total (2017)

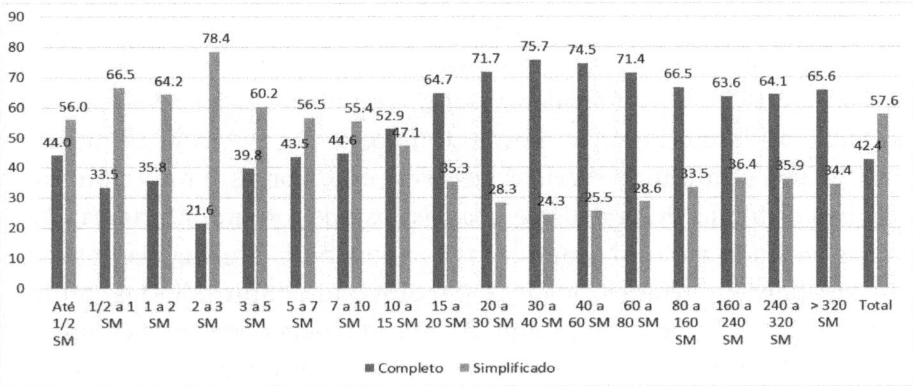

Fonte: RFB. Elaboração própria (2021).

Em 2017, dos 29,1 milhões de declarantes, 58% do agregado optou pelo simplificado. Na faixa de maior adesão, com ganhos entre 2 e 3 salários mínimos, 78% escolheram o simplificado. Daí até 10 salários, mais de 50% fizeram o mesmo. Acima disso, com os mais ricos do País, ao menos um quarto das pessoas físicas escolheram o simplificado. O mais surpreendente aparece na faixa de maior rendimento, acima de 320 salários, em que um em cada três contribuintes não optou pelo modelo completo e não se aproveitou de deduções tão criticadas. Não custa lembrar que os descontos dependem ou são limitados pela renda tributável (salários, aluguéis...), porém, o que se ganha de dividendos e ganhos financeiros (mais frequentes entre os mais ricos) até podem custear ensino, saúde e previdência, mas não geram dedução no IRPF.

Será que ninguém notou a evolução e a magnitude das doações declaradas ao IRPF e publicadas pela Receita? Será que ninguém analisou deduções do IRPF atendem preponderantemente a classe média, sobretudo a de menor renda, do que a classe dita mais rica, até porque os muitíssimos ricos não têm muita renda por abater ou nem querem perder tempo em escriturar deduções?

Estes dados envolvem debates que obviamente não são matérias para propostas constitucionais, mas exemplificam como também no que envolve alterações em legislação ordinária tem se repetido o padrão de não atualizar ou mesmo desconhecer diagnóstico e projeções. Sobre este ponto, aliás, também tem sido comum ignorar o provável comportamento dos contribuintes diante das alterações. Ilustra a eventual hipótese de, no caso do IRPF, se suspender à isenção na distribuição de dividendos e limitar os descontos e, ao mesmo tempo, se um IVA com alíquota na casa de 25% alcançando serviços pessoais profissionais, é muito provável que isso estimule ainda mais pessoas físicas a se tornarem jurídicas. Nas firmas passarão a serem acumuladas as poupanças, organizadas a sucessão para herdeiros transformados em sócios e ainda aproveitados créditos das aquisições de bens de capital. A consequência pode ser exatamente oposta da esperada pelos defensores das respectivas propostas. Não se pode ignorar que uma ação sempre motiva uma reação.

Enfim, a reforma tributária, vista como um processo, precisa começar por traçar um diagnóstico atualizado e preciso da tributação no País, identificando cada uma de suas fontes, as incidências por principais atividades econômicas, a distribuição das receitas entre esferas de governo.[56] Depois, é preciso um esforço para estimar a arrecadação dos novos tributos e, o principal, simular a situação que adviria para cada esfera de governo e ente federado da adoção do novo desenho, dentre outros aspectos quantitativos.

Só com estrutura pactuada e com simulações acordadas, é que deveria se passar para a redação e a deliberação em torno dos textos constitucio-

[56] Uma contribuição para atualizar a evolução e a estrutura atual arrecadação e distribuição da receita tributária, ver Afonso, José Roberto R.; Castro, Kleber P. **Carga tributária em Brasil**: redimensionar y repensada. **Revista de Administración Tributaria** CIAT/AEAT/IEF No. 40. p. 1-16.

nais e legais, que daria forma ao prévio e minimamente acordada. Todas essas etapas foram puladas e ignoradas, e o debate nacional da reforma em 2019 começou pelo que deveria ser o seu fim

Ótimo que a reforma tributária tenha voltado à agenda nacional. Mesmo sendo matéria complexa, são mais de uma dezena de projetos e centenas emendas parlamentares. Porém, esse não é um assunto que se resolve por plebiscito. Nesta matéria nada é posto, mas se trata de imposto. Será difícil se lograr a reforma tão necessária enquanto for tratada como um ato e não em um processo, e, o pior, em que se começa pelo que deve ser o seu fim.

Referências

AFONSO, José Roberto. **(Cada vez mais) Brasil-empresa**. Conjuntura Econômica, Rio de Janeiro, v. 75, p. 18-22, 2021.

AFONSO, José Roberto. Imposto de renda e distribuição de renda e riqueza: as estatísticas fiscais e um debate premente no Brasil. **Revista da Receita Federal**: estudos tributários e aduaneiros, 2014, 1.1: 28-60.

AFONSO, José Roberto. **Reforma do imposto de renda:** novidades e dúvidas. Conjuntura Econômica, Rio de Janeiro, v. 75, p. 22-32, 2021.

AFONSO, José Roberto. **Reforma tributária**: começando pelo fim. Conjuntura Econômica, Rio de Janeiro, v. 73, p. 19-23, 2019;

AFONSO, José Roberto; CASTRO, Kleber P. Carga tributária em Brasil: redimensionar y repensada. **Revista de Administración Tributaria** CIAT/AEAT/IEF No. 40. p. 1-16.

AFONSO, J. R. R.; LUKIC, M. D. S. R. **Tributação da renda das pessoas jurídicas no Brasil e os juros sobre o capital próprio**. FGV Direito Rio. Juruá Editora. 2016.

CORREIA NETO, Celso de Barros; AFONSO, José Roberto; FUCK, Luciano Felício. A Tributação na Era Digital e os Desafios do Sistema Tributário no Brasil. **Revista Brasileira de Direito**, v. 15, n. 1, p. 145-167, set. 2019. ISSN 2238-0604. Disponível em: https://bre.is/bKD4wECQ Acesso em: 5/8/2021.

FERNANDES, Guilherme Vilela. **Tributação e escravidão: o imposto da meia siza sobre o comércio de escravos na província de São Paulo (1809-1850).** *In*: Tributação e escravidão: o imposto da meia siza sobre o comércio de escravos na província de São Paulo (1809-1850) Disponível em: http://www.almanack.usp.br. Acesso em: 12/11/2019.

HASLEHNER, Werner; LAMENSCH, Marie. **General report on value creation and taxation: outlining the debate**. BFD, vol. 19 da EATLP International Tax Series (não publicado).

LEMOS, Marcílio N.; CURADO, Bento A. A. J. F.; MACHADO, Lúcio S. **O valor monetário de um ser humano:** tributação de escravos (peças) na capitania e província de goyaz (1727-1888). XVI Congresso USP de Iniciação Científica em Contabilidade. São Paulo, 24 a 26 de julho de 2019. Disponível em: www.congressousp.fipecafi.org. Acesso em 12/11/2019.

REZENDE, Fernando; AFONSO, José Roberto R. **50 anos da reforma tributária nacional:** origens e lições. Editora FGV. Ed. 1. 2014. 160 p.

TÔRRES, Heleno Taveira *et al.* **Sistema tributário e direitos fundamentais no constitucionalismo comparado**. *In*: TÔRRES, Heleno Taveira (Coord.). Sistema Tributário, legalidade e Direito Comparado*:* entre forma e substância. Belo Horizonte: Fórum, 2010. p. 21 (28).

13.
NÃO É HORA PARA MAIS INCERTEZAS, AINDA MAIS TRIBUTÁRIAS

JOSÉ ROBERTO AFONSO
GERALDO BIASOTO JR.
MURILO FERREIRA VIANA

Introdução

Não é hora de reformar tributos, muito menos imposto de renda, que afeta desde indivíduos até empresas e bancos, para aumentar ainda mais as incertezas que já foram agravadas pela pandemia internacional da saúde e pela crise doméstica de governabilidade. Nos últimos tempos, o Brasil já passou a apostar alto demais em respostas simplistas e bordões para resolver desafios tremendos e crescentes. Como já aprendemos, *fake news* até podem ser arma eficiente para guerra política, por outro lado, não matam vírus e nem resolvem crise fiscal, que exigem capacidade de inovar e prezar pelo conhecimento.

Ao que parece essa doença das respostas fáceis para questões complexas mostra toda sua perversidade no tema da reforma tributária. A PEC do Imposto sobre Bens e Serviços (IBS) chegou a estar pronta para ir à votação, mas sumiu. O projeto de lei de criação da Contribuição sobre Bens e Serviços (CBS)[1] já parece mumificado, desamparada de seus pais. Pior, embora houvesse consenso da premência de resolver os problemas

[1] Ver íntegra do projeto em: https://tinyurl.com/y4rl8hbo

da tributação de mercadorias e serviços, o governo federal abandonou o tema e para discutir a tributação da renda.

O que poderia explicar tanta falta de direção? Lógico que a falta competência técnica e política estão no centro da resposta. A discussão das políticas de Estado no Brasil parece olhar uma realidade do século passado. As formulações, quando muito, oferecem respostas para problemas que já mudaram de perfil. É como dirigir olhando só pelo retrovisor. Nunca vai dar certo formular políticas e propostas de reforma olhando a segunda metade do século passado. E o pior, em uma realidade em rápida transformação estrutural nos mais diferentes campos, como no mundo do trabalho (e não apenas do emprego), ou mesmo no campo da produção e do consumo.

O Brasil de hoje é muito menos autárquico e a economia mundial muito mais integrada. Os mercados têm barreiras à entrada muito mais fluidas enquanto a tecnologia produz mudanças radicais a cada momento. O mercado de trabalho já não comporta o vínculo tradicional em uma série de atividades. E devemos atentar para o fato de que as mudanças com a economia digital ainda estão só começando.

A pandemia produziu uma aceleração da mudança da economia, com o uso das novas tecnologias digitais, e as profundas respostas proativas de Estados e blocos supranacionais. Enquanto o mundo assiste as políticas de Estado reformando estruturas e organizando o novo normal, o Brasil parece estacionado no velho mundo, buscando soluções fáceis para problemas extremamente complexos.

Tomemos a proposta do Imposto sobre Bens e Serviços (IBS). Juntar vários tributos (federais, estaduais e municipais) com uma única alíquota pareceria uma grande ideia. Reduzir a carga tributária sobre a indústria, também fantástico. Resolver de vez o problema do acúmulo de créditos nas exportações e transações internas e eliminar as obrigações acessórias, incrível.

Na prática, porém, a discussão do IBS foi mostrando que o novo tributo poderia dizimar amplos setores da economia. Primeiro, porque manter as receitas públicas no mesmo nível exigiria muito mais que a alíquota proposta. Segundo, porque reduzir a carga tributária sobre a indústria exigiria algo como duplicar a carga tributária sobre serviços. Lógico que os agentes reagiriam, seja fechando seus negócios, seja mudando formatos operacionais, seja simplesmente optando pela sonegação. A discussão foi deixando evidente que a grande ideia desorganizaria a estrutura de preços relativos, a própria receita governamental e o setor de serviços, justamente o que mais emprega e o mais forte e negativamente afetado pela pandemia.

A dificuldade na tramitação das PEC n. 45 (Câmara) e 110 (Senado)[2] trouxeram um novo ator ao processo, a proposta do governo federal para a criação da CBS, como uma espécie de fusão das atuais Programa Integração Social (PIS) e Contribuição para o Financiamento da Seguridade Social (COFINS). A proposta trazia dois grandes atrativos. O primeiro, a mudança para a tributação pelo crédito financeiro, em contraposição à geração de créditos apenas por meio de despesas estritamente vinculadas à produção. O segundo, a eliminação da grande maioria dos regimes especiais, geralmente cumulativos, dando efetividade à ideia de que o tributo incidiria sobre o valor adicionado. De quebra ainda seria atingido o grande objetivo do fisco federal: compensar, com uma alíquota maior, os efeitos da decisão judicial de retirar o Imposto sobre Circulação de Mercadorias e Serviços (ICMS) da base de cálculo do PIS/Cofins.

Em verdade, a CBS mostrou-se uma interrogação e uma armadilha do governo federal para a discussão federativa. Interrogação pelo lado da receita, simplesmente não foram avaliadas as reações das empresas que perderiam o regime especial, na forma cumulativa. Num exemplo, empresas do setor de educação[3] pagavam pelo faturamento, mas, na transição, passam a se sujeitar a uma alíquota quatro vezes maior sobre o valor adicionado. Como a folha salarial não gera crédito, a maior possibilidade seria a desmontagem de vínculos formais de trabalho e sua transformação em contratos com professores agora "vestidos" de pessoas jurídicas. Insegurança jurídica absurda para empresas e professores, mas talvez a única chance de continuar a operar frente à multiplicação do encargo tributário.

No que concerne à questão federativa, a CBS foi apresentada como um ensaio do que seria o novo imposto sobre bens e serviços. No entanto,

[2] Ver comparativo de PECs, em: https://tinyurl.com/yho2gjmu .

[3] SENADO FEDERAL. Setores de educação e economia digital alertam para aumento da carga tributária. **Senado Notícias**. 25 de setembro de 2020. Ver: https://bit.ly/385v239.

todos sabem que é necessário firmar uma alíquota que produza recursos para garantir a arrecadação em níveis compatíveis com os vigentes, para as três esferas de governo. O governo federal procurou sair na frente, fixando a sua própria alíquota, e jogando para Estados e Municípios o ônus de cravar a uma alíquota que, no conjunto, certamente será superior a 30%. Essa realmente não parece uma atitude aderente à criação de consensos federativos[4].

No Brasil, no entanto, sempre temos espaço para piorar as políticas e formas de inserção do Estado. A proposta de mudança do Imposto de Renda, encaminhada como projeto de lei pelo Executivo,[5] conseguiu mexer com todas as formas de inserção empresarial da economia brasileira e com diversos aspectos da justiça social. E o fez alicerçada em teses mal fundamentadas e deslocadas da realidade, sem a menor ideia dos impactos sistêmicos de sua implementação[6].

Vejamos os principais aspetos, iniciando pela tributação de dividendos. Uma tese mal colocada, que vem sendo nutrida há alguns anos, deu base a uma proposta equivocada. Dizer que as altas rendas são sub-tributadas tem evidente consistência com a realidade brasileira. Mesmo quando se contam todas as rendas, tributáveis ou não, a alíquota efetiva do imposto de renda devido é progressivo, tendo uma alíquota média atual de 7,3%, no geral, com uma inflexão ligeira e apenas nos últimos e maiores percentis – conforme gráfico 4.

No entanto, a tese se desdobrou numa caça aos trabalhadores que possuem empresas para prestar seus serviços a pessoas jurídicas e físicas. É muito grande a heterogeneidade destes trabalhadores vestidos de pessoas jurídicas. Grande parte deles não recebe altos salários e são firmas por imposição da própria dinâmica da atividade empresarial que funciona na base de projetos com alto nível de especialização e prazos

[4] SENADO FEDERAL. Secretários de Fazenda criticam reforma tributária de Paulo Guedes. **Senado Notícias**. 12 de agosto de 2020. Ver: <https://bit.ly/3sU3oQh>.

[5] Ver estratégia de reforma tributária e proposta do Ministério da Economia em: https://tinyurl.com/ye3eyrx7

[6] Dentre tantos outros, ver CHRISPIM, D. Everardo Maciel sobre a reforma tributária: "o Brasil está em uma marcha da insensatez". **Poder360**. 13 de julho de 2021. Acesso em: https://bit.ly/387qtoN.

definidos. Em outros casos, o empresário só o contrata nesta forma para fugir a custos com encargos previdenciários, não sendo uma decisão do trabalhador.

Gráfico 1 – IRPF Devido em proporção do Rendimento Total – 2019: por Percentil, classificado pelo Rendimento Tributável

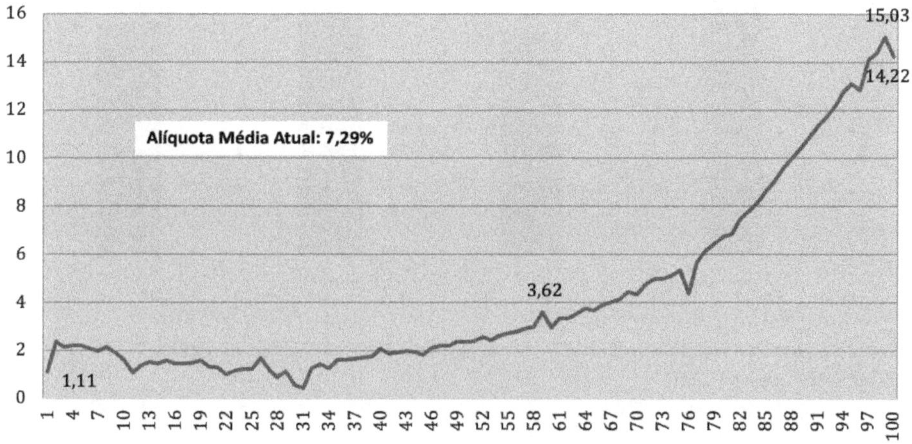

Fonte: RFB. Elaboração própria (2021)
Alíquota Efetiva é calculada pela razão entre o imposto devido na declaração mais o arbitrado como tendo sido retido exclusivamente na fonte, e o rendimento total, somando tributáveis, isentos e tributado na fonte, acrescido deste próprio imposto.

A proposta do Executivo de reforma da tributação da renda tomou esta discussão mal colocada e a juntou com a promessa de baixar alíquotas da tributação sobre as empresas. Pariu um monstro. O trabalhador-empresário passaria a encarar uma forte majoração da tributação. Logicamente, isto inviabiliza que as contratações continuem a se dar neste formato. Mas será que haverá uma reversão a um formato de vínculo empregatício? Numa economia tão frágil como a brasileira, neste momento, é difícil crer. É verdade que as empresas do Simples Nacional poderiam pagar até R$ 20 mil de lucros mensais, a cada sócio, sem tributação, mas a grande maioria das atividades de maior conteúdo intelectual têm uma taxação pelo Simples pior do que as modalidades de lucro presumido e real – o

Gráfico 5 a seguir mostra a diferente razão entre arrecadação tributária federal e a receita bruta de cada um desses regimes, para 2018 (último ano com dados consolidados).[7]

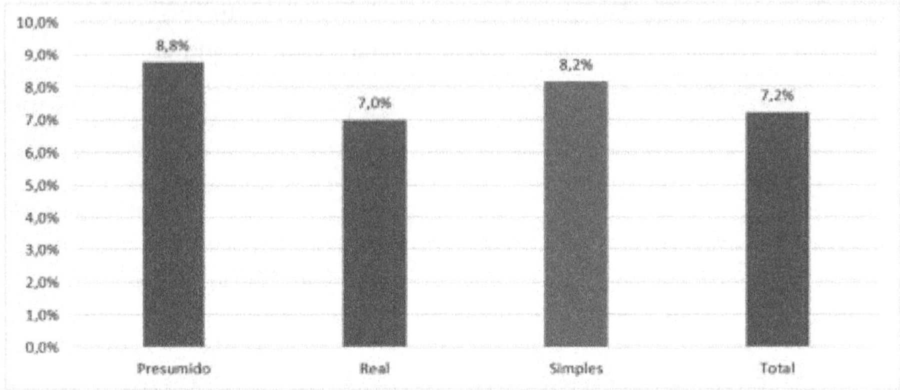

Fonte: Receita Federal do Brasil (RFB) – Consolidação das Declarações do IRPJ. Elaboração própria (2021)

O relator do projeto de lei alterou tal disposição e ampliou o limite de isenção de R$ 20 mil para todas as empresas que faturam até R$ 4,8 milhões ao ano sob qualquer modalidade de taxação da renda. Neste movimento produziu o movimento inverso. Como a alíquota sobre a Pessoa Jurídica (PJ) cai para 7,5% sobre o lucro, a alíquota sobre faturamento deverá cair a algo como 3%. Ou seja, o relator proporcionou um enorme incentivo à "pejotização".

No caso da tributação da grande empresa, a proposta do Ministério da Economia era uma brincadeira, mas a forma que o relator encontrou beira a insanidade. No projeto de lei uma grande empresa tinha sua alíquota reduzida dos 15 atuais a 12,5%, no primeiro ano e 10% no segundo, sem contar o Imposto de Renda (IR) adicional que permanece intocado.

[7] No portal de Dados Abertos da RFB, é pior ainda, 2013 foi o último ano em que se detalhou setorialmente, e por fichas, o IRPJ – ver em: https://tinyurl.com/ye8aqjqr

Já era um absurdo, porque, com a tributação de dividendos, a carga tributária composta PJ e Pessoa Física (PF) iria a mais de 40%.

O Deputado Relator teve o bom senso de tentar corrigir e transformou os 12,5% do primeiro ano de IR em 7,5%. Só que resolveu tentar baixar mais 2,5% nos anos subsequentes. Evidentemente pressionado pelos Estados e Municípios que começaram a ver o Fundo de Participações ser duramente impactado, resolveu que as reduções subsequentes seriam realizadas, conforme o bom comportamento das receitas e o corte de renúncias. Mais uma vez, os conflitos federativos são postos.

Mas a questão vai ao paroxismo quando avaliamos a tributação dos ativos financeiros. Realmente não há lógica nenhuma. A mais gritante é a tributação de 5,88% dos fundos de investimentos em ações, muito menos que a carga incidente sobre outras formas de aplicação em ações e outros papeis. Em verdade, fica evidente que a política tributária realmente não entende a integração entre a tributação da renda da pessoa física e da jurídica, muito menos propõe alguma lógica na tributação dos ativos financeiros.

A própria previsão de fim dos juros sobre capital próprio (JCP) pode trazer impactos negativos e não negligenciáveis para o investimento produtivo e dificultar a retomada da economia no cenário pós pandemia. Mecanismo criado após o Plano Real, com o fim da correção monetária sobre os balanços (inclusive sobre o patrimônio líquido), tal dispositivo permite que as empresas optantes pelo lucro real deduzam parte da base de cálculo do imposto de renda por meio de despesa de JCP paga aos acionistas.

Como efeito, o pagamento de JCP estimula o uso de capital próprio, ao rebaixar o custo do uso de recursos do acionista em projetos de investimento[8]. Tal mecanismo é particularmente relevante numa economia como a brasileira, marcada por forte restrição ao acesso ao mercado de crédito, seja pelo custo proibitivo para muitas operações – o que asfixiaria a margem de lucro dos negócios – seja pela falta absoluta de crédito para determinados segmentos e portes empresariais.

[8] Ver: Afonso, J.; Lukic, M. "**IRPJ e JCP:** diferenciais brasileiros", Resenha da Bolsa, Fev. 2016. Em: https://tinyurl.com/yjf2wuhf

O mecanismo de JCP, assim, possibilita condições mais isonômicas para as empresas com inadequado acesso ao mercado de crédito, já que o endividamento também propicia redução da base de cálculo do IR, uma vez que as despesas de juros são também dedutíveis para fins de determinação da base de cálculo deste imposto.

Propõe-se uma reforma tributária para empurrar as empresas brasileiras ao endividamento, mesmo sem precisarem, quando do caso de acionistas que podem aportar recursos próprios. A proposta vai na contramão do mundo, com Fundo Monetário Internacional (FMI) e outras instituições alertando que empresas, mundo a fora, inclusive na China, precisam reduzir seu endividamento[9], e que o alto endividamento e a elevada carga de juros podem comprometer a expansão dos investimentos nos próximos anos.

Curioso como o governo anuncia a proposta da reforma do IR como sendo uma medida que estimulará o investimento empresarial e a retomada da economia brasileira no pós-covid-19, ainda que, ao mesmo tempo, os mais diversos setores se posicionem contrários à reforma colocada. Com baixa discussão pública e completa ausência de dados e memória de cálculo o governo quer aprovar uma reforma que poderá resultar em maior complexidade, perda de arrecadação para os mais diversos entes e efeitos muito assimétricos sobre os custos econômicos e setoriais decorrentes da reforma.

Há uma razão de fundo para movimentos tão desastrados nas propostas tanto do governo quanto das demais forças políticas. O fato é que a economia digital coloca uma realidade completamente nova para o mundo e para o país. Os serviços serão cada vez mais importantes, tanto os finalísticos quanto os integrados às cadeias produtivas. Esses serviços serão realizados desconhecendo fronteiras. Os vínculos de trabalho serão cada vez mais fluidos, assim como o valor agregado à produção física terá importância econômica muito menor que no século passado.

As implicações para o formato do sistema tributário não são poucas. Primeiro, há de se repensar como financiar o sistema previdenciário hoje concentrado no vínculo da carteira de trabalho. Segundo, achar que as

[9] Ver: MOREIRA, A. Empresas brasileiras são as mais endividadas entre grandes emergentes, diz BIS. **Valor Econômico**. 29 de junho de 2021.

mercadorias poderão sustentar nossa receita tributária será o caminho direto para grandes rombos fiscais. Terceiro, crer em definições de tributação da renda de forma desarticulada dos fluxos de renda na economia global apenas promoverá a amplificação do contencioso nos tribunais.

Propor um sistema tributário em meio à emergência da economia digital depende do conhecimento das suas formas de movimento e das inovações que ela trará. O novo mundo exige que as estruturas tributárias não busquem a receita fácil nos setores que mais produzem inovações e lucros. Ao contrário, uma visão sistêmica pode identificar que os setores que proporcionam melhoria de produtividade da estrutura produtiva não devem ser penalizados. As chances do Brasil neste novo mundo dependem da capacidade do país formular políticas tributárias que favoreçam um salto de qualidade na absorção das novas tecnologias em nossa economia.

Não há dúvida de que o sistema tributário brasileiro necessita de grandes mudanças. Mas é inegável que as propostas, porque mal alicerçadas na realidade, têm trazido imensas incertezas aos agentes econômicos. Isso não se faz com palavras de ordem, mas com o conhecimento técnico sobre a economia e sua dinâmica. Logicamente, a política é fundamental. No entanto, quando a política não está ancorada no conhecimento técnico da realidade, sua tendência é naufragar ao sabor dos interesses particulares.

Referências

CHRISPIM, D. Everardo Maciel sobre a reforma tributária: o Brasil está em uma marcha da insensatez. **Poder360**. 13 de julho de 2021. Disponível em: https://bit.ly/387qtoN. Acesso em 14/7/2021.

AFONSO, J.; LUKIC, M. **IRPJ e JCP:** diferenciais brasileiros, Resenha da Bolsa, Fev. 2016. Disponível em: https://tinyurl.com/yjf2wuhf_Acesso em 5/8/2021.

MOREIRA, A. Empresas brasileiras são as mais endividadas entre grandes emergentes, diz BIS. **Valor Econômico**. 29 de junho de 2021.

14.
ELEMENTOS PARA A CONSTRUÇÃO DE UM ARCABOUÇO ANALÍTICO PARA AFERIÇÃO DA EFICIÊNCIA DOS BENEFÍCIOS FISCAIS CONCEDIDOS ÀS MPE

GERALDO BIASOTO JR
MURILO FERREIRA VIANA
ÂNGELO DE ANGELIS

Introdução

No período recente, uma importante discussão sobre o uso dos recursos públicos, na forma de renúncia tributária, ganhou espaço, tanto nos gabinetes governamentais quanto na imprensa e academia. Não há como dissociar a força com que este debate emergiu do expressivo crescimento do gasto público, na primeira metade da década de 2010 (TINOCO, 2019; MINISTÉRIO DA FAZENDA, 2018). Tal expansão ocorreu especialmente na forma de subsídio creditício, beneficiando segmentos de grande poder econômico e o questionamento, sem dúvida, era procedente. Infelizmente, como tudo no Brasil, a crítica fácil e pouco refletida, já se estendeu para outras questões. No caso, os atingidos foram os agentes econômicos organizados na forma de micro e pequenas empresas, em grande parte beneficiários do Simples.

O desavisado formulador de política econômica olha para o orçamento de gastos tributários (chamada de renúncia fiscal) e na ânsia de resolver o "problema" já aponta para o maior número, pressupondo que a retirada do benefício irá se traduzir imediatamente em dinheiro no caixa governamental. O acadêmico que estiver pouco habituado a olhar a economia como uma estrutura organizada, identifica várias empresas pequenas e pouco produtivas recebendo algum tipo de política preferencial e logo tira a conclusão de que se elas não existissem, a média seria melhor.

O objetivo desta reflexão é jogar alguma luz sobre a questão dos benefícios fiscais concedidos à Micro e Pequena Empresa (MPE), através de duas perspectivas basilares. A primeira relaciona-se à especificidade de uma economia com enorme grau de heterogeneidade, como a brasileira, em que há a convivência de formas de organização altamente produtivas com estruturas nas quais o capitalismo ainda nem se implantou plenamente (Nogueira; Zucoloto, 2019). A segunda perspectiva é histórica e compreende o fato de que a economia dos anos 2020 possui mercado, dinâmica e agentes radicalmente diferentes daqueles típicos do século XX, o que desautoriza que sua avaliação seja feita com o instrumental teórico típico do século passado.

A primeira seção coloca, brevemente os pilares que têm sustentado um tratamento diferenciado para as MPE. A segunda seção discute as questões de emprego e produtividade que as diversas abordagens têm conferido a estes pontos, enfocando as mudanças que a economia digital deverá ensejar. A terceira seção tem por foco o debate sobre a inovação da MPE no contexto dos sistemas econômicos e no caso brasileiro. Na quarta seção, a discussão enfoca a conformidade tributária e sua incidência regressiva sobre a MPE. Ao final, uma consolidação das discussões é realizada nas conclusões.

1. Tratamento tributário diferenciado para MPEs

O Brasil vive, desde a promulgação da Constituição de 1988, uma sucessiva emergência de propostas para a reformulação do sistema tributário. Nenhuma ação coordenada que pudesse abarcar o conjunto do sistema prosperou. Uma das poucas medidas de maior fôlego a ganhar institucionalidade efetiva foi a implantação do Simples.

A pressão política em torno de sua manutenção tem sido muito forte, especialmente em decorrência da forma um tanto equivocada que tem assumido sua caracterização como gasto tributário (Afonso, 2019). Relevando este ponto, iremos à discussão com respeito às principais críticas sobre a pertinência de um tratamento preferencial para as MPE. Elas enfocam três aspectos que geralmente são levantados como pontos de suporte à validade do benefício tributário:

a) De que as MPE seriam grandes geradoras de emprego;
b) De que as MPE teriam grande capacidade de inovação; e
c) De que as MPE seriam atingidas por custos de conformidade tributária mais que proporcionais às demais empresas.

Esses pontos aparecem sintetizados em texto recente de autoria de Pessôa *et al.* (2019). O texto, de inegável valor para a reflexão sobre o assunto será aqui utilizado como eixo condutor para a discussão acerca do tema.

2. Poder de geração de emprego e aumento de produtividade das MPE

2.1. A questão do emprego

Realmente há uma extensa discussão sobre a capacidade de gerar emprego das MPE. Embora seja inequívoca a expressividade de sua participação, em qualquer realidade internacional, no conjunto da capacidade de gerar emprego, o ponto que os críticos da MPE costumam enfocar é a diferença relativa entre a grande empresa e a MPE na capacidade de gerar emprego para cada unidade monetária adicional de recursos renunciados pelo governo, na forma de benefícios tributários.

Infelizmente, a discussão começa por uma lei, a Lei Gibrat (Bergner *et al.*, 2017), que sustenta que a dimensão da empresa não importa para seu ritmo de crescimento e envereda para uma contestada contraposição de Birch[1], do Instituto de Tecnologia de Massachusetts (MIT). Este último aponta que a MPE gerou muito mais empregos que a média das empresas, dado que "*estabelecimentos com menos de 20 empregados foram responsáveis por aproximadamente dois terços dos novos empregos criados nos Estados Unidos entre os anos de 1969 e 1976*", na forma transcrita por Pessôa *et al.* (2019).

[1] Birch (1981, pp. 62-82)

Birch foi fortemente contestado por não se importar com a diferença entre os conceitos de firma e de estabelecimento, além de tomar dados de uma organização privada, ao que parece, muito inflados frente aos dados oficiais de emprego[2]. Ao mesmo tempo, os críticos apontaram um aspecto relativo à mudança da estrutura econômica. Birch não teria observado que o período estudado fora caracterizado por um forte processo de transnacionalização da empresa americana, que passou a se estabelecer em outros países, buscando tanto a proximidade dos mercados em crescimento quanto a redução de custos de produção.

Estes breves traços da polêmica sobre a capacidade de geração de empregos das MPE revela a pobreza absoluta da discussão. Em verdade, faltou aos afoitos críticos de Birch questionar o essencial ou o que seria importante na análise da questão. Em primeira instância, qualquer reflexão sobre a economia, e seus agentes constitutivos, não pode deixar de compreender que há um processo cíclico transcorrendo e que este processo tem agentes com mais capacidade de determinação do movimento econômico. E mais, que estes agentes são as empresas de grande porte. Não há como desconhecer que há uma diferença imensa entre gerar lucros (e obter capital para investir e garantir acesso ao crédito) e gerar empregos, do ponto de vista de comandar a dinâmica da economia.

Fazer uma análise da capacidade de gerar empregos da MPE (em confronto com a média da economia) envolve reconhecer o movimento cíclico e a forma amplificada que ele assume, abrindo espaços à MPE. A grande empresa comanda o processo cíclico, em verdade o determina, mas nem por isso impede que a MPE dele participe. É extensa a reflexão[3] sobre a forma como a grande empresa permite que empresas menores floresçam na fase expansiva do ciclo e as sufocam na fase de retração, justamente para não incorrer nos custos econômicos e administrativos das grandes variações do faturamento, sob uma ótica microeconômica.

Os próprios atores da polêmica criticam o foco de Birch sobre o setor manufatureiro. Novo equívoco de todos os contendores. A MPE está postada muito além da indústria, dado que o comércio e os serviços são seg-

[2] Os dados coletados pela Dun and Badstreet, uma empresa privada, eram incompatíveis com os dados oficiais do U.S. Bureau of Labor Statistics (Pessôa et al, 2019, p. 15).

[3] Destaca-se o excelente trabalho de Penrose (1995).

mentos da economia onde a MPE está muito presente, em todo o mundo. Mas o erro é ainda pior: as dinâmicas de comportamento da MPE devem ser entendidas como diferenciadas no comércio, nos serviços e na indústria, mas também devem ser avaliadas de forma distinta nos subsetores de cada um destes segmentos da estrutura econômica (Pereira; Nogueira, 2018). Olhar uma MPE na metalurgia não tem absolutamente nada a ver com a avaliação de uma MPE produtora de calçados. No setor de serviços a questão é ainda mais relevante, dado que não se pode confundir um prestador de serviços finais com um que está voltado para fornecer serviços a uma unidade industrial (Nogueira; Zucoloto, 2019).

Em decorrência dos aspectos acima comentados, a avaliação sobre a capacidade de gerar empregos das MPE realizada nos últimos trinta anos do século passada não apresenta nem mesmo um valor histórico. O movimento cíclico não está compreendido. Nem mesmo a forte tendência à transnacionalização da grande empresa dos países avançados e a determinação da dinâmica da economia pela grande indústria estão sendo levados em consideração, no que concerne à questão macroeconômica. Pior, como comentado, as questões setoriais passam ao largo da análise. É como se a MPE fosse a mesma no setor metalomecânico, no varejo de bebidas, no serviço de cabeleireiro e na prestação de serviço de solda a uma grande empresa, para citar alguns exemplos. Assim, nem valor histórico pode ser concedido à discussão em tela, dado que os pressupostos dos quais se partiu eram meras construções retóricas.

Essas digressões teóricas ficaram marcadas pela ausência de uma compreensão do imenso *range* de formas de existência da MPE no passado. Em certas situações as micro e pequena empresas são mero apêndice de uma empresa maior ou de um certo número de empresas voltadas para o mesmo mercado de bens ou serviços. Em outras oportunidades, a MPE ocupa um nicho de mercado para venda ao consumo final em segmentos onde existem grandes *players*, mas é possível obter vantagens na diferenciação de produtos. Do mesmo modo, as características regionais e as condições locacionais sempre foram um grande mote para a viabilização e sobrevivência da MPE (Nogueira; Zucoloto, 2019).

Mas nunca deve ser esquecido que o comportamento de uma MPE não pode ser confundido com a empresa capitalista típica. Muitas empresas nem possuem trabalhadores e seu objetivo é servir de uma alternativa jurídica ao engajamento de seu proprietário na atividade econômica. Logicamente, mesmo no século passado, uma empresa pode sair da garagem de uma casa e virar um bloco de capital de bilhões de dólares, mas essa é a exceção. Em verdade, a maioria das MPE espelha o trabalho de uma ou poucas pessoas no engajamento na divisão social do trabalho de forma particular e submetida a expressivas restrições (Pereira; Nogueira, 2018).

Os trabalhos citados, que deram base ao questionamento da capacidade da MPE ser forte polo gerador de empregos, tiveram por foco economias capitalistas maduras, onde agentes produtivos, instituições, relações econômicas e nexos de mercado têm uma vigorosa predominância das características capitalistas. Não é o caso de uma economia como a brasileira, dual por excelência.

Essa questão ficou conhecida na literatura econômica como "heterogeneidade estrutural da economia brasileira". A Comissão Econômica para a América Latina e o Caribe (CEPAL), desde os tempos de Aníbal Pinto, refletiu sobre o tema, especialmente pela convivência entre o novo e o velho na realidade das economias latino-americanas, em processo de industrialização. Uma interessante retomada do debate foi promovida pela CEPAL e vários elementos podem elucidar alguns dos pontos aqui discutidos[4].

Primeiramente, podemos focar no que significa a heterogeneidade estrutural. Em verdade, a heterogeneidade é a convivência de produtividades do trabalho altamente diferenciadas num mesmo ambiente econômico, o que historicamente foi favorecido pelo fechamento do mercado brasileiro à concorrência externa. Os dados da tabela, abaixo, refletem um país onde já não existem os rígidos controles cambiais do período de crescimento por substituição de importações e, mesmo assim, os diferenciais de produtividade são profundos. Se tomarmos toda a série dos anos 2000, a média do quartil mais produtivo é 20 vezes mais produtiva do que a média do quartil menos produtivo, como pode ser observado por meio da tabela.

[4] Ver Infante, Mussi e Oddo (2015).

QUADRO 1 – Razão entre a produtividade média do trabalho do quartil e a produtividade média do trabalho total da economia brasileira 2002-2009

Quartil	Nivel de produtividade	2002	2003	2004	2005	2006	2007	2008	2009
1º	Alto	9,76	9,78	10,01	9,91	9,93	9,57	9,67	9,96
2º	Médio-alto	2,83	2,89	2,80	2,72	2,62	2,53	2,51	2,51
3º	Médio-baixo	1,19	1,18	1,15	1,16	1,13	1,08	1,03	1,01
4º	Baixo	0,48	0,48	0,48	0,48	0,49	0,50	0,50	0,50

Fonte: Squeff e Nogueira (2015). Extraída de Nogueira e Zucoloto (2019, p.26).

Essa heterogeneidade não é uma normalidade nas economias capitalistas, muito ao contrário. Numa comparação entre o Brasil e Portugal, país de desenvolvimento bem inferior aos líderes da União Europeia, para o ano de 2009, fica claro que o Brasil apresenta disparidades imensas em seu parque produtivo (SQUEFF; NOGUEIRA, 2015). Como pode ser verificado por meio do quadro 3, a produtividade do trabalho, em 2009, em Portugal, superou em muito a brasileira (US$ 49,5 mil contra US$ 26,3 mil). Mas os estratos de alta produtividade dos dois países foram quase equivalentes. Os outros estratos explicam o diferencial geral. No estrato de produtividade média, o Brasil nem chega à metade do índice português, enquanto no estrato de produtividade baixa, o verificado em Portugal é cinco vezes superior ao brasileiro (SQUEFF; NOGUEIRA, 2015).

QUADRO 2 – Brasil e Portugal: dados básicos 2009

	Brasil	Portugal
Produtividade do trabalho (US$)	**26,3**	**49,5**
Estrato de alta produtividade	100,8	102,7
Estrato de baixa produtividade	18,2	42,7
Estrato de baixa produtividade	5	25,1

Fonte: Infante (2015). Extraída de Nogueira e Zuculoto (2019, p. 27).

É necessário entender que, na economia brasileira, coexistem agentes econômicos com profunda diferenciação em sua relação com a estrutura capitalista, cuja presença é fortemente identificada nas grandes empresas. Assim, apenas de uma maneira bastante restrita, podemos interpretar a existência da MPE como uma peça da engrenagem capitalista, o que é uma normalidade nas economias capitalistas maduras. Ao contrário destas últimas, o pequeno comércio, ou o pequeno serviço ou manufatura, assume a forma jurídica capitalista, apenas porque esta é a norma geral, isto quando não permanecem na informalidade absoluta[5] (Nogueira; Oliveira, 2015).

Aí um ponto a avaliar com muito mais profundidade do que o que até hoje se fez. A informalidade é sempre tratada como uma fuga à institucionalidade vigente. No entanto, em economias caracterizadas por grandes contingentes de pessoas marginalizadas pela estrutura econômica, a principal explicação para a informalidade talvez seja a dificuldade das pessoas em "chegar" ao mundo capitalista ou às políticas públicas. Deste ponto de vista, os benefícios à formalização parecem ter um valor inestimável para a sociedade e para a parcela que sempre viveu à margem de seus benefícios.

2.2. A discussão da produtividade no contexto da economia

Ainda que tivesse valor histórico, o que nem mesmo tem, a discussão de produtividade apresentada por Pessôa *et al.* (2019), enfoca estrutura e dinâmica econômicas do final do século passado. Utilizá-la para discutir a realidade econômica dos anos 2020 é uma temeridade, para falar o mínimo.

É crucial que resgatemos, brevemente, alguns elementos do conceito de produtividade para jogar alguma luz sobre a questão. A teoria econômica entende por produtividade a busca de uma medida de eficiência das condições e resultados da produção (Cavalcante; De Negri, 2015). Assim, o produto quantificado é comparado com a utilização de determinadas quantidades de insumos. Vale dizer que, a produtividade é medida como um quociente entre um produto obtido pela utilização de um ou

[5] A instituição do Microempreendedor Individual (MEI), por princípio e de fato, foi um grande elemento determinante da transferência de trabalhadores para a formalidade.

mais insumos (Cavalcante; De Negri, 2015, p. 543; Syverson, 2011, p. 329).

Há, grosso modo, duas formas de medir a produtividade (Cavalcante; De Negri, 2015). A primeira tenta compreender todos os fatores produtivos, justamente por isso é conhecida como produtividade total dos fatores (PTF). Como medida ampla, PTF identifica o excedente de produção frente ao produto do uso corrente dos estoques de cada fator produtivo. No entanto, as dificuldades na mensuração dos diversos fatores produtivos limitaram o uso do conceito de PTF nas análises empíricas (Cavalcante; De Negri, 2015).

A segunda medida, dentre as mais utilizadas, é a produtividade do trabalho. Isolar apenas um fator produtivo, historicamente o mais importante, revelou-se um expediente mais adequado do ponto de vista da análise empírica (GORDON, 2010). A produtividade do trabalho corresponde ao quociente produto obtido na produção e o trabalho envolvido em sua consecução. Note-se que o produto obtido a utilizar também envolve decisões conceituais sobre qual o resultado produtivo que diz mais sobre o produto da planta produtiva. Em geral são usados o valor adicionado (ou agregado), o valor da transformação industrial (VTI) ou a própria produção em volume físico. Neste último caso, o trabalho é tratado em horas e nos dois anteriores geralmente é tomado em unidades monetárias[6].

Vale notar que a preferências de pesquisadores e analistas pela medida de produtividade a partir do trabalho, em detrimento da PTF, também se sustenta na questão setorial. A facilidade em delimitar os setores permite uma análise desagregada e setorial que é extremamente difícil de ser realizada com a utilização da PTF. Não há dúvida de que um século de economias capitalistas basicamente alicerçadas em processos produtivos fundamentalmente baseados no trabalho, jamais poderiam levar a outro caminho (Gordon, 2010).

[6] Há um fator que sustenta a escolha da produtividade do trabalho, que é a sua maior aderência à identificação do avanço do bem estar social, nas palavras citadas por Pessôa et al. (2019): 'labour productivity is more closely related to current living standards, which is what society ultimately cares about' (Sargent e Rodriguez, 2000).

Além disso, a medida utilizada para mensuração do crescimento do PIB das economias sempre acabou ancorado na discussão de produtividade do trabalho. A associação entre os dois foi construída por meio da composição entre as taxas de crescimento da produtividade do trabalho e as taxas de expansão do pessoal ocupado. O crescimento do PIB, pode assim, ser decomposto em crescimento do estoque de emprego e evolução da produtividade média do trabalho (Bonelli, 2014; Cavalcante; De Negri, 2015, p. 545). A sequência natural desta maneira de entender a produtividade é enfocar a produtividade do trabalho das unidades econômicas e atribuir ao seu desempenho, em termos de ganho de produtividade, a responsabilidade sobre a trajetória de crescimento do PIB, o que impacta de forma direta a discussão sobre a eficácia dos benefícios tributários à pequena empresa.

Aferir produtividade do trabalho sem considerar o impacto de outros fatores produtivos sempre foi, no entanto, uma pendência teórica. O trabalho de Wooldridge[7] procurou consolidar uma abordagem dos diversos fatores produtivos, tomando o fator trabalho como central. No entanto, a consolidação precisa recorrer à suposição de que uma função Cobb-Douglas semelhante estivesse presente em todas as firmas.

As medidas de produtividade sempre foram contestadas em suas utilizações empíricas, mas a economia digital remete a questão a um outro patamar. As tecnologias da nova onda de mudanças são fortemente baseadas na robotização, na automação e autonomização das máquinas e das coisas, na inteligência artificial e no processo de grandes blocos de dados, dentre outras inovações que a cada dia se avolumam (Gurria, 2019; Mckinsey, 2018; Mandel; Swanson, 2017).

Tomar por indicador econômico uma produtividade do trabalho dentro de uma planta produtiva com insumos imutáveis por anos e um estoque de capital conhecido, onde o trabalhador desempenhava funções de grande importância, com relativo domínio sobre o processo produtivo era algo palpável, mensurável e que envolvia condições satisfatórias de comparabilidade.

[7] Wooldridge (2009, pp. 112-114).

A diferença deste ambiente econômico para o da Economia Digital é radical. Não há como olhar para uma planta totalmente automatizada, repleta de sensores por toda a linha de produção e que se autorregula por Inteligência Artificial e propor algum tipo de medida de produtividade que tenha o trabalho como base (Mckinsey, 2018; Mandel; Swanson, 2017). Logicamente, os poucos trabalhadores desta planta serão altamente qualificados e terão grande responsabilidade no processo produtivo, mas não se poderá imputar a eles o valor agregado pelo processo.

Mais além, olhar uma planta, na Economia Digital, e traçar uma produtividade da firma certamente será algo heroico. Os níveis de entrelaçamento da produção são cada vez maiores. O acesso a componentes produzidos por terceiros é cada vez mais relevante para a qualidade e o preço de um produto. Ao mesmo tempo, os serviços prestados no interior da planta, por outras empresas, ganham cada vez mais força na luta competitiva, dada a especialização envolvida nas novas tecnologias (Mandel; Swanson, 2017).

A Economia Digital já vai muito além. Não se trata apenas da forma de produzir numa unidade fabril. Os produtos ofertados são inteiramente novos e destroem as barreiras de mercado que existiam no século passado. O mundo dos serviços, do transporte, da lógica, das comunicações vai sendo revolucionado a cada onda. Em verdade, o valor que vai sendo embarcado em cada uma das inovações é muitas vezes superior aos bens físicos[8].

Não resta nenhuma dúvida de que tentar medir a produtividade nesse mundo em transformação é tarefa que somente terá curso com a reconstrução da teoria sobre a produtividade. Ao mesmo tempo, a forma de obtenção dos dados numa realidade tão mutante terá que ser completamente repensada[9]. Por isso, parece um pouco fora de contexto que ainda se faça uma crítica às MPE em torno da sua alegada debilidade em proporcionar aumentos de produtividade. De certo, a honestidade intelectual teria que nos levar a aprofundar as questões do emprego e da produtividade nos contextos das unidades econômicas de pequeno porte.

[8] Gordon (2010).

[9] Gurria (2019).

2.3. Produtividade da MPE brasileira no contexto da economia digital

A revolução digital tem transformado de forma profunda não apenas o modo de viver das pessoas, com o surgimento de empresas como AirBnB, Uber, WhatsApp e Amazon, mas também tem levado a significativas mudanças nas estruturas de mercado (se é que elas ainda existem da forma como as conhecíamos), nas relações intersetoriais e no ambiente concorrencial. Os impactos destes elementos no crescimento da produtividade das empresas e dos sistemas econômicos são ainda pouco mensuráveis e sua prospecção é altamente complexa (Ahmad; Schreyer, 2016).

Os efeitos da revolução digital sobre o ambiente corporativo vão muito além destas e outras empresas que também modificaram seus mercados de forma drástica, derrubando barreiras à entrada e levando à contestabilidade de mercados anteriormente consolidados, ou ainda, criando mercados completamente novos por meio de inovações radicais.

O surgimento e o avanço de tecnologias como *big data*, inteligência artificial, computação em nuvem, entre outros inúmeros exemplos, são alguns dos componentes da nova economia digital. Bem como, possuem grande potencial para alavancar, e muito, a produtividade de empresas e setores de economias avançadas, ou mesmo, em desenvolvimento (OECD, 2019; Mckinsey, 2018).

Para efeito de grandeza, em estudo elaborado pela McKinsey (2018), estimou-se, para os Estados Unidos e Europa Ocidental, um crescimento potencial da produtividade de 2% ao ano, entre 2015 e 2025. As oportunidades geradas pelas tecnologias digitais seriam responsáveis por 60% deste incremento de produtividade, sendo o restante distribuído entre todos os outros elementos que sempre impulsionaram o aumento de produtividade das economias centrais.

Importa observar que a realização do potencial transformador da economia digital ainda se encontra em estágio inicial. Conforme observado no gráfico 12, abaixo, mesmo para os Estados Unidos, país de origem de boa parte das maiores empresas de tecnologia, a fração de realização potencial da digitalização da economia é de apenas 18%. Se os países centrais ainda percorreram muito pouco do caminho aberto pela revolução digital, o caso brasileiro é de uma caminhada há pouco iniciada. A fração realizada pela economia brasileira é ainda menor, de apenas 5% do potencial de mudança (McKinsey, 2018).

Gráfico 1 – Percentual já realizado de digitalização da economia frente à estimativa de potencial total de digitalização

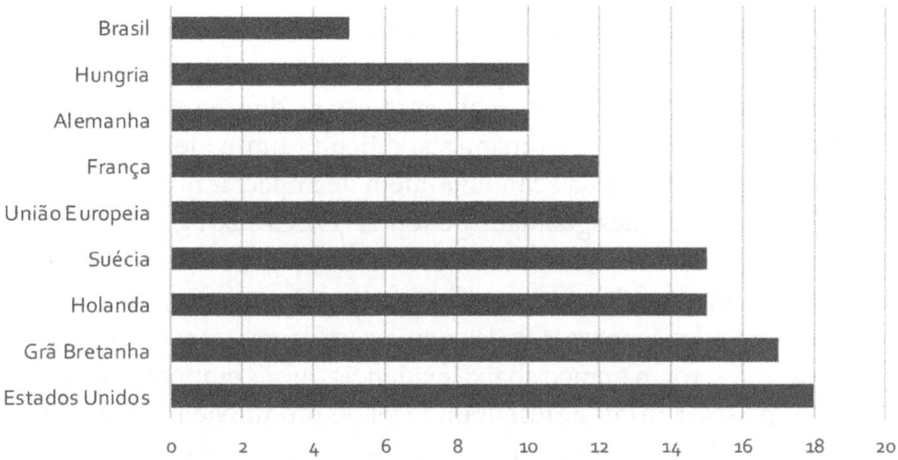

Fonte: McKinsey (2018).

Embora as tecnologias digitais estejam se espraiando pelos diferentes setores das economias, essa difusão tem sido lenta e desigual entre empresas e setores (OECD, 2019, p. 6). Os ganhos de produtividade advindos da adoção de tecnologias digitais exigem o concurso de recursos humanos qualificados e expressivos investimentos, além de aperfeiçoamento de processos e automatização de rotinas (OECD, 2019).

Em vista dos custos e dificuldades gerenciais e operacionais, os ganhos advindos da adoção de tecnologias digitais têm se concentrado em especial nas empresas que já são as mais produtivas. Em virtude desses obstáculos, estudo da OECD (2017, p. 3) apontou que entre 2001 e 2012 a dispersão da produtividade avançou de forma não desprezível – seja aquela captada como valor real adicionado por trabalhador, seja a avaliada pela produtividade total dos fatores. Este fenômeno ainda merece melhor avaliação, mas há indicações de que está ocorrendo um incremento nos diferenciais de produtividade dentro dos próprios setores (tipicamente intrassetorial) analisados.

Este fenômeno está sendo observado tanto nos setores industriais como nos de serviços (OECD, 2017).

De acordo com OECD (2019, p. 11), aproximadamente metade da divergência, entre a evolução da produtividade das empresas líderes vis-à-vis as demais empresas do setor, pode ser resultado do processo desigual de adoção de tecnologias digitais. Este fenômeno é relevante, entre outros motivos, porque essa alta concentração da difusão das tecnologias digitais, nas empresas mais dinâmicas, dificulta um maior crescimento médio da produtividade da economia, além de impactar negativamente a dispersão salarial e a desigualdade de renda (OECD, 2019, p. 6).

Embora diversos estudos da OECD apontem para o crescimento da divergência entre ganhos de produtividade das empresas líderes, normalmente grandes empresas, e das demais empresas concorrentes dentro do mesmo setor, o gráfico abaixo evidencia que as empresas de menor porte dos países centrais apresentam nível de produtividade muito mais próximos ao nível das respectivas grandes empresas, do que o caso de países latino-americanos, como por exemplo o Brasil.

Gráfico 2 – Produtividade relativa em países selecionados da América Latina e da OECD (em %; produtividade das grandes empresas = 100%)

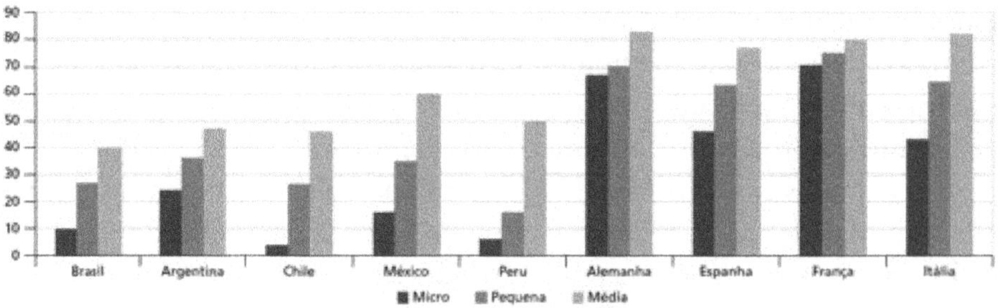

Fonte: Nogueira e Zucoloto (2017). Extraído de Pereira e Nogueira (2018, p. 8).

As economias brasileira e latino-americana são marcadas por forte heterogeneidade de suas estruturas produtivas, tanto em âmbito intersetorial, como, especialmente, intrassetorial (Nogueira; Oliveira, 2015). Em outras palavras, isso significa dizer que existe uma coexistência de estruturas empresariais altamente produtivas – com nível de produtividade similar à de seus congêneres em países centrais – com a de estruturas bem menos produtivas, distantes da realidade verificada em boa parte dos países desenvolvidos que compõem a OECD.

Essa elevada heterogeneidade das estruturas produtivas tende a gerar fortes obstáculos à absorção do potencial produtivo decorrente das novas tecnologias digitais, por parte das empresas de menor porte, como as MPE. Isso porque, o acesso a recursos humanos qualificados e às capacidades de investimento e de aperfeiçoamento de processos e automatização de rotinas, são indubitavelmente muito mais restritivos às MPE dos países subdesenvolvidos, de estruturas produtivas heterogêneas, do que às MPE dos países centrais, marcadamente de estruturas produtivas mais homogêneas.

Pensar uma economia tão flexível como esta economia digital sem que as instituições possam dar vazão os movimentos dos agentes econômicos em busca da produção e da difusão dos novos paradigmas produtivos e da própria vida cotidiana é uma forma de colocar o governo contra o progresso. Não há dúvida de que propiciar a liberdade de empreender às MPE é um elemento inestimável para que a dinâmica da mudança seja preservada e reforçada.

Como visto no curso deste documento, as MPE têm focos distintos, algumas na produção da inovação, outras na busca de mercados outras na própria manutenção da coesão social (as voltadas para a subsistência). Em todos os casos, serão essenciais para a economia digital. As MPE inovadoras poderão cumprir o papel de produzir de ousar o novo e mudar os padrões de vida, comportamento e produção. Diversos exemplos disso já são disponíveis e frequentam as primeiras posições nas listagens de empresas com maior valor de mercado.

No caso das empresas voltadas para o mercado, não é menor a importância. Afinal estamos falando de Brasil e, até mais do que a própria inovação interessa sua difusão. Só isto garante que a produtividade setorial cresça de maneira consistente. Como visto, as MPE têm apetite para transformar suas bases produtivas, talvez de maneira mais rápida que as empresas de maior porte, onde a mudança é mais lenta por conta das decisões organizativas e de gestão de ativo imobilizado.

Por fim, no caso das empresas voltadas para a subsistência não é menor a importância das MPE. A economia digital, do ponto de vista do trabalho, é uma ruptura radical. A bibliografia é farta sobre a destruição de profissões e queima de postos de trabalho no mundo da carteira assinada. Não há dúvida de que esta face da MPE jogará um papel essencial na manutenção de um mínimo de coesão social frente às mudanças da economia digital.

3. A capacidade de inovação das MPE

Um argumento que vem sendo discutido, como aspecto positivo, sobre a pertinência de ofertar incentivos às firmas de menores dimensões é o relativo à capacidade inovativa (Zucoloto; Nogueira, 2016). No entanto, a questão ainda espelha grandes preconceitos contra a pequena empresa. Ao que parece, parte-se do suposto de que a pequena empresa nunca teria capacidade inovativa.

Na visão dos críticos, o máximo que se poderia outorgar à MPE, em termos de incremento de produtividade por inovação, seria a possibilidade de um efeito transbordamento, ao gerar externalidades positivas para o conjunto do sistema. Esta parece ser a visão por trás da seguinte frase, retirada de um importante estudo sobre a eficiência dos benefícios fiscais à MPE: "Portanto, o tratamento fiscal diferenciado se justificaria no caso de os benefícios decorrentes dos *spillovers* positivos gerados com as inovações superarem o montante de recursos a que se renuncia com o incentivo tributário, para se fazer valer esse tratamento. Se, de forma geral, os benefícios com inovação são amplamente reconhecidos, é controversa a tese de que as MPE geram mais *spillovers* e devam ser, com relação a esse ponto, especialmente privilegiadas" (Pessôa et al, 2019, p. 16).

A literatura internacional mostra-se absolutamente inconclusiva sobre o tema, na visão dos autores do texto acima citado. Na esteira de uma interminável listagem de autores internacionais, em sua grande maioria focalizando o século passado, o que resta é uma enorme sensação de que pouco se conseguiu avançar na compreensão do problema, quanto mais em sua elucidação (Pessôa et al., 2019, p. 17; Bergner et al.,

2017; Wolfe, 2012; Hong et al, 2016; Akcigit, 2009). De fato, apenas o tratamento das MPE como se fossem entidades homogêneas já denuncia a imensa distância entre a realidade e a teoria e a impossibilidade de serem obtidos resultados válidos.

Avaliar a capacidade inovativa da MPE exige, antes de tudo, uma tipificação das empresas e a compreensão da forma como elas dialogam com a estrutura econômica. Bastante interessante é a forma com que Nogueira e Zucoloto (2019, p. 121) propõem uma tipificação para as MPE.

De acordo com os autores, deve-se combinar a taxonomia sugerida por Oliveira (2013) com uma abordagem da questão do empreendedorismo por necessidade (Audretsch et al., 2005). Assim, o perfil do pequeno empreendedor pode ser delineado por meio de três identidades básicas, determinantes das motivações do ato de constituição de empresas de pequeno porte:

a) empresa focada em aspectos tecnológicos: empresa estruturada para realizar inovações em produto e processo de forma a ultrapassar a fronteira do "estado da técnica" corrente;
b) empreendimento mercadológico: empresa capaz de identificar oportunidades de mercado, estruturando a gestão do empreendimento de modo a aproveitar os conhecimentos técnicos disponíveis e livres; e
c) empreendimento de subsistência: indivíduo que se organiza como empresa, seja por adequação aos condicionantes de mercado, seja pela ausência de um melhor engajamento no mercado de trabalho[10].

Vale notar que um agente econômico ***pejotizado***, para usar o neologismo em voga, pode estar incluído tanto no empreendimento mercadológico quanto no empreendimento de subsistência. Vale clarear a diferença. A realidade mostra que existem casos em que um empregado deixa o quadro formal para exercer funções semelhantes como pessoa jurídica junto à mesma empresa da qual era empregado. Mas a pejoti-

[10] A classificação é inspirada na forma vertida no texto de Nogueira e Zucoloto (2019), mas difere em alguns aspectos.

zação também inclui uma pessoa que saiu de um emprego para prestar serviços à mesma empresa como pessoa jurídica, mas passou a ter outros clientes além da empresa com a qual tinha vínculo anteriormente.

O importante aqui é notar que o leque de objetivos "empresariais" da MPE é mais amplo que o da empresa tipicamente capitalista. Ao mesmo tempo, esse universo é mais específico de cada empresa, dado que seu tamanho reduzido a conduz a um foco muito mais estrito. A empresa com foco em tecnologia é uma inovadora por excelência, pode ser uma *startup* proveniente da universidade, pode ser um bloco de P&D descolado de uma grande empresa, pode ser uma empresa incubada em algum instituto de pesquisa, mas conservará como motor de seu movimento o objetivo da inovação em processos ou produtos. Muito provavelmente atuará em rede, ponto ao qual voltaremos à frente.

O caso do empreendimento mercadológico é o que poderíamos chamar de usuário de janelas de oportunidade. Por diversos caminhos, desde a via familiar até a saída de um gerente de uma grande empresa para fazer exatamente a mesma coisa numa empresa própria, a dinâmica das alternativas de negócio produz novas unidades produtivas. Importante notar que o foco em mercado e não na inovação não significa que o empreendimento mercadológico não seja importante para o avanço da produtividade do sistema econômico. Essas empresas adquirem máquinas e equipamentos às empresas produtoras dos mesmos, que neles embarcam as inovações em processo de difusão no mercado nacional e internacional.

O terceiro bloco é formado pelas empresas que na verdade espelham a exclusão de muitas pessoas dos postos de trabalho em empresas formais. Atividades de baixo grau de qualificação que são exercidas sem relacionamento estável com o demandante do bem ou serviço são especialmente típicas deste bloco. Ele é composto pelos serviços pessoais, pelo transporte de pessoas e pequenas cargas, pelo relacionamento entre as pessoas e atividades governamentais, por serviços educacionais, de saúde, de cuidado a idosos e animais e um sem número de atividades emergentes nas realidades urbanas contemporâneas.

Neste terceiro bloco é crucial lembrar que impor uma tributação do tipo corporativa a estes negócios significa um abuso impositivo digno de situações medievais. São condições de trabalho e percepção de renda semelhantes a empregados formais que são beneficiários das faixas de isenção do Imposto de Renda da Pessoa Física. Por isonomia, não formal, mas real, reduções de tributação para este grupo não podem ser qualificadas como gasto tributário, mas devem ser atribuídas a um critério de justiça fiscal, próprio de sociedades civilizadas.

A equação de uma eventual redução dos benefícios tributários que a MPE detém frente ao sistema geral tem que ser cuidadosamente avaliada, sob pena de imensos prejuízos sociais e de arrecadação. Como o poder de mercado das empresas é muito restrito e as margens de lucro nos trabalhos levados a efeito por estas empresas são muito baixas, movimentos de aumento da carga tributária podem levar à quebra de grande número delas. Mas a extinção das receitas tributárias decorrente deste movimento não seria a única perda para o Governo, dado que as políticas públicas passariam a ser pressionadas, como o seguro desemprego, além da provável paralisação do recolhimento de contribuições previdenciárias.

A discussão sobre a inovação realizada pelas MPE no exterior é claramente desfocada frente à realidade brasileira, dada a existência de inúmeras unidades formalizadas como pessoas jurídicas que, em verdade, têm o único objetivo de dar um formato institucionalizado a uma atividade de baixa qualificação e realizada por trabalhadores que não conseguem chegar ao trabalho formal com carteira assinada. Isso se confunde com os trabalhadores por conta própria nas pesquisas de emprego do IBGE (Squeff; Nogueira, 2015).

Conquanto esta seja a realidade brasileira, uma avaliação dos dados da mais importante pesquisa de inovação, ciência e tecnologia do país, a Pesquisa de Inovação do IBGE (PINTEC)[11] apresentam um panorama expressivamente favorável à identificação da MPE como elementos importantes da inovação no parque produtivo brasileiro (Nogueira; Zucoloto, 2019).

Os dados da PINTEC são bastante expressivos, especialmente frente a uma economia de baixo dinamismo industrial e grande dependência da exportação de *commodities*. A taxa de inovação das empresas de 10 a 99 empregados chegou a 34,5%, ou seja, mais que um terço das empresas

[11] A Pesquisa de Inovação (PINTEC) é uma pesquisa, realizada pelo IBGE a cada 3 anos, em que o Instituto busca levantar informações detalhadas sobre as atividades de inovação empreendidas pelas empresas brasileiras. Para mais detalhes, ver: https://bit.ly/30Sgboi.

desta faixa explicitou a realização de atividades classificadas como inovadoras. Dentre as empresas de 500 ou mais empregados, 66,7% foram as que exerceram atividades inovadoras. Em termos de dispêndio em inovação, o hiato se amplia, dada a dificuldade de acesso ao crédito, ao mercado de capitais e a incentivos relativos a P&D. Do total dispendido pelas empresas em atividades inovativas, as empresas de 10 a 99 empregados (micro e pequenas) gastaram 15,1% contra 67,6% das empregas de mais de 500 empregados, como pode ser comprovado por meio do quadro 5, abaixo.

Quadro 3 – Atividades inovativas das empresas brasileiras por porte (em %) 2014

Empresas industriais por porte (extrativa e transformação)	Taxa de inovação: produtos e/ou processos	Distribuição	
		Dispêndio em atividades inovativas	Dispêndio em atividades internas de P&D
De 10 a 99	34,5	15,1	6,2
De 100 a 499	52,6	17,3	13,3
500 ou mais	66,7	67,6	80,5
Total	-	**100**	**100**

Fonte: IBGE (2016) – Tabulação especial. Extraída de Nogueira e Zuculoto (2019, p. 248).

Quando a avaliação da atividade inovativa é feita pelo número de empresas, os resultados são surpreendentes. As micro e pequenas (de 10 a 99 empregados) representam 91,3% do total de empresas, sendo que neste universo encontram-se os diversos tipos de MPE, como acima discutido. Quando contabilizadas apenas as empresas inovadoras (em produtos ou processos), as MPE representam 86,8% do total, o que tanto comprova seu papel na inovação em geral, quanto mostra que a grande maioria das MPE tem a inovação como pauta de sua atividade corrente. Mesmo no indicador que correlaciona as MPE com as empresas que realizam atividades de P&D, as MPE representaram 61,8% do total. Estes números asseguram que não há como negar que as MPE são agentes ativos dentro do processo de inovação das empresas brasileiras.

Este é um ponto que deve ser reforçado, como elemento de alto valor na reflexão sobre a economia brasileira. Uma participação tão significativa no processo inovativo da economia aponta que as MPE brasileiras têm grandes condições de ter uma inserção ativa no processo de desenvolvimento tecnológico. Na economia 4.0, a participação da empresa na rede inovativa, capturando o conhecimento em difusão é aspecto decisivo na evolução da produtividade sistêmica.

Quadro 4 – Distribuição de empresas industriais brasileiras por porte 2014

Empresas industriais por porte (extrativa e transformação)	Total	Empresas inovadoras (produto ou processo)	Empresas que realizam atividades de P&D
De 10 a 99	91,3	86,8	61,8
De 100 a 499	7,0	10,2	24,0
500 ou mais	1,7	3,0	14,2

Fonte: IBGE (2016). Extraída de Nogueira e Zuculoto (2019, p. 248).

Segundo Rizzoni (1994), em citação de Nogueira e Zucoloto (2019, p. 241): *"O potencial inovativo das firmas não dependeria de seu tamanho, mas de sua capacidade de estabelecer relações interorganizacionais, partilhar conhecimentos e participar de circuitos globais de informação"*.

No que diz respeito ao investimento em capacidade produtiva, a análise por tamanho de firma indica outro aspecto de grande importância: a forte posição da MPE na recomposição do parque produtivo. Os dados da PINTEC mostram que as empresas de 10 a 99 empregados realizaram gastos em inovação muito próximos às médias e grandes empresas. Para o conjunto das empresas, o gasto total com inovação representou 2,11% da receita líquida de vendas. No caso das MPE, este percentual chegou a 2,06%. Na desagregação, salta aos olhos o gasto das MPE com aquisição de máquinas e equipamentos (1,28% da receita líquida de vendas), nível bem superior ao das empresas médias e quase o dobro ao registrado pelas grandes empresas. Desta forma, as MPE tiveram, em 2014, participação preponderante na aquisição de máquinas e equipamentos.

Certamente, essa não é uma questão de menor importância. Embora a inovação seja a mola mestra da mudança, a difusão dos novos produtos e processos pela economia é que se traduz em ganho de produtividade de uma economia, de uma forma sistêmica. Nunca é demais frisar que o diferencial em prol das MPE, frente às grandes empresas é um indicador firme de que as primeiras têm apetite para o risco e entendem seu posicionamento dentro das cadeias produtivas e das condições competitivas frente à concorrência internacional pelo mercado interno brasileiro (Zucoloto; Nogueira, 2016).

Quadro 5 – Dispêndios em atividades inovativas das empresas industriais brasileiras por porte (em %) 2014.

Empresas industriais por porte (extrativa e transformação)	Gastos totais em inovação/RLV[1]	Gastos em P&D/RLV	Gastos em aquisição de M&E[2]/RLV	Outros gastos em inovações/RLV	Participação		
					Dispêndios internos em P&D/dispêndios totais em inovação	Dispêndios em M&E/dispêndios totais em inovação	Outros dispêndios/dispêndios totais em inovação
De 10 a 99	2,06	0,31	1,28	0,46	13,0	62,3	22,4
De 100 a 499	2,06	0,59	1,11	0,37	24,1	53,7	17,8
500 ou mais	2,14	1,02	0,67	0,45	37,4	31,3	21,0
Total	**2,11**	**0,84**	**0,84**	**0,44**	**31,4**	**39,8**	**20,6**

Fonte: Nogueira e Zucoloto (2019, p. 249).

4. As MPE incorrem em custos de conformidade tributária mais que proporcionais as demais empresas

Além dos custos diretamente relacionados ao pagamento de tributos – obrigação principal –, decorrentes do valor a ser pago aos diversos fiscos –federal, estaduais e municipais –, as empresas incorrem em uma série de custos de conformidade tributária, para atender às diversas obrigações acessórias relacionadas ao pagamento dos respectivos tributos.

Custos de conformidade tributária podem ser entendidos como o custo de tempo e de recursos humanos e financeiros que são necessários para o adequado atendimento às obrigações legais tributárias pelos contribuintes (CCIF, 2017; Bertolucci; Nascimento, 2002).

Dessa forma, os custos de conformidade tributárias envolvem, segundo estudo do CCIF (2017, p. 1), as atividades como *"cálculo e retenção de impostos e contribuições, preenchimento de declarações, atendimento a fiscalizações, gastos em planejamento tributário, pesquisas e treinamentos, entre outros"*.

A elevada complexidade tributária dificulta o funcionamento adequado do ambiente de negócios, o que, por sua vez, gera desperdícios significativo de recursos empresariais, distorcendo decisões dos agentes econômicos e desincentivando a formalização das empresas, em especial das MPE (CCIF, 2017).

De acordo com estudo da OECD (2015b, p. 90), diversos são os fatores que influenciam a dimensão dos custos de *compliance* tributário imputados às empresas. Devem ser levados em consideração, por exemplo: (i) o número de tributos que incidem sobre as diferentes empresas; (ii) a frequência com que as leis tributárias são alteradas; (iii) a complexidade do sistema tributário; (iv) a existência de diferentes administrações tributárias (nacional e subnacionais); (v) as dificuldades associadas à interpretação das legislações tributárias; (vi) os diferentes prazos para pagamentos de tributos ao longo do ano, entre outros fatores.

Ainda, segundo OECD (2015b, p. 90), embora os custos totais de conformidade tributária tendam a crescer diretamente quanto maior for o porte da empresa analisada; em termos relativos as empresas de menor porte tendem a incorrerem em maiores custos de *compliance* tributário para atenderem suas obrigações acessórias. Dessa forma, o peso do custo de conformidade tributária tende a ser regressivo em relação ao tamanho da empresa, sobrepesando, em maior medida, as MPE quando comparadas às empresas de maior porte.

A diminuição dos custos de conformidade tributária, em atendimento a um tratamento mais equânime para as MPE, pode ser realizada de diferentes formas. Entre as possibilidades não exaustivas elencadas em estudo da OECD (2015b), destacam-se: (i) permissão para que MPE possam dispor de contabilidade mais simplificada; (ii) permissão para que MPE apresentem declarações fiscais (obrigações acessórias) com menor frequência; (iii) adoção de sistema de tributação presuntivo, entre outras maneiras.

CCIF (2017, p. 3) afirma que, o Brasil possui custos de conformidade tributária dos mais elevados, em comparação internacional. Contribui para isso, o fato de o Brasil possuir "uma estrutura tributária descentralizada, na qual cada ente federativo tem grande autonomia na definição da forma de cálculo e das obrigações acessórias de seus tributos". Destacam-se, também, os elevados custos de conformidade decorrentes do amplo uso do instrumento de substituição tributária – que por sua vez representa grande complexidade operacional – e do alto patamar de contencioso tributário.

Em estudo de Fajnzylber *et al.* (2011), identificou-se que a adoção do Simples levou a um aumento significativo da formalidade das MPE.

Segundo o estudo, a formalização dos negócios resultou em níveis mais elevados de receitas e lucros, além de efeitos positivos sobre o número de trabalhadores empregados, assim como, o uso de capital e maiores remunerações.

Enfim, o Simples cumpre um relevante papel de significativo redutor dos custos de conformidade percebidos pelas MPE. Por meio de apresentação de declaração única e simplificada de informações socioeconômicas e fiscais, as MPE, optantes pelo regime diferenciado, realizam o recolhimento, em guia única, de diferentes tributos federais, estaduais e municipais – IRPJ, CSLL, PIS/Pasep, Cofins, IPI, ICMS, ISS e a CPP[12]. Vale notar que a redução de obrigações viabilizada pelo Simples implica, também, na limitação de batalhas judiciais com os fiscos das três esferas de governo, um ônus incrivelmente desproporcional para a MPE.

Conclusões

O esforço de análise aqui realizado teve como ponto de partida a abordagem de segmentos da burocracia governamental e da academia de que as perdas de receita pública derivadas das renúncias fiscais concedidas às micro e pequenas empresas podem não estar se refletindo em ganhos da mesma magnitude para a sociedade.

A problematização atinge a capacidade de gerar empregos, o potencial inovativo e a regressividade das obrigações tributárias. Estes aspectos sempre foram levantados como elementos cruciais na ação econômica e social das MPE e sustentáculos das políticas públicas de benefício a estes segmentos do mundo empresarial.

No curso da reflexão, a economia digital sempre esteve como pano de fundo. Por isso, as críticas, fragilmente ancoradas nos dados, de que a MPE não consiga gerar mais empregos do que as empresas de maior porte foram confrontadas apenas como um exercício metodológico, dado que as reflexões sobre o tema foram realizadas com olhos e conceitos do século passado.

A mesma dificuldade teórica se apresenta na discussão da produtividade. Há décadas, a produtividade do trabalho foi a medida do avanço da

12 Contribuição para a Seguridade Social destinada à Previdência Social a cargo da pessoa jurídica (CPP).

eficiência micro e macroeconômica. No entanto, um mundo do capital no qual a força de trabalho é cada vez menos importante coloca o desafio de como medir a eficiência. Isso, não só nos agregados, mas também por dentro dos setores, nos quais, mesmo nos países desenvolvidos, os diferenciais intrassetoriais de produtividade são cada vez mais expressivos.

No campo da inovação, há uma grande descrença sobre a capacidade das MPE. Os números do passado não a autorizam. Ao contrário, é expressivo o número de MPE que têm papel importante na inovação no mundo. No Brasil, os dados da PINTEC mostram que isto também se dá, embora com menor intensidade. Mas vale chamar atenção para o fato de que é marcante o índice de aquisição de máquinas e equipamentos da MPE. Vale dizer que sua contribuição para a difusão das inovações pode ser extremamente relevante para a produtividade sistêmica.

Em verdade, importa muito mais olhar o futuro. É crucial ter presente que o mundo da economia digital será o campo da flexibilidade das relações econômicas. Neste contexto, as MPE poderão exercer papeis de grande dinâmica em seu próprio desenvolvimento, favorecendo o destravamento dos bloqueios à inovação. E, certamente, irão gerar efeitos nas redes produtivas de grande magnitude, favorecendo a mudança e mesmo acelerando os processos inovadores.

Crucial notar que a economia digital irá se relacionar com as MPE de forma específica, dada sua natureza, que é, marcadamente, heterogênea. Existem MPE voltadas para a inovação, com o foco em buscar novos produtos e novo processos, elementos fundamentais da inovação e do ganho de competividade. Mas existem MPE que são voltadas para as oportunidades de mercado, e que geralmente buscam nichos nos mercados e tecnologias em uso. Os dois tipos são importantes: a primeira na inovação e a segunda em sua difusão.

É importante chamar a atenção para outro tipo de MPE, aquela voltada para a subsistência do trabalhador. Não é segredo que a economia digital criará muitos empregos e profissões, mas destruirá muitos mais. Certamente a MPE jogará um papel essencial na manutenção de um mínimo de coesão social durante este processo de mudança, que, do ponto de vista do trabalhador, será extremamente radical.

Outro ponto relevante tratado no texto é o que diz respeito aos elevados custos de conformidade tributária característicos do sistema tributário brasileiro, marcadamente complexo e ineficiente. O regime tributário do Simples cumpre, assim, um importante papel redutor desses custos que são particularmente mais onerosos sobre o micro e pequeno negócios. Nesse sentido, a adoção do Simples pelas MPE trouxe ganhos significativos de formalização empresarial, além de efeitos positivos sobre nível de receitas, lucros, remuneração, entre outros fatores.

Os elementos acima elencados indicam que as MPE têm papeis distintos a cumprir no processo de desenvolvimento, frente à introdução e generalização da economia digital para os mais amplos setores da economia. Em todos os casos, há uma decisão a ser tomada pela sociedade brasileira. Tentar tributar uma MPE do tipo que caracterizamos como de subsistência, como uma empresa qualquer é impedir que os trabalhadores sigam gerando renda. De fato, é aprofundar a crise social.

Ao mesmo tempo, reforçar a carga tributária sobre as empresas de micro e pequeno porte é uma maneira de reduzir a potência transformadora, seja na inovação, seja em sua difusão. Não entender que a economia digital tem na flexibilidade seu insumo organizacional principal é colocar as políticas governamentais a serviço do atraso do desenvolvimento da economia e da sociedade.

Referências

AFONSO, J. R. Não é (o) simples! **Revista Conjuntura Econômica**, FGV, jan. 2019.

AHMAD, N.; SCHREYER, P. **Are GDP and productivity measures up to the challenges of the digital economy?** OECD. 2016

AKCIGIT, U. **Firm, size, innovation dynamics and growth**. Working Paper. Massachusetts Institute of Technology. 2009.

ALAIMO, V. **¿Por qué es tan baja la calidad de los empleos en América Latina y el Caribe?** set. 2017. Disponível em: https://bit.ly/2BAWc1E.

AUDRETSCH, D. B.; THURIK, R.; STEL, A.; CARREE, M. A. Does self-employment reduce unemployment? Alemanha: **Max Planck Institute of Economics**. Papers on Entrepreneurship Growth and Public Policy. 2005.

AZUARA, O.; et al. **Special tax regimes in latin america and the caribbean**: compliance, social protection, and resource misallocation. out. 2018.

BANCO MUNDIAL. **Emprego e crescimento:** a agenda da produtividade. 2018.

BANCO MUNDIAL. **Um ajuste justo:** análise da eficiência e equidade do gasto público no Brasil. Banco Mundial, 2016.

BERG, J. Laws or luck? Understanding rising formality in Brazil in the 2000s. **MPRA Paper**, n. 43608, 2010, University Library of Munich, Germany.

BERGNER, S. M.; BRAUTIGAM, R.; EVERS, M. T.; SPENGEL, C. The use of SME tax incentives in the European Union. Discussion Paper No. 17-006. **Centre for European Economic Research**. 2017.

BERNANKE, B. Former fed chair ben bernanke weighs in on the economic response to Covid-19. Webinar Transcript. **The Brookings Institution**. Washington, D.C. 2020

BERTOLUCCI, A. V.; NASCIMENTO, D. T. Quanto custa pagar tributos? **Revista Contabilidade & Finanças**. Pp. 55-67. São Paulo. 2002.

BIRCH, D. A. Who creates Jobs? In: **The Public Interest**, 65. 1981.

CAVALCANTE, L. R.; DE NEGRI, F. **Produtividade no Brasil:** desempenho e determinantes. Vol. 2. IPEA. 2015.

CENTRO DE CIDADANIA FISCAL. **Custos de conformidade à tributação no Brasil**. CCIF. 2017.

CEPAL (Org.). **Por um desenvolvimento inclusivo:** o caso do Brasil. Santiago do Chile: Cepal, 2015. 334 p. Disponível em: <https://bit.ly/2Dzmge3>.

CONCEIÇÃO, O. C; *et al.* O Simples nacional e as empresas industriais: uma análise de sobrevivência a partir dos microdados da RAIS. **Prêmio CNI de Economia – 2016**, 2016. Disponível em: https://bit.ly/2BB2PB4.

CORSEUIL, C. H.; MOURA, R. L. O Impacto do simples federal no nível de emprego da indústria brasileira. **IPEA:** Texto para Discussão, n. 1643, ago. 2011. Disponível em: https://bit.ly/2RY0cyQ. Acesso em 14 fev. 2019.

CUSOLITO, A. P.; SAFADI, R.; TAGLIONI, D. **Inclusive global value chains**: Policy Options for Small and Medium Enterprises and Low-Income Countries. [s.l.], 22 ago. 2016. The World Bank. http://dx.doi.org/10.1596/978-1-4648-0842-5.

DIX-CARNEIRO, R.; KOVAK, B. K. Trade liberalization and regional dynamics. american economic review, [s.l.], v. 107, n. 10, p.2908-2946, out. 2017. American Economic Association. http://dx.doi.org/10.1257/aer.20161214.

FAJNZYLBER, P.; MALONEY, W. F.; MONTES-ROJAS, G. V. Does formality improve micro-firm performance? Evidence from the Brazilian SIMPLES program. **Journal Of Development Economics**, [s.l.], v. 94, n. 2, p.262-276, mar. 2011. Elsevier BV. http://dx.doi.org/10.1016/j.jdeveco.2010.01.009.

FERREIRA, C. C.; *et al.* Gestão de capital de giro: contribuição para as micro e pequenas empresas no Brasil. **Revista de Administração Pública**, v. 45, n. 3, p. 863-884, 2011.

FERREIRA, L. F. F. *et al.* Análise quantitativa sobre a mortalidade precoce de micro e pequenas empresas da cidade de São Paulo. **Gestão & Produção**, [s.l.], v. 19, n. 4, p.811-823, dez. 2012. FapUNIFESP (SciELO). http://dx.doi.org/10.1590/s0104-530x2012000400011.

GORDON, R. Revisiting US productivity growth over the past century with a view of the future. **NBER Working Paper n. 15.834**. 2010.

GUIMARÃES, S. K.; AZAMBUJA, L. R. Internacionalização de micro, pequenas e médias empresas inovadoras no Brasil: desafios do novo paradigma de desenvolvimento. **Revista Brasileira de Ciências Sociais**, [s.l.], v. 33, n. 97, p.1-20, 8 mar. 2018. FapUNIFESP (SciELO). http://dx.doi.org/10.1590/339708/2018.

GURRIA, A. **Aprovechando la transformación digital para aumentar la productividad en Latino América e Caribe**. OECD. 2019.

HONG, S.; OXLEY, L.; MCCANN, P.; LE, T. Why firm size matters: investigating the drivers of innovation and economic performance in New Zealand using the Business Operation Survey. **Applied Economics**, Vol. 48 (55), pp. 5379-5395. 2016.

INFANTE, R.; MUSSI, C.; ODDO, M. **Por um desenvolvimento inclusivo:** o caso do Brasil. Santiago; Brasília: Cepal; Ipea, 2015

IPEA. **Micro e pequenas empresas**: mercado de trabalho e implicação para o desenvolvimento. p.232, 2012. Disponível em: https://bit.ly/2E9HQHu.

MANDEL, M.; SWANSON, B. The coming productivity boom: transforming the physical economy with information. **The Technology CEO Council**. 2017.

MCKINSEY. Digitalization, ai and productivity. **MGI Research** – McKinsey Global Institute. 2018.

MEGHIR, C.; NARITA, R.; ROBIN, J. Wages and informality in developing countries. **NBER Working Paper**, [s.l.], v. 105, n. 4, p.1509-1546, ago. 2012. National Bureau of Economic Research. http://dx.doi.org/10.3386/w18347.

MINISTÉRIO DA ECONOMIA. **Mapa de empresas**. Brasília, abril de 2020.

MINISTÉRIO DA FAZENDA. **Panorama fiscal brasileiro**. Brasília, dez. 2018.

MONTEIRO, J. C. M.; ASSUNÇÃO, J. J. Coming out of the shadows? Estimating the impact of bureaucracy simplification and tax cut on formality in Brazilian microenterprises. **Journal Of Development Economics**, [s.l.], v. 99, n. 1, p.105-115, set. 2012. Elsevier BV. http://dx.doi.org/10.1016/j.jdeveco.2011.10.002.

NOGUEIRA, M. O.; OLIVEIRA, J. M. Uma análise da heterogeneidade intrassetorial no Brasil na última década. *In:* INFANTE, R.; MUSSI, C.; NOGUEIRA, M. O. (Eds.). **Por um desenvolvimento inclusivo:** o caso do Brasil. Santiago; Brasília: Cepal; Ipea, 2015.

NOGUEIRA, M. O.; PEREIRA, L. S. As empresas de pequeno porte e a produtividade sistêmica da economia brasileira: obstáculo ou fator de crescimento? **IPEA: Radar**, Rio de Janeiro, n. 38, p.41-50, abr. 2015.

NOGUEIRA, M. O.; ZUCOLOTO, G. F. Um pirilampo no porão: um pouco de luz nos dilemas da produtividade das pequenas empresas e da informalidade no país. **IPEA: Radar.** 2. Ed. Ver. Ampl. Brasília: IPEA, 2019.

OLIVEIRA, J. M. Empreendedor individual: ampliação da base formal ou diminuição do emprego? **Boletim Radar** – tecnologia, produção e comércio exterior, Brasília, n. 25, 2013.

ORGANISATION FOR ECONOMIC CO-OPERATION AND DEVELOPMENT (OCDE). SME Policy Responses. **Tackling coronavirus (covid-19):** contributing to a global effort. 2020.

ORGANISATION FOR ECONOMIC CO-OPERATION AND DEVELOPMENT (OCDE). **Tax and Fiscal Policy in Response to the Coronavirus Crisis:** Strengthening Confidence and Resilience. Tackling coronavirus (covid-19): contributing to a global effort. 2020.

ORGANISATION FOR ECONOMIC CO-OPERATION AND DEVELOPMENT (OCDE). (Org.). **Business Dynamics and Productivity.** Paris: OECD Publishing, 2017. 226 p. Disponível em: https://bit.ly/2UUTprB.

ORGANISATION FOR ECONOMIC CO-OPERATION AND DEVELOPMENT (OCDE). Digital dividend: policies to harness the productivity potential of digital technologies. **OECD Economic Policy Paper**, N. 26. 2019.

ORGANISATION FOR ECONOMIC CO-OPERATION AND DEVELOPMENT (OCDE). **OECD Employment Outlook 2015**, OECD Publishing, Paris, 2015.

ORGANISATION FOR ECONOMIC CO-OPERATION AND DEVELOPMENT (OCDE). Taxation of SMEs in OECD and G20 Countries. **OECD Tax Policy Studies n. 23**. OECD. 2015.

ORGANISATION FOR ECONOMIC CO-OPERATION AND DEVELOPMENT (OCDE). The great divergence(s). **OECD Publishing** – OECD Science, Technology and Innovation Policy Papers, N. 39. 2017.

PASIMENI, P. The relation between productivity and compensation in Europe. **Discussion Paper n. 79**. European Commission. 2018.

PAULA, Á.; SCHEINKMAN, J. A.. The Informal Sector: An Equilibrium Model And Some Empirical Evidence From Brazil. **Review Of Income And Wealth**, [s.l.], v. 57, p.8-26, maio 2011. Wiley. http://dx.doi.org/10.1111/j.1475-4991.2011.00450.x

PELLEGRINI, J. **Gastos (benefícios) tributários**. Nota Técnica nº 17, Instituição Fiscal Independente, jun. 2018.

PENROSE, E. **The theory of the growth of the firm**. Oxford University Press. Oxford. 1995.

PEREIRA, L. S.; NOGUEIRA, M. O. **As empresas de pequeno porte no Brasil:** os dilemas da produtividade e da informalidade. Radar n. 55. IPEA. 2018.

PESSÔA, S. A.; *et al.* **Qualidade dos gastos tributários no Brasil:** o simples nacional. FGV, 2019.

PIZA, C. **Revisiting the Impact of the Brazilian SIMPLES Program on Firms' Formalization Rates.** Banco Mundial, 2016

ROCHA, R.; ULYSSEA, G.; RACHTER, L. Do lower taxes reduce informality? Evidence from Brazil. **Journal Of Development Economics**, [s.l.], v. 134, p.28-49, set. 2018. Elsevier BV. http://dx.doi.org/10.1016/j.jdeveco.2018.04.003.

SAMPAIO, A. V.; PORCILE, G.; CURADO, M. Produtividade total dos fatores: aspectos teóricos e evidências brasileiras. **Economia & Tecnologia**, vol. 03. UFPR. 2005.

SANTOS, C. H. M; MATTOS, L. M.; MARTINS, F. S. Simples Nacional e Fracionamento Artificial de Empresas no Período 2006-2016: Evidencias Preliminares a partir dos Dados Identificados da RAIS. **ESAF:** contribuições acadêmicas para a política de subsídios da União, nov. 2018. Disponível em: https://bit.ly/2IcF4p0.

SARGENT, C.; RODRIGUEZ, E. **Labour or total fator productivity:** do we need to choose? Working Papers – Department of Finance. 2000.

SEBRAE. **A Evolução das microempresas e empresas de pequeno porte 2009 a 2012**. jun. 2014. Disponível em: https://bit.ly/2GKitNV.

SEBRAE. **Sobrevivência das empresas no Brasil.** out. 2016. Disponível em: https://bit.ly/2h7tmuR. Acesso em 21 nov. 2021.

SEBRAE. **Os impactos do sistema nacional.** 2017. Disponível em: https://bit.ly/2E6xE2g. Acesso em 21 nov. 2021.

SQUEFF, G. C.; NOGUEIRA, M. O. A heterogeneidade estrutural no Brasil de 1950 a 2009. In: INFANTE, R.; MUSSI, C.; NOGUEIRA, M. O. (Eds.). **Por um desenvolvimento inclusivo:** o caso do Brasil. Santiago; Brasília: Cepal; Ipea, 2015.

SYVERSON, C. What determines productivity? **Journal of Economic Literature**, pp. 326-365. 2011.

ULYSSEA, G. Firms, Informality, and Development: Theory and Evidence from Brazil. **American Economic Review**, [s.l.], v. 108, n. 8, p.2015-2047, ago. 2018. American Economic Association. http://dx.doi.org/10.1257/aer.20141745.

WOLFE, R. M. **Business R&D performed in the United States cost $291 billion in 2008 and $282 billion in 2009**. Report. National Center for Science and Engineering Statistics. 2012.

WOOLDRIDGE, J. M. On estimating firm-level production functions using proxy variables to control for unobservable. **Economics Letters**, Vol. 104, n. 3, pp. 112-114. 2009.

ZUCOLOTO, G. F.; NOGUEIRA, M. O. **A dinâmica inovativa das empresas de pequeno porte no Brasil**. Texto para Discussão n. 2.255. IPEA. 2016

15.
ESTUDO COMPARATIVO DOS REGIMES TRIBUTÁRIOS BRASILEIROS: O CASO DO SIMPLES NACIONAL[1]

JOSÉ ROBERTO AFONSO

Introdução

O regime tributário simplificado para as micro e pequenas empresas brasileiras foi criado como alternativa aos regimes normais ou tradicionais de apuração e recolhimento de tributos dos três entes federativos – União, Estados e Municípios. No entanto, são escassos, quando não existentes, os estudos voltados a comparações entre os resultados apurados nos diferentes regimes fiscais, em especial com objetivo de verificar se e como estão sendo atendidos os objetivos que nortearam a criação do regime tributário especial chamado Simples Nacional, definido pelo Estatuto Nacional da Microempresa e da Empresa de Pequeno Porte, objeto da Lei Complementar nº 123 de 14/12/2006.

Analisar o quanto e como se arrecada, inclusive quanto às renúncias fiscais no regime simplificado vis-à-vis os demais regimes tributários, ao menos no âmbito federal, com a utilização de estatísticas públicas, seriam objetivos desejáveis em um estudo focado na tributação comparada entre os diferentes regimes de apuração da tributação das pessoas jurídicas.

[1] O presente ensaio foi originalmente escrito em 2015 como relatório para a FGV Projetos acerca de propostas para o tratamento diferenciado das micro e pequenas empresas no contexto da reforma tributária.

Nesse sentido, o presente estudo tem o objetivo geral de analisar os resultados fiscais e econômicos do regime simplificado de tributação das micro e pequenas empresas (Simples Nacional) em comparação com os demais regimes de tributação das pessoas jurídicas no Brasil em anos recentes.

Objetiva-se comparar a arrecadação do Simples Nacional vis-à-vis os demais regimes tributários de apuração, em particular objetivando confrontar as alíquotas médias e as cargas tributárias brutas, diferenciando por setores econômicos; bem como analisar minuciosamente o gasto (renúncia) tributário federal, comparando a renúncia que a Receita Federal do Brasil (RFB) imputa ao Simples Nacional em comparação com outros incentivos para negócios, expressando, quando possível, os seus custos unitários por estabelecimento ou emprego gerado; e por fim analisar os resultados desagregados por setor e propor a criação de um indicador para o acompanhamento da relação custo/benefício dos diferentes regimes de tributação – tendo por base a comparação entre o Simples Nacional e os regimes do Lucro Real e do Lucro Presumido, realizada ao longo deste estudo.

Para tanto, esta pesquisa será desenvolvida a partir das seguintes ações para poder comparar os regimes tributários vigentes no Brasil:

A análise da regulação legal básica do regime diferenciado para a tributação das micro e pequenas empresas no Brasil compreendendo: A Lei nº 7.256/1984 que criou o Estatuto da Microempresa; A Constituição Federal de 1988 que inovou e instituiu em seu corpo permanente a previsão de tratamento diferenciado para Microempresas e Empresas de Pequeno Porte; A Lei nº 9.317/1996 que instituiu o Simples Federal, um regime diferenciado que alcançava apenas tributos federais; A Lei nº 9.841/1999 que criou o Estatuto Federal da Microempresa e Empresa de Pequeno Porte, revogando a Lei nº 7.256/1984; A Emenda Constitucional nº 42, de 2003 que ampliou o comando constitucional para alcançar todos os tributos no regime especial e ainda estabeleceu que a definição desse tratamento diferenciado se daria por meio de Lei Complementar; A Lei Complementar nº 123/2006 que estabeleceu o Estatuto Nacional da Microempresa e da Empresa de Pequeno Porte e assim criou o chamado Simples Nacional. A Lei Geral foi publicada no Diário Oficial da União em 15/12/2006, entrando imediatamente em vigor, com a ressalva de que o capítulo tributário (Simples Nacional) passaria a vigorar a partir de julho de 2007;A Lei Complementar nº 127/2007 que incluiu a possibilidade de determinadas empresas do setor de serviços poderem recolher seus tributos na forma do Simples Nacional e reabriu o prazo de opção pelo Simples Nacional e pelo parcelamento de débitos; O Decreto nº 6.204/2007 que regulamentou o tratamento favorecido, diferenciado e simplificado para as microempresas e empresas de pequeno porte nas contratações públicas de bens, serviços e obras, no âmbito da administração pública federal, conforme previsto no capítulo de Acesso a Mercados da Lei Complementar nº 123/2006; A Lei Complementar nº 128/2008 que inovou mais uma vez e criou a figura do Microempreendedor Individual (MEI). Trouxe, ainda, a definição da alíquota do ICMS no Simples para a cobrança do diferencial de alíquota interna e interestadual; a alteração da composição e das atribuições do Comitê Gestor do Simples Nacional; a instituição do Comitê para Gestão da Rede Nacional para a Simplificação do Registro e da Legalização de Empresas e Negócios; a inclusão de determinadas atividades econômicas no rol de empresas que podem optar pelo Simples Nacional; e a autorização para a instituição de crédito presumido pelos estados e municípios. No dia 01/07/2009, passaram a vigorar os artigos da Lei Complementar nº 128/2008 que tratam do Microempreendedor Individual; A Lei Complementar nº 133/2009 que incluiu o setor cultural no Simples Nacional, ampliando as atividades optantes pelo sistema simplificado; A Lei Complementar nº 139/2011 que corrigiu os limites do Simples Nacional, instituiu parcelamentos de débitos e criou estímulos às exportações das Microempresas e Empresas de Pequeno Porte. Entre as principais mudanças introduzidas, está o reajuste em 50% das tabelas de enquadramento das empresas no Simples que passam a vigorar a partir de 1º de janeiro de 2012. Os limites passaram de R$ 36 mil para R$ 60 mil, no caso do empreendedor individual, de R$ 240 mil para R$ 360 mil para as microempresas e de R$ 2,4 milhões para R$ 3,6 milhões para as empresas de pequeno porte. Estes limites referem-se apenas às receitas no mercado nacional. Como estímulo às exportações pelas micro e pequenas empresas, a citada lei estabeleceu que estas podem ter receitas adicionais no mercado externo, até o limite de R$3,6 milhões, sem perder o enquadramento; e a Lei Complementar nº 147/2014 que promoveu a universalização do Simples Nacional e a proteção do MEI, bem como instituiu regras para a Substituição Tributária.

O levantamento das estatísticas divulgadas publicamente pela RFB e demais instituições correlatas, sempre tomando as mais recentes disponíveis, envolvendo um detalhamento setorial do Imposto de Renda das Pessoas Jurídicas (IRPJ) e, na medida do possível, dos demais tributos que compõem o Simples Nacional; e

A Análise do gasto tributário federal, uma vez que o Simples Nacional é considerado pela RFB como a maior renúncia de impostos federais no país. A análise faz comparações com outros incentivos para negócios que possam ser comparados com o Simples Nacional e propõe a criação de um indicador para o acompanhamento dessa relação custo/benefício.

1. Análise da arrecadação

1.1. Evolução da Arrecadação do Simples versus IRPJ, CSLL, PIS, COFINS e IPI

A performance da arrecadação do regime nacional simplificado é um sucesso inegável. Desde sua criação e ampliação, sempre apresentou uma clara e inequívoca tendência à expansão – como evidenciada no gráfico 14 e na tabela 7.

É lógico que essa observação deve considerar que, ao longo desse período, também foi elevada a cobertura setorial do regime. Não há como separar o que foi efeito da alteração legislativa do desempenho da base tributária sem acesso a dados mais detalhados, porém, isso não atenua a conclusão de que foi um sucesso arrecadatório.

No gráfico 14, cabe notar que a arrecadação apenas residual de fevereiro de 2012 se deve ao fato de naquele mês não ter havido recolhimento normal, em função de o prazo de opção ter sido estendido até 31/01/2012 e o recolhimento ter sido efetuado a partir de março/2012 nos termos da Lei Complementar nº 139/2011.

Conforme ilustrado na tabela 7, a crise financeira global do final da década passada não diminuiu o ímpeto arrecadatório do Simples Nacional: desde 2009, anualmente, o crescimento real só da parcela de tributos federais seguiu na casa de dois dígitos em contraponto às dificuldades nos demais tributos, em particular no caso do IRPJ.

Gráfico 1 – Arrecadação do Simples Nacional (Tributos Federais)

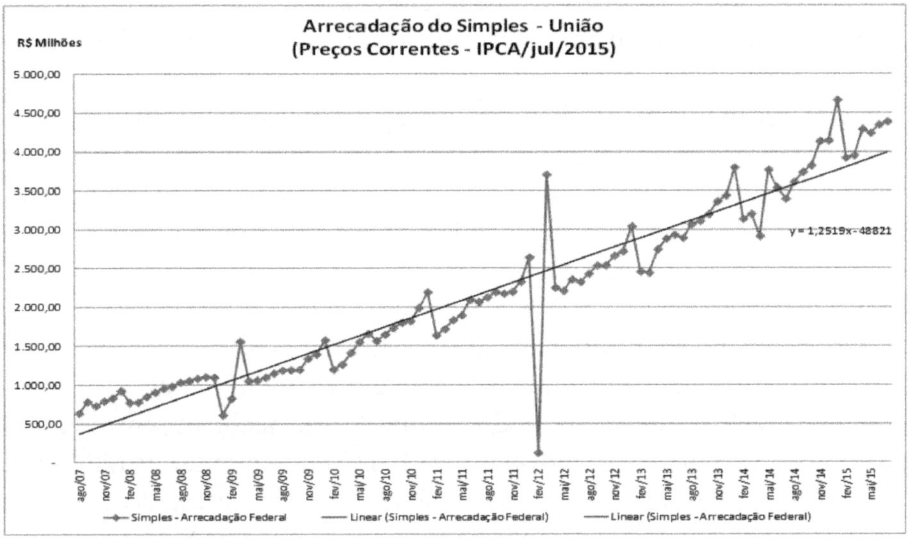

Fonte primária: RFB e IBGE. Elaboração própria (2021)

Tabela 1 – Arrecadação do Simples Nacional (Tributos Federais) versus IRPJ

Ano	Arrecadação Real (IPCA/jul-2015)			
	SIMPLES NACIONAL - FEDERAL		IRPJ	
	Montante (R$ Milhões)	Crescimento[3] (%)	Montante (R$ Milhões)	Crescimento (%)
2007	3.774,82[1]	-	113.578,33	-
2008	11.520,65	41,99	130.298,98	14,72
2009	13.641,11	18,41	123.693,22	-5,07
2010	19.197,20	40,73	124.168,36	0,38
2011	24.458,46	27,41	136.244,26	9,73
2012	28.486,43	16,47	135.206,34	-0,76
2013	35.532,38	24,73	141.659,00	4,77
2014	43.183,06	21,53	133.447,03	-5,80
2015[2]	29.801,10	25,57[4]	77.956,80	-9,93[4]

Fonte primária: RFB. Elaboração própria (2021)

Nota: (1) ago. a dez/2007; (2) jan. a jul/2015; (3) em relação ao mesmo período do ano anterior; (4) em relação a jan. a jul./14.

Os dados da arrecadação do Simples Nacional (referentes aos tributos federais), desde a sua instituição em julho de 2007, mostram um crescimento real médio anual de 27,11%, decorrente tanto da maior formalização de empresas quanto do aumento do número de optantes que migraram do Lucro Presumido, além de outros efeitos a serem perscrutados.

O comportamento consistentemente crescente da arrecadação do Simples Nacional (em termos reais) em contraposição ao comportamento oscilante da arrecadação do IRPJ (com crescimento médio anual de apenas 1,00%) requer uma análise mais aprofundada acerca de suas causas determinantes.

A crise financeira mundial de 2008/2009 derrubou a arrecadação do IRPJ em 5,07% em 2009, enquanto a arrecadação do Simples Nacional cresceu 18,41% no mesmo período, resultado que decorreu, entre outros fatores, das alterações promovidas pela Lei Complementar nº 128/2008. Em 2012, a arrecadação do IRPJ volta a ter um resultado negativo (-0,76%) contra um crescimento de 16,47% no Simples Nacional, resultado este decorrente, principalmente, das alterações promovidas pela Lei Complementar nº 139/2011.

Resultados mais recentes também corroboram os resultados anteriores, com forte retração na arrecadação do IRPJ (-5,8% em 2014 e quase -10% nos sete primeiros meses de 2015) em contrapartida ao crescimento acelerado da arrecadação do Simples Nacional (21,53% e 25,57%, respectivamente).

Tal comportamento – arrecadação do Simples Nacional crescendo fortemente mesmo em períodos de crise, com os demais tributos federais oscilando e até retraindo – se confirma para os demais tributos federais, principalmente para aqueles que foram incluídos na sistemática do Simples Nacional: Programa de Integração Social (PIS), Contribuição para o Financiamento da Seguridade Social (COFINS), Contribuição Social sobre o Lucro Líquido (CSLL) e Imposto Sobre Produtos Industrializados (IPI). Evidencia-se, assim, que a arrecadação dos tributos pagos pelas empresas do Lucro Real e Lucro Presumido é mais instável que a arrecadação das empresas optantes pelo Simples Nacional.

Evidências estatísticas corroboram essa observação, algo surpreendente. Em relação aos tributos federais indicados nas tabelas 7 e 8, constata-se, no período de 2007 a 2014, crescimento real médio anual de 3,81% para a COFINS, 4,28% para o PIS/PASEP, 4,18% para a CSLL e 1,32% para o IPI, todos em valores muito distantes da performance do Simples Nacional, que experimentou um crescimento real médio anual de 27,11% no mesmo período.

TABELA 2 – Arrecadação de Tributos Federais – PIS e COFINS

Ano	Arrecadação Real (IPCA/jul-2015)			
	COFINS		PIS/PASEP	
	Montante (R$ Milhões)	Crescimento (%)	Montante (R$ Milhões)	Crescimento (%)
2007	166.738,58	-	43.488,99	-
2008	185.257,84	11,11	48.461,96	11,43
2009	172.217,09	-7,04	46.403,94	-4,25
2010	194.379,80	12,87	56.288,65	21,30
2011	206.384,75	6,18	54.637,68	-2,93
2012	216.011,05	4,66	57.239,11	4,76
2013	222.171,14	2,85	58.536,25	2,27
2014	213.428,89	-3,93	57.011,19	-2,61
2015(1)	118.882,14	-	32.100,61	-

Fonte primária: RFB e IBGE. Elaboração própria (2021)
(1) jan. a jul./2015.

A crise financeira mundial de 2008/2009 também afetou negativamente a arrecadação dos demais tributos federais (PIS, COFINS, CSLL e IPI), com resultados de -7,04% (COFINS), -4,25 (PIS), -4,09% (CSLL) e -25,73% (IPI) em 2009, enquanto a arrecadação do Simples cresceu 18,41% no mesmo período, como demonstrado anteriormente.

A tabela 9 permite um contraste entre o desempenho da CSLL, atrelado aos lucros brutos (como no caso do IRPJ), e o do IPI, refletindo a produção industrial e importações dos mesmos bens e mais sujeitos às desonerações no período recente. Se em meados da década passada, aquela contribuição social arrecadava tanto quanto aquele imposto, em 2014 aquela recolhia 1,3 vezes mais que este. Depois da crise financeira global, os lucros empresariais despencaram no país, mas também a produção local da indústria nunca voltou ao patamar anterior àquela depressão, e ainda assim a CSLL teve um desempenho melhor que o do IPI, refletindo em muito a política tributária de concentrar as desonerações nos impostos que são compartilhados com outros governos (o IPI é até proporcionalmente mais partilhado que o IR).

Tabela 3 – Arrecadação de Tributos Federais – CSLL e IPI

Ano	Arrecadação Real (IPCA/jul-2015)			
	CSLL		IPI	
	Montante (R$ Milhões)	Crescimento (%)	Montante (R$ Milhões)	Crescimento (%)
2007	55.944,09	-	54.830,97	-
2008	67.539,21	20,73	60.501,18	10,34
2009	64.775,14	-4,09	44.931,90	-25,73
2010	64.029,05	-1,15	55.602,64	23,75
2011	76.084,32	18,83	61.240,09	10,14
2012	71.431,72	-6,12	56.928,19	-7,04
2013	73.836,30	3,37	54.929,48	-3,51
2014	72.142,29	-2,29	55.623,57	1,26
2015(1)	41.783,06	-	29.423,79	-

(1) jan. a jul./2015.
Fonte primária: RFB e IBGE. Elaboração própria (2021)

1.2. Arrecadação do IRPJ nos Diferentes Regimes de Apuração (Simples Nacional, Lucro Real e Lucro Presumido)

Na seção anterior foram analisados isoladamente alguns tributos federais. Nessa, compara-se o desempenho da arrecadação segregando por diferentes regimes. São investigados os componentes da arrecadação do IRPJ quanto aos regimes de apuração (Simples Nacional, Lucro Real e Lucro Presumido), além dos tributos CSLL, IPI, PIS e COFINS, todos abrangidos pelo Simples Nacional, de forma a evidenciar as diferenças existentes e apontar as justificativas econômico-legislativas para tais comportamentos.

Tal análise avaliou as diversas alterações instituídas na legislação do Simples Nacional, como forma de inferir não somente se foram eficazes em produzir os resultados esperados, mas também como efetivamente afetaram o comportamento da arrecadação.

TABELA 4 – Arrecadação do Simples Nacional versus Tributos Federais (Lucro Real e Presumido)

Ano	Arrecadação Real (IPCA/jul-2015)			
	SIMPLES NACIONAL - FEDERAL		TRIBUTOS FEDERAIS[4] (Lucro Real e Presumido)	
	Montante (R$ Milhões)	Crescimento (%)	Montante (R$ Milhões)	Crescimento (%)
2007[1]	3.774,82	-	430.806,14	-
2008	11.520,65	41,99[3]	480.538,52	11,54
2009	13.641,11	18,41	438.380,19	-8,77
2010	19.197,20	40,73	475.271,30	8,42
2011	24.458,46	27,41	510.132,64	7,34
2012	28.486,43	16,47	508.329,99	-0,35
2013	35.532,38	24,73	515.599,79	1,43
2014	43.183,06	21,53	488.469,91	-5,26
2015[2]	29.801,10	25,57[3]	270.345,30	-6,12[3]

Fonte primária: RFB. Elaboração própria (2021)
(1) ago. a dez/2007; (2) jan. a jul./2015; (3) em relação ao mesmo período do ano anterior; (4) IRPJ, CSLL, IPI, PIS/PASEP e COFINS.

A tabela 10 oferece uma comparação do desempenho anual, desde 2008, da arrecadação de cinco tributos federais (IRPJ, CSLL, IPI, PIS e COFINS) no Simples Nacional vis-à-vis dos demais contribuintes (sujeitos aos regimes do Lucro Real e Presumido). Em todos os anos, as micro e pequenas empresas expandiram seus recolhimentos em proporção muito mais elevada do que a dos grandes contribuintes, ou até quando estes decresciam.

O caso de 2009 foi o mais emblemático. A crise financeira mundial do final da década passada foi avassaladora para os contribuintes "normais" da Receita Federal: foi marcante a queda real da arrecadação de

8,77%. Radicalmente outro foi o desempenho do Simples Nacional: o crescimento foi de 18,41% naquele mesmo ano – é fato que em parte sua melhor performance foi influenciada principalmente pelas alterações promovidas pela Lei Complementar nº 128/2008.

Em 2012, a arrecadação desses tributos voltou a decrescer (-0,35%) contra um crescimento de 16,47% no Simples Nacional, resultado este decorrente, principalmente, das alterações promovidas pela Lei Complementar nº 139/2011. Recupera levemente em 2013, mas, a partir de 2014, tem sido experimentada nova e forte retração na arrecadação dos tributos federais (-5,26% em 2014 e -6,12% nos sete primeiros meses de 2015, para os que estão na base do Simples Nacional) em contrapartida ao crescimento acelerado da arrecadação do Simples Nacional (21,53% e 25,57%, respectivamente).

É preciso, por outro lado, cuidado para não concluir que as microempresas e os pequenos negócios possuem alguma espécie de imunidade aos efeitos da crise e da recessão, de modo que seus faturamentos não decresceriam junto com a economia. À parte a ampliação contínua da cobertura do Simples Nacional, por vezes realizada durante a crise, a explicação mais provável para esse diferencial de desempenho na arrecadação está associada ao planejamento tributário (na prática, inacessível no regime simplificado – o único recurso seria a sonegação, e assim vira sonegação e crime) e, sobretudo, à crise de crédito (sem acesso à oferta de empréstimos de giro pelo sistema bancário ou cobrando taxas de juros de mercado absurdamente altas, que tornam baixas ou até inferiores as multas por atraso no recolhimento de tributos, a inadimplência se torna uma opção mais comum às grandes empresas, sobretudo no âmbito do IRPJ/CSLL e mesmo do ICMS, PIS/COFINS e IPI).

1.3. Arrecadação do ICMS nos Diferentes Regimes de Apuração (Simples Nacional versus Regime Normal)

O desempenho da parcela do Simples Nacional referente ao Imposto sobre Operações Relativas à Circulação de Mercadorias e sobre Prestações de Serviços de Transporte Interestadual, Intermunicipal e de Comunicação (ICMS), de competência estadual, por princípio, apresenta a mesma trajetória expansionista observada em relação aos tributos federais. O gráfico 15 evidencia sua trajetória positiva desde criação do sistema e, inclusive, no pós-crise global.

GRÁFICO 2 – Arrecadação do Simples Nacional – ICMS

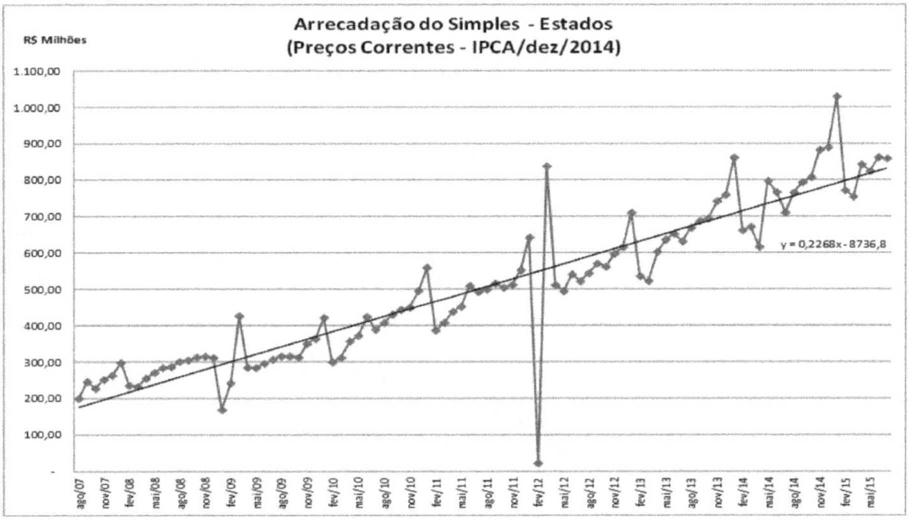

Fonte primária: RFB. Elaboração Própria (2021).

No gráfico 15, também convém ressaltar que a arrecadação apenas residual de fevereiro de 2012 se deve ao fato de naquele mês não ter havido recolhimento normal, em função de o prazo de opção ter sido estendido até 31/01/2012 e o recolhimento ter sido efetuado a partir de março/2012, nos termos da Lei Complementar nº 139/2011.

Os dados da arrecadação do ICMS dos optantes pelo Simples Nacional, desde a sua instituição em julho de 2007, mostram um crescimento real médio anual de 19,53%, decorrente, sobretudo, da formalização de negócios e empregos e da expressiva migração do regime normal de tributação para o Simples Nacional.

No caso da arrecadação do ICMS total, observa-se uma taxa de crescimento real médio anual de 16,42% no mesmo período, inferior ao crescimento observado na arrecadação dos optantes pelo Simples Nacional, mas ainda bastante acentuada. As diferenças somente se acentuam recentemente, na crise das finanças públicas de 2014/2015, resultado que foi reforçado em favor da arrecadação dos optantes pelo Simples Nacional, entre outros fatores, pelas alterações promovidas pela Lei Complementar nº 147/2014.

TABELA 5 – Arrecadação do ICMS do Simples Nacional versus ICMS Total

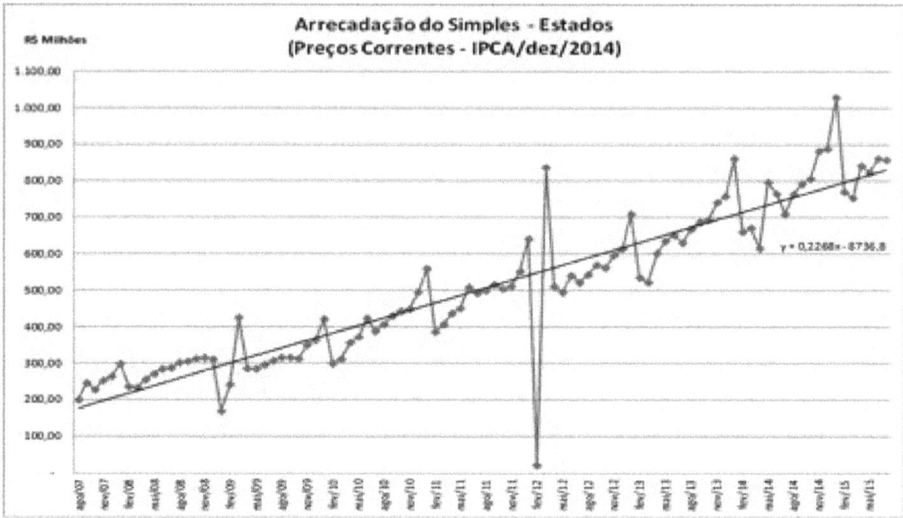

Fonte primária: RFB. Elaboração Própria (2021).
(1) ago. a dez./2007; (2) jan. a jul./2015; (3) em relação ao mesmo período do ano anterior; (4) em relação a jan. a jul./2014.

1.4 Arrecadação do ISS nos Diferentes Regimes de Apuração (Simples Nacional versus Regime Normal)

O fenômeno anteriormente observado do Simples Nacional também se repete com a parcela relativa ao ISS, de competência municipal, conforme evidenciado no gráfico 16.

Os dados da arrecadação do Simples Nacional, no âmbito dos municípios, referentes ao ISS, desde a sua instituição em julho de 2007, mostram um crescimento médio anual de 35,3%, decorrente, como nos casos anteriores, tanto da maior formalização de empresas quanto do aumento do número de optantes que migraram do regime normal de tributação para o Simples Nacional.

GRÁFICO 3 – Arrecadação do Simples Nacional – ISS

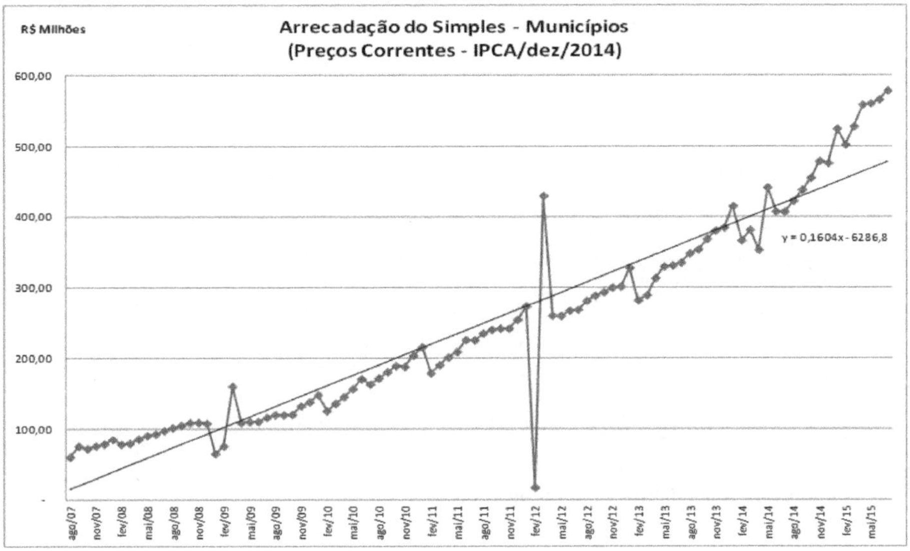

Fonte primária: RFB. Elaboração Própria (2021).

No gráfico 16, ressalta-se, também, que a arrecadação apenas residual de fevereiro de 2012 se deve ao fato de naquele mês não ter havido recolhimento normal, em função de o prazo de opção ter sido estendido até 31/01/2012 e o recolhimento somente a partir de março/2012, nos termos da Lei Complementar nº 139/2011.

A crise financeira mundial de 2008/2009 afetou negativamente a arrecadação total do ISS, com queda real de 2,57% em 2009, enquanto a arrecadação do ISS dos optantes pelo Simples Nacional cresceu fortemente (20,56% em termos reais) no mesmo período, resultado que decorreu, entre outros fatores, das alterações promovidas pela Lei Complementar nº 128/2008. Infelizmente, a ausência de dados consolidados para o conjunto de prefeituras brasileiras em bases mensais (como no caso da RFB e do ICMS) não permite analisar o comportamento comparativo mais recente do ISS municipal diante da nova e em curso crise econômica.

TABELA 6 – Arrecadação do ISS do Simples Nacional versus ISS Total

ANO	SIMPLES (ISS)		ISS (total)	
	Montante (R$ Milhões)	Crescimento[3] (%)	Montante (R$ Milhões)	Crescimento[3] (%)
2007	337,87[1]	-	22.449,93	-
2008	1.069,81	74,83	24.769,78	10,33
2009	1.289,72	20,56	24.132,98	-2,57
2010	1.851,71	43,57	28.172,83	16,74
2011	2.488,75	34,40	37.745,30	33,98
2012	3.030,43	21,77	41.294,25	9,40
2013	3.783,14	24,84	42.383,12	2,64
2014	4.717,51	24,70	ND	-
2015[2]	3.572,51	37,74	ND	-

Fonte primária: RFB. Elaboração própria (2021).

1.5 Arrecadação Agregada: Simples Nacional versus Regime Normal

Analisa-se nessa seção o desempenho da arrecadação do Simples Nacional (incluindo todos os tributos dos três entes federativos) em comparação àquela decorrente da apuração nos regimes normais de tributação do IRPJ, CSLL, PIS, COFINS, INSS, IPI, ICMS e ISS.

Conforme demonstrado na tabela 13, são corroboradas as principais conclusões já elencadas nas seções anteriores. A arrecadação dos optantes pelo Simples Nacional não foi negativamente impactada pela crise de 2008/2009, tendo inclusive se comportado de forma oposta à arrecadação agregada dos demais contribuintes, com crescimento real de 16,35% em 2009 e, apesar de a crise recente das finanças públicas em 2014/2015 vir derrubando a arrecadação nos três níveis da federação, essa situação não está ocorrendo com a arrecadação dos optantes pelo Simples Nacional, que vem crescendo a taxas de dois dígitos (21,17% em 2014 e 15,67% nos primeiros sete meses de 2015).

TABELA 7 – Arrecadação do Simples Nacional x Tributos Integrados ao Simples Nacional (Três Esferas da Federação)

Ano	Arrecadação Real (IPCA/jul-2015)			
	SIMPLES NACIONAL TOTAL		TRIBUTOS INTEGRADOS NÃO OPTANTES [4]	
	Montante (R$ Milhões)	Crescimento (%)	Montante (R$ Milhões)	Crescimento (%)
2007[1]	5.228,88	-	567.608,19	-
2008	15.787,81	31,62	645.011,19	13,64
2009	18.368,85	16,35	614.724,97	-4,70
2010	25.548,55	39,09	691.659,41	12,52
2011	32.411,10	26,86	775.647,49	12,14
2012	37.569,33	15,92	807.559,30	4,11
2013	46.658,54	24,19	864.252,06	7,02
2014	56.537,22	21,17	828.776,29	-4,10
2015[2]	38.938,83	15,67[3]	474.090,79	-

Fonte primária: RFB. Elaboração Própria (2021).
(1) Para o Simples Nacional, de ago. a dez/2007; (2) jan. a jul./2015; (3) em relação ao mesmo período do ano anterior; (4) IRPJ, CSLL, IPI, PIS/PASEP, COFINS, ICMS e ISS.

A diferenciação observada na arrecadação do Simples Nacional vis-à-vis a dos regimes normais dos tributos que o integram se repete na apuração da incidência efetiva da mesma tributação, como será visto na próxima seção.

2. Análise das alíquotas médias sobre a receita bruta

Esta análise é baseada no cálculo do que se opta por denominar de "Alíquota Média Sobre a Receita Bruta". Trata-se do produto de uma operação matemática e resulta em um elemento econômico, mas uma medida tributária no sentido restrito. Tal alíquota constitui o produto da divisão, de um lado, da arrecadação efetiva, reportada nos boletins de arrecadação, e, de outro, da receita bruta, como assim definida e informada pela RFB – que, lembrando, publica tais dados na consolidação de declarações do IRPJ.

No caso da arrecadação do Simples, na análise a seguir ora é tomado do regime como um todo, ora é considerado o relativo a uma das três esferas de governo ou de um de seus tributos. Sobre a receita bruta do Simples Nacional é alertado que o montante apurado pela RFB na consolidação do imposto de renda, conforme citado antes, não coincide com o divulgado para a mesma variável pelo comitê gestor, porém, quando se compara este com os outros dois regimes – lucros real e presumido – é preciso adotar uma única fonte, que é no caso o consolidado pela Receita, conforme antes indicado.

Chama-se a atenção que não se trata da "alíquota efetiva", de cada tributo, no sentido mais restrito da expressão. Antes de tudo, não há como construir essa medida pura e específica de um certo tributo, porque exigiria conhecer e usar os montantes específicos das bases de cálculo e tais dados não são publicados pela Receita Federal do Brasil e, no caso, pelas Secretarias Estaduais e Municipais de Fazenda e de Finanças. Além disso não existe uma base única e universal para todos os tributos que compõe um regime tributário e que integram a base de todos os impostos de competência de uma esfera de governo.

Como a receita bruta é a base de cálculo dos valores devidos ao Simples, seria até possível afirmar que a alíquota média constituiria a alíquota efetiva no caso único e específico desse regime simplificado. O mesmo, porém, não se aplica ao apurado pelos outros regimes, como do lucro real e do lucro presumido, quanto mais em relação a cada um dos tributos a serem analisados – que tomam por base os lucros, a folha salarial, o valor adicionado ou a receita líquida. Isso também se aplica ao conjunto de tributos da União, dos Estados ou dos Municípios, porque, igualmente, possuem bases as mais distintas.

A alíquota média em questão pode ser vista como uma espécie de medida da carga tributária, no todo ou em parte, em relação ao faturamento dos contribuintes, individualmente ou para o conjunto, de uma esfera de governo, de um regime ou de um determinado tributo, conforme o caso a ser analisado nesta seção.

2.1 Análise por tributo

Os dados apresentados na tabela 14 mostram a evolução da alíquota média sobre a receita, para o período de 2008 a 2013, apurada para o conjunto dos tributos federais que compõem o Simples Nacional (IRPJ, PIS, COFINS, CSLL, IPI e INSS), mas aqui expressos em relação a cada um dos três regimes de apuração – o próprio Simples, o lucro real e o lucro presumido.

As alíquotas médias, não custa relembrar, são expressas em relação à receita bruta. Como tal foram calculadas pela divisão entre a arrecadação total do respectivo tributo e a receita bruta total dos contribuintes do regime de apuração estudado, para cada período analisado. Assim, por exemplo, no caso da CSLL e dos contribuintes do Simples, em 2012, a alíquota em questão resulta da razão entre a arrecadação dos optantes para aquela contribuição social (R$ 2.190,93 milhões) e a receita bruta total dos optantes deste regime (R$ 732.300,85 milhões), ou seja, perfaz 0,29%.

Chamou a atenção a elevada redução da alíquota média do Lucro Presumido em 2011, como apresentado no Anexo 2, já que se desconhece qualquer fator econômico que justifique um efeito isolado somente para os optantes desse regime de apuração. Analisando mais detalhadamente os dados do referido ano, constatou-se um crescimento desproporcional da receita bruta em relação à arrecadação de todos os tributos federais, o que provocou a redução de todas as alíquotas médias. Perscrutando-se os dados setoriais divulgados pela Receita Federal, verificou-se que o problema deve estar nas informações do Setor de Alimentação (Seção 56 da CNAE), pois a sua arrecadação teria crescido incríveis 1.684% em apenas um ano, saindo de R$ 10,6 bilhões em 2010 para R$ 189,3 bilhões em 2011. Os dados subsequentes reforçam a tese de que o problema deve estar na receita bruta do mencionado setor em 2011, pois no ano de 2012 a arrecadação foi de R$ 14,8 bilhões.

Para que a análise não fosse distorcida por esse evidente erro, optou-se por fazer a correção dessa discrepância e expurgar o outlier do Setor de Alimentação (Seção 56 da CNAE). Como forma de correção, propõe-se a extrapolação linear, de forma que o dado de 2011 passou a ser a média entre as observações reais de 2010 e 2012 para o referido setor (R$ 12,7 bilhões). Assim, efetuadas as correções, temos as seguintes alíquotas para os tributos federais do lucro presumido em 2011: IRPJ: 2,41%, CSLL: 1,33%; PIS-COFINS: 2,46%; IPI: 0,26%; INSS: 2,17%. As mesmas alíquotas obtidas sem essa correção são apresentadas no Anexo 2, ao final deste texto.

Tabela 8 – Composição da Receita, Arrecadação e Alíquotas Médias sobre a Receita Bruta dos Tributos Federais nos Diferentes Regimes de Apuração

REGIME DE APURAÇÃO	VARIÁVEL		2008	2009	2010	2011	2012	2013
	ALÍQUOTA MÉDIA GLOBAL		ND	6,07%	6,21%	6,09%	6,11%	5,93%
SIMPLES	RECEITA BRUTA		ND	412.871,56	524.522,56	606.250,60	732.300,85	832.075,38
	IRPJ	ARRECADAÇÃO	ND	1.172,02	1.587,64	1.987,38	2.099,24	2.489,13
		ALÍQUOTA MÉDIA	ND	0,28%	0,30%	0,33%	0,29%	0,30%
	CSLL	ARRECADAÇÃO	ND	1.250,07	1.649,16	2.028,10	2.190,93	2.577,89
		ALÍQUOTA MÉDIA	ND	0,30%	0,31%	0,33%	0,30%	0,31%
	PIS/COFINS	ARRECADAÇÃO	ND	4.587,73	6.043,85	7.304,67	7.886,53	9.217,26
		ALÍQUOTA MÉDIA	ND	1,11%	1,15%	1,20%	1,08%	1,11%
	IPI	ARRECADAÇÃO	ND	230,87	301,98	334,89	378,66	420,62
		ALÍQUOTA MÉDIA	ND	0,06%	0,06%	0,06%	0,05%	0,05%
	INSS	ARRECADAÇÃO	ND	12.587,12	16.827,31	20.062,49	22.564,52	26.475,28
		ALÍQUOTA MÉDIA	ND	3,05%	3,21%	3,31%	3,08%	3,18%
	ALÍQUOTA MÉDIA TOTAL		ND	4,80%	5,04%	5,23%	4,80%	4,95%
LUCRO PRESUMIDO	RECEITA BRUTA		606.360,92	631.072,39	788.952,73	931.487,70	1.014.600,22	1.114.617,70
	IRPJ	ARRECADAÇÃO	13.894,96	14.766,17	18.846,27	22.467,53	24.866,37	27.422,79
		ALÍQUOTA MÉDIA	2,29%	2,34%	2,39%	2,41%	2,45%	2,46%
	CSLL	ARRECADAÇÃO	7.890,77	8.318,77	10.464,90	12.384,09	13.522,20	14.772,73
		ALÍQUOTA MÉDIA	1,30%	1,32%	1,33%	1,33%	1,33%	1,33%
	PIS/COFINS	ARRECADAÇÃO	14.903,90	15.236,98	19.865,12	22.946,53	24.654,21	26.331,03
		ALÍQUOTA MÉDIA	2,46%	2,41%	2,52%	2,46%	2,43%	2,36%
	IPI	ARRECADAÇÃO	1.707,49	1.690,14	2.122,83	2.422,84	2.319,23	2.341,59
		ALÍQUOTA MÉDIA	0,28%	0,27%	0,27%	0,26%	0,23%	0,21%
	INSS	ARRECADAÇÃO	11.624,06	13.576,10	16.846,26	20.170,08	23.442,01	26.858,37
		ALÍQUOTA MÉDIA	1,92%	2,15%	2,14%	2,17%	2,31%	2,41%
	ALÍQUOTA MÉDIA TOTAL		8,25%	8,49%	8,64%	8,63%	8,75%	8,77%
LUCRO REAL	RECEITA BRUTA		5.267.306,04	4.742.142,67	5.543.849,52	6.394.860,34	6.770.395,94	7.718.758,40
	IRPJ	ARRECADAÇÃO	60.668,62	54.005,63	62.845,78	69.440,27	69.327,14	73.338,54
		ALÍQUOTA MÉDIA	1,15%	1,14%	1,13%	1,09%	1,02%	0,95%
	CSLL	ARRECADAÇÃO	27.549,87	27.558,96	31.184,16	32.695,35	32.420,39	34.166,74
		ALÍQUOTA MÉDIA	0,52%	0,58%	0,56%	0,51%	0,48%	0,44%
	PIS/COFINS	ARRECADAÇÃO	105.512,60	103.901,35	123.770,50	138.219,88	152.271,72	160.969,06
		ALÍQUOTA MÉDIA	2,00%	2,19%	2,23%	2,16%	2,25%	2,09%
	IPI	ARRECADAÇÃO	25.396,83	18.989,27	25.360,11	28.903,05	25.158,70	27.085,82
		ALÍQUOTA MÉDIA	0,48%	0,40%	0,46%	0,45%	0,37%	0,35%
	INSS	ARRECADAÇÃO	66.499,53	73.210,96	88.245,16	101.604,50	116.946,53	138.549,53
		ALÍQUOTA MÉDIA	1,26%	1,54%	1,59%	1,59%	1,73%	1,79%
	ALÍQUOTA MÉDIA TOTAL		5,42%	5,86%	5,98%	5,80%	5,85%	5,62%

Fonte primária: RFB. Elaboração Própria (2021).
Notas: Dados não disponíveis; Dados da Receita Bruta e da Arrecadação em milhões de Reais.

É possível discriminar as alíquotas médias sobre a receita bruta assim calculadas para cada regime, e em cada um deles, para os principais tributos federalize para o referido período mais recente (2008 a 2013), conforme tabela 15.

Para o caso do IRPJ, percebe-se uma leve convergência em termos de redução das distâncias das alíquotas médias sobre a receita bruta entre os regimes de apuração do Simples Nacional e do Lucro Real no período de 2009 a 2013, mas com pouca variabilidade no caso do Lucro Presumido. Assim, em 2009, a diferença de alíquotas entre o Simples Nacional e o Lucro Real era de 0,87 pontos percentuais, diferença está reduzida para

0,65 pontos percentuais em 2013, o que implica uma redução de mais de ¼ na distância entre os regimes. Os dados mais recentes (2014 e 2015) de arrecadação do Simples Nacional e do IRPJ/Lucro Real, no entanto, sinalizam para uma menor distância entre tais alíquotas que retratam a incidência média suportada pelos contribuintes que apuram por cada um dos diferentes regimes.

Tabela 9 – Evolução das Alíquotas Médias sobre a Receita Bruta dos Tributos Federais nos Diferentes Regimes de Apuração

REGIME DE APURAÇÃO	TRIBUTO	2008	2009	2010	2011	2012	2013
SIMPLES	IRPJ	-	0,28%	0,30%	0,33%	0,29%	0,30%
	CSLL	-	0,30%	0,31%	0,33%	0,30%	0,31%
	PIS/COFINS	-	1,11%	1,15%	1,20%	1,08%	1,11%
	IPI	-	0,06%	0,06%	0,06%	0,05%	0,05%
	INSS	-	3,05%	3,21%	3,31%	3,08%	3,18%
	TOTAL	-	4,80%	5,04%	5,23%	4,80%	4,95%
LUCRO PRESUMIDO	IRPJ	2,29%	2,34%	2,39%	2,41%	2,45%	2,46%
	CSLL	1,30%	1,32%	1,33%	1,33%	1,33%	1,33%
	PIS/COFINS	2,46%	2,41%	2,52%	2,46%	2,43%	2,36%
	IPI	0,28%	0,27%	0,27%	0,26%	0,23%	0,21%
	INSS	1,92%	2,15%	2,14%	2,17%	2,31%	2,41%
	TOTAL	8,25%	8,49%	8,64%	8,63%	8,75%	8,77%
LUCRO REAL	IRPJ	1,15%	1,14%	1,13%	1,09%	1,02%	0,95%
	CSLL	0,52%	0,58%	0,56%	0,51%	0,48%	0,44%
	PIS/COFINS	2,00%	2,19%	2,23%	2,16%	2,25%	2,09%
	IPI	0,48%	0,40%	0,46%	0,45%	0,37%	0,35%
	INSS	1,26%	1,54%	1,59%	1,59%	1,73%	1,79%
	TOTAL	5,42%	5,86%	5,98%	5,80%	5,85%	5,62%
ALÍQUOTA GLOBAL		-	6,07%	6,21%	6,09%	6,11%	5,93%

Fonte primária: RFB. Elaboração Própria (2021).

Cabe registar que, em 2012, na medida adotada nesta análise, a carga tributária total do Simples Nacional retorna ao patamar de 2009, parecendo reverter a tendência de convergência observada em anos anteriores. Observa-se que a Lei Complementar nº 139/2011 corrigiu os limites do Simples Nacional a partir de 1º de janeiro de 2012, reajustando em 50% as tabelas de enquadramento das empresas, que passaram de R$ 240 mil para R$ 360 mil para as microempresas e de R$ 2,4 milhões para R$ 3,6 milhões para as empresas de pequeno porte. Tal fato introduziu na base do Simples empresas com faturamentos mais elevados, o que elevou o valor do denominador da relação matemática aqui estudada – alíquota média do Simples –em função do aumento da Receita Bruta total em proporção superior ao aumento da arrecadação respectiva (numerador).

Resta investigar se a tendência de convergência apenas teve um estancamento em 2012, voltando a se acentuar nos últimos anos com o acirramento da crise na economia – quando o desempenho da arrecadação do regime simplificado tende a ser muito melhor que o dos demais regimes, como já comprovado – ou se a partir de 2014 se observa uma nova divergência. Os dados de 2013, no entanto, parecem indicar que o ano 2012 foi atípico. Somente quando estiverem disponíveis os dados para esses anos mais recente (2014 e 2015) é que se poderá tirar conclusões mais concretas a respeito desse efeito.

O gráfico 17 a seguir ressalta essa evolução das alíquotas médias sobre a receita bruta dos tributos federais e por diferente regime. Destaca-se que, ao final do período de 2013, as alíquotas dos optantes pelo Simples Nacional e Lucro Presumido cresceram, enquanto a dos optantes pelo Lucro Real decresceu. Como continuou crescente a alíquota do INSS, em todos os anos e todos os regimes, conclui-se que foram nos outros tributos que se operou o diferencial de tendência entre os regimes.

Gráfico 4 – Alíquotas Médias sobre a Receita Bruta para o conjunto de tributos federais (IRPJ, PIS, COFINS, CSLL, IPI e INSS) e por regimes de apuração

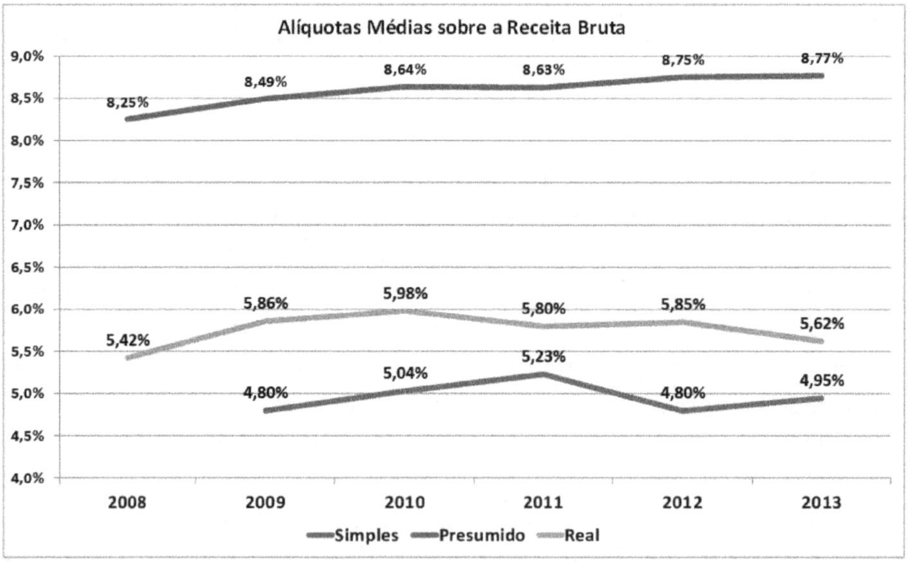

Fonte primária: RFB. Elaboração Própria (2021).

É interessante, ainda, isolar a contribuição previdenciária ao Instituto Nacional do Seguro Social (INSS), que nitidamente incide de forma mais acentuada sobre os optantes pelo Simples Nacional e distorce a carga tributária agregada. Os dados apresentados no gráfico 18 mostram o peso do financiamento da Previdência Social que recai sobre o regime do Simples Nacional em comparação com os demais regimes, que proporcionalmente contribuem menos, em todos os casos expressos em relação à receita bruta informada.

Gráfico 5 – Alíquotas Médias sobre a Receita Bruta para a Contribuição Previdenciária (INSS) e por Regimes de Apuração

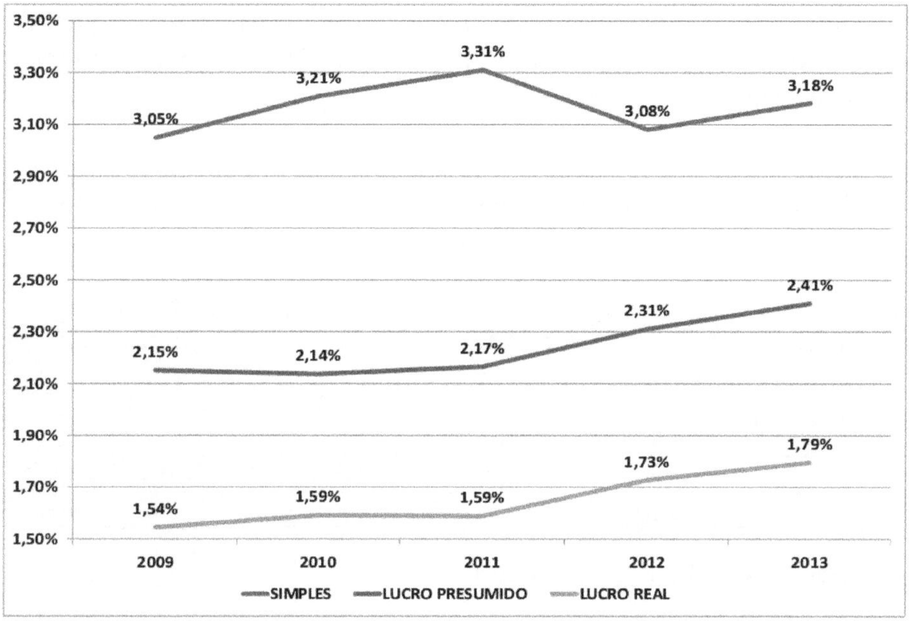

Fonte primária: RFB. Elaboração Própria (2021).

Não custa recordar que aqui vale também a observação quanto à correção do dado da receita bruta do Lucro Presumido em 2011 – ou seja, o gráfico 18 já incorpora às correções acima mencionadas.

É fato impressionante que a alíquota média do Simples Nacional supere a do Lucro Presumido e a do Lucro Real. Uma das prováveis explicações é que, nas grandes empresas, a folha de salários pesa menos nos custos do que nas pequenas e médias empresas, o que produz uma alíquota média mais baixa. Além disso, para o caso do Simples, as alíquotas são definidas nos Anexos da Lei Complementar nº 123/2006 e variam de um mínimo de 2,75% a 7,83% sobre a Receita Bruta, o que, por si só já determina uma alíquota média superior às observadas nos demais regimes.

Esse fato deve ser melhor explorado em conjunto com a análise do gasto tributário, pois não parece prosperar, ao menos em relação às contribuições previdenciárias, a tese da Receita Federal de que o Simples Nacional seja uma renúncia fiscal em relação aos demais regimes.

Esta análise pode ser complementada mudando a base para cálculo da alíquota. Como neste caso em que a RFB informa a base original do tributo, é possível calcular uma alíquota média da Contribuição ao INSS em relação à massa salarial – ver tabela 16

Tabela 10 – Alíquotas Médias sobre a Massa Salarial para a Contribuição Previdenciária (INSS) e por Regimes de Apuração

REGIME DE APURAÇÃO	VARIÁVEL	2009	2010	2011	2012	2013
SIMPLES	MASSA SALARIAL	83.474,47	92.273,09	108.209,98	133.315,90	150.301,60
	INSS	12.587,12	16.827,31	20.062,49	22.564,52	26.475,28
	ALÍQUOTA	15,08%	18,24%	18,54%	16,93%	17,61%
LUCRO PRESUMIDO	MASSA SALARIAL	55.585,47	67.538,96	82.580,47	94.905,03	106.099,37
	INSS	13.576,10	16.846,26	20.170,08	23.442,01	26.858,37
	ALÍQUOTA	24,42%	24,94%	24,42%	24,70%	25,31%
LUCRO REAL	MASSA SALARIAL	309833,10	359284,73	421182,16	478969,53	539641,73
	INSS	73.210,96	88.245,16	101.604,50	116.946,53	138.549,53
	ALÍQUOTA	23,63%	24,56%	24,12%	24,42%	25,67%

Fonte primária: RFB. Elaboração Própria (2021).

Mudam as conclusões da diferença entre regimes porque a massa salarial deve ter um peso maior nos custos das microempresas do que das médias e grandes empresas. Assim, a tabela 16, também ilustrada no gráfico 19, índica uma alíquota incidente sobre os optantes pelo Simples Nacional crescente (de 15,08% em 2009 para 17,61% em 2013), mas bastante inferior aos incidentes sobre a mesma folha dos não optantes – de modo que, em 2013, atingiu 25,31% e 25,67% para os contribuintes do Lucro Presumido e Real, respectivamente.

Gráfico 6 – Alíquotas Médias sobre a Massa Salarial para a Contribuição Previdenciária (INSS) e por Regimes de Apuração

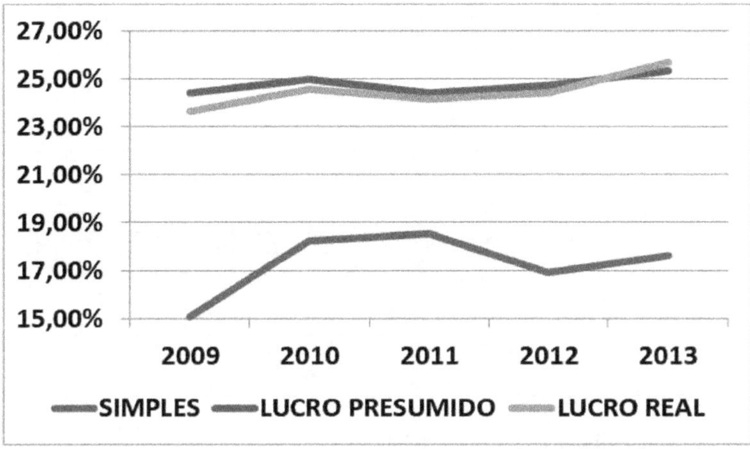

Fonte primária: RFB. Elaboração Própria (2021).

Imprescindível, ainda, observar a tendência nos anos mais recentes, de 2014 e 2015, assim que tais dados estiverem disponíveis.

Cabe investigar esse fenômeno mais detalhadamente de modo a considerar também cortes por entes da federação (União, Estados e Municípios) e por setores econômicos, analisados a seguir.

2.2 Análise por ente da federação

Analisando os tributos por entes da federação, igualmente para o período 2008 a 2013, é possível observar as alíquotas médias sobre a receita bruta correspondentes na tabela 17.

Antes de analisar, é importante atentar que não é considerada a arrecadação de todos os tributos da competência de cada uma das três esferas de governo, mas apenas daqueles que integram a base do Simples Nacional, sendo a seguir apresentados tanto para os contribuintes do Simples como para os demais contribuintes, mas, novamente, apenas considerados aqueles tributos.

Tabela 11 – Alíquotas Médias sobre a Receita Bruta dos Tributos do Simples nos Diferentes Regimes de Apuração e por esfera de governo

ESFERA DE GOVERNO	REGIME SIMPLIFICADO	VARIÁVEL	2008	2009	2010	2011	2012	2013
UNIÃO	OPTANTES	RECEITA BRUTA	-	412.871,56	524.522,56	606.250,60	732.300,85	832.075,38
		ARRECADAÇÃO	11.520,65	19.827,80	26.409,94	31.717,54	35.119,88	41180,194
		Alíquota Média		4,80%	5,04%	5,23%	4,80%	4,95%
	NÃO OPTANTES	RECEITA BRUTA	5.873.667	5.373.215	6.332.802	7.326.681	7.784.996	8.833.376
		ARRECADAÇÃO	480.538,52	434.941,73	529.687,83	610.682,81	645.992,13	699.572,64
		Alíquota Média	8,18%	8,09%	8,36%	8,34%	8,30%	7,92%
ESTADOS	OPTANTES	RECEITA BRUTA	-	372.865	473.697	547.505	661.341,47	751.448
		ARRECADAÇÃO	3.197,35	3.438,02	4.499,64	5.463,89	6.052,47	7.213,90
		Alíquota Média		0,92%	0,95%	1,00%	0,92%	0,96%
	NÃO OPTANTES	RECEITA BRUTA	5.340.972	4.885.907	5.758.467	6.662.209	7.078.958	8.032.258
		ARRECADAÇÃO	140.772,71	153.501,52	190.066,98	230.258,30	260.965,49	297.996,79
		Alíquota Média	2,64%	3,14%	3,30%	3,46%	3,69%	3,71%
MUNICÍPIOS	OPTANTES	RECEITA BRUTA	-	40.007	50.826	58.745	70.959	80.627
		ARRECADAÇÃO	1.069,81	1.289,72	1.851,71	2.488,75	3.030,43	3.483,11
		Alíquota Média		3,22%	3,64%	4,24%	4,27%	4,32%
	NÃO OPTANTES	RECEITA BRUTA	532.695	487.308	574.335	664.472	706.038	801.118
		ARRECADAÇÃO	23.699,97	22.843,26	26.321,12	32.798,23	34.525,25	38213,31
		Alíquota Média	4,45%	4,69%	4,58%	4,94%	4,89%	4,77%

Fonte primária: RFB. Elaboração Própria (2021).

As evidências são contundentes. A tabela 17 e os gráficos 20, 21 e 23 a seguir são inequívocos ao demonstrar aumento da alíquota média sobre a receita bruta do Simples Nacional, entre 2008 e 2013 em cada uma das três esferas de governo (embora, só tenha sido possível calcular as taxas para optantes daquele regime especial a partir de 2009).

Há uma tendência clara de que a distância da tributação efetiva do Simples Nacional para a dos demais contribuintes se encurte ao longo desse período até 2013. O caso mais espantoso é o dos municípios – muito influenciado pelo ISS – de modo que, em 2013, a alíquota média sobre a receita do regime especial (4,32%) está apenas 0,45 pontos percentuais abaixo da dos demais contribuintes (4,77%). No âmbito da União, a carga tributária total dos tributos federais suportada pelos optantes pelo Simples Nacional em 2013 dista apenas 2,97 pontos percentuais da mesma dos demais regimes juntos (Lucro Real e Lucro Presumido) – 4,95% contra 7,92%, sempre tomando por base a receita bruta.

Gráfico 7 – Alíquotas Médias sobre a Receita dos Tributos Federais (Total)

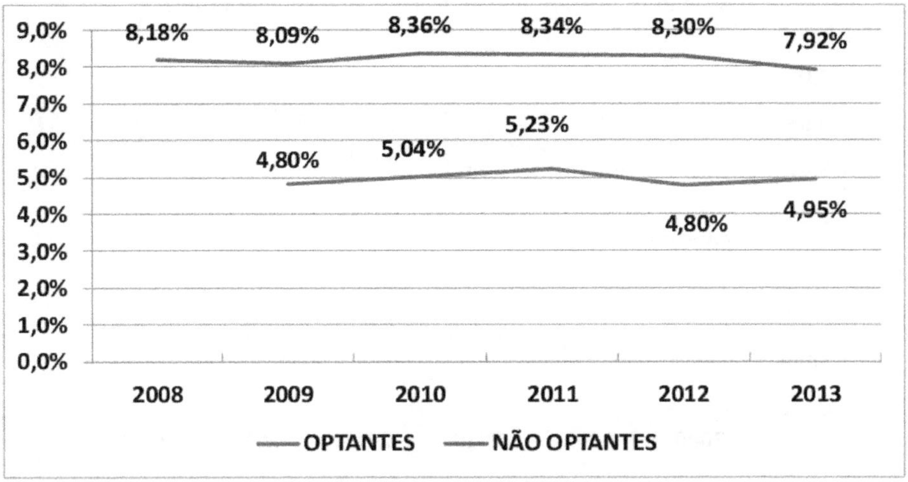

Fonte primária: RFB. Elaboração Própria (2021).

No caso dos estados, em que o ICMS constitui o tributo analisado, conforme o gráfico 21, foi mantida uma distância razoável entre as alíquotas média sobre a receita dos optantes do Simples Nacional em relação aos demais. Nunca é demais repetir que não se trata aqui de mensurar a alíquota efetiva praticada pelo ICMS, cuja base seria a do valor adicionado, mas sim mensurar o peso de sua incidência sobre o faturamento, distinguindo entre contribuintes que optam ou não pelo Simples Nacional.

O caso dos Municípios merece atenção, como já dito, pois, a diferença das alíquotas médias sobre a receita cai de 1,47 pontos percentuais em 2009 para 0,45 em 2013, conforme o gráfico 2.2.3. Trata-se de uma redução de quase 70% na distância das alíquotas médias entre os regimes, reforçando a tendência recente de aumento da carga tributária do Simples Nacional em relação aos demais regimes.

À parte, é alertado que não se trata aqui da alíquota efetiva do ISS, mas, como nos casos antes aqui examinados, é apresentada apenas a razão entre sua arrecadação e faturamento bruto de todos os contribuintes. Também se faz necessário analisar os dados de 2014 e 2015, quando estiverem disponíveis, para se ter uma melhor indicação dessas tendências.

GRÁFICO 8 – Alíquotas Médias sobre a Receita do Tributo dos Estados (ICMS) – Optantes do Simples Nacional versus Não Optantes

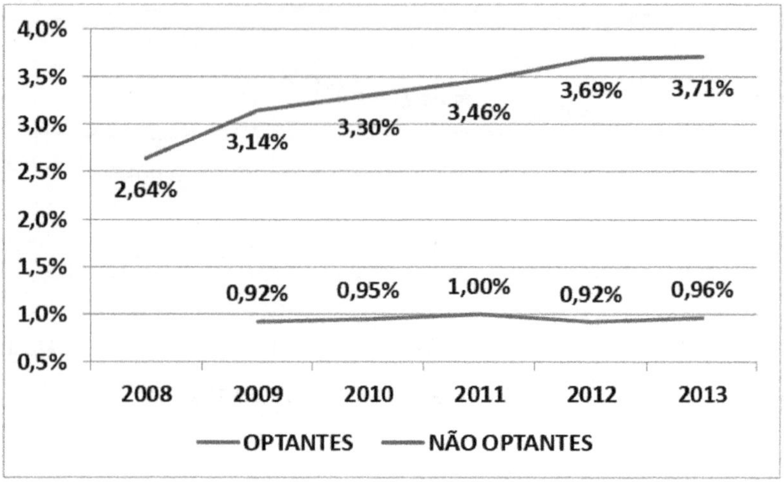

Fonte primária: RFB. Elaboração Própria (2021).

GRÁFICO 9 – Alíquotas Médias dos Tributos dos Municípios (ISS) – Optantes do Simples Nacional versus Não Optantes

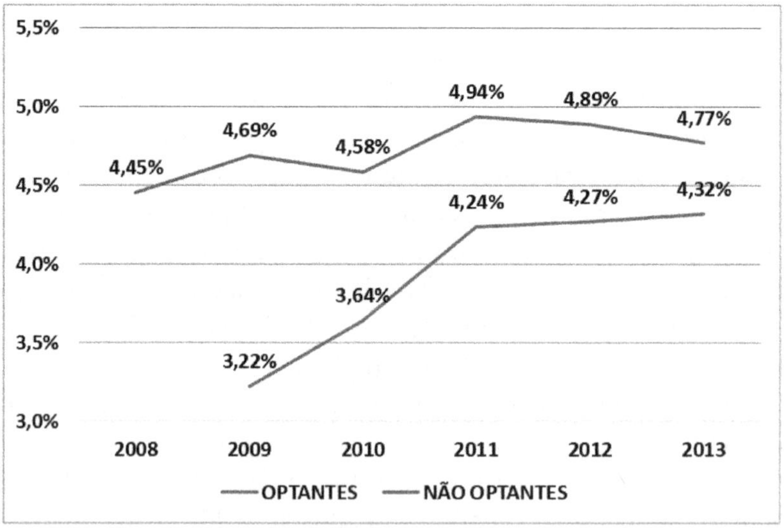

Fonte primária: RFB. Elaboração Própria (2021).

É de se destacar que o aumento da alíquota média dos optantes pelo Simples Nacional se contrapõe à tese de que a receita desse regime simplificado só cresceria porque aumenta sua cobertura. É fato que aumentaram o número de optantes e a receita agregada, mas os tributos cresceram em ritmo bem maior, pois a alíquota média aumentou.

2.3 Análise por atividade econômica

As análises propostas em seções anteriores deste estudo incorporaram decomposições por setores e grupos econômicos, que ora serão desenvolvidas na presente seção. Como estão disponíveis tabulações especiais mais recentes sobre a arrecadação, apurados pelo comitê gestor do Simples Nacional, é possível atualizar as análises para o exercício de 2014. Enquanto no caso dos tributos estavam limitadas pela divulgação das estatísticas consolidadas das declarações do imposto de renda, cuja última edição contém informações apenas até o exercício de 2013.

Os dados do faturamento total (receita bruta) e do número total de empresas do Simples Nacional por Seção da CNAE, em 2014, são apresentados na tabela 18. As seções da CNAE são as seguintes: A: Agricultura, pecuária, produção florestal, pesca e aquicultura. B: Indústrias extrativas. C: Indústrias de transformação. D: Eletricidade e gás. E: Água, esgoto, atividades de gestão de resíduos e descontaminação. F: Construção. G: Comércio; reparação de veículos automotores e motocicletas. H: Transporte, armazenagem e correio. I: Alojamento e alimentação. J: Informação e comunicação. K: Atividades financeiras, de seguros e serviços relacionados. L: Atividades imobiliárias. M: Atividades profissionais, científicas e técnicas. N: Atividades administrativas e serviços complementares. O: Administração pública, defesa e seguridade social. P: Educação. Q: Saúde humana e serviços sociais. R: Artes, cultura, esporte e recreação. S: Outras atividades de serviços. T: Serviços domésticos. U: Organismos internacionais e outras instituições extraterritoriais.

Como já sabido, há uma razoável concentração dos micro e pequenos negócios em alguns segmentos. Os setores econômicos do Comércio, Reparação de Veículos Automotores e Motocicletas (Seção G) concentram mais de 50% do número total de empresas (51,33%) e do faturamento total (52,58%) dos contribuintes optantes pelo Simples Nacional, seguidos pela Indústria da Transformação (Seção C), que concentra mais de 10% das empresas (10,51%) e mais de 15% das receitas totais (15,12%). A Seção I (Alojamento e Alimentação) concentra mais de 8% do total de empresas (8,65%) e do total de receitas (8,10%). Juntas, as três seções concentram 70,5% do total de empresas e 75,8% das receitas totais das empresas optantes pelo Simples Nacional, o que justifica a concentração da análise nessas três seções.

Tabela 12 – Número de Empresas e Receitas das Empresas do Simples Nacional

SEÇÃO CNAE	A	B	C	D	E	F	G	H	I	J	K	L	DEMAIS
Qtd. Empresas	11.368	4.742	296.231	9	6.212	109.304	1.446.762	146.518	243.880	86.335	1.116	4.508	461.838
Total de Receitas (Milhões de R$)	3.844	2.323	139.392	3	2.376	36.854	484.796	46.374	74.647	20.325	272	1.003	109.745
Participação % Empresas	0,40	0,17	10,51	0,00	0,22	3,88	51,33	5,20	8,65	3,06	0,04	0,16	16,38
Participação % Total de Receitas	0,42	0,25	15,12	0,00	0,26	4,00	52,58	5,03	8,10	2,20	0,03	0,11	11,90

Fonte primária: SEBRAE e RFB. Elaboração Própria (2021).

Adotado o corte setorial para análise, é avaliado o desempenho da arrecadação total do Simples Nacional (incluindo todos os tributos dos três entes federativos) em comparação com os desempenhos das arrecadações de cada um dos tributos que compõem a sua base, mas nos distintos regimes tributários de apuração, evidenciando-se, ainda, as alíquotas médias de cada regime, para cada tributo e/ou conjunto de tributos, sempre expressas em relação à receita bruta dos respectivos contribuintes.

Uma ressalva é importante, conforme nota metodológica da Receita Federal do Brasil:

> No trabalho anterior, os dados de arrecadação foram proporcionalizados pelo faturamento de cada divisão, pois só se dispunha do total arrecadado por tributo, e não por divisão e UF. No presente trabalho, os dados de arrecadação foram estimados por empresa, a partir de seu faturamento anual e das tabelas de alíquotas do SIMPLES Nacional. Estes valores, por empresa, foram proporcionalizados para coincidir com o total arrecadado real, obtendo-se valores mais próximos da realidade. (RECEITA FEDERAL DO BRASIL, 2014).

Os dados das tabelas 19 a 23 e dos gráficos 23 e 24 oferecem informações para analisar as alíquotas decompostas setorialmente, conforme a Divisão da CNAE (01 a 99) para o período de 2009 a 2013. Como seria de se esperar, são bastante diferenciadas as alíquotas médias de uma para outra atividade e, ainda, de um para outro regime (Simples Nacional em relação aos do Lucro Presumido e do Lucro Real).

Deve ser ressaltado mais uma vez o caso das contribuições previdenciárias, destacado no gráfico 23. Observa-se, claramente, o maior peso proporcional do financiamento da Previdência por parte dos optantes pelo Simples Nacional. Neste ponto, importante destacar também que o setor de serviços é o que mais participa do Simples Nacional e, por ser um grande empregador, a Previdência sempre alegou que o sistema lhe causaria um grande dano, mas o fato é que, se as empresas não tivessem optado pelo Simples e aplicassem a média do lucro real estariam pagando menos previdência.

TABELA 13 – Alíquotas Médias dos Tributos Federais – Decomposição por Seção do CNAE (2009)

2009	SIMPLES NACIONAL							LUCRO PRESUMIDO							LUCRO REAL						
Seção	QTD EMP	IRPJ	CSLL	PIS/COFINS	IPI	INSS	TOTAL	QTD EMP	IRPJ	CSLL	PIS/COFINS	IPI	INSS	TOTAL	QTD EMP	IRPJ	CSLL	PIS/COFINS	IPI	INSS	TOTAL
GERAL	2.983.974	0,28%	0,30%	1,12%	0,06%	3,05%	4,80%	980.782	2,34%	1,32%	2,41%	0,27%	2,19%	8,49%	128.254	1,14%	0,58%	2,19%	0,40%	1,54%	5,86%
A	13.608	0,35%	0,37%	1,31%	0,05%	3,43%	5,51%	9.132	2,32%	1,31%	1,87%	0,01%	2,21%	7,71%	3.318	0,37%	0,18%	0,69%	0,16%	1,98%	3,38%
B	6.439	0,29%	0,31%	1,14%	0,22%	2,95%	4,90%	2.621	1,98%	1,12%	2,73%	0,01%	2,54%	8,39%	824	3,76%	3,23%	1,72%	0,04%	2,13%	10,88%
C	308.509	0,29%	0,31%	1,18%	0,29%	3,10%	5,18%	69.814	1,59%	0,97%	3,05%	1,07%	2,49%	9,18%	20.851	1,05%	0,45%	2,98%	1,04%	1,49%	7,01%
D	29	0,23%	0,38%	1,26%	0,06%	2,91%	4,84%	988	3,27%	1,60%	2,91%	0,00%	0,74%	8,52%	704	2,02%	1,00%	4,12%	0,00%	0,87%	8,01%
E	5.461	0,44%	0,45%	1,56%	0,13%	3,28%	5,67%	1.735	3,40%	1,52%	2,39%	0,20%	2,70%	10,20%	421	3,38%	1,26%	5,48%	0,02%	3,57%	13,69%
F	60.514	0,77%	0,88%	1,58%	0,01%	2,13%	5,37%	69.651	2,05%	1,19%	2,80%	0,01%	2,60%	8,64%	7.396	0,92%	0,35%	2,19%	0,01%	3,56%	7,01%
G	1.741.657	0,24%	0,26%	1,01%	0,01%	2,89%	4,40%	277.568	1,39%	1,08%	2,27%	0,20%	1,27%	6,20%	42.027	0,38%	0,17%	0,90%	0,05%	0,98%	2,47%
H	136.511	0,35%	0,38%	1,41%	0,01%	3,85%	5,99%	43.073	2,05%	1,12%	2,61%	0,01%	2,60%	8,40%	7.909	1,28%	0,54%	2,93%	0,01%	3,10%	7,86%
I	274.598	0,23%	0,25%	1,01%	0,01%	2,99%	4,50%	17.722	2,09%	1,18%	2,96%	0,00%	3,29%	9,53%	1.886	0,83%	0,36%	3,67%	0,00%	3,59%	8,44%
J	60.820	0,49%	0,43%	1,33%	0,02%	3,67%	5,94%	58.326	3,88%	1,87%	1,53%	0,03%	2,15%	9,46%	4.621	1,16%	0,52%	3,05%	0,02%	1,76%	6,51%
K	1.123	0,43%	0,44%	1,31%	0,01%	3,16%	5,34%	39.577	5,57%	2,72%	3,05%	0,02%	1,46%	12,83%	15.531	1,82%	1,19%	1,29%	0,00%	1,07%	5,36%
L	3.133	0,81%	0,52%	1,53%	0,03%	3,75%	6,64%	38.831	5,11%	2,52%	3,29%	0,00%	1,32%	12,24%	3.452	3,16%	1,43%	4,60%	0,11%	2,51%	11,80%
M	42.073	0,35%	0,36%	1,36%	0,00%	3,84%	5,92%	147.154	4,60%	2,01%	1,32%	0,01%	1,89%	9,84%	5.345	1,10%	0,42%	2,61%	0,11%	4,17%	8,40%
N	158.752	0,45%	0,46%	1,41%	0,00%	3,60%	5,92%	62.447	3,94%	1,77%	1,92%	0,05%	4,17%	11,85%	7.590	1,55%	0,61%	2,64%	0,68%	4,36%	9,82%
O	15	0,39%	0,43%	1,53%	0,00%	4,20%	6,54%	240	3,79%	1,98%	1,88%	0,00%	26,86%	34,52%	127	0,77%	0,43%	2,94%	0,00%	15,40%	19,54%
P	54.906	0,36%	0,42%	1,47%	0,00%	4,03%	6,27%	18.070	4,23%	2,04%	2,16%	0,00%	5,38%	13,82%	1.782	0,81%	0,39%	1,34%	0,00%	7,10%	9,64%
Q	4.714	2,27%	0,95%	1,96%	0,00%	4,18%	9,35%	100.486	2,39%	1,42%	1,71%	0,00%	2,66%	8,16%	3.559	0,72%	0,28%	1,67%	0,00%	4,12%	6,79%
R	26.469	0,86%	0,58%	1,30%	0,00%	3,57%	6,31%	12.069	5,02%	2,34%	2,68%	0,00%	2,76%	12,80%	460	2,14%	0,82%	3,87%	0,00%	3,00%	9,82%
S	84.523	0,26%	0,30%	1,13%	0,01%	3,59%	5,29%	11.255	3,53%	1,76%	2,28%	0,06%	3,83%	11,46%	448	1,01%	0,37%	3,41%	0,09%	3,84%	8,72%
T	138	0,61%	0,66%	1,16%	0,00%	2,21%	4,64%	25	0,18%	0,11%	0,10%	0,00%	7,45%	7,84%	3	0,00%	0,00%	0,00%	0,00%	0,22%	0,22%
U	ND	ND	ND	ND	ND	ND	ND	5	5,41%	2,89%	0,24%	0,00%	2,93%	11,49%	ND	ND	ND	ND	ND	ND	ND

Fonte primária: RFB. Elaboração Própria (2021).

TABELA 14 – Alíquotas Médias dos Tributos Federais – Decomposição por Seção do CNAE (2010)

2010	SIMPLES NACIONAL							LUCRO PRESUMIDO							LUCRO REAL						
Seção	QTD EMP	IRPJ	CSLL	PIS/COFINS	IPI	INSS	TOTAL	QTD EMP	IRPJ	CSLL	PIS/COFINS	IPI	INSS	TOTAL	QTD EMP	IRPJ	CSLL	PIS/COFINS	IPI	INSS	TOTAL
GERAL		0.30%	0.31%	1.13%	0.06%	3.21%	5.04%		2.39%	1.33%	2.52%	0.27%	2.14%	8,64%		1.13%	0.56%	2.23%	0,46%	1.59%	5.98%
A	15.258	0,37%	0,38%	1,30%	0,05%	3,65%	5,81%	7.556	2,32%	1,32%	1,42%	0,01%	1,94%	7,01%	3.233	0,40%	0,19%	0,84%	0,22%	2,09%	3,73%
B	6.935	0,29%	0,30%	1,12%	0,21%	2,98%	4,90%	2.618	2,02%	1,16%	2,99%	0,01%	2,39%	8,56%	796	4,87%	2,37%	1,29%	0,03%	1,59%	10,15%
C	337.879	0,30%	0,32%	1,20%	0,30%	3,23%	5,34%	66.022	1,65%	0,99%	3,15%	1,05%	2,59%	9,22%	21.059	0,95%	0,41%	3,01%	1,18%	1,51%	7,05%
D	26	0,32%	0,43%	1,35%	0,02%	2,95%	5,06%	1.158	2,21%	1,13%	2,58%	0,00%	0,54%	6,26%	818	2,18%	1,04%	4,27%	0,00%	0,93%	8,40%
E	6.259	0,43%	0,44%	1,35%	0,12%	3,28%	5,62%	1.719	3,77%	1,66%	2,64%	0,17%	2,99%	11,23%	433	2,76%	1,09%	5,26%	0,01%	3,56%	12,67%
F	80.534	0,85%	0,88%	1,59%	0,01%	2,12%	5,45%	82.883	2,01%	1,13%	2,73%	0,00%	2,75%	8,62%	7.129	0,79%	0,51%	2,04%	0,00%	3,88%	7,02%
G	1.847.224	0,25%	0,27%	1,05%	0,01%	3,04%	4,62%	271.898	1,47%	1,10%	2,39%	0,25%	1,23%	6,42%	65.683	0,53%	0,22%	1,24%	0,16%	0,90%	3,05%
H	154.884	0,37%	0,39%	1,46%	0,01%	4,09%	6,31%	42.082	2,20%	1,17%	2,78%	0,01%	2,59%	8,76%	8.145	1,06%	0,46%	2,91%	0,01%	3,16%	7,64%
I	294.220	0,25%	0,26%	1,06%	0,01%	3,16%	4,74%	15.628	2,14%	1,21%	3,09%	0,00%	3,32%	9,76%	1.694	1,04%	0,44%	3,46%	0,00%	3,84%	8,79%
J	75.370	0,42%	0,39%	1,37%	0,02%	3,94%	6,15%	54.551	4,14%	1,93%	1,62%	0,03%	2,19%	9,91%	4.660	1,26%	0,57%	3,02%	0,02%	1,78%	6,65%
K	1.140	0,43%	0,49%	1,43%	0,01%	3,49%	5,85%	43.383	5,56%	2,73%	3,10%	0,02%	1,55%	12,95%	15.446	1,85%	1,19%	1,33%	0,00%	1,20%	5,57%
L	3.553	0,91%	0,54%	1,61%	0,03%	4,08%	7,17%	44.775	4,88%	2,38%	3,34%	0,01%	1,20%	11,78%	3.151	2,67%	1,20%	4,82%	0,05%	2,57%	11,32%
M	31.831	0,35%	0,37%	1,42%	0,00%	4,12%	6,28%	155.895	4,75%	2,06%	1,37%	0,02%	1,95%	10,14%	5.318	1,31%	0,52%	2,71%	0,13%	4,46%	9,13%
N	184.200	0,48%	0,47%	1,46%	0,00%	3,75%	6,16%	60.725	4,15%	1,82%	1,99%	0,05%	4,30%	12,30%	7.579	1,62%	0,67%	2,92%	0,66%	4,59%	10,47%
O	12	0,83%	0,49%	1,24%	0,00%	3,93%	6,50%	221	4,11%	2,09%	5,02%	0,00%	14,54%	25,76%	128	1,86%	0,72%	4,19%	0,01%	15,85%	22,63%
P	68.440	0,38%	0,42%	1,52%	0,00%	4,31%	6,62%	16.672	4,59%	2,16%	2,25%	0,01%	5,36%	14,37%	1.865	0,61%	0,29%	1,35%	0,00%	7,19%	9,44%
Q	6.017	1,91%	0,82%	1,93%	0,00%	4,48%	9,15%	108.047	2,44%	1,44%	1,77%	0,00%	2,73%	8,38%	3.290	0,72%	0,30%	1,97%	0,00%	4,58%	7,56%
R	31.841	0,52%	0,43%	1,36%	0,00%	4,03%	6,33%	10.816	5,47%	2,45%	2,83%	0,00%	2,92%	13,68%	438	2,25%	0,88%	4,89%	0,00%	2,92%	10,94%
S	92.458	0,28%	0,32%	1,18%	0,01%	3,79%	5,58%	9.878	4,00%	1,90%	2,50%	0,04%	3,95%	12,38%	233	0,52%	0,20%	2,88%	0,15%	4,41%	8,17%
T	163	1,19%	0,83%	1,24%	0,00%	1,16%	4,42%	20	0,39%	0,26%	0,70%	0,00%	17,60%	18,96%	2	0,00%	0,00%	0,00%	0,00%	0,20%	0,20%
U	ND	ND	ND	ND	ND	ND	ND	5	5,76%	2,85%	1,27%	0,00%	2,64%	12,53%	ND	ND	ND	ND	ND	ND	ND

Fonte primária: RFB. Elaboração Própria (2021).

TABELA 15 – Alíquotas Médias dos Tributos Federais – Decomposição por Seção do CNAE (2011)

2011	SIMPLES NACIONAL							LUCRO PRESUMIDO							LUCRO REAL						
Seção	QTD EMP	IRPJ	CSLL	PIS/COFINS	IPI	INSS	TOTAL	QTD EMP	IRPJ	CSLL	PIS/COFINS	IPI	INSS	TOTAL	QTD EMP	IRPJ	CSLL	PIS/COFINS	IPI	INSS	TOTAL
GERAL	3.390.121	0.33%	0.33%	1.20%	0,06%	3,31%	5,23%	1.039.684	2,41%	1,33%	2,46%	0.28%	2,17%	8,63%	154.199	1,09%	0,51%	2,16%	0,45%	1,59%	5,80%
A	16.414	0,39%	0,40%	1,43%	0,06%	3,84%	6,12%	9.645	2,35%	1,34%	1,80%	0,00%	2,06%	7,55%	3.070	0,44%	0,20%	0,67%	0,13%	2,23%	3,67%
B	7.174	0,33%	0,34%	1,23%	0,24%	3,26%	5,40%	2.801	1,96%	1,13%	2,90%	0,01%	2,22%	8,23%	833	4,16%	1,74%	1,24%	0,03%	1,62%	8,79%
C	347.869	0,31%	0,32%	1,22%	0,30%	3,27%	5,42%	68.221	1,64%	0,98%	3,08%	1,03%	2,51%	9,23%	21.623	0,78%	0,37%	2,94%	1,24%	1,59%	6,93%
D	26	0,51%	0,47%	1,40%	0,05%	3,15%	5,37%	1.487	2,88%	1,48%	2,34%	0,00%	0,56%	7,44%	854	2,22%	1,06%	4,30%	0,00%	0,93%	8,51%
E	6.716	0,45%	0,46%	1,40%	0,11%	3,39%	5,82%	1.848	3,67%	1,60%	2,46%	0,19%	2,98%	10,91%	467	2,32%	1,02%	5,25%	0,01%	3,63%	12,21%
F	99.463	0,92%	0,92%	1,66%	0,00%	2,17%	5,67%	90.652	2,08%	1,16%	2,69%	0,00%	2,90%	8,84%	6.924	0,74%	0,31%	2,10%	0,00%	4,04%	7,19%
G	1.874.069	0,27%	0,28%	1,10%	0,01%	3,14%	4,81%	279.904	1,45%	1,08%	2,30%	0,22%	1,23%	6,29%	69.270	0,53%	0,22%	1,28%	0,18%	0,91%	3,13%
H	168.546	0,40%	0,41%	1,53%	0,01%	4,27%	6,61%	43.674	2,31%	1,20%	2,79%	0,01%	2,65%	8,96%	8.360	1,16%	0,46%	2,79%	0,01%	3,27%	7,71%
I	302.256	0,26%	0,28%	1,09%	0,01%	3,22%	4,87%	15.866	2,72%	1,52%	3,81%	0,00%	4,03%	12,09%	1.734	1,17%	0,49%	3,52%	0,00%	3,70%	8,88%
J	86.673	0,45%	0,41%	1,44%	0,02%	4,14%	6,48%	51.408	4,29%	1,94%	1,66%	0,02%	2,36%	10,27%	4.655	1,48%	0,84%	3,15%	0,03%	1,86%	7,16%
K	965	0,37%	0,45%	1,43%	0,01%	3,68%	5,93%	47.596	5,63%	2,85%	3,30%	0,01%	1,58%	13,37%	15.493	1,69%	0,92%	1,29%	0,00%	1,04%	4,94%
L	3.889	1,12%	0,62%	1,74%	0,01%	4,46%	7,95%	51.747	4,82%	2,36%	3,34%	0,00%	1,10%	11,63%	2.876	3,96%	1,69%	5,33%	0,02%	2,78%	13,78%
M	61.568	0,36%	0,38%	1,48%	0,00%	4,31%	6,54%	163.525	4,76%	2,05%	1,55%	0,01%	2,01%	10,19%	5.211	1,44%	0,56%	2,77%	0,11%	4,56%	9,43%
N	205.095	0,51%	0,50%	1,52%	0,00%	3,84%	6,36%	59.992	3,86%	1,70%	1,71%	0,06%	3,84%	11,16%	7.253	1,51%	0,63%	2,82%	0,59%	4,48%	10,03%
O	10	0,20%	0,32%	1,05%	0,00%	3,36%	4,93%	213	3,93%	2,16%	3,25%	0,00%	11,71%	21,02%	125	0,74%	0,27%	2,34%	0,05%	10,08%	13,47%
P	69.254	0,42%	0,44%	1,60%	0,00%	4,53%	6,99%	16.060	4,81%	2,20%	2,27%	0,02%	5,56%	14,86%	1.590	0,80%	0,39%	1,44%	0,00%	7,95%	10,57%
Q	7.048	1,97%	0,85%	2,00%	0,00%	4,54%	9,36%	115.585	2,51%	1,44%	1,73%	0,00%	2,66%	8,33%	3.074	0,78%	0,31%	2,28%	0,00%	5,06%	8,42%
R	35.774	0,59%	0,45%	1,46%	0,00%	4,23%	6,73%	10.160	5,58%	2,40%	2,71%	0,01%	2,48%	13,16%	414	2,02%	0,83%	4,71%	0,01%	2,60%	10,16%
S	97.130	0,30%	0,34%	1,26%	0,01%	3,96%	5,87%	9.290	3,92%	1,82%	2,42%	0,05%	3,93%	12,14%	392	0,89%	0,33%	3,21%	0,06%	4,53%	9,02%
T	182	1,59%	1,07%	1,74%	0,00%	1,93%	6,34%	26	0,16%	0,13%	0,14%	0,00%	7,86%	8,30%	1	ND	ND	ND	ND	ND	ND
U	ND	ND	ND	ND	ND	ND	ND	6	5,14%	2,56%	0,90%	0,00%	4,44%	13,05%	ND	ND	ND	ND	ND	ND	ND

Fonte primária: RFB. Elaboração Própria (2021).

TABELA 16 – Alíquotas Médias dos Tributos Federais – Decomposição por Seção do CNAE (2012)

2012	SIMPLES NACIONAL							LUCRO PRESUMIDO							LUCRO REAL						
Seção	QTD EMP	IRPJ	CSLL	PIS/COFINS	IPI	INSS	TOTAL	QTD EMP	IRPJ	CSLL	PIS/COFINS	IPI	INSS	TOTAL	QTD EMP	IRPJ	CSLL	PIS/COFINS	IPI	INSS	TOTAL
GERAL	3.526.226	0,29%	0,30%	1,08%	0,05%	3,08%	4,80%	1.053.569	2,45%	1,33%	2,43%	0,23%	2,31%	8,75%	151.945	1,02%	0,48%	2,25%	0,37%	1,73%	5,85%
A	17.596	0,34%	0,36%	1,29%	0,05%	3,60%	5,63%	9.949	2,40%	1,36%	1,66%	0,00%	2,05%	7,47%	3.007	0,42%	0,19%	0,58%	0,09%	1,85%	3,14%
B	7.488	0,30%	0,31%	1,12%	0,23%	3,02%	4,98%	2.832	2,05%	1,17%	2,91%	0,02%	2,77%	8,92%	852	1,83%	0,99%	1,45%	0,03%	2,08%	6,38%
C	354.286	0,28%	0,29%	1,12%	0,28%	3,12%	5,10%	65.929	1,82%	0,96%	3,01%	0,93%	2,80%	9,31%	21.445	0,60%	0,28%	2,35%	0,98%	1,65%	6,44%
D	23	0,28%	0,31%	1,14%	0,10%	3,19%	5,02%	1.710	2,15%	1,16%	2,59%	0,00%	0,80%	6,70%	894	1,93%	0,90%	4,00%	0,00%	0,86%	7,69%
E	7.411	0,44%	0,44%	1,33%	0,09%	3,28%	5,58%	1.944	3,64%	1,54%	2,40%	0,22%	3,23%	11,04%	479	2,44%	1,00%	5,52%	0,01%	3,60%	12,57%
F	123772	0,79%	0,88%	1,54%	0,01%	2,01%	5,22%	96.836	2,15%	1,19%	2,79%	0,00%	3,22%	9,36%	6.554	0,79%	0,29%	2,07%	0,00%	4,28%	7,44%
G	1.877.745	0,23%	0,24%	0,97%	0,01%	2,92%	4,37%	274.436	1,51%	1,09%	2,20%	0,20%	1,23%	6,23%	69.242	0,53%	0,22%	1,39%	0,16%	1,01%	3,30%
H	187.455	0,33%	0,35%	1,33%	0,01%	3,90%	5,92%	43.934	2,31%	1,18%	2,69%	0,01%	2,75%	8,93%	8.277	1,23%	0,50%	2,75%	0,01%	3,42%	7,91%
I	307.785	0,23%	0,24%	0,98%	0,01%	3,01%	4,46%	14.745	2,24%	1,22%	3,05%	0,00%	3,31%	9,82%	1.622	1,06%	0,44%	3,61%	0,00%	4,18%	9,29%
J	98.144	0,38%	0,35%	1,23%	0,01%	3,84%	5,81%	47.520	4,24%	1,88%	1,60%	0,02%	3,09%	10,82%	4.684	1,59%	0,72%	3,28%	0,02%	2,31%	7,92%
K	1.265	0,40%	0,41%	1,33%	0,01%	3,54%	5,68%	52.192	5,73%	2,83%	3,41%	0,01%	1,60%	13,57%	15.288	1,97%	1,03%	1,43%	0,00%	1,17%	5,60%
L	5.174	0,87%	0,50%	1,51%	0,01%	4,06%	6,95%	59.777	4,73%	2,30%	3,29%	0,00%	1,10%	11,43%	2.606	4,57%	1,91%	5,74%	0,01%	2,90%	15,13%
M	73.125	0,29%	0,31%	1,24%	0,00%	3,91%	5,75%	169.724	4,80%	2,05%	1,34%	0,01%	2,15%	10,34%	4.932	1,38%	0,51%	2,90%	0,08%	4,88%	9,76%
N	228.411	0,43%	0,46%	1,34%	0,00%	3,50%	5,74%	57.157	4,28%	1,82%	2,00%	0,04%	4,73%	12,87%	6.981	1,53%	0,64%	2,83%	0,65%	4,77%	10,42%
O	9	0,00%	0,00%	0,80%	0,00%	3,56%	4,36%	218	2,80%	1,60%	4,41%	0,00%	15,40%	24,20%	128	0,69%	0,41%	2,68%	0,02%	11,18%	14,99%
P	77.037	0,34%	0,36%	1,39%	0,00%	4,06%	6,12%	15.222	4,92%	2,22%	2,28%	0,01%	5,57%	15,01%	1.453	0,79%	0,35%	1,36%	0,00%	7,57%	10,07%
Q	8.658	1,64%	0,72%	1,66%	0,00%	4,27%	8,30%	123.856	2,55%	1,43%	1,67%	0,00%	2,67%	8,32%	2.747	0,74%	0,29%	2,27%	0,00%	5,05%	8,35%
R	40.365	0,50%	0,38%	1,25%	0,00%	3,97%	6,09%	9.354	5,53%	2,35%	2,63%	0,01%	1,91%	12,43%	408	1,43%	0,58%	3,27%	0,01%	2,35%	7,64%
S	100.276	0,24%	0,27%	1,05%	0,01%	3,61%	5,18%	8.203	4,07%	1,85%	2,50%	0,06%	4,06%	12,54%	345	0,65%	0,20%	3,42%	0,08%	4,36%	8,70%
T	201	1,39%	0,84%	1,45%	0,00%	1,98%	5,66%	25	0,76%	0,46%	1,03%	0,00%	12,83%	15,08%	1	ND	ND	ND	ND	ND	ND
U	ND	ND	ND	ND	ND	ND	ND	8	6,12%	3,02%	1,50%	0,00%	4,29%	14,93%	ND	ND	ND	ND	ND	ND	ND

Fonte primária: RFB. Elaboração Própria (2021).

TABELA 17 – Alíquotas Médias dos Tributos Federais – Decomposição por Seção do CNAE (2013)

2013	SIMPLES NACIONAL							LUCRO PRESUMIDO							LUCRO REAL						
Seção	QTD EMP	IRPJ	CSLL	PIS/COFINS	IPI	INSS	TOTAL	QTD EMP	IRPJ	CSLL	PIS/COFINS	IPI	INSS	TOTAL	QTD EMP	IRPJ	CSLL	PIS/COFINS	IPI	INSS	TOTAL
GERAL	3.600.554	0,30%	0,31%	1,11%	0,05%	3,18%	4,95%	1.086.412	2,46%	1,33%	2,36%	0,21%	2,41%	8,77%	154.815	0,95%	0,44%	2,09%	0,35%	1,79%	5,62%
A	18.321	0,35%	0,37%	1,32%	0,05%	3,69%	5,79%	10.272	2,46%	1,37%	1,56%	0,01%	2,00%	7,40%	2.948	0,56%	0,24%	0,53%	0,01%	1,89%	3,23%
B	7.733	0,31%	0,31%	1,13%	0,22%	3,10%	5,06%	2.937	2,08%	1,13%	2,76%	0,02%	2,87%	8,88%	858	3,12%	1,41%	1,42%	0,03%	2,07%	8,05%
C	365.551	0,29%	0,30%	1,15%	0,28%	3,22%	5,25%	64.889	1,63%	0,95%	2,94%	0,88%	3,14%	9,55%	21.881	0,56%	0,26%	2,90%	0,93%	1,81%	6,46%
D	28	0,32%	0,42%	1,30%	0,08%	3,30%	5,42%	1.788	2,18%	1,21%	2,79%	0,00%	0,52%	6,70%	988	1,76%	0,83%	3,46%	0,00%	0,91%	6,96%
E	7.828	0,40%	0,43%	1,33%	0,09%	3,41%	5,65%	2.013	3,40%	1,44%	2,36%	0,21%	3,27%	10,67%	528	2,55%	1,09%	5,22%	0,01%	3,82%	12,70%
F	142.093	0,79%	0,88%	1,55%	0,00%	2,08%	5,31%	103.004	2,06%	1,14%	2,68%	0,00%	3,40%	9,28%	6.476	0,75%	0,29%	1,95%	0,00%	4,36%	7,35%
G	1.862.789	0,24%	0,25%	1,00%	0,01%	3,01%	4,51%	280.017	1,52%	1,09%	2,08%	0,18%	1,27%	6,14%	71.319	0,53%	0,22%	1,20%	0,14%	1,04%	3,13%
H	200.062	0,34%	0,36%	1,36%	0,01%	4,04%	6,10%	45.439	2,28%	1,16%	2,67%	0,01%	2,75%	8,87%	8.541	1,28%	0,52%	2,44%	0,00%	3,82%	8,06%
I	311.677	0,24%	0,25%	1,01%	0,01%	3,10%	4,60%	15.960	2,22%	1,20%	2,97%	0,00%	3,51%	9,89%	1.673	1,07%	0,45%	4,16%	0,00%	4,74%	10,41%
J	105.828	0,38%	0,35%	1,26%	0,01%	3,97%	5,97%	43.595	4,47%	1,93%	1,60%	0,02%	3,33%	11,34%	4.869	1,03%	0,48%	3,15%	0,03%	2,46%	7,14%
K	1.587	0,42%	0,45%	1,40%	0,00%	3,71%	5,98%	55.864	5,70%	2,82%	3,27%	0,00%	1,56%	13,36%	15.421	1,69%	0,89%	1,28%	0,00%	1,09%	4,93%
L	6.026	0,89%	0,51%	1,55%	0,00%	4,12%	7,07%	67.379	4,90%	2,36%	3,42%	0,00%	1,11%	11,79%	2.459	4,66%	1,87%	5,54%	0,00%	2,57%	14,64%
M	82.068	0,30%	0,32%	1,27%	0,00%	4,05%	5,92%	174.100	4,86%	2,05%	1,56%	0,01%	2,24%	10,52%	4.982	1,37%	0,54%	2,71%	0,05%	4,76%	9,44%
N	247.778	0,49%	0,47%	1,37%	0,00%	3,59%	5,93%	55.000	4,28%	1,80%	1,98%	0,04%	4,71%	12,80%	6.902	1,31%	0,58%	2,93%	0,61%	4,95%	10,38%
O	7	0,38%	0,39%	1,45%	0,00%	4,07%	6,29%	238	3,18%	1,77%	3,89%	0,00%	39,43%	48,28%	125	0,72%	0,36%	2,64%	0,06%	14,88%	18,65%
P	83.521	0,35%	0,37%	1,40%	0,00%	4,23%	6,35%	14.712	4,90%	2,16%	2,26%	0,01%	5,57%	14,90%	1.460	0,73%	0,30%	1,32%	0,00%	7,35%	9,71%
Q	9.951	1,48%	0,87%	1,66%	0,00%	4,41%	8,21%	132.335	2,39%	1,42%	1,63%	0,00%	2,65%	8,30%	2.646	0,70%	0,28%	1,95%	0,00%	4,76%	7,68%
R	45.020	0,53%	0,38%	1,28%	0,00%	4,11%	6,30%	8.962	5,68%	2,40%	2,83%	0,00%	1,91%	12,82%	423	1,79%	0,73%	4,65%	0,01%	3,10%	10,28%
S	102.492	0,25%	0,28%	1,08%	0,01%	3,70%	5,32%	7.910	4,47%	1,97%	2,55%	0,02%	4,25%	13,26%	315	1,27%	0,38%	4,02%	0,07%	4,35%	10,08%
T	216	1,35%	0,87%	1,57%	0,00%	2,54%	6,32%	16	0,29%	0,04%	0,16%	0,00%	6,35%	6,84%	1	ND	ND	ND	ND	ND	ND
U	ND	ND	ND	ND	ND	ND	ND	4	5,96%	2,88%	0,78%	0,00%	2,74%	12,35%	ND	ND	ND	ND	ND	ND	ND

Fonte primária: RFB. Elaboração Própria (2021).

Uma leitura mais atenta dos dados da tabela 23, que detalha para o ano de 2013 os tributos que compõem o Simples Nacional (IRPJ, CSLL, PIS, COFINS, IPI e INSS), indica os seguintes casos de maior incidência nesse do que nos outros regimes:

- O caso da Contribuição ao INSS é o mais emblemático: as alíquotas médias para os optantes pelo Simples Nacional são superiores às dos optantes pelo Lucro Real e Lucro Presumido para as Seções A, B,

C, D, G, H, J, K, L e R. E ainda supera as alíquotas do Lucro Presumido no caso das Seções E, M e Q. Em particular, a elevada alíquota média observada para os contribuintes da Seção T (Lucro Presumido, 6,35%) demonstra a alta carga sobre os serviços domésticos.

- Para o IRPJ, observa-se que a convergência de alíquotas entre os regimes do Simples Nacional e do Lucro Real é mais intensa para alguns setores, como no caso das Seções A, C, F e G, com alguns setores – Seções F e Q da CNAE – sendo mais tributados no regime do Simples Nacional que no do Lucro Real.
- No caso da CSLL, as Seções A, C, F e Q da CNAE são mais tributadas no regime do Simples Nacional que no do Lucro Real.
- As alíquotas médias de PIS/COFINS para os optantes pelo Simples Nacional em 2013 são superiores às alíquotas efetivas desses dois tributos para as Seções Q e T do regime do Lucro Presumido e para as Seções K e P do regime do Lucro Real.

Tabela 18 – Alíquotas Médias do Total dos Tributos Federais sobre a Receita Bruta Decomposição por Regime e por Seção do CNAE (2009 a 2013)

Seção	SIMPLES NACIONAL					LUCRO PRESUMIDO					LUCRO REAL				
	2009	2010	2011	2012	2013	2009	2010	2011	2012	2013	2009	2010	2011	2012	2013
GERAL	4,80%	5,04%	5,23%	4,80%	4,95%	8,49%	8,64%	8,63%	8,75%	8,77%	5,86%	5,98%	5,80%	5,85%	5,62%
A	5,51%	5,81%	6,12%	5,63%	5,79%	7,71%	7,01%	7,55%	7,47%	7,40%	3,38%	3,73%	3,67%	3,14%	3,23%
B	4,90%	4,90%	5,40%	4,98%	5,06%	8,39%	8,56%	8,23%	8,92%	8,88%	10,88%	10,15%	8,79%	6,38%	8,05%
C	5,18%	5,34%	5,42%	5,10%	5,25%	9,18%	9,22%	9,23%	9,31%	9,55%	7,01%	7,05%	6,93%	6,44%	6,46%
D	4,84%	5,06%	5,37%	5,02%	5,42%	8,52%	6,26%	7,44%	6,70%	6,70%	8,01%	8,40%	8,51%	7,69%	6,96%
E	5,67%	5,62%	5,82%	5,58%	5,65%	10,20%	11,23%	10,91%	11,04%	10,67%	13,69%	12,67%	12,21%	12,37%	12,70%
F	5,37%	5,43%	5,67%	5,22%	5,31%	8,64%	8,62%	8,84%	9,36%	9,28%	7,01%	7,02%	7,19%	7,44%	7,35%
G	4,40%	4,62%	4,81%	4,37%	4,51%	6,20%	6,42%	6,29%	6,23%	6,14%	2,47%	3,05%	3,13%	3,30%	3,13%
H	5,99%	6,31%	6,61%	5,92%	6,10%	8,40%	8,76%	8,96%	8,93%	8,87%	7,86%	7,64%	7,71%	7,91%	8,06%
I	4,50%	4,74%	4,87%	4,46%	4,60%	9,53%	9,76%	12,09%	9,82%	9,89%	8,44%	8,79%	8,88%	9,29%	10,41%
J	5,94%	6,15%	6,45%	5,81%	5,97%	9,46%	9,91%	10,27%	10,82%	11,34%	6,51%	6,65%	7,16%	7,92%	7,14%
K	5,34%	5,85%	5,93%	5,68%	5,98%	12,83%	12,95%	13,37%	13,57%	13,36%	5,36%	5,57%	4,94%	5,60%	4,93%
L	6,64%	7,17%	7,95%	6,95%	7,07%	12,24%	11,78%	11,63%	11,43%	11,79%	11,80%	11,32%	13,78%	15,13%	14,64%
M	5,92%	6,26%	6,54%	5,75%	5,92%	9,84%	10,14%	10,19%	10,34%	10,52%	8,40%	9,13%	9,43%	9,76%	9,44%
N	5,92%	6,16%	6,36%	5,74%	5,93%	11,85%	12,30%	11,16%	12,87%	12,80%	9,82%	10,47%	10,03%	10,42%	10,36%
O	6,54%	6,50%	4,93%	4,36%	6,29%	34,52%	25,76%	21,02%	24,20%	48,28%	19,54%	22,63%	13,47%	14,99%	18,65%
P	6,27%	6,62%	6,99%	6,12%	6,35%	13,82%	14,37%	14,86%	15,01%	14,90%	9,64%	9,44%	10,57%	10,07%	9,71%
Q	9,35%	9,15%	9,36%	8,30%	8,21%	8,16%	8,38%	8,33%	8,32%	8,30%	6,79%	7,56%	8,42%	8,35%	7,68%
R	6,31%	6,33%	6,73%	6,09%	6,30%	12,80%	13,68%	13,18%	12,43%	12,82%	9,82%	10,94%	10,16%	7,64%	10,28%
S	5,29%	5,58%	5,87%	5,18%	5,32%	11,46%	12,38%	12,14%	12,54%	13,26%	8,72%	8,17%	9,02%	8,70%	10,08%
T	4,64%	4,42%	6,34%	5,66%	6,32%	7,84%	18,96%	8,30%	15,08%	6,84%	0,22%	0,20%	0,00%	0,00%	0,00%
U	ND	ND	ND	ND	ND	11,49%	12,53%	13,05%	14,93%	12,35%	ND	ND	ND	ND	ND

Fonte primária: RFB. Elaboração própria (2021).
ND: Dados não Disponíveis.

Tabela 19 – Alíquotas Médias sobre a Receita Bruta dos Tributos Federais – Incidência Total por Seção do CNAE (2009 a 2013)

Seção	AGREGADO - TODOS OS REGIMES				
	2009	2010	2011	2012	2013
GERAL	6,07%	6,21%	6,09%	6,11%	5,93%
A	4,19%	4,30%	4,52%	4,08%	4,15%
B	10,57%	9,96%	8,71%	6,53%	8,05%
C	7,09%	7,14%	7,04%	6,59%	6,62%
D	8,02%	8,36%	8,49%	7,66%	6,96%
E	13,27%	12,38%	11,91%	12,05%	12,30%
F	7,56%	7,68%	7,87%	8,14%	8,03%
G	3,54%	3,65%	3,72%	3,82%	3,68%
H	7,81%	7,71%	7,82%	7,88%	7,99%
I	6,58%	6,81%	7,16%	6,73%	7,11%
J	6,69%	6,86%	7,35%	8,02%	7,37%
K	5,48%	5,70%	5,07%	5,74%	5,07%
L	12,03%	11,60%	12,05%	12,09%	12,25%
M	8,95%	9,46%	9,63%	9,76%	9,67%
N	9,67%	10,20%	9,75%	10,06%	10,00%
O	19,83%	22,69%	13,53%	15,10%	19,06%
P	9,22%	9,13%	9,83%	9,09%	8,92%
Q	7,65%	8,10%	8,38%	8,33%	8,09%
R	10,17%	10,47%	10,09%	8,48%	9,53%
S	7,10%	7,05%	7,53%	6,94%	7,30%
T	4,52%	4,60%	6,55%	6,42%	6,34%
U	11,49%	12,53%	13,05%	14,93%	12,35%

Fonte primária: RFB. Elaboração Própria (2021).

Para todas as análises setoriais, chama-se a atenção que as alíquotas médias para a Seção "O" da CNAE (Administração pública, defesa e seguridade social) devem ser naturalmente distorcidas, em particular porque aí são consideradas na sua base os recolhimentos na fonte efetuados pela administração pública, mas que são de responsabilidade de terceiros, fora peculiaridades envolvendo o banco central.

Para avaliar a evolução ao longo do período 2009 a 2013, a tabela 24 apresenta a alíquota média do conjunto de tributos federais sobre a receita bruta discriminada por seção da CNAE e aberta para os três regimes. Se no agregado geral, foi observada uma tendência a pequena elevação da incidência no Simples e no lucro presumido, e o inverso ocorreu no lucro real, é possível agora observar e comparar essa evolução em cada atividade econômica.

Fica evidenciado que a carga tributária, na forma medida neste estudo, apurada para os optantes pelo Simples Nacional é superior ao dos contribuintes tributados pelo Lucro Real no caso, por exemplo, das Seções A, G e K da CNAE. Assim, os setores da Agricultura, Pecuária e Serviços Relacionados, do Comércio e Reparação de Veículos Automotores e Motocicletas e Atividades financeiras, de seguros e serviços relacionados (K) são mais tributados no âmbito do Simples Nacional do que no do Lucro Real. E no caso das contribuições previdenciárias, os dados são mais impressionantes.

Breves comentários podem ser tecidos a dimensão geral das alíquotas médias sobre a receita, no agregado geral, conforme mostrado na tabela 25, independente de cotejar os regimes – por certo, o lucro real é mais decisivo pelo maior peso relativo na arrecadação e na economia.

A evolução da alíquota global mostrar uma ligeira oscilação ao longo do período, com uma taxa média de 6,1%, sendo o melhor resultado em 2010 (6,2%), quando foi registrado a melhor taxa de crescimento anual da economia, e o pior em 2013 (5,9%), com a economia já estagnada.

O que mais chama a atenção na tabela 25 é a expressiva diferenciação setorial desse indicador. Nada levaria a esperar uma alíquota única ou algo muito próximo, mas não deveriam ocorrer disparidades tão acentuadas. Tomando 2013 como base para análise, se alíquota ponderada global foi de 5.9% sobre a receita e deixando de lado o caso extremo e peculiar da administração pública, a mesma oscilou entre 3,7% no caso do comércio e 12,3% para saneamento, atividades imobiliárias e organismos, ou ainda 10% em atividades administrativas. É curioso que atividades financeiras (5,1%) ficou abaixo da alíquota média, enquanto acima aparecem indústria de transformação (6,6%), eletricidade (7,0%), construção (8,0%) e atividades profissionais (9,7%), dentre outras.

Voltando a comparação de regimes, cabe ainda apresentar alguns dados das tabelas anteriormente tratadas em forma de gráficos, o que permite uma fácil e rápida visualização dos contrastes entre as alíquotas médias sobre a receita bruta. As respectivas taxas dos diferentes regimes apenas para 2013 (como já dito, o último com a consolidação das declarações divulgadas pela RFB) constam do gráfico 23.

Gráfico 10 – Alíquotas Média do Total dos Tributos Federais sobre a Receita Bruta – Decomposição por Seção do CNAE (2013)

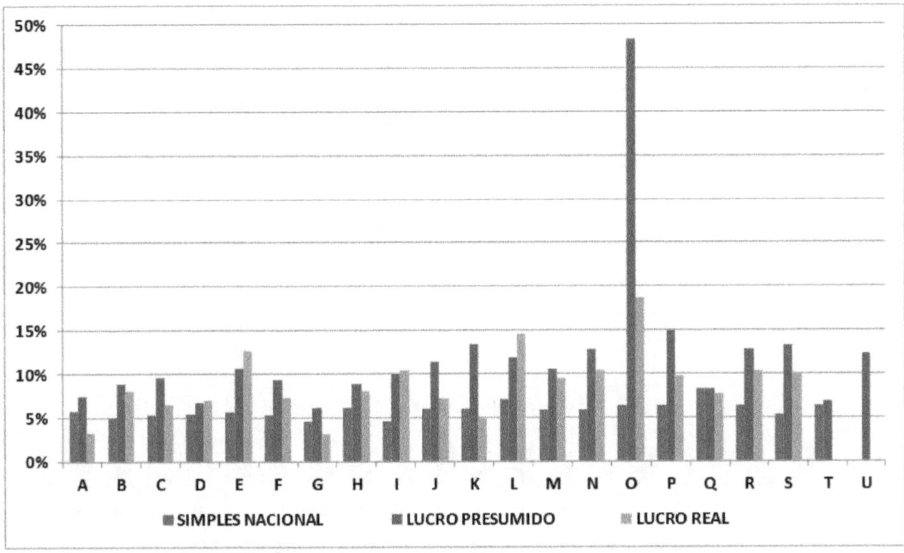

Fonte primária: RFB. Elaboração Própria (2021).

As surpresas, ao menos em relação ao senso comum, ficam mais evidentes. A incidência relativa sobre micro e pequenas empresas supera a imposta às médias e grandes empresas em alguns ramos de atividade econômica – à parte o caso das administrações públicas.

Pela relevância para determinara o resultado agregado, vale comentar à parte o caso das contribuições previdenciárias. O gráfico 24 apresenta a comparação setorial de tal tributo focado apenas em 2013. A mera observação do gráfico já indica que, em muitas atividades, o aporte relativo dos optantes do Simples supera o dos demais regimes, o que é surpreendente porque a suposta renúncia da contribuição ao INSS sempre era colocada como principal peça de resistência das autoridades fiscais para a expansão desse regime simplificado.

GRÁFICO 11 – Alíquotas Médias sobre a Receita Bruta da Contribuição Previdenciária (INSS) – Decomposição por Seção do CNAE (2013)

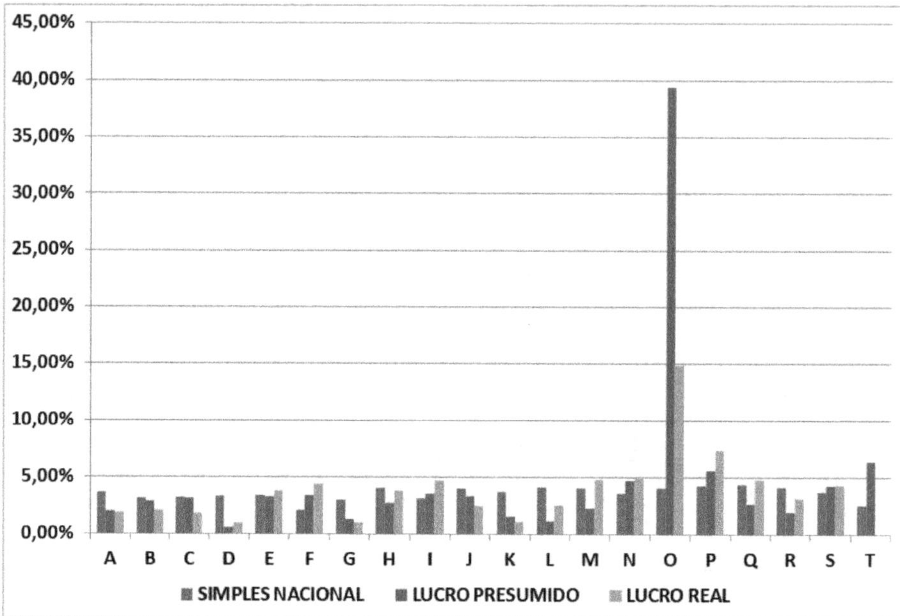

Fonte primária: RFB. Elaboração Própria (2021).

Para anos mais recentes, um fato que influi muito na comparação entre regimes em torno da contribuição ao INSS respeita à criação de outro incentivo fiscal – a chamada desoneração da folha salarial. Desde 2011, foi aplicada às atividades discriminadas em lei, sem um critério técnico objetivo, de modo a substituir a base de cálculo da folha salarial pelo faturamento bruto no mercado interno no caso da contribuição do empregador, sujeito a alíquota bem inferior.

É importante comparar as alíquotas médias com as alíquotas vigentes da desoneração da folha nesses anos. As alterações sempre envolveram duas alíquotas. A primeira alteração veio com a Lei 12.546/2011 e previu, basicamente, duas alíquotas: 1,5% e 2,5%, sendo, regra geral, 1,5% para Indústria e 2,5% para serviços, à exceção de alguns serviços (transportes e de empresa jornalística, por exemplo, que ficaram em 1,5%). Diversas alterações posteriores acabaram por reduzir esses percentuais para 1% e 2% ao longo de 2012 e 2013. Somente recentemente, com a Lei 13.161/2015, foi que as alíquotas passaram para 2,5% e 4,5%, respectivamente. Assim, como as alíquotas do Simples era superior nesses anos, a partir de 2012, os grandes contribuintes desses setores pagavam para o INSS menos que as micro e pequenas empresas.

Grandes empresas de setores beneficiados pela desoneração da folha de pagamentos, como a indústria de couro e calçados, autopeças, material elétrico, móveis, plásticos, confecções, aves, suínos e derivados, pescado, entre outras, passaram a recolher 1% de contribuição previdenciária sobre a receita bruta, enquanto as micro e pequenas empresas optantes pelo Simples Nacional recolhiam, em média, 3,14%, ou seja, contribuíam em mais de três vezes o que o faziam as grandes empresas. No setor de serviços, o mesmo se dá para setores como o de tecnologia de informação, hotéis e transportes, que recolhiam 2% enquanto as pequenas e médias recolhiam muito mais. No caso do comércio varejista, o setor de maior concentração das micro e pequenas empresas, estas pagavam praticamente a mesma alíquota (1,04%) que as grandes empresas favorecidas pela desoneração (1%).

Voltando aos resultados apurados das alíquotas médias em relação à receita bruta especificamente para as contribuições previdenciárias, chama-se a atenção para algumas comparações de regimes em 2013 – como demonstrado no Gráfico 2.3.2 já apresentado.

Esta forma de incidência do Simples supera a do lucro real no caso da indústria de transformação (3,2% e 1,8%, respectivamente), por larga folga no caso do comércio (3,0% e 1,0%) e atividades imobiliárias (4,1% e 2,6%), mas até mesmo em transportes (4,0% e 3,8%). Já no caso de serviços, grandes empregadores, a alíquota média do Simples é inferior à do lucro real, mas por diferença pequena no caso de atividades profissionais

(4,0% e 4,8%) e maior no caso dos serviços de informação (4,0% e 2,5%) e de alojamento e alimentação (3,1% e 2,6%).

Outra leitura à parte interessante de ser feita respeita a focar na atividade no qual se concentra a atuação dos optantes do Simples: o Comércio (Seção G), que concentra mais de 50% do número total de empresas (51,33%) e do faturamento total (52,58%) dos contribuintes optantes pelo Simples Nacional. A evolução entre 2009 e 2013 da alíquota média sobre a receita do Simples versus a do Lucro Real do mesmo setor é apresentada no gráfico 25.

Gráfico 12 – Alíquotas Médias Totais sobre a Receita Bruta Comércio – Seção G do CNAE (2009 a 2013)

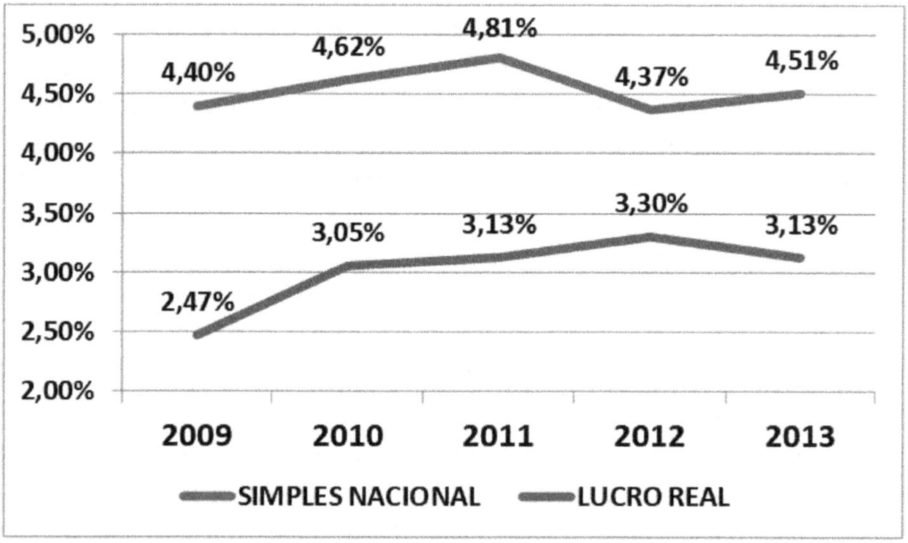

Fonte primária: RFB. Elaboração Própria (2021).

É emblemático que no comércio, como um todo, a alíquota média sobre a receita bruta para os optantes pelo Simples supera a do Lucro Real e ao longo de todo o período (2009 a 2013) – ou seja, não se trata de um fenômeno isolado.

3. Análise dos gastos tributários

Depois de analisar o desempenho comparado da arrecadação e das alíquotas médias, é interessante também observar a mensuração da renúncia tributária no País, ao menos no caso do Governo Federal, uma vez que estados e municípios até a apuram, mas não há uma consolidação nacional do que foi mensurado localmente.

Conforme explicita a RFB no documento "Demonstrativo dos Gastos Governamentais Indiretos de Natureza Tributária – Gastos Tributários" (2014), tal demonstrativo é elaborado com vista a atender:

> a) o parágrafo 6º do art. 165 da Constituição Federal, que estabelece a obrigação de o Poder Executivo apresentar demonstrativo regionalizado do efeito, sobre as receitas e despesas, decorrente de isenções, anistias, remissões, subsídios e benefícios de natureza tributária, financeira e creditícia; e,
> b) o inciso II do art. 5º da Lei Complementar nº 101, de 04 de maio de 2000, que estabelece que o projeto de lei orçamentária anual (LOA) será acompanhado de documento a que se refere o § 6º do art. 165 da Constituição Federal, bem como das medidas de compensação de renúncias de receita e do aumento de despesas obrigatórias de caráter continuado. (RECEITA FEDERAL DO BRASIL, 2014).

A RFB adotou o seguinte conceito para Gastos Tributários:

> Gastos tributários são gastos indiretos do governo realizados por intermédio do sistema tributário, visando atender objetivos econômicos e sociais.
> São explicitados na norma que referência o tributo, constituindo-se uma exceção ao sistema tributário de referência, reduzindo a arrecadação potencial e, consequentemente, aumentando a disponibilidade econômica do contribuinte.
> Têm caráter compensatório, quando o governo não atende adequadamente a população dos serviços de sua responsabilidade, ou têm caráter incentivador, quando o governo tem a intenção de desenvolver determinado setor ou região. (RECEITA FEDERAL DO BRASIL, 2014).

Embora seja objeto de contestação pelos defensores da política de simplificação da tributação para as micro e pequenas empresas, a RFB considera o Simples Nacional um gasto tributário, com renúncia estimada de R$ 72,44 bilhões em 2015, correspondendo a 25,65% de todos os gastos tributários da União, ocupando o primeiro lugar no montante de renúncias dessa natureza.

3.1. Evolução da renúncia do simples

A despeito da polêmica em torno dessa classificação, é importante analisar com mais acuidade tais gastos, principalmente em termos de resultados socioeconômicos alcançados por cada um deles. Nesse sentido, no presente estudo analisa-se a evolução e participação do gasto tributário com o Simples Nacional, realizando comparações com outros incentivos para negócios que possam ser comparados com o referido regime simplificado, expressando, sempre que possível, o seu custo unitário – por exemplo, por estabelecimento e por emprego gerado – como forma de introduzir uma análise de custo-benefício desses gastos tributários vis-à-vis o imputado ao Simples Nacional.

A tabela 26 e o gráfico 26 mostram a evolução dos gastos tributários com o Simples Nacional desde 2007.

Tabela 20 – Gastos Tributários do Simples Nacional – Evolução

ANO	GASTOS TRIBUTÁRIOS		
	SIMPLES (R$ bilhões)	TOTAL (R$ bilhões)	SIMPLES/TOTAL (%)
2007	11,17	52,74	21,17
2008	19,57	76,06	25,73
2009	25,70	101,96	25,21
2010	31,03	113,88	27,25
2011	23,36	116,08	20,12
2012	30,03	145,98	20,57
2013	41,27	170,02	24,27
2014	61,78	249,76	24,74
2015	72,44	282,44	25,65

Fonte primária: RFB. Elaboração Própria (2021).

Gráfico 13 – Gastos Tributários do Simples Nacional – Evolução da Participação no Gasto Total

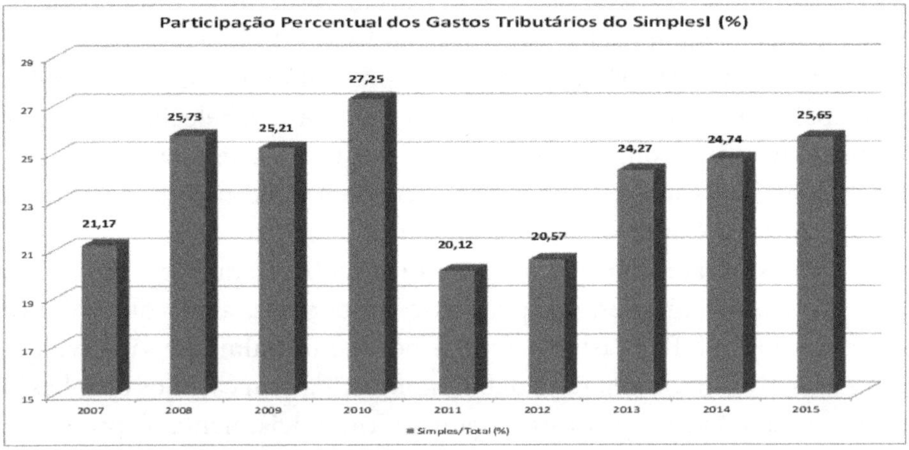

Fonte primária: RFB. Elaboração Própria (2021).

Os dados acima demonstram que a participação dos gastos tributários com o Simples Nacional cresce no período de 2007 a 2010, decorrente, principalmente, da substituição do antigo modelo do Simples Federal pelo atual modelo (Simples Nacional). Em 2011, os gastos tributários com o Simples Nacional caem para 20,12% do total e voltam à trajetória crescente até a última estimativa de renúncias, em 2015, retornando ao nível próximo de 2008 (25,65%).

No período analisado (2007-2015), os gastos tributários com o Simples Nacional cresceram 23,1% ao ano, enquanto os gastos totais cresceram 20,5%. Importante ressaltar, no entanto, que apesar de os gastos tributários referentes ao Simples Nacional terem crescido a taxas anuais superiores aos demais gastos tributários, as do Simples Nacional referentes aos tributos federais, desde a sua instituição em julho de 2007, mostram um crescimento real médio anual de 27,11%, taxa superior, portanto, ao crescimento dos gastos e bastante superior ao crescimento real médio anual da arrecadação dos tributos dos não optantes pelo Simples Nacional.

No entanto, tal evolução não pode ser analisada de forma isolada dos impactos socioeconômicos que tal regime simplificado trouxe ao sistema tributário brasileiro. É necessário perscrutar os demais gastos tributários e avaliar seus impactos em comparação aos decorrentes da adoção do Simples Nacional, principalmente expressando o custo unitário dos principais gastos tributários – por exemplo, por estabelecimento e por emprego gerado – como forma de introduzir uma análise de custo-benefício do Simples Nacional. Tal análise incorpora as alterações promovidas na legislação do Simples Nacional no período recente.

Chama-se a atenção que as estatísticas sobre renúncias tributárias federais são divergentes, em pequenas proporções, ainda que sempre coletadas junto à RFB. Isto se explica porque inicialmente são divulgadas estimativas preliminares e depois convertidas em cálculos com bases efetivas. Também no processo orçamentário, inicialmente as projeções aparecem junto ao projeto da lei de diretrizes, e depois repetidas junto à proposta orçamentária – quando mudam variáveis macroeconômicas (assim, por vezes, divergem os dados das tabelas 27 e 28).

TABELA 21 – Gastos Tributários – Simples Nacional e IRPJ Total

ANO	SIMPLES		IRPJ (TOTAL)	
	Montante (RS Bilhões)	Crescimento (%)	Montante (RS Bilhões)	Crescimento (%)
2007	11,17	-	19,27	-
2008	19,57	75,20	21,15	9,76
2009	25,70	31,32	22,08	4,40
2010	31,03	20,74	27,04	22,45
2011	23,36	-24,72	28,33	4,80
2012	30,03	28,55	32,17	13,56
2013	41,27	37,43	35,83	11,37
2014	61,78	49,70	38,89	8,54
2015	72,44	17,25	43,31	11,36

Fonte primária: RFB. Elaboração Própria (2021).

Em valores correntes, a renúncia relativa ao Simples Nacional subiria de R$ 24,4 bilhões em 2007 para mais de R$ 67,2 bilhões em 2014 – conforme a tabela 24. Em termos proporcionais, a renúncia cresceu ano após ano no período, subindo de 0,94% para 1,3% do PIB, entre os dois anos citados. Porém, essa expansão em valores e proporção do produto ficou aquém da observada para os demais gastos tributários federais, inclusive por conta da política de combate à crise econômica que passou pela concessão desenfreada de desonerações tributárias.

TABELA 22 – Evolução dos Gastos Tributários do Simples Nacional e Total Geral – 2007 a 2014

Em R$ bilhões

GASTO TRIBUTÁRIO	BASES EFETIVAS						PROJEÇÕES	
	2007	2008	2009	2010	2011	2012	2013	2014
SIMPLES NACIONAL	**24,4**	**27,0**	**30,4**	**36,3**	**40,9**	**53,5**	**62,1**	**67,2**
IRPJ	19,3	21,1	22,1	27,0	28,3	32,2	35,8	38,9
IPI-Interno	12,4	13,7	12,7	15,4	16,9	18,0	20,9	21,4
IPI-Vinculado	13,5	1,8	1,4	2,0	2,2	2,7	3,2	3,3
PIS-PASEP	42,8	5,0	5,3	6,1	6,8	8,5	11,3	12,1
CSLL	41,8	4,2	4,9	6,1	6,7	8,2	9,0	9,7
COFINS	21,2	25,1	27,0	31,2	34,9	43,5	56,7	60,8
Contrib.Previdenciária	14,0	15,6	17,0	17,9	20,4	30,7	44,8	58,6
TOTAL RENÚNCIA	89,8	102,1	106,6	135,9	152,4	182,4	225,6	253,9
Receita Administrada	432,0	479,7	470,9	775,6	938,9	992,1	1.100,2	1.149,2
Renúncia Total/Arrec.	20,8%	21,3%	22,6%	17,5%	16,2%	18,4%	20,5%	22,1%
PIB	2.597,6	3.004,9	3.185,1	3.770,1	4.143,0	4.392,1	4.844,8	5.156,8
Renúncia Total/PIB	3,46%	3,40%	3,35%	3,60%	3,68%	4,15%	4,66%	4,92%
Simples/Total Renúncia	**27,2%**	**26,4%**	**28,6%**	**26,7%**	**26,8%**	**29,3%**	**27,5%**	**26,5%**
Simples/Arrecadação	**5,6%**	**5,6%**	**6,5%**	**4,7%**	**4,4%**	**5,4%**	**5,6%**	**5,8%**
Simples/PIB	**0,94%**	**0,90%**	**0,96%**	**0,96%**	**0,99%**	**1,22%**	**1,28%**	**1,30%**

Fonte primária: RFB. Elaboração Própria (2021).

É importante destacar, porém, que esse movimento expansionista não significou maiores danos para as finanças federais quando expresso em proporção da arrecadação da União. Em relação ao gasto global com renúncia de tributos federais, o Simples Nacional chegou até a perder participação – se respondia por 27,2% de todos os benefícios em 2007, recuou para 26,5% em 2014, sua menor proporção.

Outra forma de ver a mesma importância relativa é comparar o Simples Nacional com a receita administrada pela RFB, que em que pouco se alterou: de 5,6% em 2007 para 5,8% em 2014, sendo que na pior das hipóteses, foi de 6,5% em 2009, mas recuou abaixo da casa de 5% em

2010/2011, justamente os dois anos de maior crescimento econômico desse período.

Fica evidente que a expansão do Simples Nacional não prejudicou as finanças da União pois cresceu menos do que outras desonerações tributárias, concedidas de forma intensa depois da crise global, e nem a renúncia teve evolução demasiadamente diferenciada à da arrecadação tributária federal, mantendo um peso relativo baixo e sob controle.

3.2. Indicador de sustentabilidade

Um indicador sobre a sustentabilidade dos regimes simplificados normalmente utilizado na literatura é dado pela relação entre a renúncia fiscal e a arrecadação do regime. Paes e Almeida (2009) fizeram esse cálculo em 2007 e estimaram que, para cada real arrecadado, haveria uma renúncia de R$ 0,72. Paes (2014) ampliou o cálculo para o período entre 2001 e 2010. Expandindo o cálculo para o período entre 2001 e 2014, é obtido o gráfico abaixo.

Gráfico 14 – Relação Gastos Tributários/Arrecadação do Simples Nacional

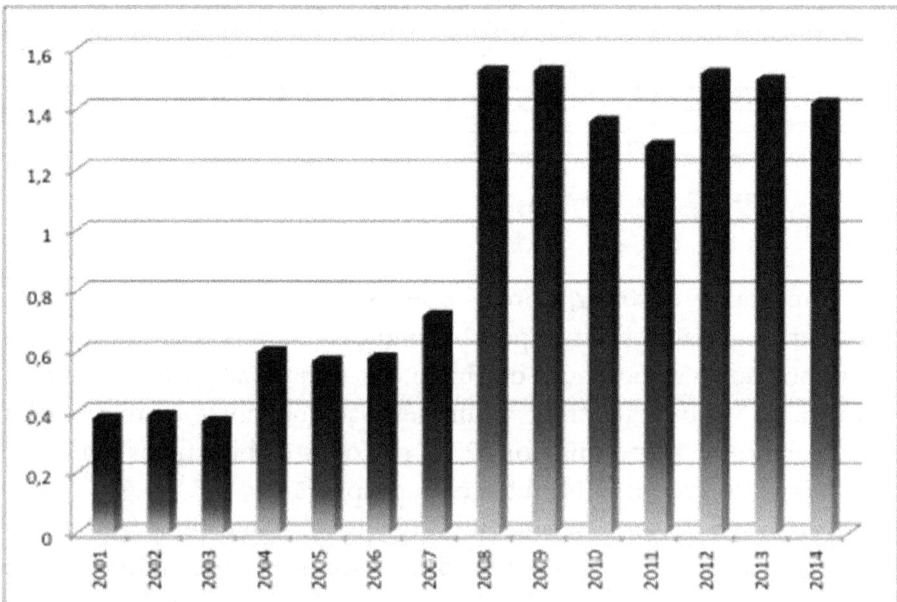

Fonte primária: RFB. Elaboração Própria (2021).

A análise do indicador mostra que a relação renúncias fiscais/arrecadação cresceu acentuadamente a partir da instituição do Simples Nacional. Tal indicador, no entanto, não leva em consideração a formalização induzida pela instituição do Regime Simplificado, fazendo acreditar que todas as empresas optantes pelo Simples Nacional já estariam nos demais regimes (Lucro Presumido ou Real), o que sabidamente não é verídico.

Estudo recente da RFB (2015) apresenta a seguinte distribuição dos optantes pelo Simples Nacional entre empresas novas e empresas já constituídas:

TABELA 23 – Optantes pelo Simples Nacional – 2010 a 2015

ANO	TOTAL	EMPRESAS NOVAS		EMPRESAS CONSTITUÍDAS	
2010	133.286	23.981	18%	109.305	82%
2011	124.570	26.109	21%	98.461	79%
2012	127.671	25.888	20%	101.783	80%
2013	118.769	25.719	22%	93.050	78%
2014	125.064	23.009	18%	102.055	82%
2015	**322.656**	**22.547**	**7%**	**300.109**	**93%**

Obs: Dados do mês de janeiro de cada ano

Fonte primária: Receita Federal do Brasil (2014). Elaboração própria.

No período de 2010 a 2015, 952.016 empresas optaram pelo Simples Nacional, sendo que 15,5% delas (147.253) eram empresas novas e 84,5% (804.763), já constituídas. No entanto, a RFB não indica se, entre as empresas que já eram constituídas, houve decréscimo de arrecadação em relação à adoção do regime normal de tributação, o que permitiria calcular efetivamente o Custo da Renúncia (CR) fiscal por meio da seguinte fórmula:

$$CR = AEC_N - AEC_{SN} - AEN_{SN}$$

Onde:

AEC_N é a Arrecadação das Empresas já Constituídas, se adotassem o regime normal de tributação;

AEC_{SN} é a Arrecadação das Empresas já Constituídas, que optaram pelo Simples Nacional; e

AEN_{SN} é a Arrecadação das Empresas Novas, que optaram pelo Simples Nacional.

Não estando disponíveis os dados para cálculo exato dessa renúncia, é possível construir um indicador que, ao menos, leve em consideração, ainda que parcialmente, a formalização induzida pela instituição do Regime Simplificado. A proposta preliminar é utilizar a relação entre o gasto tributário médio do total de optantes do Simples Nacional pela arrecadação média das empresas já constituídas, da seguinte forma:

$$Indicador = \frac{GT\_Médio}{Arrecadação\_Média} = \frac{\dfrac{Gasto\_Tributário}{Total\_de\_Optantes}}{\dfrac{Arrecadação}{Optantes\_já\_Constituídos}}$$

Assim, para o período 2010 a 2014 (conforme a tabela 30) são observados os seguintes resultados para o indicador aqui sugerido:

Tabela 24 – Indicador de Sustentabilidade das Renúncias do Simples Nacional

ANO	ARRECADAÇÃO (R$)	GASTOS TRIBUTÁRIOS (R$)	OPTANTES PELO SIMPLES			ARRECADAÇÃO MÉDIA (R$)	GT MÉDIO (R$)	INDICADOR
			TOTAL	NOVAS	CONSTITUÍDAS			
2010	26.697.588.021	38.325.000.000	133.286	23.981	109.305	244.249	272.458	1,12
2011	31.915.830.735	42.910.000.000	124.570	26.109	98.461	324.147	328.318	1,01
2012	35.257.648.848	55.546.000.000	127.671	25.888	101.783	346.400	419.315	1,21
2013	41.414.659.550	60.399.000.000	118.769	25.719	93.050	445.080	522.498	1,17
2014	47.341.713.508	61.779.812.916	125.064	23.009	102.055	463.884	537.345	1,16

Fonte primária: Receita Federal do Brasil. Elaboração Própria (2021).

Em suma, os dados demonstram que, em 2014, cada real que foi arrecadado de uma empresa optante do Simples Nacional correspondeu a uma renúncia de R$ 1,16.

4. Debates sobre qualidade da renúncia

Não só é diferenciada a forma de cobrança de tributos no regime simplificado vis-à-vis os regimes normais, como os seus resultados, desde o desempenho da arrecadação até a apuração de alíquotas médias sobre a receita bruta dos contribuintes, mostram divergências importantes, o que seria natural, mas que fogem ao senso comum, de que os micros e pequenos negócios seriam extremamente favorecidos.

A diferenciação tributária raramente foi pesquisada e considerada pelos analistas – dos raros casos é o estudo publicado pela RFB de Viol e Rodrigues (2000). Pior é ser ignorada quando se questiona a eficiência e a eficácia da renúncia relativa ao Simples Nacional, sem se ponderar sua comparação com os demais regimes e seus contribuintes.

4.1 Desempenho recente comparado

Nunca é demais insistir na comparação do desempenho da arrecadação do Simples Nacional versus ao da receita administrada pela RFB. Na medida em que tem se aprofundada a recessão na economia brasileira, nos últimos meses e anos, tanto mais tem decrescido o total da receita tributária federal, quanto mais tem crescido o Simples Nacional. O curto prazo, marcado pela crise, acentua as trajetórias opostas já desenhadas no médio e longo prazo, como evidenciadas nas diferentes figuras confrontadas no gráfico 28.

Os gráficos evidenciam a profunda e crescente performance em direções radicalmente opostas entre as duas variáveis estudadas: tanto no cálculo da carga tributária – ou seja, quando se toma a arrecadação acumulada nos últimos dozes meses e se compara com o PIB do mesmo período; quanto na apuração da taxa de variação anualizada – ou seja, quando se compara o arrecadado nos últimos doze meses contra o de igual período imediatamente anterior, depois de convertidos em valores reais (ao longo deste estudo sempre utilizado o IPCA). À parte, vale mencionar que a RFB faz outra leitura desta performance: ao comentar o desempenho entre 2014 e 2015, considera que o desempenho "foi ligeiramente positivo" e atribui à 322 mil opções no ano, basicamente de prestadores de serviços – ver RFB (2015).

Considerada a razão arrecadação/PIB, antes de irromper a crise global, ao final de 2007, o Simples Nacional gerava apenas 0,31% contra 22,18% do PIB de toda a receita administrada pela RFB. Exatos dois anos depois, aquele mais que duplicava sua participação que chega a 0,81% enquanto o total recuava para 21,0% do PIB. A carga até se recuperou e a RFB conseguiu arrecadar 22,1% do PIB ao final de 2013, mas o Simples Nacional melhorou ainda mais e já batia a marca de 1,05% do produto. A receita administrada vem derretendo com a recessão e em setembro de 2015 só arrecadava 21,3% do PIB, das cargas mais baixas dos últimos anos. Mas, na contramão dessa curva decrescente, a receita gerada pelo Simples Nacional subiu mais um pouco e bateu seu recorde ao fechar setembro último em 1,2% do PIB.

Gráfico 15 – Desempenho Comparado: Receita Federal Administrada x Simples Nacional Total – 2008 a Out. 2015

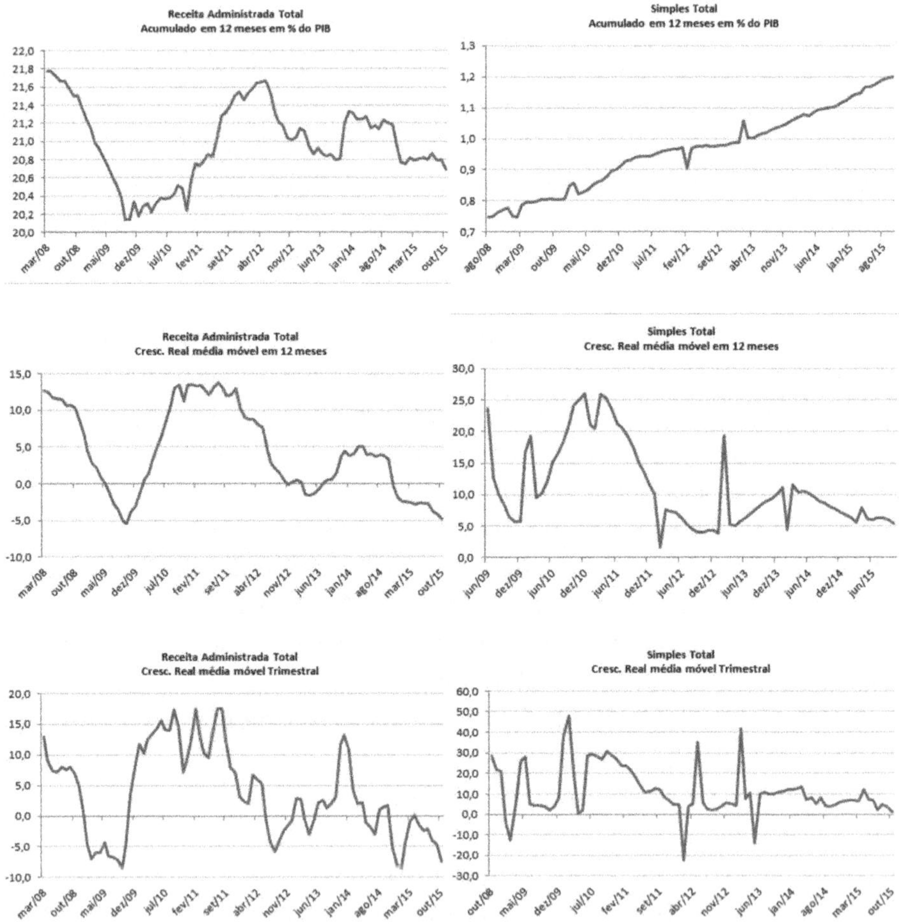

Fonte primária: RFB. Elaboração Própria (2021).

A mesma tendência divergente entre arrecadação tributária federal decrescente, de um lado, e recolhimentos do Simples Nacional sempre crescentes, fica ainda mais acentuada quando comparados os gráficos sobre a variação real anualizada das mesmas duas variáveis (mesmo considerada a taxa trimestral em pouco muda tal cenário). Embora as curvas sejam decrescentes em ambas as variáveis estudadas, é importante atentar que, no caso do Simples Nacional, a variação acumulada em doze meses sempre esteve positiva, enquanto a Receita Administrada pela RFB recuou para taxas negativas desde meados de 2014, fora os efeitos já comentados da crise global em 2009. O pior do desempenho do Simples Nacional foi desacelerar, e ainda seguir em patamar superior a um crescimento real anual de 5%, como tem sido observado nos últimos meses.

É fato que, ao longo desse período analisado, foi ampliado sucessivamente as possibilidades setoriais para adesão ao Simples Nacional. Por si só, porém, esse fator não deve explicar porque micro e pequenos negócios paguem cada vez mais impostos até quando a economia entra em recessão e os grandes contribuintes recolham cada vez menos – o que fica mais visível na evolução dos principais componentes do IRPJ e CSLL.

Além da crise particularmente grave em setores que reúnem basicamente grandes contribuintes (como no caso do petróleo, eletricidade, telecomunicações e mineração), é possível que estes usem a inadimplência tributária como um recurso forçado para contornar uma eventual crise de crédito enquanto micro e pequenas empresas não seguem o mesmo caminho – talvez por terem menos opção ou nenhuma opção de acesso ao planejamento tributário (não se trata aqui de sonegação).

Convém ressaltar, nesse sentido, que o aumento da alíquota média dos optantes pelo Simples Nacional, como observado na Seção 4, rebate essa tese de que a receita do regime simplificado só cresceu porque aumentou sua cobertura. É fato que cresceu o número de optantes e a receita agregada, mas os tributos cresceram em ritmo bem maior, pois a alíquota média aumentou.

4.2. Substituição tributária

Um ingrediente chave na política tributária brasileira que reduz espaço para sonegação e planejamento tributário, mas que acaba por punir as micro e pequenas empresas respeita à prática generalizada da substituição tributária. Não por acaso que, só depois da adesão em massa das micro e pequenas empresas ao Simples Nacional, que os fiscos, particularmente os estaduais e no caso do ICMS, expandiram a aplicação do contribuinte substituto para os mais diferentes ramos de atividade.

O mecanismo em si não traria problemas desde que não fossem aplicados no meio da cadeia de produção e de comercialização, que não fossem arbitrados preços superiores àqueles efetivamente praticados no mercado e que os eventuais créditos tributários acumulados fossem pronta e devidamente devolvidos ou recuperados pelos contribuintes. Essa não é a prática comum no País. Por isso que é dito que esta figura peculiar do sistema brasileiro (ao menos na intensidade em que é aplicada, sem paralelo em outros países) reduz ainda mais a suposta vantagem que haveria para o regime simplificado.

TABELA 25 – Estrutura das Receitas do Simples Nacional – 2012 a 2014

	Total de Receitas	Receitas sujeitas a PIS/Cofins Monofásico	Receitas sujeitas a ICMS devido por substituição	Receitas sujeitas a ICMS devido por substituição e a PIS/Cofins monofásico	Exportação de mercadorias ao exterior (produção de terceiros)	Exportação de mercadorias ao exterior (produção própria)
			2012			
TOTAL (em milhões)	731.921	198	137.429	2.327	204	341
% Receita	100,00%	0,03%	18,78%	0,32%	0,03%	0,05%
% PIB	15,53%	0,00%	2,92%	0,05%	0,00%	0,01%
			2013			
TOTAL (em milhões)	833.308	246	160.627	3.024	280	415
% Receita	100,00%	0,03%	19,28%	0,36%	0,03%	0,05%
% PIB	16,16%	0,00%	3,11%	0,06%	0,01%	0,01%
			2014			
TOTAL (em milhões)	921.952	270	179.168	3.934	332	451
% Receita	100,00%	0,03%	19,43%	0,43%	0,04%	0,05%
% PIB	16,70%	0,00%	3,25%	0,07%	0,01%	0,01%

Fonte primária: RFB. Elaboração Própria (2021)

A composição recente das receitas do Simples Nacional revela a penetração da substituição tributária entre as vendas promovidas no regime simplificado e como tende a afetar suas finanças – vide tabela 31. O volume de receitas do regime já alcançou R$ 921 bilhões ou 16,7% do PIB em 2014, crescendo ano após ano. Deste volume, perto de um quinto está sujeito ao ICMS devido por substituição tributária – o montante de cerca de R$ 180 bilhões ou 3,2% do PIB. É interessante notar que a proporção das receitas sujeitas a tal mecanismo cresceu mais rápido que o total das receitas do Simples Nacional – dois anos antes era e 18,8% do total ou 2,92% do PIB. Ainda existem receitas sujeitas ao PIS/COFINS monofásico, mas em dimensões marginais. Aliás, como também são as exportações pelos optantes do sistema.

Quando a mesma apuração é desdobrada por setores de atividade, a penetração da substituição tributária do ICMS se revela mais forte em segmentos do comércio varejista (os dois ramos mais atingidos pelo instrumento, com 72% das receitas, são os do varejo de combustíveis e de materiais de construção), seguido, entre ramos de maiores vendas, por fabricação de café (68%), comércio atacadista de cimento (65%), comércio de motocicletas (64%) e de autos em geral (54%), comércio de ferragens (48%) e armazéns e mercados varejistas (42%).

4.3. Impactos no emprego

Esse desempenho diferenciado costuma ser ignorado também quando se analisa o impacto do Simples Nacional para a geração de emprego, o que até tem sido objeto de mais análises e com conclusões divergentes. O debate tem sido travado, em geral, em torno da relação entre custo e benefício.

As consequências do Simples Nacional na geração de emprego se tornaram, com o tempo, alvo de muita discussão. Entre outros autores, Corseuil e Moura (2010) questionam a eficiência na geração de emprego, mas tal impacto foi bastante considerável segundo Costanzi (2014):

> "[...] houve crescimento expressivo do emprego formal no período de 2004 a 2013, e o ritmo de incremento entre os optantes pelo SIMPLES se deu de forma mais acelerada que entre os não optantes, bem como foi mais intenso para as cidades mais pobres (menor PIB per capita) do que para os municípios mais ricos (maior PIB per capita). Ademais, um dos fatores que explica o melhor desempenho das cidades com menor PIB per capita é exatamente o expressivo ritmo de crescimento do emprego nos optantes ao SIMPLES nesses municípios.(Costanzi, 2014).

Para este debate sobre a eficácia do mecanismo, é importante comparar as renúncias tributárias da mesma forma que se cotejou as incidências por tipo de regimes, mas tal apuração não costuma ser apresentada no debate recente.

O aspecto mais importante a examinar respeita à renúncia de contribuições para a previdência social uma vez que a preocupação seja focada na geração e sustentabilidade de emprego. Ao lado do Simples Nacional, o caso mais recente e de peso foi o da desoneração da folha salarial, que substituiu essa base pela do faturamento interno bruto para ramos de atividade selecionados aleatoriamente por lei.

A evolução e a dimensão comparada entre as duas renúncias constam na tabela 32. A distância entre os dois benefícios fiscais se encurtou drasticamente em pouco tempo, de modo que, em 2014, o custo da desoneração da folha (R$ 22,1 bilhões) já superava o da renúncia do Simples Nacional, embora ambos compreendessem um conjunto bem diferente de trabalhadores – 9,8 e 13,4 milhões, respectivamente. Convertidos em valores por trabalhador, a renúncia anual em 2014 do Simples Nacional (R$ 2,1 mil per capita) superava em 28% a da desoneração da folha (R$ 1,7 mil per capita), mas dois anos antes era mais que o dobro.

TABELA 26 – Renúncias Comparadas do Simples Nacional e Desoneração da Folha na Contribuição Previdenciária – 2012 a 2014

Renúncia Previdenciária	Unidade	2012	2013	2014
Simples - Contribuição Previdenciária				
Montante da Renúncia	R$ milhões	14.441,20	18.266,53	20.700,70
Empregados	Milhões Empreg.	9,20	8,50	9,80
Per Capita	R$/empreg	1.569,70	2.149,00	2.112,32
Desoneração da Folha				
Montante da Renúncia	R$ milhões	3.615,7	12.284,3	22.107,3
Empregados	Mlhões Vínculos	4,8	9,7	13,4
Per Capita	R$/vínculo	746,52	1.268,57	1.650,97
Simples/Des.Folha	R$ per capita	2,10	1,69	1,28

Fontes primárias: RFB. Elaboração FGV.
Simples Nacional: considerada apenas renúncia da contribuição para previdência social (base efetiva)
Folha: renúncia (anual) e vínculos (em dezembro) informada em planilha da RFB.

Fonte primária: RFB. Elaboração Própria (2021).

Ainda que em termos per capita a renúncia do Simples Nacional supere a da desoneração da folha não custa comentar que deve beneficiar trabalhadores com menores ganhos salariais e espalhados por um conjunto maior de atividades econômicas do que no caso da desoneração da folha cuja renúncia é mais concentrada, uma vez que a concessão foi discriminada e restrita a algumas atividades, predominando aquelas em que tende a pagar salários mais altos na economia – como indústria de transformação, utilidades e alguns ramos de serviços (vide análise em PINTO; AFONSO, 2015).

A observância do benefício por número de empregados do Simples Nacional pode ser expandida para compreender o conjunto de impostos federais, no período mais recente – conforme demonstrado na tabela 33. A renúncia calculada pela RFB aumentou, em termos nominais, em 61% entre 2010 e 2014, enquanto o total de empregados dos optantes do regime cresceu em 20%. Isto resultou em incremento do valor per capita de 35%, de modo que, entre 2010 e 2014, tal valor saltou de R$ 4,6 mil para R$ 6,3 mil, em bases anuais. Ou ainda, R$ 474 por empregado em bases de salários mensais (considerada também gratificação natalina e férias), em 2014.

TABELA 27 – Renúncias do Simples Nacional Por Empregado – 2010 a 2014

Anos	Renúncia R$ bilhões	Empregados milhões	Per Capita R$
2010	38,3	8,2	4.674
2011	42,9	8,5	5.048
2012	55,5	9,2	6.038
2013	60,4	8,5	7.106
2014	61,8	9,8	6.304

Fonte primária: RFB. Elaboração Própria (2021).

Se a expansão da renúncia foi tão acelerada quanto à da arrecadação do segmento, é importante apontar que resultou em resposta também em termos de emprego, que, em nível nacional, não cresceu no mesmo ritmo. É interessante nesse ponto também apresentar um quadro atualizado da composição do emprego gerado no âmbito do Simples Nacional, tomando por base o declarado pelos optantes em 2013. O gráfico

29 e a tabela 34 retratam, por faixa de empregados, a distribuição das 2,7 milhões de empresas ativas participantes do regime. Como era de se esperar pelo próprio porte desses estabelecimentos, a grande maioria emprega poucos funcionários.

Gráfico 16 – Estrutura do Simples Nacional Por Faixa de Empregados – 2013

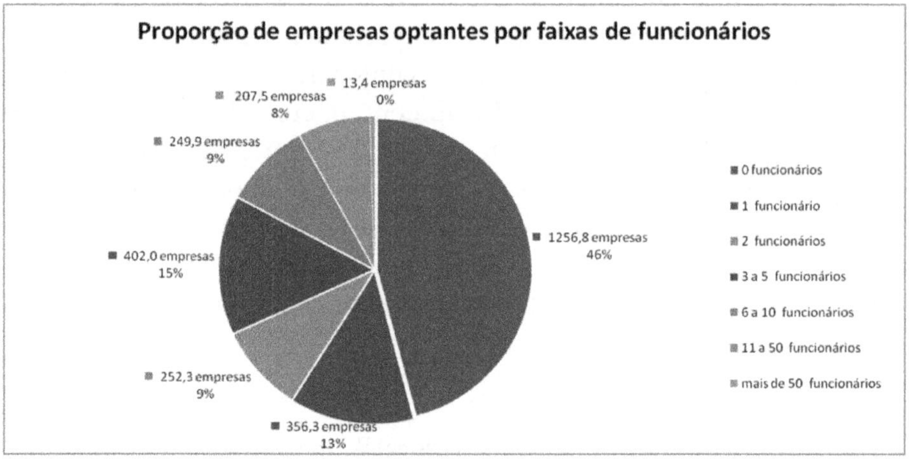

Fonte primária: RFB. Elaboração Própria (2021).

O aspecto mais marcante diz respeito ao número de empresas que faturam, mas a ninguém empregam: é o caso de pouco mais de 1,2 milhões de optantes do Simples Nacional ou 46% do total. É um número compatível com a recente e drástica mudança que vem ocorrendo no mercado de trabalho brasileiro, mas que tem sido ignorado pelos analistas e mesmo por boa parte dos formuladores de política econômica e social. Cada vez mais brasileiros trabalham, no sentido de prestam serviços, sem serem contratados como empregados, ou seja, pessoas físicas com carteira assinada e que recebem salários. Não mais como tradicionais autônomos, a tendência moderna e crescente é constituírem firmas, muitas vezes individuais, e passarem a prestar os mesmos ou assemelhados serviços como pessoas jurídicas e tendo suas rendas convertidas em retiradas de lucros. Essa deve ser a explicação principal para essa presença maciça de micro e pequenas empresas sem funcionários contratados – ver análise detalhada sobre tais mudanças em Afonso (2014).

Tabela 28 – Composição de Empresas do Simples Nacional
Por Faixa de Empregados – 2013

Número de funcionários	Empresas optantes do Simples (mil)	Proporção do total
0 funcionários	1256,8	45,9%
1 funcionário	356,3	13,0%
2 funcionários	252,3	9,2%
3 a 5 funcionários	402,0	14,7%
6 a 10 funcionários	249,9	9,1%
11 a 50 funcionários	207,5	7,6%
mais de 50 funcionários	13,4	0,5%
SOMA	**2738,3**	**100,0%**

Fonte primária: RFB. Elaboração Própria (2021).

À parte o grupo majoritário sem funcionários, outros blocos relevantes são das empresas que possuem um único funcionário, seguidos daqueles que possuem 2 ou até 5 funcionários. Tendo no máximo 5 empregados é o caso de 83% das empresas que aderiram ao Simples Nacional. No extremo oposto, e até surpreendente, existem 13,4 mil empresas com mais de 50 funcionários, que respondem por apenas 0,5% do total de funcionários.

Não custa mencionar que o uso (legal e legítimo) do Simples Nacional como um instrumento importante nesse processo pelo qual pessoas físicas se convertem em jurídicas deve afetar as leituras que foquem apenas no impacto do regime simplificado para a geração de emprego. Se for pensado só o mercado de emprego clássico (nem se usa aqui o termo "trabalho"), tende a ser subestimado a importância relativa do Simples Nacional porque uma boa parte da ocupação e da renda que são geradas por tais empresas não aparece nas estatísticas tradicionais, que atentam apenas aqueles empregos com carteira assinada.

Conclusões

A análise comparada da evolução da arrecadação, da renúncia e, sobretudo, das alíquotas médias sobre a receita dos optantes Simples Nacional relativamente aos dos demais contribuintes, em especial do Lucro Real e do Lucro Presumido, por mais que seja ainda um estudo de caráter preliminar, questiona vários mitos e mesmo falácias que dominam o assunto. A ampliação da cobertura setorial das microempresas não trouxe prejuízos maiores para a arrecadação tributária. Muito pelo contrário, o desempenho do regime simplificado foi muito melhor em tempos de crise do que dos grandes contribuintes. A renúncia correspondente não aumentou mais do que nos outros casos de gastos tributários federais. E, o mais importante e mesmo espantoso, as alíquotas médias, quando expressas pela razão entre o arrecadado a Receita Bruta, do Simples Nacional foram crescentes nos últimos anos, à exceção de 2012, em um ritmo superior ao experimentado pelos demais contribuintes, de modo a reduzir a distância entre eles.

O presente estudo constitui um esforço de pesquisa pioneiro e que por certo pode e deve ser complementado e aprofundado. Quando comparados os diferentes regimes tributários, evidências indicam que é falsa a ideia predominante de que o regime simplificado seria muito mais vantajoso. A alíquota média sobre a receita de quem aderiu ao Simples Nacional é cada vez mais próxima a do regime normal para tributos federais.

Estas observações não deveriam surpreender se for lembrado que, ao ser aberta a opção pela primeira vez ao Simples Nacional, muito mais contribuintes optaram pelo regime do que era então esperado pelas autoridades fazendárias.

Não é demais lembrar que nesta apuração das alíquotas médias sobre a receita bruta nem se pode considerar plenamente o efeito extremamente danoso para o regime simplificado decorrente da aplicação cada vez mais generalizada da figura da substituição tributária, sem a consequente devolução dos créditos acumulados.

De qualquer forma, mesmo com as distorções provocadas pelo intenso uso da substituição tributária no ICMS estadual, é curioso observar que a alíquota média sobre a receita exigida pela União dos optantes do Simples Nacional é muito maior que a observada dos demais governos. Isto sem contar que apresentaram trajetórias opostas nos últimos anos em relação aos demais contribuintes – isto é, a alíquota média deles decresceu enquanto aumentou a do Simples Nacional. A incidência tributária no regime simplificado ainda é inferior à do regime normal, porém, é cada vez menor a distância entre os regimes.

A evolução comparada das alíquotas médias sobre as receitas, comparadas as do Simples Nacional às dos outros regimes, especialmente quando analisado o corte por atividade econômica, em que aqueles suportam uma incidência superior à dos maiores contribuintes, reforça o questionamento sobre o tratamento dispensado ao Simples Nacional na apuração da renúncia pelos respectivos fiscos. Está claro que a vantagem fiscal não é assim tão superior como comumente se pensa e certamente é decrescente, mas isso não acaba expresso no cálculo e na evolução do gasto tributário, como tem sido informado nos demonstrativos anuais.

Os resultados do presente estudo tendem a corroborar a tese de que a redução mais importante buscada pelos micro e pequenos negócios que optam pelo regime simplificado é a do custo de pagar impostos, ou seja, das obrigações acessórias que consubstanciam o chamado custo de observância tributária. É notório que o Brasil é campeão mundial em *compliance* – são precisas 2.600 horas por ano para se pagar impostos, no cálculo tradicionalmente denominado *Doing Business* – ver Banco Mundial (2015). Esse custo tende a ser tão mais acentuado quanto menor for o contribuinte. Não surpreende que muitos microempresários preferem optar pelo Simples Nacional mesmo quando sua alíquota média é pouco inferior à do regime normal, no caso da maioria dos tributos e setores – e até chega a superar, no caso específico de alguns impostos e setores. É que o outro custo, o de gerenciar a apuração e o pagamento de impostos, é tão demasiadamente alto no regime normal, que torna mais interessante optar pelo regime simplificado, ainda que, em termos de tributos em si, este não venha a ser tão vantajoso.

Destaca-se, outrossim, que tais gastos com a chamada observância tributária deveria ser ponderados quando realizadas comparações internacionais sobre a linha de corte do faturamento das empresas para fins de permitir o seu enquadramento no regime simplificado de tributação – como a realizada na nota da RFB (2015). Não é considerada nessas análises comparadas a desvantagem para o contribuinte brasileiro, que suporta um custo de *compliance* superior, e com larga folga, ao observado em todos os outros países, logo, não por outro motivo o legislador nacional acaba por permitir a vantagem à empresa nacional de poder aderir ao regime simplificado mesmo faturando mais do que congêneres de outros países. Da mesma forma, também se costuma ignorar em tais comparações externas que é comum nos outros países ser aplicada uma só alíquota para todos enquadrados no regime simplificado, ou quando muito, pouquíssimas alíquotas – para uma detalhada análise comparada internacional, ver OECD (2015). Ao contrário do resto do mundo, no Simples Nacional são aplicadas alíquotas bastante variadas, crescendo proporcionalmente ao valor do faturamento e também dependendo das atividades econômicas exercidas, de modo que passam de 200 as alíquotas aplicadas pelo sistema.

Enfim, este estudo comprova que alíquotas médias sobre a receita bruta do Simples Nacional superam as mesmas apuradas para os regimes do Lucro Real, e até do Lucro Presumido, em importantes atividades da economia brasileira.

A conclusão, por mais paradoxal que soe, é que a simplificação tributária no Brasil é vantajosa até mesmo para os fiscos brasileiros e carece de sentido a ideia clássica de que oferecer um regime simples seja uma renúncia. Em alguns setores econômicos, e para muitos tributos exigidos no Brasil, a microempresa e a pequena empresa que aderiram ao Simples Nacional suportam uma carga tributária superior à dos demais contribuintes, e quando isso não ocorre, a diferença em favor daqueles é pequena e cada vez menor.

Referências

AFONSO, J.R. Imposto de renda e distribuição de renda e riqueza: as estatísticas fiscais e um debate premente. **Revista Estudos Tributários e Aduaneiros**. Vol.1, n.1. Brasília: RFB. Dezembro 2014. Disponível em: http://bit.ly/14zFdJy

ALMEIDA, M. **O simples complexo**. Matéria de opinião – Página pessoal, setembro de 2014.

BANCO MUNDIAL. **Doing business 2016**. Washington, 2015. Disponível em: http://bit.ly/1iIdr4C

COMITÊ GESTOR DO SIMPLES NACIONAL. **Manual PGDAS**. 2010.

COMITÊ GESTOR DO SIMPLES NACIONAL. **Resoluções do comitê gestor do simples nacional**. 2007 a 2015.

COSTANZI, R. N. **Evolução do estoque de vínculos empregatícios formais entre 2003 e 2013.** Boletim de Informações Fipe – Temas de Economia Aplicada, dezembro de 2014. Disponível em: http://bit.ly/1Wec9kw

CORSEUIL, C.H.; MOURA, R.L. **O impacto do simples federal no nível de emprego da indústria brasileira.** Texto para Discussão 1643. IPEA: Brasília, agosto 2011. Disponível em: http://bit.ly/1Qc74Wm

CORSEUIL, C. H. L.; MOURA, R. L. **O simples federal e a geração de empregos na indústria.** Seminários USP 2010. Disponível em: http://bit.ly/1LVNGK0

FGV PROJETOS. **Estudo para subsidiar a formulação de projeto de lei para aprimoramento do simples nacional.** Minuta dos Resultados Finais. 18/11/2014.

OECD. **Taxation of smes in oecd and G20 countries,** OECD Tax Policy Studies, n.23. OECD: Paris, 2015. Disponível em: http://bit.ly/1Qc7o7p

PAES, N. L. **Simples nacional no Brasil:** o difícil balanço entre estímulos às pequenas empresas e aos gastos tributários. Nova Economia. Belo Horizonte. Vol. 24 (3), pp.541-554. Setembro-dezembro de 2014.

PAES, N.; ALMEIDA, A. **Tributação da pequena empresa e avaliação do Simples.** Caderno de Finanças Públicas, Escola de Administração Fazendária – ESAF, n. 9, p. 5-55, 2009.

PINTO, V.; AFONSO, J.R. **Revisitando a desoneração que onera (empresas ou governo) e que pune a produtividade.** Texto para Discussão. Rio de Janeiro: IBRE/FGV. Março 2015. Disponível em: http://bit.ly/1MDvy3F

RECEITA FEDERAL DO BRASIL. **Arrecadação do simples nacional em 2015** – inclusão de novos setores, efeitos no lucro presumido/lucro real e impactos do plp 25/2007. Nota. RFB: Brasília, 24 agosto 2015. Disponível em: http://goo.gl/NuocfE

RECEITA FEDERAL DO BRASIL. **IRPJ – Dados, informações e gráficos setoriais 2008 a 2013.** Disponível em: http://bit.ly/1iIcSru

RECEITA FEDERAL DO BRASIL. **Demonstrativos dos gastos governamentais indiretos de natureza tributária** – *(Gastos Tributários)* – PLOA 2007 a 2015. Brasília, 2006 a 2014.

SEBRAE. **As pequenas empresas do simples nacional.** Brasília: Serviço Brasileiro de Apoio às Micro e Pequenas Empresas – SEBRAE. 2011.

VIOL, A.; RODRIGUES, J. **Tratamento Tributário da Micro e Pequena Empresa no Brasil.** Monografia. Brasília: RFB. Março 2000. Disponível em: http://bit.ly/1WEH9uf

ANEXO 1
Classificação Setorial de Atividades

Estrutura detalhada CNAE 2.0

Publicada no D.O.U. em 05/09/2006 - Resolução CONCLA nº 01/2006*

Código CNAE Seção	Código CNAE Divisão	Denominação
A		AGRICULTURA, PECUÁRIA, PRODUÇÃO FLORESTAL, PESCA E AQÜICULTURA
	01	AGRICULTURA, PECUÁRIA E SERVIÇOS RELACIONADOS
	02	PRODUÇÃO FLORESTAL
	03	PESCA E AQÜICULTURA
B		INDÚSTRIAS EXTRATIVAS
	05	EXTRAÇÃO DE CARVÃO MINERAL
	06	EXTRAÇÃO DE PETRÓLEO E GÁS NATURAL
	07	EXTRAÇÃO DE MINERAIS METÁLICOS
	08	EXTRAÇÃO DE MINERAIS NÃO-METÁLICOS
	09	ATIVIDADES DE APOIO À EXTRAÇÃO DE MINERAIS
C		INDÚSTRIAS DE TRANSFORMAÇÃO
	10	FABRICAÇÃO DE PRODUTOS ALIMENTÍCIOS
	11	FABRICAÇÃO DE BEBIDAS
	12	FABRICAÇÃO DE PRODUTOS DO FUMO
	13	FABRICAÇÃO DE PRODUTOS TÊXTEIS
	14	CONFECÇÃO DE ARTIGOS DO VESTUÁRIO E ACESSÓRIOS
	15	PREPARAÇÃO DE COUROS E FABRICAÇÃO DE ARTEFATOS DE COURO, ARTIGOS PARA VIAGEM E CALÇADOS
	16	FABRICAÇÃO DE PRODUTOS DE MADEIRA
	17	FABRICAÇÃO DE CELULOSE, PAPEL E PRODUTOS DE PAPEL
	18	IMPRESSÃO E REPRODUÇÃO DE GRAVAÇÕES
	19	FABRICAÇÃO DE COQUE, DE PRODUTOS DERIVADOS DO PETRÓLEO E DE BIOCOMBUSTÍVEIS
	20	FABRICAÇÃO DE PRODUTOS QUÍMICOS
	21	FABRICAÇÃO DE PRODUTOS FARMOQUÍMICOS E FARMACÊUTICOS
	22	FABRICAÇÃO DE PRODUTOS DE BORRACHA E DE MATERIAL PLÁSTICO
	23	FABRICAÇÃO DE PRODUTOS DE MINERAIS NÃO-METÁLICOS
	24	METALURGIA
	25	FABRICAÇÃO DE PRODUTOS DE METAL, EXCETO MÁQUINAS E EQUIPAMENTOS
	26	FABRICAÇÃO DE EQUIPAMENTOS DE INFORMÁTICA, PRODUTOS ELETRÔNICOS E ÓPTICOS
	27	FABRICAÇÃO DE MÁQUINAS, APARELHOS E MATERIAIS ELÉTRICOS
	28	FABRICAÇÃO DE MÁQUINAS E EQUIPAMENTOS
	29	FABRICAÇÃO DE VEÍCULOS AUTOMOTORES, REBOQUES E CARROCERIAS
	30	FABRICAÇÃO DE OUTROS EQUIPAMENTOS DE TRANSPORTE, EXCETO VEÍCULOS AUTOMOTORES
	31	FABRICAÇÃO DE MÓVEIS
	32	FABRICAÇÃO DE PRODUTOS DIVERSOS
	33	MANUTENÇÃO, REPARAÇÃO E INSTALAÇÃO DE MÁQUINAS E EQUIPAMENTOS
D		ELETRICIDADE E GÁS
	35	ELETRICIDADE, GÁS E OUTRAS UTILIDADES
E		ÁGUA, ESGOTO, ATIVIDADES DE GESTÃO DE RESÍDUOS E DESCONTAMINAÇÃO
	36	CAPTAÇÃO, TRATAMENTO E DISTRIBUIÇÃO DE ÁGUA
	37	ESGOTO E ATIVIDADES RELACIONADAS
	38	COLETA, TRATAMENTO E DISPOSIÇÃO DE RESÍDUOS; RECUPERAÇÃO DE MATERIAIS
	39	DESCONTAMINAÇÃO E OUTROS SERVIÇOS DE GESTÃO DE RESÍDUOS

Código CNAE		Denominação
Seção	Divisão	
F		CONSTRUÇÃO
	41	CONSTRUÇÃO DE EDIFÍCIOS
	42	OBRAS DE INFRA-ESTRUTURA
	43	SERVIÇOS ESPECIALIZADOS PARA CONSTRUÇÃO
G		COMÉRCIO; REPARAÇÃO DE VEÍCULOS AUTOMOTORES E MOTOCICLETAS
	45	COMÉRCIO E REPARAÇÃO DE VEÍCULOS AUTOMOTORES E MOTOCICLETAS
	46	COMÉRCIO POR ATACADO, EXCETO VEÍCULOS AUTOMOTORES E MOTOCICLETAS
	47	COMÉRCIO VAREJISTA
H		TRANSPORTE, ARMAZENAGEM E CORREIO
	49	TRANSPORTE TERRESTRE
	50	TRANSPORTE AQUAVIÁRIO
	51	TRANSPORTE AÉREO
	52	ARMAZENAMENTO E ATIVIDADES AUXILIARES DOS TRANSPORTES
	53	CORREIO E OUTRAS ATIVIDADES DE ENTREGA
I		ALOJAMENTO E ALIMENTAÇÃO
	55	ALOJAMENTO
	56	ALIMENTAÇÃO
J		INFORMAÇÃO E COMUNICAÇÃO
	58	EDIÇÃO E EDIÇÃO INTEGRADA À IMPRESSÃO
	59	ATIVIDADES CINEMATOGRÁFICAS, PRODUÇÃO DE VÍDEOS E DE PROGRAMAS DE TELEVISÃO; GRAVAÇÃO DE SOM E EDIÇÃO DE MÚSICA
	60	ATIVIDADES DE RÁDIO E DE TELEVISÃO
	61	TELECOMUNICAÇÕES
	62	ATIVIDADES DOS SERVIÇOS DE TECNOLOGIA DA INFORMAÇÃO
	63	ATIVIDADES DE PRESTAÇÃO DE SERVIÇOS DE INFORMAÇÃO
K		ATIVIDADES FINANCEIRAS, DE SEGUROS E SERVIÇOS RELACIONADOS
	64	ATIVIDADES DE SERVIÇOS FINANCEIROS
	65	SEGUROS, RESSEGUROS, PREVIDÊNCIA COMPLEMENTAR E PLANOS DE SAÚDE
	66	ATIVIDADES AUXILIARES DOS SERVIÇOS FINANCEIROS, SEGUROS, PREVIDÊNCIA COMPLEMENTAR E PLANOS DE SAÚDE
L		ATIVIDADES IMOBILIÁRIAS
	68	ATIVIDADES IMOBILIÁRIAS
M		ATIVIDADES PROFISSIONAIS, CIENTÍFICAS E TÉCNICAS
	69	ATIVIDADES JURÍDICAS, DE CONTABILIDADE E DE AUDITORIA
	70	ATIVIDADES DE SEDES DE EMPRESAS E DE CONSULTORIA EM GESTÃO EMPRESARIAL
	71	SERVIÇOS DE ARQUITETURA E ENGENHARIA; TESTES E ANÁLISES TÉCNICAS
	72	PESQUISA E DESENVOLVIMENTO CIENTÍFICO
	73	PUBLICIDADE E PESQUISA DE MERCADO
	74	OUTRAS ATIVIDADES PROFISSIONAIS, CIENTÍFICAS E TÉCNICAS
	75	ATIVIDADES VETERINÁRIAS
N		ATIVIDADES ADMINISTRATIVAS E SERVIÇOS COMPLEMENTARES
	77	ALUGUÉIS NÃO-IMOBILIÁRIOS E GESTÃO DE ATIVOS INTANGÍVEIS NÃO-FINANCEIROS
	78	SELEÇÃO, AGENCIAMENTO E LOCAÇÃO DE MÃO-DE-OBRA
	79	AGÊNCIAS DE VIAGENS, OPERADORES TURÍSTICOS E SERVIÇOS DE RESERVAS
	80	ATIVIDADES DE VIGILÂNCIA, SEGURANÇA E INVESTIGAÇÃO
	81	SERVIÇOS PARA EDIFÍCIOS E ATIVIDADES PAISAGÍSTICAS
	82	SERVIÇOS DE ESCRITÓRIO, DE APOIO ADMINISTRATIVO E OUTROS SERVIÇOS PRESTADOS ÀS EMPRESAS

Código CNAE		Denominação
Seção	Divisão	
O		ADMINISTRAÇÃO PÚBLICA, DEFESA E SEGURIDADE SOCIAL
	84	ADMINISTRAÇÃO PÚBLICA, DEFESA E SEGURIDADE SOCIAL
P		EDUCAÇÃO
	85	EDUCAÇÃO
Q		SAÚDE HUMANA E SERVIÇOS SOCIAIS
	86	ATIVIDADES DE ATENÇÃO À SAÚDE HUMANA
	87	ATIVIDADES DE ATENÇÃO À SAÚDE HUMANA INTEGRADAS COM ASSISTÊNCIA SOCIAL, PRESTADAS EM RESIDÊNCIAS COLETIVAS E PARTICULARES
	88	SERVIÇOS DE ASSISTÊNCIA SOCIAL SEM ALOJAMENTO
R		ARTES, CULTURA, ESPORTE E RECREAÇÃO
	90	ATIVIDADES ARTÍSTICAS, CRIATIVAS E DE ESPETÁCULOS
	91	ATIVIDADES LIGADAS AO PATRIMÔNIO CULTURAL E AMBIENTAL
	92	ATIVIDADES DE EXPLORAÇÃO DE JOGOS DE AZAR E APOSTAS
	93	ATIVIDADES ESPORTIVAS E DE RECREAÇÃO E LAZER
S		OUTRAS ATIVIDADES DE SERVIÇOS
	95	REPARAÇÃO E MANUTENÇÃO DE EQUIPAMENTOS DE INFORMÁTICA E COMUNICAÇÃO E DE OBJETOS PESSOAIS E DOMÉSTICOS
	96	OUTRAS ATIVIDADES DE SERVIÇOS PESSOAIS
T		SERVIÇOS DOMÉSTICOS
	97	SERVIÇOS DOMÉSTICOS
U		ORGANISMOS INTERNACIONAIS E OUTRAS INSTITUIÇÕES EXTRATERRITORIAIS
	99	ORGANISMOS INTERNACIONAIS E OUTRAS INSTITUIÇÕES EXTRATERRITORIAIS

* ajuste na denominação posterior à publicação no DOU 05/09/2006

ANEXO 2

Alíquotas Médias sobre a Receita Bruta: resultados a partir dos dados originais da Receita Federal para 2011

São apresentados, neste anexo, as mesmas tabelas e gráficos da Seção 2, porém com os dados originais divulgados pela Receita Federal, sem a correção do erro constatado nas informações do Setor de Alimentação (Seção 56 da CNAE) em 2011, cuja arrecadação teria crescido incríveis 1.684% em apenas um ano, saindo de R$ 10,6 bilhões em 2010 para R$ 189,3 bilhões em 2011.Os dados subsequentes reforçam a tese de que o problema deve estar na receita bruta do mencionado setor em 2011, pois no ano de 2012 a arrecadação foi de R$ 14,8 bilhões.

No entanto, para fins de registro, é a seguir apresentados análise dos resultados encontrados sem a correção mencionada.

Tabela 1 – Composição da Receita, Arrecadação e Alíquotas Médias sobre a Receita Bruta dos Tributos Federais nos Diferentes Regimes de Apuração

REGIME DE APURAÇÃO	VARIÁVEL		2008	2009	2010	2011	2012	2013
SIMPLES	RECEITA BRUTA		ND	412.871,56	524.522,56	606.250,60	732.300,85	832.075,38
	IRPJ	ARRECADAÇÃO	ND	1.172,02	1.587,64	1.987,38	2.099,24	2.489,13
		ALÍQUOTA MÉDIA	ND	0,28%	0,30%	0,33%	0,29%	0,30%
	CSLL	ARRECADAÇÃO	ND	1.250,07	1.649,16	2.028,10	2.190,93	2.577,89
		ALÍQUOTA MÉDIA	ND	0,30%	0,31%	0,33%	0,30%	0,31%
	PIS/COFINS	ARRECADAÇÃO	ND	4.587,73	6.043,85	7.304,67	7.886,53	9.217,26
		ALÍQUOTA MÉDIA	ND	1,11%	1,15%	1,20%	1,08%	1,11%
	IPI	ARRECADAÇÃO	ND	230,87	301,98	334,89	378,66	420,62
		ALÍQUOTA MÉDIA	ND	0,06%	0,06%	0,06%	0,05%	0,05%
	INSS	ARRECADAÇÃO	ND	12.587,12	16.827,31	20.062,49	22.564,52	26.475,28
		ALÍQUOTA MÉDIA		3,05%	3,21%	3,31%	3,08%	3,18%
LUCRO PRESUMIDO	RECEITA BRUTA		606.360,92	631.072,39	788.952,73	1.108.120,70	1.014.600,22	1.114.617,70
	IRPJ	ARRECADAÇÃO	13.894,96	14.766,17	18.846,27	22.467,53	24.866,37	27.422,79
		ALÍQUOTA MÉDIA	2,29%	2,34%	2,39%	2,03%	2,45%	2,46%
	CSLL	ARRECADAÇÃO	7.890,77	8.318,77	10.464,90	12.384,09	13.522,20	14.772,73
		ALÍQUOTA MÉDIA	1,30%	1,32%	1,33%	1,12%	1,33%	1,33%
	PIS/COFINS	ARRECADAÇÃO	14.903,90	15.236,98	19.865,12	22.946,53	24.654,21	26.331,03
		ALÍQUOTA MÉDIA	2,46%	2,41%	2,52%	2,07%	2,43%	2,36%
	IPI	ARRECADAÇÃO	1.707,49	1.690,14	2.122,83	2.422,84	2.319,23	2.341,59
		ALÍQUOTA MÉDIA	0,28%	0,27%	0,27%	0,22%	0,23%	0,21%
	INSS	ARRECADAÇÃO	11.624,06	13.576,10	16.846,26	20.170,08	23.442,01	26.858,37
		ALÍQUOTA MÉDIA	1,92%	2,15%	2,14%	1,82%	2,31%	2,41%
LUCRO REAL	RECEITA BRUTA		5.267.306,04	4.742.142,67	5.543.849,52	6.394.860,34	6.770.395,94	7.718.758,40
	IRPJ	ARRECADAÇÃO	60.668,62	54.005,63	62.845,78	69.440,27	69.327,14	73.338,54
		ALÍQUOTA MÉDIA	1,15%	1,14%	1,13%	1,09%	1,02%	0,95%
	CSLL	ARRECADAÇÃO	27.549,87	27.558,96	31.184,16	32.695,35	32.420,39	34.166,74
		ALÍQUOTA MÉDIA	0,52%	0,58%	0,56%	0,51%	0,48%	0,44%
	PIS/COFINS	ARRECADAÇÃO	105.512,60	103.901,35	123.770,50	138.219,88	152.271,72	160.969,06
		ALÍQUOTA MÉDIA	2,00%	2,19%	2,23%	2,16%	2,25%	2,09%
	IPI	ARRECADAÇÃO	25.396,83	18.989,27	25.360,11	28.903,05	25.158,70	27.085,82
		ALÍQUOTA MÉDIA	0,48%	0,40%	0,46%	0,45%	0,37%	0,35%
	INSS	ARRECADAÇÃO	66.499,53	73.210,96	88.245,16	101.604,50	116.946,53	138.549,53
		ALÍQUOTA MÉDIA	1,26%	1,54%	1,59%	1,59%	1,73%	1,79%

Fonte Primária: RFB. Elaboração Própria (2021)

Tabela 2 – Evolução das Alíquotas Médias sobre a Receita Bruta dos Tributos Federais nos diferentes regimes de apuração

REGIME DE APURAÇÃO	TRIBUTO	2008	2009	2010	2011	2012	2013
SIMPLES	IRPJ	-	0,28%	0,30%	0,33%	0,29%	0,30%
	CSLL	-	0,30%	0,31%	0,33%	0,30%	0,31%
	PIS/COFINS	-	1,11%	1,15%	1,20%	1,08%	1,11%
	IPI	-	0,06%	0,06%	0,06%	0,05%	0,05%
	INSS	-	3,05%	3,21%	3,31%	3,08%	3,18%
	TOTAL	-	4,80%	5,04%	5,23%	4,80%	4,95%
LUCRO PRESUMIDO	IRPJ	2,29%	2,34%	2,39%	2,03%	2,45%	2,46%
	CSLL	1,30%	1,32%	1,33%	1,12%	1,33%	1,33%
	PIS/COFINS	2,46%	2,41%	2,52%	2,07%	2,43%	2,36%
	IPI	0,28%	0,27%	0,27%	0,22%	0,23%	0,21%
	INSS	1,92%	2,15%	2,14%	1,82%	2,31%	2,41%
	TOTAL	8,25%	8,49%	8,64%	7,25%	8,75%	8,77%
LUCRO REAL	IRPJ	1,15%	1,14%	1,13%	1,09%	1,02%	0,95%
	CSLL	0,52%	0,58%	0,56%	0,51%	0,48%	0,44%
	PIS/COFINS	2,00%	2,19%	2,23%	2,16%	2,25%	2,09%
	IPI	0,48%	0,40%	0,46%	0,45%	0,37%	0,35%
	INSS	1,26%	1,54%	1,59%	1,59%	1,73%	1,79%
	TOTAL	5,42%	5,86%	5,98%	5,80%	5,85%	5,62%

Fonte Primária: RFB. Elaboração Própria (2021).

Gráfico 1 – Alíquotas Médias sobre a Receita Bruta para o conjunto de tributos federais (IRPJ, PIS, COFINS, CSLL, IPI e INSS) e por regimes de apuração

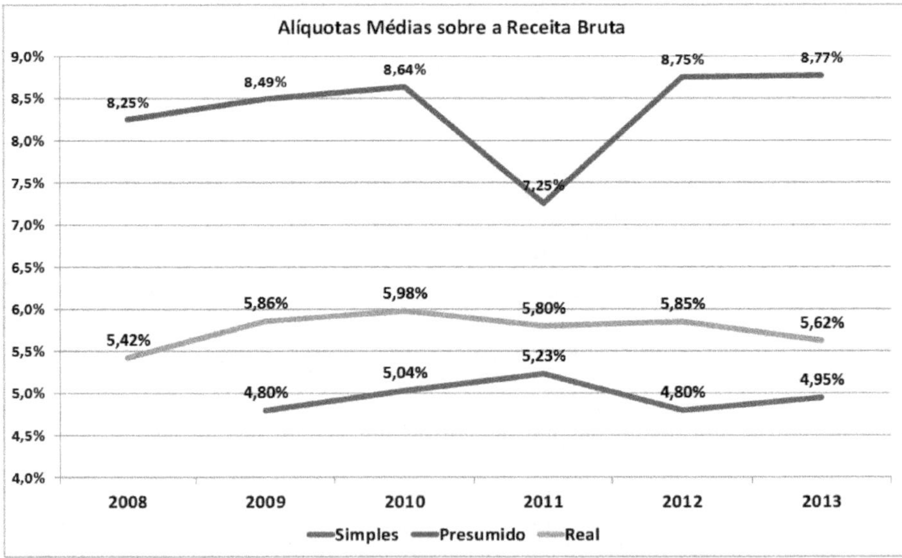

Fonte Primária: RFB. Elaboração Própria (2021).

Gráfico 2 – Alíquotas Médias sobre a Receita para a Contribuição Previdenciária (INSS) e por Regimes de Apuração

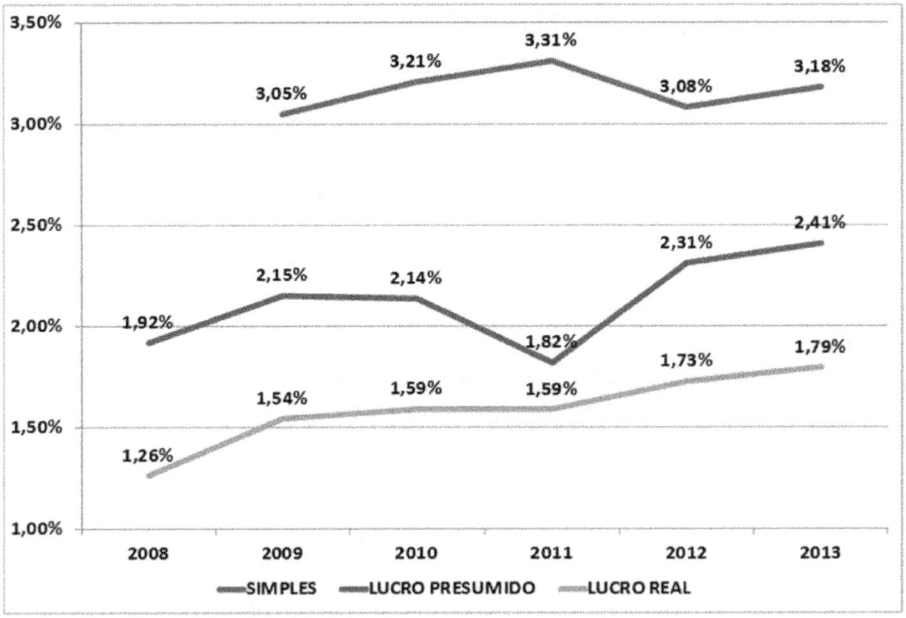

Fonte Primária: RFB. Elaboração Própria (2021).

Tabela 3 – Regimes de Apuração e por esfera de governo

ESFERA DE GOVERNO	REGIME SIMPLIFICADO	VARIÁVEL	2008	2009	2010	2011	2012	2013
UNIÃO	OPTANTES	RECEITA BRUTA	-	412.871,56	524.522,56	606.250,60	732.300,85	832.075,38
		ARRECADAÇÃO	11.520,65	19.827,80	26.409,94	31.717,54	35.119,88	41180,194
		Alíquota Média		4,80%	5,04%	5,23%	4,80%	4,95%
	NÃO OPTANTES	RECEITA BRUTA	5.873.667	5.373.215	6.332.802	7.502.981	7.784.996	8.833.376
		ARRECADAÇÃO	480.538,52	434.941,73	529.687,83	610.682,81	645.992,13	699.572,64
		Alíquota Média	8,18%	8,09%	8,36%	8,14%	8,30%	7,92%
ESTADOS	OPTANTES	RECEITA BRUTA	-	372.865	473.697	547.505	661.341,47	751.448
		ARRECADAÇÃO	3.197,35	3.438,02	4.499,64	5.463,89	6.052,47	7.213,90
		Alíquota Média		0,92%	0,95%	1,00%	0,92%	0,96%
	NÃO OPTANTES	RECEITA BRUTA	5.340.972	4.885.907	5.758.467	6.822.520	7.078.958	8.032.258
		ARRECADAÇÃO	140.772,71	153.501,52	190.066,98	230.258,30	260.965,49	297.996,79
		Alíquota Média	2,64%	3,14%	3,30%	3,37%	3,69%	3,71%
MUNICÍPIOS	OPTANTES	RECEITA BRUTA	-	40.007	50.826	58.745	70.959	80.627
		ARRECADAÇÃO	1.069,81	1.289,72	1.851,71	2.488,75	3.030,43	3.483,11
		Alíquota Média		3,22%	3,64%	4,24%	4,27%	4,32%
	NÃO OPTANTES	RECEITA BRUTA	532.695	487.308	574.335	680.461	706.038	801.118
		ARRECADAÇÃO	23.699,97	22.843,26	26.321,12	32.798,23	34.525,25	38213,31
		Alíquota Média	4,45%	4,69%	4,58%	4,82%	4,89%	4,77%

Fonte Primária: RFB. Elaboração Própria (2021).

Gráfico 3 – Alíquotas Médias sobre a Receita dos Tributos Federais (Total) – Optantes versus Não Optantes do Simples Nacional

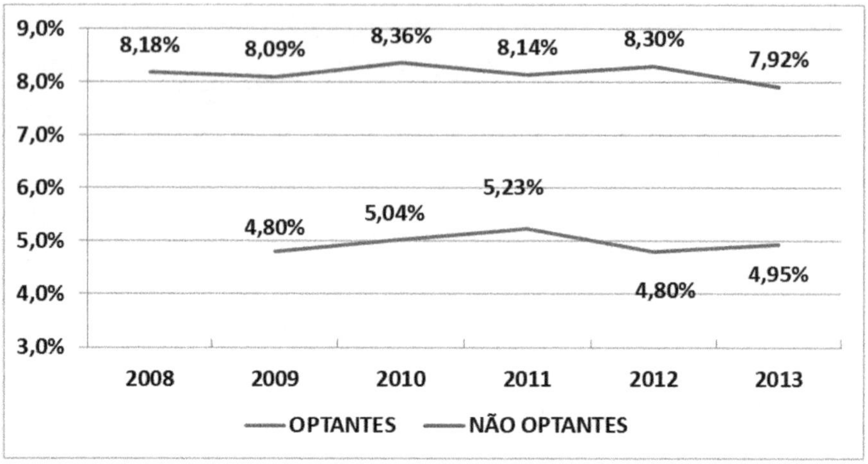

Fonte primária: RFB. Elaboração própria (2021).

Gráfico 4 – Alíquotas Médias sobre a Receita do Tributo dos Estados (ICMS) – Optantes versus Não Optantes do Simples Nacional

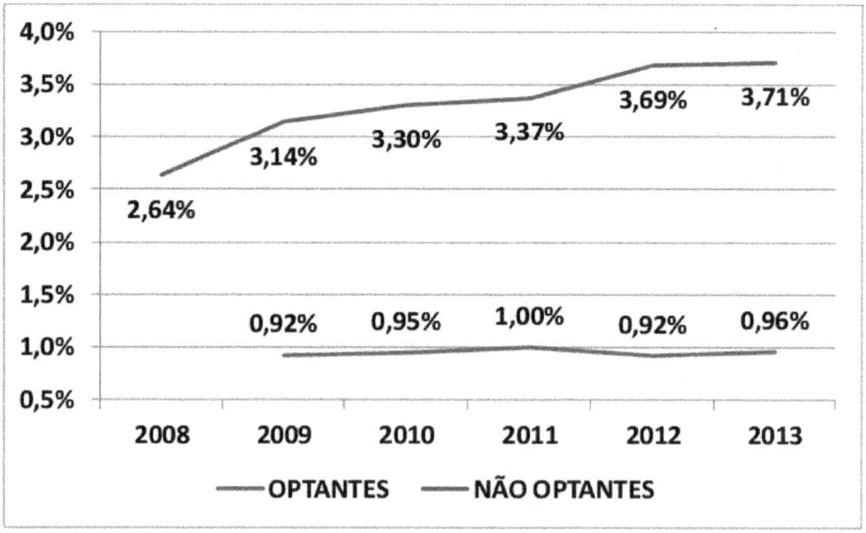

Fonte primária: RFB. Elaboração própria (2021).

Gráfico 5 – Alíquotas Médias dos Tributos dos Municípios (ISS) Optantes versus Não Optantes do Simples Nacional

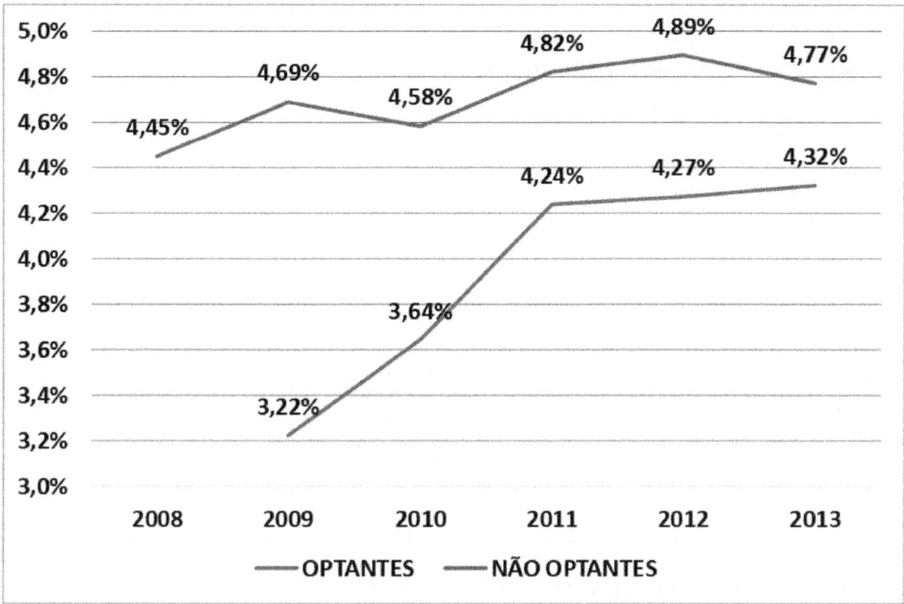

Fonte primária: RFB. Elaboração própria (2021)

Tabela 4 – Alíquotas Médias dos Tributos Federais – Decomposição por Seção do CNAE (2011)

2011	SIMPLES NACIONAL						
Seção	QTD EMP	IRPJ	CSLL	PIS/COFINS	IPI	INSS	TOTAL
GERAL	3.390.121	0,33%	0,33%	1,20%	0,06%	3,31%	5,23%
A	16.414	0,39%	0,40%	1,43%	0,06%	3,84%	6,12%
B	7.174	0,33%	0,34%	1,23%	0,24%	3,26%	5,40%
C	347.869	0,31%	0,32%	1,22%	0,30%	3,27%	5,42%
D	26	0,31%	0,47%	1,40%	0,05%	3,15%	5,37%
E	6.716	0,45%	0,46%	1,40%	0,11%	3,39%	5,82%
F	99.483	0,92%	0,92%	1,66%	0,00%	2,17%	5,67%
G	1.874.069	0,27%	0,28%	1,10%	0,01%	3,14%	4,81%
H	168.546	0,40%	0,41%	1,53%	0,01%	4,27%	6,61%
I	302.256	0,28%	0,28%	1,09%	0,01%	3,22%	4,87%
J	86.673	0,45%	0,41%	1,44%	0,02%	4,14%	6,45%
K	965	0,37%	0,45%	1,45%	0,01%	3,68%	5,95%
L	5.889	1,12%	0,62%	1,74%	0,01%	4,46%	7,95%
M	61.568	0,36%	0,38%	1,48%	0,00%	4,31%	6,54%
N	205.095	0,51%	0,50%	1,51%	0,00%	3,84%	6,36%
O	10	0,20%	0,32%	1,05%	0,00%	3,36%	4,93%
P	69.254	0,42%	0,44%	1,60%	0,00%	4,53%	6,99%
Q	7.048	1,97%	0,85%	2,00%	0,00%	4,54%	9,36%
R	35.774	0,59%	0,45%	1,46%	0,00%	4,23%	6,73%
S	97.130	0,30%	0,34%	1,26%	0,01%	3,96%	5,87%
T	182	1,59%	1,07%	1,74%	0,00%	1,93%	6,34%
U	ND	ND	ND	ND	ND	ND	ND

2011	LUCRO PRESUMIDO						
Seção	QTD EMP	IRPJ	CSLL	PIS/COFINS	IPI	INSS	TOTAL
GERAL	1.039.684	2,03%	1,12%	2,07%	0,22%	1,82%	7,25%
A	9.645	2,35%	1,34%	1,80%	0,00%	2,06%	7,55%
B	2.801	1,96%	1,13%	2,90%	0,01%	2,22%	8,23%
C	68.221	1,64%	0,98%	3,08%	1,03%	2,51%	9,23%
D	1.467	2,88%	1,46%	2,54%	0,00%	0,56%	7,44%
E	1.848	3,67%	1,60%	2,46%	0,19%	2,98%	10,91%
F	90.652	2,08%	1,16%	2,69%	0,00%	2,90%	8,84%
G	279.904	1,45%	1,08%	2,30%	0,22%	1,25%	6,29%
H	43.674	2,31%	1,20%	2,79%	0,01%	2,65%	8,96%
I	15.866	0,18%	0,10%	0,25%	0,00%	0,27%	0,81%
J	51.406	4,29%	1,94%	1,66%	0,02%	2,36%	10,27%
K	47.596	5,63%	2,85%	3,30%	0,01%	1,58%	13,37%
L	51.747	4,82%	2,36%	3,34%	0,00%	1,10%	11,65%
M	163.525	4,76%	2,05%	1,35%	0,01%	2,01%	10,19%
N	59.992	3,86%	1,70%	1,71%	0,06%	3,84%	11,16%
O	213	3,93%	2,16%	3,23%	0,00%	11,71%	21,02%
P	16.060	4,61%	2,20%	2,27%	0,02%	5,56%	14,86%
Q	115.385	2,51%	1,44%	1,73%	0,00%	2,66%	8,33%
R	10.160	5,58%	2,40%	2,71%	0,01%	2,48%	13,18%
S	9.290	3,92%	1,82%	2,42%	0,05%	3,93%	12,14%
T	26	0,16%	0,13%	0,14%	0,00%	7,86%	8,30%
U	6	5,14%	2,56%	0,90%	0,00%	4,44%	13,05%

2011	LUCRO REAL						
Seção	QTD EMP	IRPJ	CSLL	PIS/COFINS	IPI	INSS	TOTAL
GERAL	154.199	1,09%	0,51%	2,16%	0,45%	1,59%	5,80%
A	3.070	0,44%	0,20%	0,67%	0,13%	2,23%	3,67%
B	833	4,16%	1,74%	1,24%	0,03%	1,62%	8,79%
C	21.623	0,78%	0,37%	2,94%	1,24%	1,59%	6,93%
D	854	2,22%	1,06%	4,30%	0,00%	0,93%	8,51%
E	467	2,32%	1,02%	5,23%	0,01%	3,63%	12,21%
F	6.924	0,74%	0,31%	2,10%	0,00%	4,04%	7,19%
G	69.270	0,53%	0,22%	1,28%	0,18%	0,91%	3,13%
H	8.360	1,16%	0,49%	2,79%	0,01%	3,27%	7,71%
I	1.734	1,17%	0,49%	3,52%	0,00%	3,70%	8,86%
J	4.655	1,48%	0,64%	3,15%	0,03%	1,86%	7,16%
K	15.493	1,69%	0,92%	1,29%	0,00%	1,04%	4,94%
L	2.876	3,96%	1,69%	5,35%	0,02%	2,78%	13,78%
M	5.211	1,44%	0,56%	2,77%	0,11%	4,56%	9,43%
N	7.233	1,51%	0,83%	2,82%	0,39%	4,48%	10,03%
O	125	0,74%	0,27%	2,34%	0,05%	10,08%	13,47%
P	1.590	0,80%	0,39%	1,44%	0,00%	7,95%	10,57%
Q	3.074	0,78%	0,31%	2,28%	0,00%	5,06%	8,42%
R	414	2,02%	0,83%	4,71%	0,01%	2,80%	10,16%
S	392	0,89%	0,33%	3,21%	0,06%	4,53%	9,02%
T	1	ND	ND	ND	ND	ND	ND
U	ND	ND	ND	ND	ND	ND	ND

Fonte primária: RFB. Elaboração Própria (2021).

TABELA 5 – Alíquotas Médias do Total dos Tributos Federais – Decomposição por Regime e por Seção do CNAE (2009 a 2013)

Seção	SIMPLES NACIONAL					LUCRO PRESUMIDO					LUCRO REAL				
	2009	2010	2011	2012	2013	2009	2010	2011	2012	2013	2009	2010	2011	2012	2013
GERAL	4,80%	5,04%	5,23%	4,80%	4,95%	8,49%	8,64%	7,25%	8,75%	8,77%	5,86%	5,98%	5,80%	5,85%	5,62%
A	5,51%	5,81%	6,12%	5,63%	5,79%	7,71%	7,01%	7,55%	7,47%	7,40%	3,38%	3,73%	3,67%	3,14%	3,23%
B	4,90%	4,90%	5,40%	4,98%	5,06%	8,39%	8,56%	8,23%	8,92%	8,88%	10,88%	10,15%	8,79%	6,38%	8,05%
C	5,18%	5,34%	5,42%	5,10%	5,25%	9,18%	9,22%	9,23%	9,31%	9,55%	7,01%	7,05%	6,93%	6,44%	6,46%
D	4,84%	5,06%	5,37%	5,02%	5,42%	8,52%	6,26%	7,44%	6,70%	6,70%	8,01%	8,40%	8,51%	7,69%	6,96%
E	5,67%	5,62%	5,82%	5,58%	5,65%	10,20%	11,23%	10,91%	11,04%	10,67%	13,69%	12,67%	12,21%	12,37%	12,70%
F	5,37%	5,43%	5,67%	5,22%	5,31%	8,64%	8,62%	8,84%	9,36%	9,28%	7,01%	7,02%	7,19%	7,44%	7,35%
G	4,40%	4,62%	4,81%	4,37%	4,51%	6,20%	6,42%	6,29%	6,23%	6,14%	2,47%	3,05%	3,13%	3,30%	3,13%
H	5,99%	6,31%	6,61%	5,92%	6,10%	8,40%	8,76%	8,96%	8,93%	8,87%	7,86%	7,64%	7,71%	7,91%	8,06%
I	4,50%	4,74%	4,87%	4,46%	4,60%	9,53%	9,76%	0,81%	9,82%	9,89%	8,44%	8,79%	8,88%	9,29%	10,41%
J	5,94%	6,15%	6,45%	5,81%	5,97%	9,46%	9,91%	10,27%	10,82%	11,34%	6,51%	6,65%	7,16%	7,92%	7,14%
K	5,34%	5,85%	5,93%	5,68%	5,98%	12,83%	12,95%	13,37%	13,57%	13,36%	5,36%	5,57%	4,94%	5,60%	4,93%
L	6,64%	7,17%	7,95%	6,95%	7,07%	12,24%	11,78%	11,63%	11,43%	11,79%	11,80%	11,32%	13,78%	15,13%	14,64%
M	5,92%	6,26%	6,54%	5,75%	5,92%	9,84%	10,14%	10,19%	10,34%	10,52%	8,40%	9,13%	9,43%	9,76%	9,44%
N	5,92%	6,16%	6,36%	5,74%	5,93%	11,85%	12,30%	11,16%	12,87%	12,80%	9,82%	10,47%	10,03%	10,42%	10,36%
O	6,54%	6,50%	4,93%	4,36%	6,29%	34,52%	25,76%	21,02%	24,20%	48,28%	19,54%	22,63%	13,47%	14,99%	18,65%
P	6,27%	6,62%	6,99%	6,12%	6,35%	13,82%	14,37%	14,86%	15,01%	14,90%	9,64%	9,44%	10,57%	10,07%	9,71%
Q	9,35%	9,15%	9,36%	8,30%	8,21%	8,16%	8,38%	8,33%	8,32%	8,30%	6,79%	7,56%	8,42%	8,35%	7,68%
R	6,31%	6,33%	6,73%	6,09%	6,30%	12,80%	13,68%	13,18%	12,43%	12,82%	9,82%	10,94%	10,16%	7,64%	10,28%
S	5,29%	5,58%	5,87%	5,18%	5,32%	11,46%	12,38%	12,14%	12,54%	13,26%	8,72%	8,17%	9,02%	8,70%	10,08%
T	4,64%	4,42%	6,34%	5,66%	6,32%	7,84%	18,96%	8,30%	15,08%	6,84%	0,22%	0,20%	0,00%	0,00%	0,00%
U	ND	ND	ND	ND	ND	11,49%	12,53%	13,05%	14,93%	12,35%	ND	ND	ND	ND	ND

Fonte primária: RFB. Elaboração Própria (2021).

Gráfico 6 – Alíquotas Média do Total dos Tributos Federais

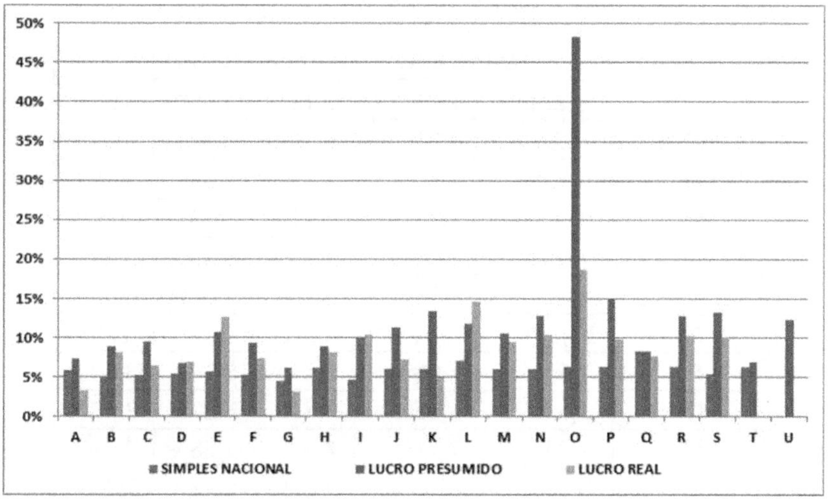

Fonte primária: RFB. Elaboração Própria (2021).

Gráfico 7 – Alíquotas Médias da Contribuição Previdenciária ao INSS

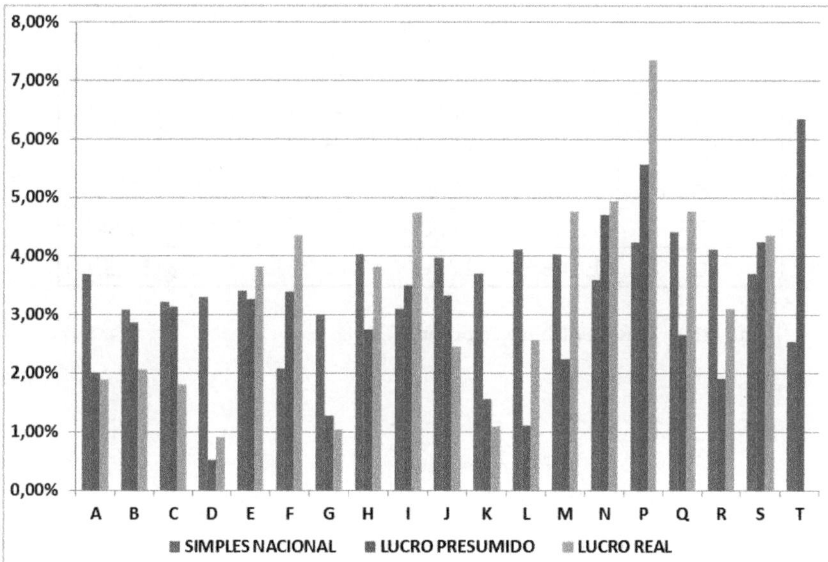

Fonte primária: RFB. Elaboração Própria (2021).

TABELA 6 – Alíquotas Médias – Incidência Total dos Tributos Federais por Seção do CNAE (2009 a 2013)

Seção	AGREGADO - TODOS OS REGIMES				
	2009	2010	2011	2012	2013
GERAL	6,07%	6,21%	5,96%	6,11%	5,93%
A	4,19%	4,30%	4,52%	4,08%	4,15%
B	10,57%	9,96%	8,71%	6,53%	8,05%
C	7,09%	7,14%	7,04%	6,59%	6,62%
D	8,02%	8,36%	8,49%	7,66%	6,96%
E	13,27%	12,38%	11,91%	12,05%	12,30%
F	7,56%	7,68%	7,87%	8,14%	8,03%
G	3,54%	3,65%	3,72%	3,82%	3,68%
H	7,81%	7,71%	7,82%	7,88%	7,99%
I	6,58%	6,81%	2,25%	6,73%	7,11%
J	6,69%	6,86%	7,35%	8,02%	7,37%
K	5,48%	5,70%	5,07%	5,74%	5,07%
L	12,03%	11,60%	12,05%	12,09%	12,25%
M	8,95%	9,46%	9,63%	9,76%	9,67%
N	9,67%	10,20%	9,75%	10,06%	10,00%
O	19,83%	22,69%	13,53%	15,10%	19,06%
P	9,22%	9,13%	9,83%	9,09%	8,92%
Q	7,65%	8,10%	8,38%	8,33%	8,09%
R	10,17%	10,47%	10,09%	8,48%	9,53%
S	7,10%	7,05%	7,53%	6,94%	7,30%
T	4,52%	4,60%	6,55%	6,42%	6,34%
U	11,49%	12,53%	13,05%	14,93%	12,35%

Fonte Primária: RFB. Elaboração própria (2021).

16.

GASTOS TRIBUTÁRIOS – CONCEITOS, METODOLOGIA E DÚVIDAS: O CASO DO SIMPLES[1]

JOSÉ ROBERTO R. AFONSO
BERNARDO MOTTA MONTEIRO
THIAGO FELIPE R. ABREU

Os gastos tributários são parte integrante dos sistemas tributários ao redor do mundo, inclusive nas economias desenvolvidas. A extinção desse instrumento de política não é pauta séria em nenhum lugar[2]. Curiosamente, no Brasil, os gastos tributários são tidos como o grande vilão das finanças públicas nacionais, e sua extinção a panaceia para os nossos problemas fiscais.

Em que pese discutir-se a extinção dos gastos tributário, pouco se debate no país acerca dos conceitos e metodologia utilizadas para o cálculo do gasto tributário. Nesse sentido, esse texto buscar contribuir com uma atualização do debate ao trazer parte da discussão internacional recente sobre o tema, descrever o estado atual da discussão no Brasil e confrontar alguns ditos "fatos" comumente repetidos no debate público.

[1] O presente capítulo é construído com base em uma coletânea de boletins de suporte elaborados para o Sebrae.
[2] OECD (2010), **Tax expenditures in OECD.** Countries, OECD Publishing, Paris.

1. Arcabouço teórico

O debate conceitual entorno do que constitui ou não um Gasto Tributário, iniciou-se em meados dos anos 60 e ainda não encontrou um fim.[3] Em verdade, A definição do conceito de Gastos Tributários é subjetiva, está sujeita a diferentes interpretações e impacta no valor estimado, o que dificulta comparações internacionais dos montantes.

A definição de Gastos Tributários e o cálculo das receitas tributárias variam significativamente entre os países e organismos internacionais, de modo que é difícil fazer comparações diretas, isso porque o tamanho das despesas fiscais agregadas como uma proporção do imposto arrecadado irá depender da definição que cada país possui de sua referência de despesas fiscais e de seu sistema tributário geral. [4]

Assim, o tamanho das despesas fiscais agregadas como uma proporção do imposto arrecadado irá depender da definição de um país, de sua referência de despesas fiscais e de seu sistema tributário geral. Ou seja, a renúncia está baseada na definição do que seja um **Sistema Tributário Referência** ("*benchmark system*").[5]

Para Tax Administration Research Centre (2014), o gasto tributário é uma disposição nas regras fiscais, motivada por uma política social ou econômica, que reduz ou adia a responsabilidade fiscal de uma entidade tributável a fim de ajudar um determinado grupo de contribuintes ou para incentivar uma determinada atividade, e pode ser substituída por um sistema de despesas públicas diretamente destinadas a mesma finalidade. Uma despesa fiscal surge quando o direito à redução do passivo fiscal está condicionado ao fato de a entidade tributável possuir características específicas ou optar por realizar ou renunciar a uma ação específica.

[3] REDONDA, A (2020). **Tax expenditures and inequality**. Council on Economic Policies Discussion Note 2020/5.

[4] VILLELA, L.; LEMGRUBER, A.; JORRATT, M. (2010). **Tax expenditure budgets concepts and challenges for implementation** (No. IDB-WP-131en). IDB Working Paper Series. Disponivel em: https://bit.ly/2It2Mhy

[5] TAX ADMINISTRATION RESEARCH CENTRE. **The definition, measurement, and evaluation of tax expenditures and tax reliefs.** Technical paper prepared for the National Audit Office, jun. 2014. Disponível em: https://bit.ly/3l5inC0. Acesso em 5/11/2020.

Pode-se, desta forma, apresentar 5 características principais:

a) Motivado por uma política social ou econômica;
b) Reduz ou adia a obrigação tributária;
c) Fornece um benefício para os contribuintes qualificados ou incentiva uma atividade identificada;
d) Potencialmente substituível por despesas diretas;
e) Condicional em características ou ação.

A característica d) refere-se a ideia de que o gasto tributário substitui um gasto que poderia ser realizado diretamente pelo governo. É o caso clássico das deduções com despesas médicas. Ele não se aplica ao caso das MPE e do Simples, em que não existe um gasto direto capaz de gerar os mesmos benefícios do sistema.

Outra útil discussão desse trabalho é distinção de dois importantes conceitos: isenções fiscais *"tax relief"* e gasto tributário *"tax expenditure"*.

O Gasto Tributário é caracterizado por ser um desvio do sistema tributário de referência, sendo políticas públicas desenhadas para atingir objetivos específicos podendo inclusive, na maioria das vezes, ser substituídos por gastos públicos diretos.

A isenção fiscal, por sua vez, pode ser vista como um componente essencial da estrutura tributária, um conjunto de regras que define sobre quais contribuintes espera-se que o ônus tributário recaia ou não, muitas vezes como um artigo da lei tributária que prevê uma redução no pagamento de impostos para alguns contribuintes ou para algumas ações. Fica claro, portanto, que nem toda isenção fiscal é uma despesa fiscal.

2. Algumas experiências internacionais

Como visto, a definição de gastos tributários e o cálculo das receitas tributárias não são uniformes no mundo, isto é, cada país ou organismos internacionais possuem sua própria definição de Gastos Tributário, como também possui sua própria maneira de calcular suas receitas, o que dificulta sobremaneira fazer comparações diretas. O tamanho das despesas fiscais agregadas como uma proporção do imposto arrecadado irá depender da definição que cada país possui de sua referência de despesas fiscais e de seu sistema tributário geral[6].

Vale, assim, apresentar diferentes conceitos adotados por países e organizações internacionais, com relação aos gastos tributários:

- Austrália usa o atual sistema tributário como referência e reconhece explicitamente as despesas fiscais negativas (taxas acima da referência).
- Canadá fornece uma declaração detalhada do sistema de referência que, em resumo, é a taxa relevante aplicada a uma base ampla.
- Estados Unidos usam desvios da estrutura normal que foi definida em detalhes pelo Comitê de Tributação.
- FMI classifica as despesas fiscais como receitas perdidas como resultado de disposições seletivas.
- OCDE classifica uma despesa tributária como uma disposição da legislação tributária que leva a um afastamento da taxa padrão.
- Banco Mundial define uma despesa tributária como uma redução fora da norma ou referência tributária.

Ainda que as diferenças metodológicas dificultem as comparações internacionais, cabe destacar iniciativa recente liderada pelos economistas Agustin Redonda, Christian von Haldenwang e Flurim Aliu – a *Global Tax Expenditures Database* (GTED)[7]. A recém-criada base de dados de gastos tributários condensa informações oficiais sobre gastos tributários em todo o mundo a partir de 1990.

De acordo com o GTED, a média global de gastos Tributários em 2019 foi de 3,7 por cento do Produto Interno Bruto (PIB). O Brasil, por sua vez, aparece na base de dados com um gasto tributário de 4,2% do PIB

[6] Villela, L.; Lemgruber, A.; Jorratt, M.. **Tax expenditure budgets concepts and challenges for implementation** (No. IDB-WP-131en). IDB Working Paper Series, 2010. Disponível em: https://bit.ly/2It2Mhy

[7] Redonda, A.; Von Haldenwang, C.; ALIU, F. (2021). **The global tax expenditures database (GTED).** https://gted.net/2021/05/the-global-tax-expenditures-database-companion-paper/

em 2019, enquanto países como Rússia, Países Baixos, Finlândia, Austrália e Reino Unido registraram gastos superiores a 6% do PIB.

Não é apenas o montante que distingue o Brasil do resto do mundo. Ao olharmos os gastos tributários por base tributária e tipo, vemos que o padrão brasileiro difere daquele adotado pelas economias desenvolvidas, bem como de países vizinhos.

FIGURA 1 – Gasto Tributários, por base tributária – Em % do gasto Tributário total (2019)

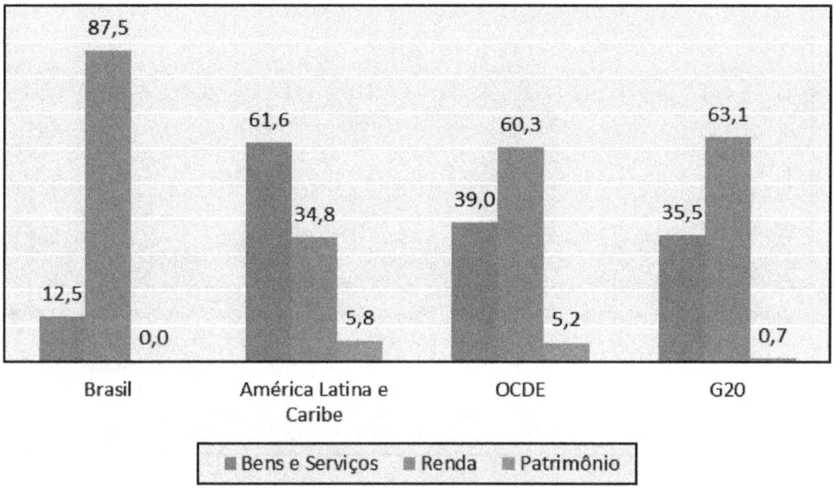

Fonte primária: Global Tax Expenditures Database – GTED. Elaboração Própria (2021).

Também importa destacar que a GTED apenas utiliza dados sobre gastos tributários implementados por governos nacionais, e, portanto, não consideram aqueles sobre responsabilidade dos governos subnacionais que, muitas vezes, podem ser significativos.

Esse é justamente o caso do Brasil. Estudo recente da Febrafite (2021)[8] acerca das renúncias fiscais nas contas públicas estaduais apurou que as

[8] PINTO, V.; GRADVOHL, M. **Renúncias fiscais de ICMS em tempos de pandemia**. Nota Técnica, Febrafite. Abril de 2021.

renúncias do Imposto sobre Circulação de Mercadorias e Serviços (ICMS) dos estados são muito elevadas, atingindo em 2019, para uma amostra de 1 estados, um volume de R$ 86,3 bilhões, ou 18,3% da arrecadação efetiva estadual. Assim, se somados os gastos tributários dos estados, as renúncias tributárias total chegariam em cerca de 5,4% do PIB em 2029.

FIGURA 2 – Gasto Tributários, por tipo – Em % do gasto Tributário total (2019).

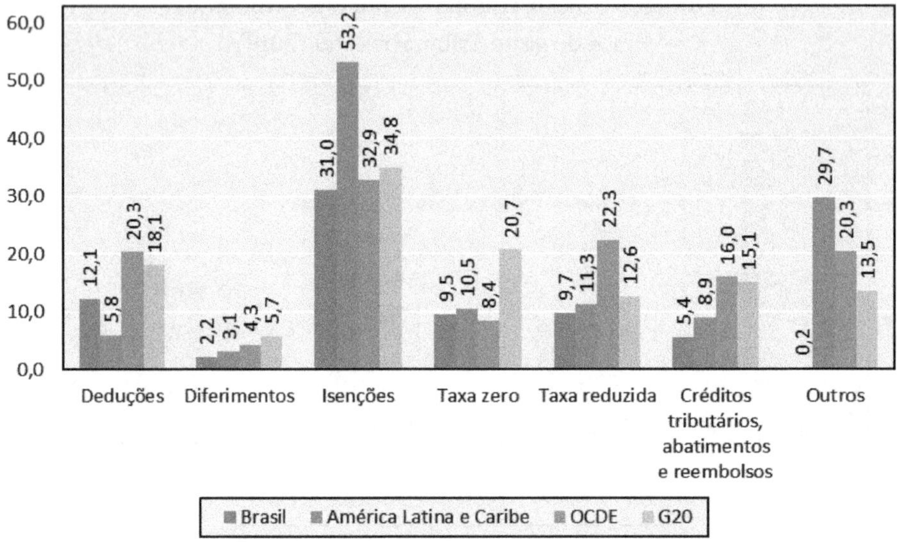

Fonte primária: Global Tax Expenditures Database – GTED Elaboração Própria (2021).

3. O caso brasileiro

A apuração de gastos tributários no Brasil nunca despertou maior interesse entre autoridades e analistas da cena fiscal até que, de cerca de dois anos para cá, com o agravamento da crise fiscal, foi gradativamente transformada em uma verdadeira panaceia. Seguindo o senso comum, cada vez mais se defende a redução da renúncia tributária como forma de aumentar automática e simetricamente a arrecadação. Neste contexto, a redução do Simples Nacional aparece sempre como uma forma miraculosa para gerar receitas porque é estimada pela Receita Federal do Brasil (RFB) como a maior do País.

3.1. Conceitos

O conceito da RFB sobre o que são gastos tributários traz que "pode-se dizer que os gastos tributários podem ter **caráter compensatório**, quando o governo não atende adequadamente a população quanto aos serviços de sua responsabilidade, ou caráter incentivador, quando o governo tem a intenção de **desenvolver determinado setor ou região**.[9]"

A RFB destaca outros tipos de desonerações tributárias, ou seja, situações que promovam presunções creditícias, isenções, anistias, reduções de alíquotas, deduções, abatimentos e diferimentos de obrigações de natureza tributária. Exemplificam, ainda, alguns tipos de desonerações:

a) simplificar e/ou diminuir os custos da administração;
b) promover a equidade;
c) corrigir desvios;
d) que se enquadram como gastos tributários, sendo elas dadas por:
e) compensar gastos realizados pelos contribuintes com serviços não atendidos pelo governo;
f) compensar ações complementares às funções típicas de Estado desenvolvidas por entidades civis;
g) promover a equalização das rendas entre regiões; e/ou,
h) incentivar determinado setor da economia[3].

A partir desta exemplificação, a RFB enquadra os pontos "d", "e", "f" e "g" como gastos tributários. Tal classificação está diretamente relacionado aos pontos 3 e 4 anteriormente apresentados, ou seja: fornece um benefício para os contribuintes qualificados ou incentiva uma atividade identificada; e é potencialmente substituível por despesas diretas.

3.2. Metodologia de cálculo

Antes de tudo, é preciso desmistificar a ideia de que o Brasil é o País do mundo que usa o corte mais alargado de faturamento para definir quem se adequa ao conceito de microempresa no regime do Simples Nacional. À primeira vista, esse diferencial parece ser um indicativo de que o nosso

[9] RFB. **Gasto tributário**: conceito e critérios de classificação. 2019. Disponível em: https://bit.ly/3nVrQN4

sistema tributário é demasiado generoso com os pequenos negócios, no entanto um olhar mais atento pode revelar justamente o contrário.

Nem vamos mencionar que o regime do Simples foi criado para atender diferentes dispositivos constitucionais exigindo tratamento diferenciado inclusive para as empresas de pequeno porte.

Inexistem argumentos definitivos para a definição do nível das linhas de corte, em geral busca-se balancear o trade-off entre os custos de *compliance* dos tributos (proporcionalmente maiores para os pequenos negócios) com a necessidade de arrecadação e as possíveis distorções de mercado.[10]

No caso da tributação do consumo, o mais comum no exterior é isentar, do registro ou da coleta, do Imposto sobre Valor Agregado (IVA), e por vezes até do Imposto de Renda sobre Pessoa Jurídica (IRPJ), para quem fatura abaixo do mínimo legal, sendo que, para os demais tributos, também se observam limites de faturamento abaixo dos quais há isenções e não obrigatoriedade de inscrição. Ao contrário do Brasil, não são regimes tributários unificados, mas independentes em relação a cada tributo – até porque, regra geral, se cobra um único imposto geral sobre consumo ou produção (como um IVA), e não diferentes impostos e contribuições, como faz o Brasil.

Em que pese a maior complexidade que esta característica possa trazer para os regimes simplificados, isto talvez explique por que lá os limites de faturamento sejam mais baixos. No caso do Simples Nacional qualquer inscrito sempre contribui para impostos e contribuições (até mesmo naqueles negócios de menor porte, como o MEI), ainda que se possa discutir se o nível dessa contribuição é ou não baixo. Enquanto no mundo o limite vai além de um tratamento diferenciado e isenta os contribuintes que estão abaixo e no caso brasileiro quem está enquadrado pela linha de corte contribui para o fisco.

[10] OCDE. **Consumption tax trends 2018:** VAT/GST and excise rates, trends and policy issues
value added taxes: main features and implementation issues.

FIGURA 3 – Limiar de Coleta/ Registro IVA em Países da OCDE, Em Dólares PPP – (2020).

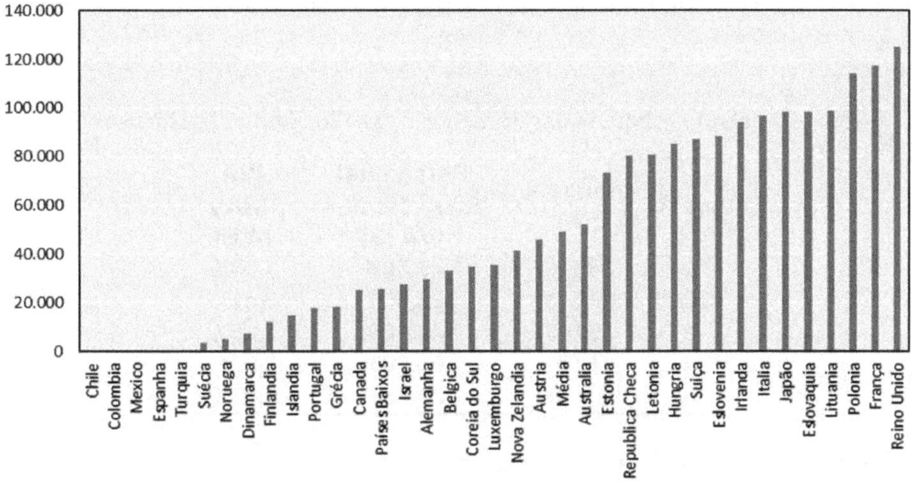

Fonte primária: OCDE. Elaboração Própria (2021).

Olhando para os dados da Organização para a Cooperação e Desenvolvimento Econômico (OCDE) vemos que um número de significativo de países adota um limiar de coleta elevado, sendo o valor médio do U$ 49 mil. Se convertamos esse valor usando a taxa de paridade de poder de compra da OCDE para o Real (2,311) temos que o limiar médio de isenção do IVA na OCDE seria de R$ 113.470,47. Ou seja, nesses países as empresas que faturam até R$ 113 mil estariam isentas de contribuir com a arrecadação IVA, enquanto no sistema brasileiro empresas com o mesmo nível de faturamento contribuem para o Fisco pelo Simples Nacional – no equivalente ao IVA, ou seja, COFINS, PIS, IPI, ICMS e ISS.

É certo que as alíquotas do Simples abrangem diversos tributos e não só aqueles sobre o consumo, mas pegando apenas as parcelas referentes aquelas que são análogas a um imposto do tipo valor agregado temos o seguinte.

A linha de corte do faturamento para definição de Micro e Pequeno Empreendedor (MPE) no Brasil é muito maior do que no exterior, mas, em compensação, qualquer optante do sistema, por menor que seja, recolhe impostos e contribuições – não há isenção no Simples, ou seja, as menores microempresas no Brasil são tributadas diferente de suas congêneres no exterior, inclusive nas economias mais avançadas.

TABELA 1 – Alíquota das Primeiras Faixas do Simples Nacional

Anexo	Aliquota (A)	Percentual Equivalentes IVA (B)	IVA Proxy (A*B)
1	4,0%	49,50%	1,98%
2	4,5%	53,50%	2,41%
3	6,0%	49,10%	2,95%
4	4,5%	66,00%	2,97%
5	15,5%	31,15%	4,83%

Fonte primária: OCDE. Elaboração Própria (2021).

Feitas as ressalvas às críticas ao limiar do Simples Nacional remetemos a discussão a outro aspecto incessantemente atacado pelos críticos desse sistema diferenciado – o tema da renúncia/gasto tributário.

1.3. O caso do simples

No Brasil, o Simples Nacional, de acordo com a Receita Federal, é entendido como um gasto tributário que possui maior impacto sobre o orçamento público, representando entre 25% e 30% dos gastos tributários totais.

Dada a sua grande relevância, vale comparar o Simples Nacional com as características apresentadas anteriormente, para saber se de fato o Simples Nacional pode ser definido como um gasto tributário.

Pela Constituição Brasileira de 1988, em seu art. 179, o Simples Nacional é um tratamento jurídico diferenciado, visando incentivar as micro e pequenas empresas pela simplificação de suas obrigações administrativas, tributárias, previdenciárias e creditícias, ou pela eliminação ou redução destas por meio de lei. Portanto, pode-se dizer que o Simples Nacional é motivado por uma política de incentivar essas empresas, reduzindo sua responsabilidade fiscal, desde que se enquadre como micro ou pequena empresa. Ou seja, três dos cinco pontos analisados em Tax Administration Research Centre (2014) são encontrados na definição do Simples Nacional.

GRÁFICO 1 – Evolução do Gasto Tributário Total e do Simples, em % do PIB (2006 – 2023)

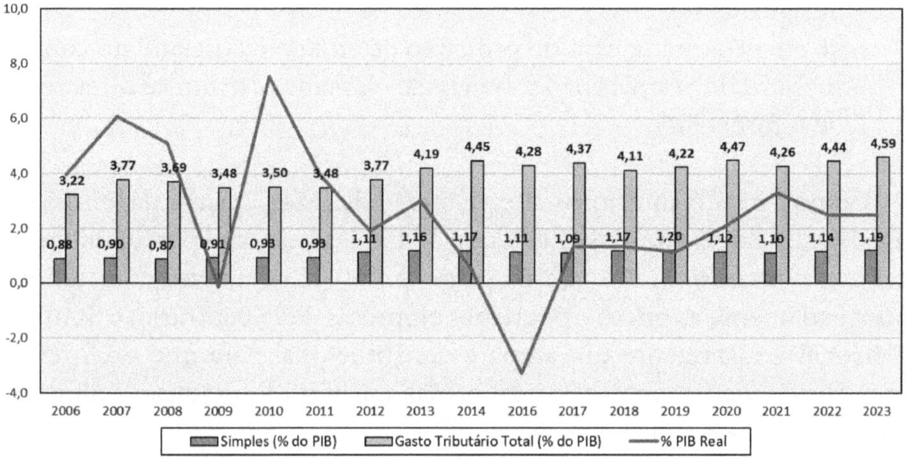

Fonte: Gasto Tributário: 2006 – 2017 (Demonstrativos dos Gastos Tributários – Bases Efetivas 2008-2017), 2018 (PLOA 2018); 2019 (PLOA 2019); 2020 (PLOA 2020); 2021-2023 (PLDO 2021); % PIB Real: 2006-2019 (BCB-Depec); 2020-2023 (PLDO 2021). Elaboração própria (2021).

Indo além e analisando a tipificação da RFB de desonerações tributárias e gasto tributário, o Simples Nacional se afasta do conceito de gasto tributário, uma vez que o Simples engloba inúmeros setores, de modo que as micro e pequenas empresas não são um setor específico a ser desenvolvido; e não existe um caráter compensatório no Simples, ou seja, é impossível substituir o Simples Nacional por uma despesa direta.

Apesar deste afastamento, o ponto chave na contextualização de gasto tributário é o sistema tributário de referência. A estrutura base do sistema de referência deve ser regido pelos princípios de neutralidade, eficiência e equidade.

A **equidade** está em tratar diferentes de forma desigual na exata medida de suas desigualdades. No sistema tributário brasileiro, tal princípio aparece nas diferentes alíquotas do imposto de renda e na contribuição para o Instituto Nacional do Seguro Social (INSS). Desta forma, surge duas perguntas:

- Até que ponto pode-se dizer que o Simples Nacional está dentro do principal de equidade ao tratar as micro e pequenas empresas de forma diferente às de médio e grande porte na exata medida de suas desigualdades?
- Se ele não está dentro do princípio de equidade, o mandato constitucional do Simples não tornaria ele elemento estrutural do sistema de referência?

Como exposto anteriormente, não se pode dizer, a partir da leitura do art. 179 da Constituição de 1988, que o Simples Nacional possui um caráter compensatório, ou seja, que surge do fato do Governo não atender adequadamente as micro e pequenas empresas. Pelo contrário, o Simples Nacional é justamente um amparo constitucional para que o Governo atenda adequadamente essas empresas em virtude de suas limitações frente as demais empresas.

Pelo texto constitucional o Simples Nacional parece estar muito mais relacionado com o que a RFB exemplifica como não sendo um Gasto Tributário, ou seja, os pontos "a", "b" e "c". Voltando novamente a outro artigo da Tax Administration Research Centre (2014), destaca-se que isenções fiscais são criadas para melhorar a progressividade dos impostos e criar simplicidades à medida que realiza abatimentos e limites para criar diferentes taxas efetivas de imposto ou cria alívios alívio para evitar custos administrativos desproporcionais[11]. Algo que parece ter muito mais relação com os motivos da existência do Simples Nacional.

Cabe ainda rememorar que os gastos tributários são tidos em muitos casos como uma alternativa de política pública ao gasto orçamentário, ou seja, os mesmos objetivos poderiam ser atingidos pelo governo por meio de um gasto direto. Nesse sentido, ao considerarmos o Simples Nacional como um gasto tributário, surge a pergunta: **Qual gasto direto é capaz**

[11] TAX ADMINISTRATION RESEARCH CENTRE. **Tax reliefs**. Technical paper prepared for the National Audit Office, mar. 2014. Disponível em https://bit.ly/2JIf32f.

de substituir o Simples Nacional e atingir os mesmos objetivos de simplificação tributária?

Como a própria OCDE (2010) destaca, o debate sobre o que é ou o que não é gasto tributário ainda está longe de um consenso[12]. O debate sobre o conceito do que é o Simples Nacional deve ser examinado e estudado, pois seu enquadramento como gasto tributário e o elevado valor que a RFB dá a ele, coloca o Simples como um grande vilão na arrecadação federal, ainda mais no período recente que enfrentamos de elevado desajuste fiscal.

No tocante à metodologia que simula o gasto tributário do Simples, o documento da RFB aponta[13] para todos os tributos federais (mesmo quando se tratava de CSLL, do IRPJ, do PIS, do COFINS e do IP) que as fontes a serem utilizadas para o cálculos desses gastos tributários é a lei básica referente a contribuição patronal para previdência social. Aparentemente, a citação da legislação básica de referência daquela contribuição foi repetida, por erro e desatenção, para os demais tributos federais vinculados ao Simples.

Por princípio e considerado o aplicado às demais renúncias, se pressupõe que a referência deveria ser o regime do lucro real - que é obrigatório para todas as pessoas jurídicas (afinal, é facultativa a adesão aos regimes do lucro presumido e arbitrado, bem assim ao Simples). Porém, declarações de autoridades fazendárias, inclusive em audiências públicas, dão conta de que se adota o lucro presumido como balizador do que deveria ser arrecadado do Simples e a partir daí se infere sua renúncia. É curioso que a prática não está explicitada e consolidada nos documentos metodológicos publicados pela RFB - talvez porque contrarie frontalmente o preceito balizador do que seria o sistema ideal.

Também não se explica porque o lucro presumido não seria tratado também como uma renúncia a exemplo do Simples, porque, afinal, ambos são igualmente regimes para apuração simplificada do imposto de renda.

[12] OECD. **Tax expenditures in OECD countries, OECD publishing**. (2010). Paris. Disponível em: https://bit.ly/2ID7b18

[13] Metodologia e apurações disponíveis no portal da RFB em: https://tinyurl.com/y26d4xzh

À parte as dúvidas e contradições da metodologia, há a total falta de transparência em torno da aplicação da mesma. Nunca foram publicadas oficialmente as memórias de cálculos e os parâmetros utilizados.

Numa rara situação em que a RFB cedeu ao SEBRAE a planilha de cálculo usada para estimar a renúncia tributária federal do Simples Nacional, apenas para o ano de 2018, se verificou, inicialmente, que a arrecadação da União contada como efetivamente realizada pelo regime teria sido de apenas R$ 62,3 bilhões. A própria RFB já publicou dados da mesma arrecadação indicando que se situaria na casa de R$ 93 bilhões – ou seja, exatamente a metade acima do valor contado na simulação.

Figura 4 – Memória de Cálculo do Simples Nacional (2018)

Tributo	Base de Cálculo Teórica	Arrecadação Teórica	Valor Efetivamente Recolhido	Renúncia Fiscal Estimada	Alíquota Efetiva	Base/Receita
PIS/Cofins	1062646	38787	14495	24291	1.4	100
IPI	126718	2534	862	1673	0.7	11.9
IRPJ	85012	21253	6308	14945	7.4	8.0
CSLL	127518	11477	4558	6919	3.6	12.0
C. Previdenciária Patronal	278091	60140	36106	24034	13.0	26.2
TOTAIS		134190	62329	71861		

Notas: (i) Tributação hipotética com alíquotas de 0,65% e 3,00% de PIS/COFINS, respectivamente, sobre o valor de receita bruta no mercado interno declarada no Programa Gerador do Documento de Arrecadação do Simples Nacional – Declaratório – PGDAS-D; (ii) Alíquota hipotética de 2% de IPI sobre as vendas de mercadorias fabricadas pelo contribuinte, sem substituição tributária, declaradas na PGAS; (iii) Presunção de base de cálculo de IRPJ de 8% sobre a receita bruta no mercado interno (PGDAS-D), com a utilização de alíquota de 25%; (iv) Presunção de base de cálculo de CSLL de 12% sobre a receita bruta no mercado interno (PGDAS-D), com a utilização de alíquota de 9%; (v) Contribuição Previdenciária teórica, que deveria ter sido paga, a aplicação da alíquota de 22% sobre o valor da massa salarial dos empregados e de 20% sobre a folha dos contribuintes individuais constantes das GFIPs com indicador de Simples Nacional. Dessa soma, diminui-se o que foi pago por meio de pagamento unificado a título de previdência.

Fonte primária: RFB. Elaboração própria (2021).

É interessante citar o caso do IRPJ e Contribuição Social sobre o Lucro Líquido (CSLL). Como já dito, nota de rodapé informa que a presunção da base de cálculo do IRPJ e da CSLL seriam as alíquotas de 8% e 12%, respectivamente, da receita bruta interna (em que pese serem diferenciadas para diferentes ramos de atividade, se adotou apenas um deles). É confirmado que já foi dito que a renúncia tem sido balizada pelo que se arrecadaria se as empresas tivessem optado pelo lucro presumido.

O que não se explica é se a simplificação na presunção do lucro nos dois regimes, presumido e do Simples, significariam mesmo em tributação inferior às das empresas do lucro real. A questão não se passa apenas pela definição das alíquotas, este até se tornar um problema menor, diante da constatação de qual é realmente o tamanho do lucro efetivamente apurado no regime do lucro real.

Recentemente, a RFB ao responder a um requerimento de informações da Câmara dos Deputados[14] informou dados básicos para as maiores empresas em operação no País no triênio 2017-19. Quando contadas 10.723 empresas que faturam mais de R$ 100 milhões por ano, ou, dentre elas, as 439 empresas que faturam mais de R$ 3 bilhões por ano, se constata que o montante agregado do lucro real equivalia a tão somente 2,3% ou 2,2% da respectiva receita bruta dos mesmos contribuintes.

FIGURA 5 – Indicadores do IRPJ das Empresas de Maior Faturamento – 2017/19

INDICADORES DO IRPJ DAS EMPRESAS DE MAIOR FATURAMENTO - 2017/19

Receita Bruta	Qtd. Empresas	Receita Bruta	Res. Líquido	Lucro Real	IRPJ+CSLL
Em R$					
Mais que R$ 100 milhões	10.723	7.496.968	644.010	**172.116**	62.522
Maior que R$ 3 bilhões	439	3.870.233	293.653	**86.034**	30.256
Em % da Receita Bruta					
Mais que R$ 100 milhões		100%	8,6%	**2,3%**	0,8%
Maior que R$ 3 bilhões		100%	7,6%	**2,2%**	0,8%
Em % do Lucro Real					
Mais que R$ 100 milhões			374,2%	100,0%	**36,3%**
Maior que R$ 3 bilhões			341,3%	100,0%	**35,2%**

Fonte: RFB. https://bit.ly/3ex15f6

Fonte primária: RFB, Resposta ao requerimento parlamentar n.810/2020.
Elaboração própria (2021).

No lucro presumido, e depois para definir a renúncia do Simples Nacional, a RFB considera que as empresas que aderirem a tais regimes

[14] Ver em: https://tinyurl.com/yefzloe2

simplificados devem recolher 8% ou 12%, em IRPJ ou em CSLL, mas a mesma proporção efetivamente observada entre os maiores contribuintes do regime do lucro real mal chega a um quarto ou a 16% daquela presunção.

Talvez por falta de informação, é certamente legal que microempresas e empresas de pequeno e médio porte do País que optam porque aqueles regimes acabem por decidir, por conta própria, recolher mais tributos do que o que provavelmente deveriam se tivessem uma estrutura de lucro e receita semelhante as maiores empresas do País que adotam o regime do lucro real. O que não faz sentido algum é alegar que há renúncia nessa opção por presumir e recolher mais do que no regime normal tributário.

Gráfico 2 – Alíquotas Efetivas estimativas (2018): Arrecadação Federal – em % da Receita Federal

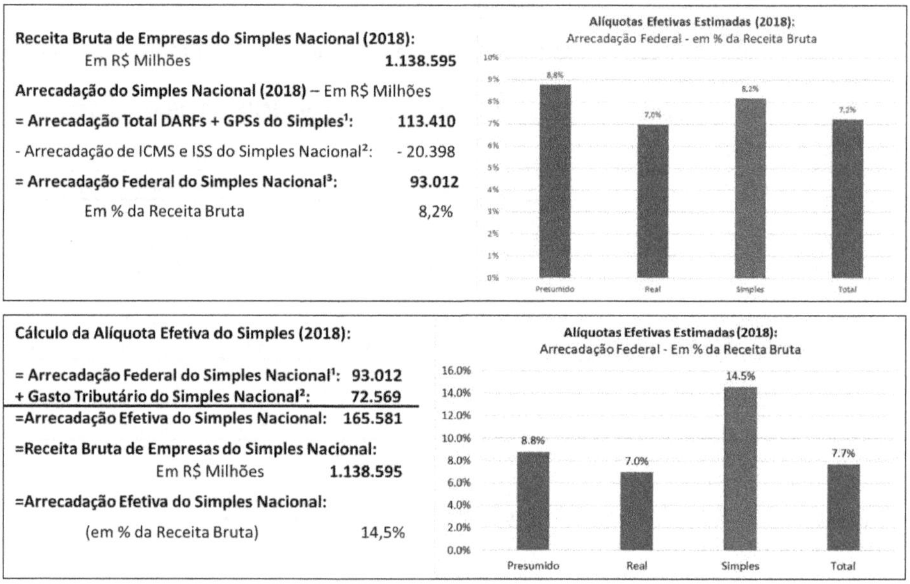

Fonte primária: RFB. Elaboração própria (2021).

Mesmo agregando demais tributos, além dos incidentes sobre os lucros, a razão entre arrecadação federal efetiva e receita bruta em

2018[15] mostra que as menores empresas, do lucro presumido e do Simples Nacional, suportaram uma incidência maior de tributos do que as do lucro real, segundo dados divulgados pela própria RFB (vide gráfico 38).

Conclusões

Podemos tomar como base os conceitos expostos em *Tax Administration Research Centre* (2014), para formular uma proposta adaptada para desagregar Gastos Tributários no Brasil em: Tratamento Favorecido e Tratamento Diferenciado.

O Tratamento Favorecido consistiria nas renúncias, no sentido restrito da palavra - de isenção, redução de imposto, anistia, etc. - decorrem de um ato voluntário de deixar de cobrar impostos, por leis ou por atos, e ficam sujeitas às restrições, compensação, etc. Já o Tratamento Diferenciado corresponderia aos elementos estruturais do sistema tributário, muitas vezes com caráter compulsório, inclusive por mandamento constitucional. Tal situação pode até ser estimada, por um exercício teórico, mas devem ser diferenciadas e apresentadas em separado às renúncias.

Alguns são os possíveis caminhos legais para introduzir essa inovação no sistema tributário nacional, como na edição anual da Lei de Diretrizes Orçamentárias (LDO), ou em uma lei complementar (nacional e contínua) - neste segundo caso, é possível se tratar do assunto na Lei de Responsabilidade Fiscal (LRF), na lei geral do orçamento ou na que regulamentar a emenda constitucional do auxílio emergencial editada em 2021.

Em caráter preliminar, no documento legal possível, se poderia estabelecer a (melhor) conceituação de Gastos Tributários, esse dispositivo deve ditar as regras específicas sobre como devem ser estimados e dada transparência. Em resumo o demonstrativo apresentado deveria passar a contemplar:

1) Apresentar separadamente renúncia x diferenciação;
2) Definir a metodologia de apuração dos componentes de cada categoria;

[15] Ver dados em: https://tinyurl.com/y5lflo8u

3) Divulgar demonstrativo com a respectiva memória de cálculo detalhada;
4) Avaliar os custos e os resultados e apresentar sugestões de políticas e práticas – se possível, realizadas por entidades independentes.

Enfim, em tempos de tanto questionamento ao Simples, deve-se lembrar que o valor do gasto tributário, calculado pela RFB, não é sinônimo de quanto se deixa de se arrecadar se as empresas não estivessem no Simples, até porque será que sem o tratamento tributário simplificado e diferenciado, esses empregados que recebem até 2 salários-mínimos (cerca de 21,6% de todos os vínculos Celetistas) continuariam contratados via CLT ou estariam na informalidade/desempregados?

Referências

OECD. **Consumption tax trends 2018:** VAT/GST and excise rates, trends and policy issues value added taxes: main features and implementation issues. 2018.

OECD. **Tax expenditures in OECD countries.** OECD publishing. Paris. 2010. Disponível em: https://bit.ly/2ID7b18. Acesso em 2/8/2021.

PINTO, V.; GRADVOHL, M. **Renúncias fiscais de ICMS em tempos de pandemia**. Nota Técnica, Febrafite. Abril de 2021.

RECEITA FEDERAL DO BRASIL (RFB). **Gasto tributário**: conceito e critérios de classificação. 2019. Disponível em: https://bit.ly/3nVrQN4. Acesso em 2/8/2021.

REDONDA, A. **Tax expenditures and inequality**. Council on economic policies discussion note 2020/5. 2020.

REDONDA, A.; VON HALDENWANG, C.; ALIU, F. **The global tax expenditures database (GTED)**. 2021. Disponível em: https://gted.net/2021/05/the-global-tax-expenditures-database-companion-paper/. Acesso em 2/8/2021.

TAX ADMINISTRATION RESEARCH CENTRE. **Tax reliefs**. Technical paper prepared for the National Audit Office, mar. 2014. Disponível em https://bit.ly/2JIf32f. Acesso em 2/8/2021.

TAX ADMINISTRATION RESEARCH CENTRE. **The definition, measurement, and evaluation of tax expenditures and tax reliefs.** Technical paper prepared for the national audit office, jun. 2014. Disponível em: https://bit.ly/3l5inC0. Acesso em 2/8/2021.

VILLELA, L.; LEMGRUBER, A.; JORRATT, M. (2010). **Tax expenditure budgets concepts and challenges for implementation** (No. IDB-WP-131en). IDB working paper series. Disponível em: https://bit.ly/2It2Mhy. Acesso em 2/8/2021.

17.
ALTERNATIVAS PARA ALTERAR A BASE DE CÁLCULO DA CONTRIBUIÇÃO QUE CUSTEIA O SEBRAE NO CONTEXTO DA DESONERAÇÃO DA FOLHA NO BRASIL

José Roberto R. Afonso
Thiago Felipe R. Abreu

Resumo: Nos últimos anos a arrecadação tributária sofreu os efeitos danosos da maior recessão da história brasileira, mas, especificamente, a sua parcela incidente sobre a massa salarial passou a ser afetada também pelas mudanças estruturais no mercado de trabalho do País. É crescente e já expressivo o contingente de trabalhadores que se transformaram em pessoas jurídicas, desde aqueles profissionais mais qualificados e remunerados até o extremo oposto (reorganizados como microempreendedores individuais). Comparado à carga tributária bruta global, se constata que os repasses das contribuições devidas às entidades ao Sistema S e incidentes sobre a folha salarial, perdeu espaço relativo ao longo dos últimos 20 anos, ao contrário do que ocorreu com os recolhimentos aos cofres dos governos. Apesar do debate ser novo no âmbito internacional, com bibliografias escassa, é possível dizer que o enfoque não deve ser somente na diversificação dos recursos para o financiamento das entidades. O problema passa pela capacidade de se adaptar às mudanças nos requisitos sociais, econômicos e tecnológicas do país.

Introdução

Apesar de ser constituído por organizações de direito privado, o Sistema S é financiado através de arrecadação de contribuições recolhidas pelas empresas brasileiras e incidentes sobre o montando da sua folha de salários.

Dentre essas contribuições e entidades, o nosso foco será no Serviço Brasileiro de Apoio às Micro e Pequenas Empresas (SEBRAE). Tem por objetivo principal o estímulo ao empreendedorismo e o desenvolvimento sustentável dos pequenos negócios.

De acordo com a Lei nº 8.029/1990, Lei nº 8.154/90 e o Decreto-Lei nº 99.570/1990, empresas devem destinar um percentual de recursos da sua folha de pagamento ao SEBRAE. De modo que as contribuições a entidade são dadas por:

- Alíquota – 0,3%: incidente sobre o total da remuneração paga pelas empresas enquadradas nos FPAS 566 e 566-Cooperativa, FPAS 574 e 574-Cooperativa, FPAS 647 e FPAS 779 – exceto clubes de futebol profissional;
- Alíquota – 0,6%: incidente sobre o total da remuneração paga pelas empresas enquadradas nos FPAS 507 e 507-Cooperativa, FPAS 833, FPAS 515 e 515-Cooperativa e FPAS 612 e 612 – Cooperativa.

Esta forma de custeio baseada nos salários passou a ser questionada, nos últimos anos, como mais uma das formas que encarece o custo da mão-de-obra no País. Por outras razões, as vezes também criticada a atuação do Sistema S.

Nos últimos anos, houve tentativas por parte do Governo de reter parte desses recursos, ou destiná-lo para outras finalidades. Em uma dessas ocasiões, no terceiro trimestre de 2015, o Governo Federal propôs a retenção de 30% dos repasses ao sistema a fim de melhorar as finanças públicas, o que não foi concretizado. Como contrapartida as entidades do Sistema S se comprometeram a destinar mais vagas complementares ao Programa Nacional de Acesso ao Ensino Técnico e Emprego (Pronatec) e em programas de educação para jovens e adultos.

No âmbito do Congresso, vale mencionar o projeto de Lei Complementar nº 386 de 2016, em tramitação no Senado Federal, de autoria do Senador Ataídes Oliveira (PSDB/TO), que prevê aplicar 30% dos recursos arrecadados pelo Sistema S em Seguridade Social.

Com o advento da Lei de nº 13.467/2017, ao tratar da contribuição sindical, cujo desconto passou a ser condicionado à prévia e expressa autorização, surgiu o debate se os aportes ao Sistema S também não deveriam ser voluntários. Por exemplo, destacam-se dois artigos publicados pela Folha de São Paulo. Para Leal (2018), as propostas para o fim da contribuição compulsória não apontam caminho melhor, além de sugerir uma travessia arriscada, destinada a promover um retrocesso social de duvidoso amparo na Constituição de 1988. Em contrapartida, Fleury (2018) argumenta que mesmo que os recursos arrecadados pelo Sistema S possam ser até melhores empregados do que se fossem repassados ao Estado, esses recursos seriam ainda melhores empregados se ficassem nas mãos dos empregados.

A partir de 2019, já com o novo governo nacional, a criação do novo Ministério da Economia também reforçou algumas críticas e sugestões antes citadas. Na Câmara, dentre outros, foi apresentado o Projeto de Lei nº 3866/2019 para reduzir alíquotas das contribuições destinadas ao Sistema S[1].

Encargos sobre a folha de pagamento também vêm sendo discutidos no âmbito de uma eventual reforma tributária. Muitos são aqueles que defendem a redução de contribuições dessa natureza, como Orair e Gobetti (2018), que argumentam que uma reforma tributária deve levar em consideração:

> "[...] retirar da folha uma série de contribuições que não guarda relação com os benefícios contributivos do empregado. É o caso das contribuições compulsórias das empresas destinadas às entidades privadas que compõe o Sistema S, cujo financiamento poderia ser convertido em um mix de contribuições facultativas com subvenções sociais e econômicas que integrem o orçamento fiscal (isto é, despesas de subsídios)." (ORAIR; GOBETTI, 2018, p. 235).

[1] A esse respeito, apresenta-se no Anexo 1 uma discussão sobre o julgamento do Recurso Extraordinário n. 603.624 no STF, processo-paradigma do tema 325 da sistemática da repercussão geral, a respeito da constitucionalidade da Emenda Constitucional n. 33, de 11 de dezembro de 2001.

Dadas as mudanças no mercado de trabalho e a falta de recursos por parte do Governo, que busca novas fontes para o seu financiamento, é de importância significativa para o SEBRAE, quando não para o Sistema S, ter avaliações à mão de possíveis outras bases de cálculo para custear suas contribuições. Isto não quer dizer que seus dirigentes concordam com a mudança da atual base. Mas devem eles estarem preparados para se posicionarem, se preciso for, no debate com autoridades econômicas e parlamentares, bem assim a sociedade organizada.

O objetivo deste estudo, portanto, é o de levantar alternativas de outras bases de cálculo que não salários para o custeio do SEBRAE.

Por tanto, buscar-se-á apresentar uma análise com embasamento teórico e estatístico sobre as mudanças no mercado de trabalho, a fim de produzir conteúdo necessário para a tomada de decisão ao SEBRAE sobre o tipo de financiamento que melhor lhe permita a continuidade dos serviços de qualidade ofertados, por parte da entidade, à população.

1. Repasses ao sistema S

Nos gráficos a seguir é possível comparar os repasses às instituições em relação ao Produto Interno Bruto (PIB), à Carga Tributária Bruta (CTB) e ao Total de Repasses do Governo.

Quando se olha para a evolução comparada ao PIB, é possível ver que há uma tendência positiva dos repasses, a partir do ano de 2005, tanto para o SEBRAE, como para o Sistema S como um todo. Apesar desse fato, houve uma mudança na trajetória dos repasses a partir do ano de 2014, onde ambos os repasses passaram a ter uma tendência de queda frente ao PIB, agravado mais adiante dado a crise econômica.

Com relação a CTB, comportamento similar aos repasses em percentual do PIB pode ser visto, com uma tendência positiva, a partir do ano de 2005, e uma mudança na trajetória de ambas as curvas a partir de 2014. Porém, a participação em relação ao ano de 1997 para o SEBRAE, início da série histórica, apresentam valores maiores aos repasses realizados em 2018. Uma vez que em 1997 a CTB era de 27,4% do PIB e em 2018 o valor foi de 35,07%, é possível dizer que os repasses nesses 20 anos foram reduzidos frente ao aumento da arrecadação do Governo.

Gráfico 1 – Evolução de Repasses ao Sistema S: Em % do PIB (1997-nov. 2019*)

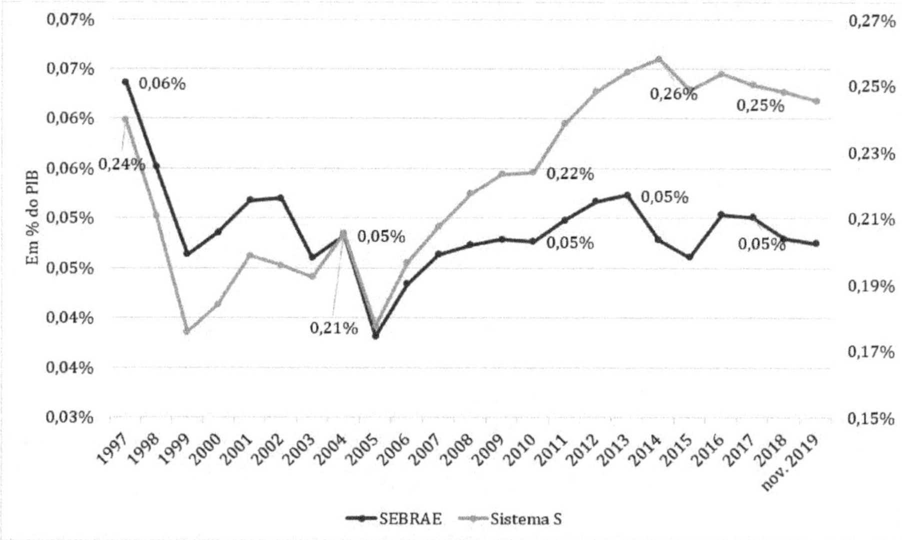

Fonte primária: AEPS. Elaboração própria (2021)
Nota: * Acum. em 12 meses.

GRÁFICO2: Evolução de Repasses ao Sistema S: Em % da CTB (1997-2018)

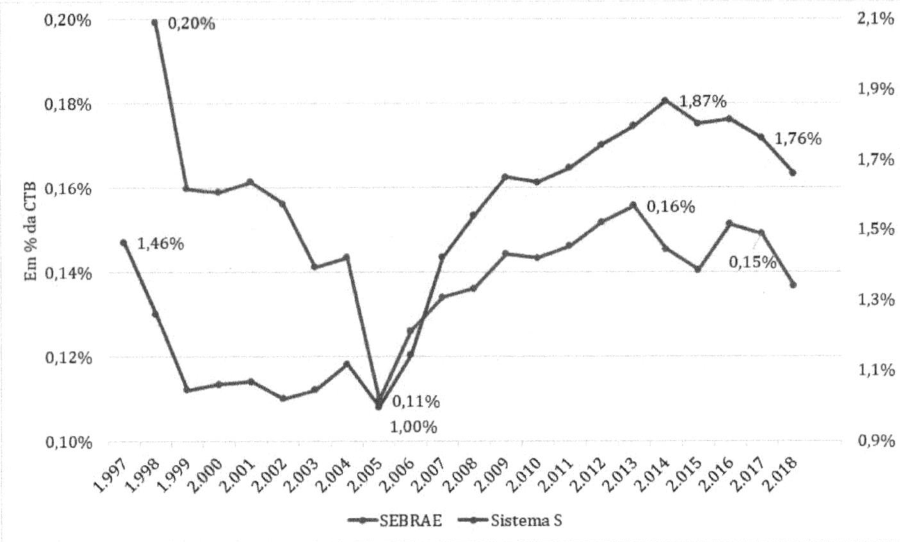

Fonte primária: AEPS. Elaboração própria (2021).

De 1997 a 2018, houve uma perda da participação em relação aos repasses totais por parte do SEBRAE. No agregado do Sistema S, como um todo, a queda é de -17,14%. Essa queda se dá principalmente ao aumento dos repasses ao Fundo Nacional de Desenvolvimento da Educação (FNDE) frente aos demais repasses.

Por último, mas não menos importante, vale destacar a evolução dos repasses ao Sebrae e ao Sistema S, frente ao volume recolhido pelas empresas para o INSS, visto que possuem a mesma base de arrecadação sob os salários.

Ao longo de 20 anos, os recursos do Sistema S e do INSS mais que dobraram, a preços constantes de 2019, corrigido pelo IPCA, enquanto o Sebrae teve um aumento em torno de 59%. Assim como nos demais gráficos é possível ver uma desaceleração da arrecadação a partir do ano de 2014, por conta da crise econômica brasileira. No ponto mais alto da série histórica, 2013, o Sebrae chegou a um aumento de 75% do que foi repassado em 1997, de lá para cá houve uma perda de 21 p.p.

Gráfico 3: Evolução de Repasses ao Sistema S: Em % do Total (1997-2019)

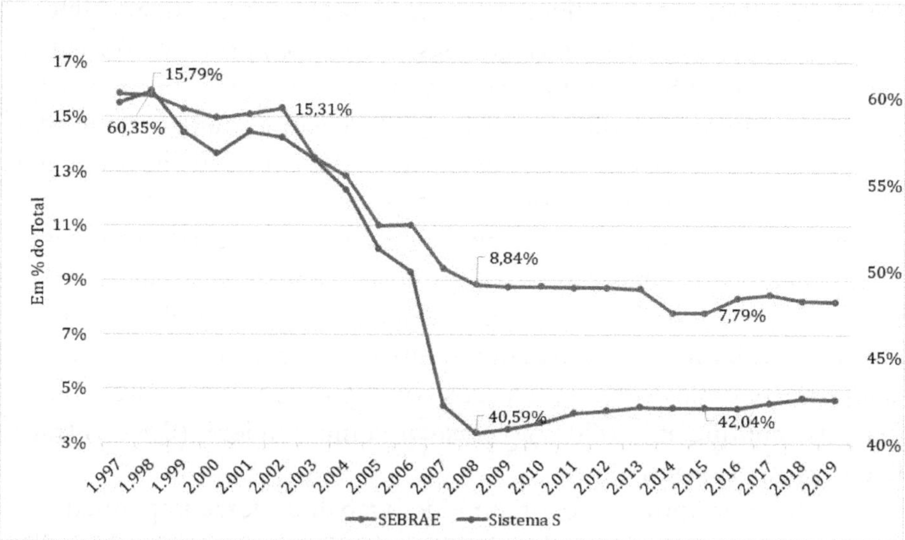

Fonte primária: AEPS. Elaboração própria (2021).

Gráfico 4: Evolução de Repasses ao Sistema S: Número Índice (1997=1) (Valores Constantes: IPCA – 2019=1)

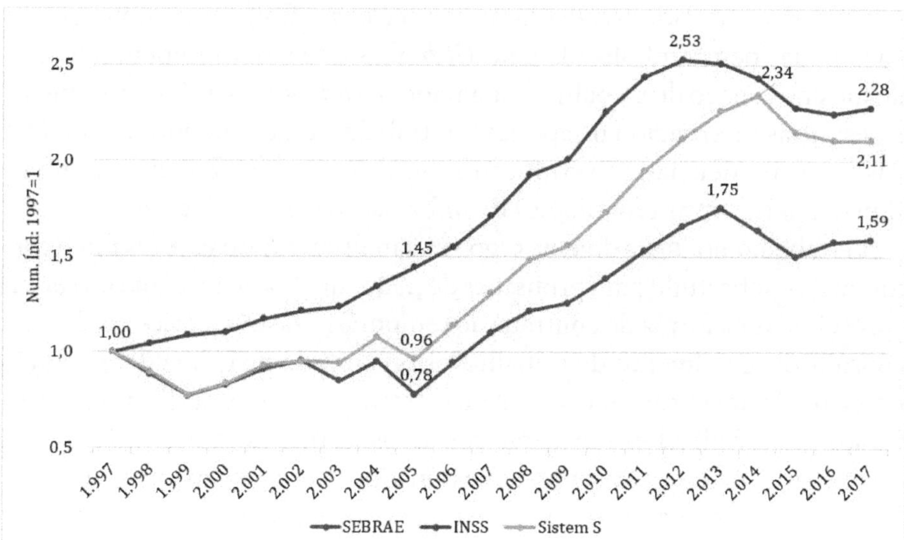

Fonte primária: AEPS. Elaboração própria (2021).

2. Mudanças no mercado de trabalho

Um fator importante a se levar em consideração sobre o financiamento de quem se baseia na tributação da base salários, como é o caso das entidades do Sistema S, é a mudança no mercado de trabalho, uma vez que nos tempos atuais trabalho não mais significa necessariamente emprego. Isto é, surgem, cada vez mais, postos ocupados por trabalhadores, que, apesar de existirem formalmente, não têm a carteira assinada.

Impulsionada por inovações tecnológicas, em especial nas áreas de comunicação e informação, a revolução econômica e social em curso tem como uma de suas principais características, o fortalecimento do chamado **trabalho independente,** também usada a alcunha de *Gig Economy* a "economia do bico". Estudos como o da Intuit Research (2010) demonstram que até 2020 a *gig economy* compreenderá 40% dos trabalhadores americanos.

Cresce, portanto, o fenômeno do trabalho desacompanhado do emprego, onde oportunidades de trabalho são ocupados por trabalhadores que firmam contratos por empreitadas e projetos específicos. São casos em que não há vínculo empregatício (no Brasil, consubstanciado na carteira assinada), o período de trabalho é indeterminado e nem mesmo exercido em um local fixo.

Já é uma realidade o trabalho em casa (*home office*) e a economia compartilhada (bem simbolizada pelo *Uber*, mas que passa também pelo uso do mesmo espaço de trabalho – chamado *coworking*). Estudos acadêmicos e pesquisas internacionais apontam o trabalho independente como uma das novas tendências da revolução econômica e social em curso, impulsionada pelas novas tecnologias de informação e comunicação.

O trabalho no lugar do emprego se manifestará muitas vezes em oportunidades, sobretudo para profissões de maior qualificação técnica, a serem aproveitadas na forma de contratação temporária, de um serviço ou de uma consultoria, geralmente de trabalhador organizado na forma de um autônomo ou de uma firma, individual ou coletiva (com colegas da mesma profissão). Os trabalhadores firmarão contratos de prestação de serviços, com objetivo específico e prazo pré-determinado, no lugar de assinar carteiras.

Ainda que não se possa saber ao certo o real impacto sobre o nível de emprego, uma das grandes preocupações desta transformação está na possibilidade de desemprego maciço causado pela automação. Tido como inevitável por alguns, propõe-se medidas paliativas, como as propostas do imposto sobre robôs.

Há também a preocupação com o os arranjos trabalhistas mais flexíveis em que estão inseridas as ocupações criadas pelas novas tecnologias, cuja inovação e mobilidade não demandam empregados fixos. Mais ainda, alguns estudiosos chamam atenção para ameaça dos "tele-migrantes" que, suportados por novas tecnologias de tradução simultânea, poderão competir por vagas ao redor do mundo. É um cenário terrível para o emprego: os que tendem a ficar imunes ao desemprego, por outro lado, não deverão ter emprego tradicional.

Este cenário e seus fenômenos não correspondem ao que, no Brasil, chama-se de **terceirização e *"pejotização"***. Esse segundo é um novo contexto de trabalho que ultrapassa a *terceirização*, já que esta contempla um vínculo formal entre o trabalhador e um terceiro, que substitui o demandante do serviço.

A nova dinâmica de trabalho, está muito além da *terceirização* porque esta requer que o trabalhador seja formalmente empregado por um terceiro, no lugar do próprio demandante daquele trabalho. Mas as novas funções, por outro lado, não resultarão em carteira assinada, nem mesmo indiretamente.

3. Mudanças peculiares no Brasil

A chamada ***"pejotização"*** é uma típica jabuticaba, e a expressão é ainda mal utilizada. Parte da suposição que o trabalhador, por conta própria, optou por se transformar em uma firma, abrindo mão da remuneração salarial, férias, gratificação, décimo-terceiro, proteção em caso de doença e aposentadoria, e outros direitos. Cumpre destacar que, na verdade, com este movimento, é o empregador que busca contornar os altos custos associados ao emprego formal, em especial altos salários, carga tributária pesada e previdência social.

Segundo o Fórum Econômico Mundial (2018), na avaliação da necessidade de mudanças de natureza do trabalho, os 42% brasileiros ficaram na média mundial – mas exigindo um esforço maior do que precisará ser realizado por China, Estados Unidos e Alemanha. Também chama a atenção que o trabalho flexível deverá requer atenção no país muito maior que em outros requisitos, como poder de processamento e novos suprimentos de tecnologia (27%), internet móvel (24%), mudanças climáticas (21%), economia compartilhada (18%) e ética do consumidor (12%). Por mais subjetivas que sejam tais medidas, sinalizam que o Brasil está um pouco mais preparado em termos tecnológicos do que institucionais para os desafios da nova economia.

Tal encarecimento decorre de uma Previdência Social que se tornou demasiada generosa ou custosa para a realidade de nossa economia, de modo que se está preso numa terrível armadilha: sem uma reforma que reduza o déficit, não há como diminuir os encargos patronais, mas eles são driblados e evitados pelo mercado ao contratar cada vez mais firmas de quem poderia lhe servir com emprego formal.

Esse fator promete ser ainda mais acentuado com a reforma trabalhista e a recém decisão do STF, onde considerou-se constitucional a **terceirização** irrestrita, ou seja, passa a ser permitido que as atividades-fim das empresas sejam desempenhadas por funcionários de companhias contratadas. Como expõem Teixeira e Carneiro (2018), o entendimento por parte da maioria dos magistrados é o de que a terceirização não precariza direitos trabalhistas e o princípio constitucional da livre concorrência não permite a imposição de restrições para as empresas decidirem a forma de contratação de seus funcionários. Estima-se que cerca de 4 mil processos devem ser destravados por conta da nova decisão.

Esse fato parece ter levado a uma destruição do emprego formal de alta renda. No período de 1996 até 2013, ocorreu uma significativa expansão do emprego, e o número de contribuintes na previdência social cresceu 6% ao ano. Esse crescimento, no entanto, se deu especialmente na faixa de quem ganha muito pouco, isto é, até três salários mínimos, ou até um pouco mais, de três a sete salários mínimos. Para aqueles que ganham acima de sete salários mínimos, valor acima do teto previdenciário (referência 12/2009), o crescimento foi de apenas 1% ao ano.

Fenômenos como a **terceirização** e a ***"pejotização"***, poderão ser acentuados pelas transformações advindas com a *gig economy*, o que pode levar a experiência brasileira ser única no mundo no que se refere à extensão (número de firmas) e diversificação (de atividades e de rendas).

Mais do que ao empregado, é ao empregador que interessa contratar uma pessoa jurídica que presta serviços, no lugar de assinar a carteira de um trabalhador, atenuando e driblando pesados custos, encargos e obrigações, tributários e trabalhistas. No fundo, é uma forma que a sociedade encontra para reduzir custos e ampliar a produtividade, à revelia do governo e de sua falta de percepção e planejamento.

Sem que o governo tivesse planejado e, até então, sequer diagnosticado, o próprio mercado se ajustou. Até mesmo a recém aprovada lei sobre *terceirização* chega em cena atrasada e parcialmente comprometida, tendo em vista que não se recorre mais a um intermediário para contratar um trabalhador quando é preferível contratar firmas. Raros países têm tantos proprietários de empresas como o Brasil.

Dos 31 milhões de declarantes do IRPF, 32,1% se declararam empregados de empresas privadas contra 23,75% ditos capitalistas, proprietários de empresa e trabalhadores por conta própria. Existe, portanto, 1,35 proletário para cada 1 capitalista. Cabe ainda lembrar que boa parte dos trabalhadores com carteira é isenta de declaração de IRRF, acrescido dos trabalhadores por conta própria e sem carteira.

Tendência essa também comprovada pelos dados da Pesquisa Nacional por Amostra de Domicílios (PNAD), que já demonstram a redução de trabalhadores empregados com carteira assinada contra um aumento daqueles que se declaram trabalhadores por conta própria.

Gráfico 5: Participação de Declarantes do IRPF por Natureza de Ocupação: Em % do Total – DIRPF 2021 (Ano Calendário 2020)

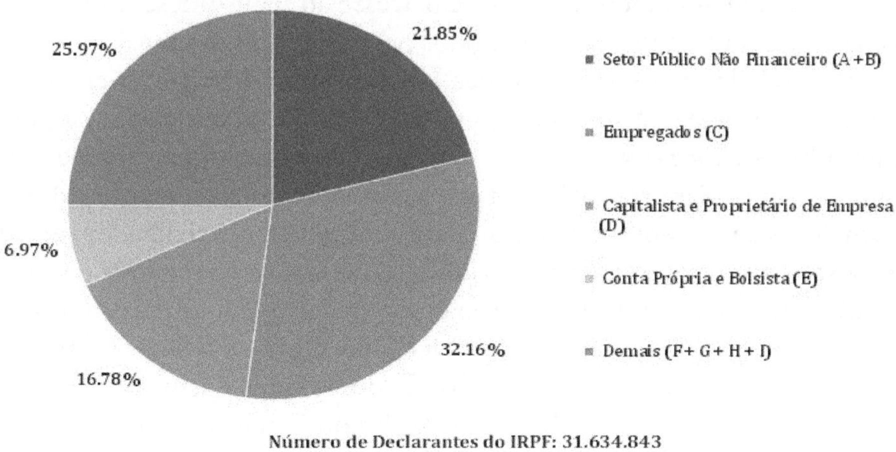

Fonte primária: SRF/DIRPF. Elaboração própria (2021).

GRÁFICO 6: Trabalhadores com Carteira x Donos de Negócios: Em % dos Trabalhadores Ocupados (mar 2012 – jul 2021).

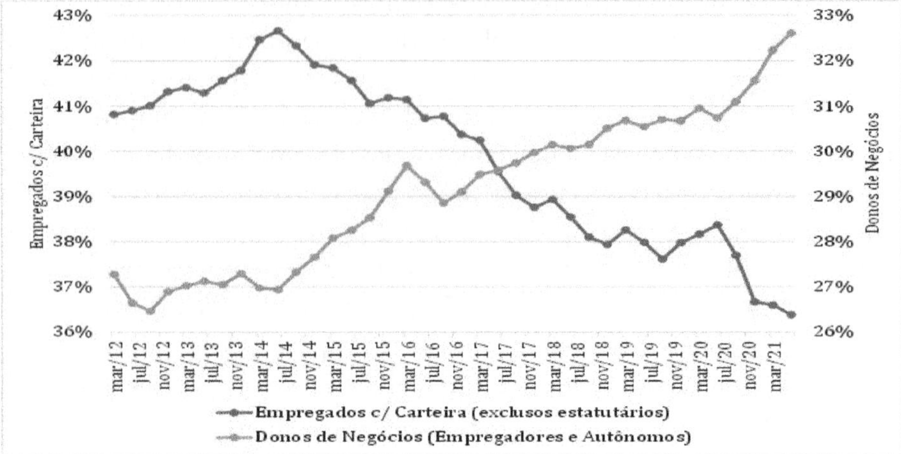

Fonte primária: PNAD Contínua/IBGE. Elaboração própria (2021)

Seetharaman e Gauret (2018) apontam que a cada dez trabalhadores europeus, quatro estão enquadrados em trabalho temporário ou por conta própria. Aqueles na faixa etária de vinte anos estão majoritariamente em empregos temporários ou "sem contrato", o dobro de outros grupos etários. Estes trabalhadores não possuem acesso ao seguro-desemprego em 11 países, e em 10 não estão protegidos para acidentes de trabalho.

A realidade vem se impondo às leis de forma incontornável, como no típico caso da conversão de empregados (com carteira assinada) em prestadores de serviços, através de firmas (inclusive microempreendedores) – uma clara resposta ao país que impõe aos seus empregadores os maiores custos em todo mundo para contratar um trabalhador (entre impostos, encargos e incerteza jurídica), como mostra o seguinte gráfico.

Mais do que ao empregado, é ao empregador que interessa contratar uma pessoa jurídica que presta serviços, no lugar de assinar a carteira de um trabalhador, atenuando e driblando pesados custos, encargos e obrigações, tributários e trabalhistas. No fundo, é uma forma que a sociedade encontra para reduzir custos e ampliar a produtividade, à revelia do governo e de sua falta de percepção e planejamento.

GRÁFICO 7: Custo Tributário para Contratação de Empregado com Salário Bruto Anual de US$ 300 mil: Em % do Salário Bruto (2015)

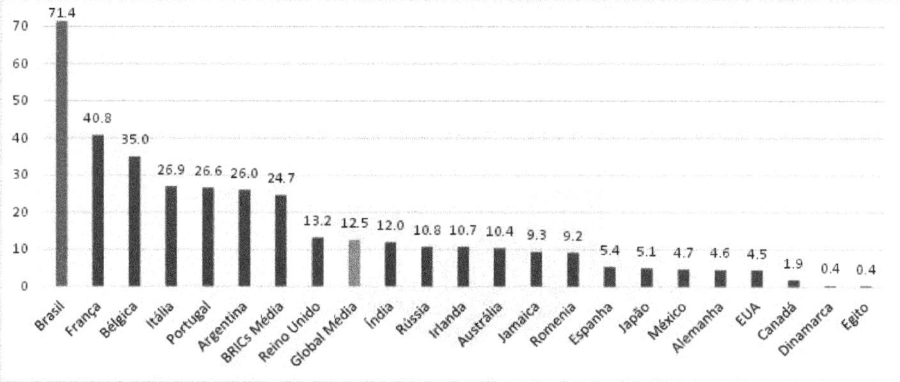

Fonte primária: UHY (2016). Elaboração própria (2021)

No lugar de repensar as políticas públicas, autoridades tentam restaurar a velha ordem trabalhista recorrendo ao poder de polícia. Como é o caso de atletas profissionais, onde quase 300 atletas brasileiros são acusados de sonegar tributos por auferir através de empresas recursos que, supostamente, deveriam ser declarados como rendimentos de pessoa física.

O que começou como mera terceirização de atividades de apoio, como segurança e limpeza, se transformou em novo processo, aí sem qualquer vínculo empregatício, que hoje alcança contingentes crescentes de executivos, engenheiros, professores, jornalistas e artistas, entre outros. Já chega até mesmo a profissionais no início da carreira ou a trabalhadores de menor renda que se tornam microempreendedores individuais (MEI). Segundo dados do Sebrae, dos mais de 6,8 milhões de MEIs ativos no ano de 2015, somente pouco mais de 2,7 milhões declararam renda no último ano.

Hoje o número total de inscrições no MEI é de 9,3 milhões. Para o ano calendário de 2017, segundo a RFB, houve 493 mil declarantes de IRPF ocupados como MEI com uma renda total média no ano de 29,5 mil reais por declarante.

Gráfico 8: Distribuição de Quantidade de MEI por Faixa de Renda em Salário Mínimo: Declarados (2016) – Ano Referência 2015.

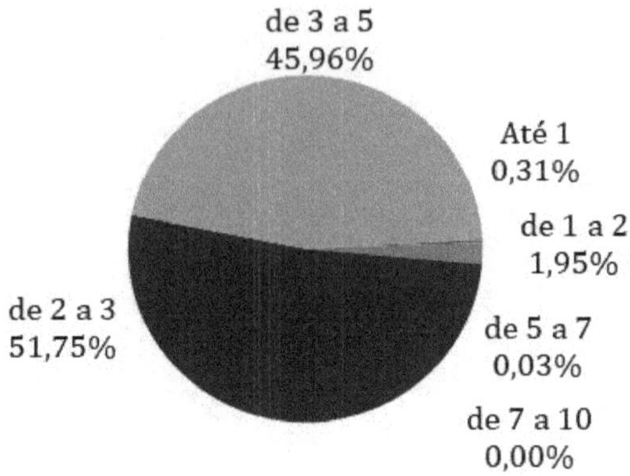

Fonte primária: Sebrae. Elaboração própria (2021).

Mesmo com o trabalhador que virou firma pagando Cofins, PIS, ISS, mais IRPJ e CSLL, o maior de todos os prejuízos restou para a Previdência Social. Empregadores deixam de contribuir 20% sobre o valor integral da folha e o empregado, geralmente, passa a recolher o valor mínimo sobre pró-labore simbólico recebido da empresa dele. Se a reforma da Previdência já reclamava urgência porque benefícios passaram a ser acessados de forma cada vez mais prematura e fácil, o que dizer se forem recalculadas suas projeções de arrecadação, com participação cada vez menor de assalariados de alta renda e, sobretudo, sem o subsídio cruzado pago por seus empregadores.

Da mesma forma que existe um peso por parte do empregador em forçar que o empregado seja contratado como uma PJ, devido aos altos encargos trabalhistas. Há o surgimento, junto a *gig economy*, de novas tendências e mudanças geracionais, como crescente preferência por parte do trabalhador de trabalhar como autônomo a ter carteira.

Em recente pesquisa a Folha de São Paulo (2018), perguntou a uma amostra de 8.601 eleitores brasileiros o que seria mais importante para eles: ter um salário mais alto como autônomo, sem benefícios trabalhistas e impostos mais baixos ou ter carteira de trabalho assinada, com os benefícios trabalhistas e pagando impostos mais altos. O resultado encontrado foi o de que metade dos eleitores prefere ser autônomo e a preferência aumenta conforme escolaridade e renda mensal do trabalhador são maiores, onde acima de uma renda mensal média familiar de dez salários mínimos a preferência por ser autônomo chega a 58%, contra 34% em ser celetistas. A taxa de preferência por ser autônomo é mais alta entre os que atualmente já atuam na modalidade (69%), os profissionais liberais (73%) e os empresários (74%).

Gráfico 9: Preferência dos Eleitores por Trabalho Autônomo x Carteira Assinada – Em % do Total (2018)

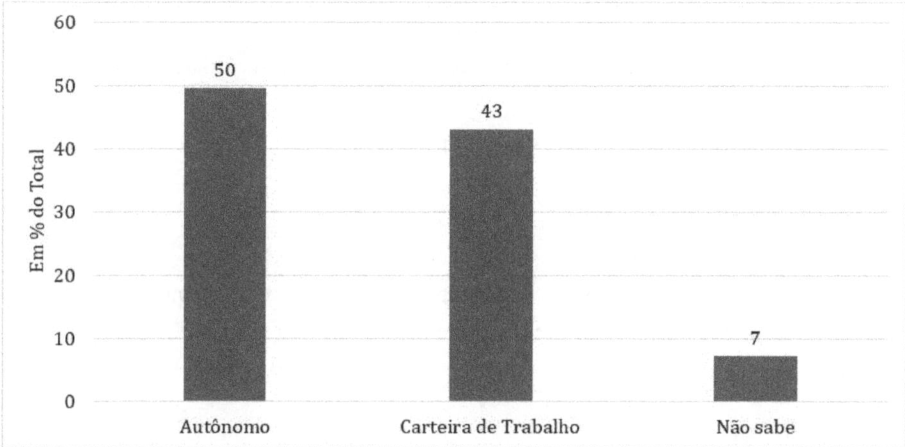

Fonte primária: Datafolha (2018). Elaboração própria (2021).

Deve-se destacar ainda o processo de automação, a chamada Revolução 4.0. Acemoglu e Restrepo (2016) argumentam que é justamente a mudança tecnológica e os processos de automação que estão gerando novas ocupações, de crescente complexidade. Segundo os autores, nos Estados Unidos, entre 1980 e 2007, os empregos com novos cargos representavam aproximadamente metade dos novos empregos. Isso indicaria que o potencial de geração de emprego é dificilmente previsível em relação a sua quantidade, então o equilíbrio entre a destruição de empregos como resultado da automação e a geração de novos empregos, especialmente em novas ocupações, depende da dinâmica de ambos os processos.

Gráfico 10: Preferência dos Eleitores por Trabalho Autônomo x Carteira Assinada – Em % do Total – por Faixa Etária (2018)

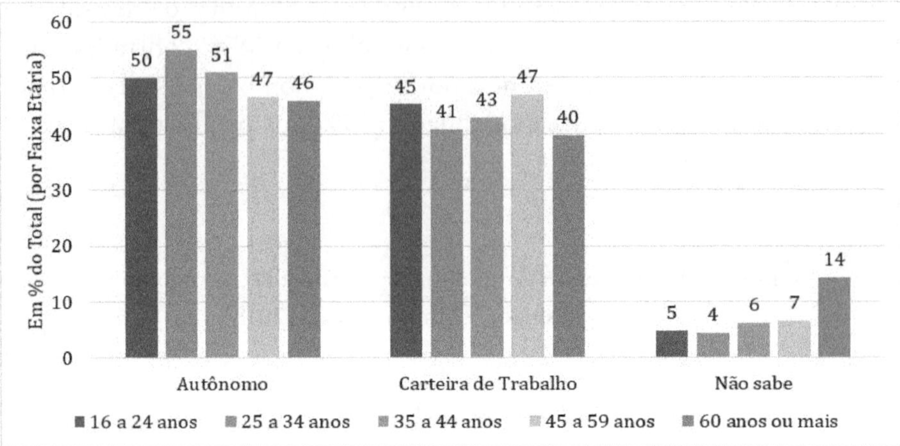

Fonte Primária: Datafolha (2018). Elaboração própria (2021).

Gráfico 11: Preferência dos Eleitores por Trabalho Autônomo x Carteira Assinada – Em % do Total – por Faixa de Renda Mensal Familiar (2018)

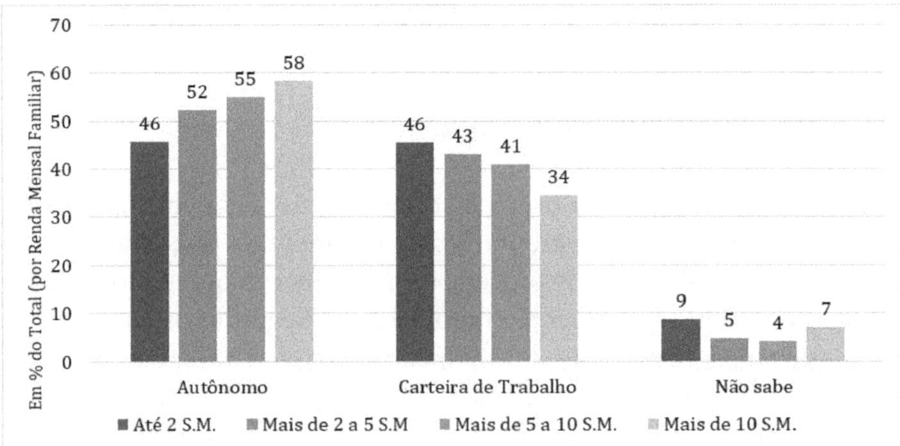

Fonte primária: Datafolha (2018). Elaboração própria (2021)

De fato, na média dos países desenvolvidos, entre 1995 e 2012, de acordo com o Banco Mundial (2016), ocupações baseadas em tarefas rotineiras (cognitivas e manuais) perderam 0,6 p.p. na estrutura ocupacional, enquanto aquelas baseadas em tarefas cognitivas e tarefas manuais interpessoais e não rotineiras aumentaram essa participação em 0,4 e 0,2 p.p., respectivamente.

Apesar de incertas, visto que novos postos de trabalhos podem surgir com essa mudança estrutural no mercado de trabalho, as estimativas atuais apontam que para o ano de 2030, até um terço dos empregos podem ser reduzidos em função da robotização no Reino Unido (PWC, 2017). E podem ser ainda maiores a depender do setor, como no de transporte e armazenagem (56%), de manufatura (46%) e de comercio (44%).

De acordo com Cedefop (2016), entre 2005 e 2015 a perda da participação do trabalho na indústria em 28 países da União Europeia foi de 2,1%, e a previsão é de que entre os anos de 2015 a 2025 essa perda seja equivalente a 0,9%, acumulando a maior queda de participação frente aos demais setores.

Segundo o Fórum Econômico Mundial (2018) a participação dos robôs nas tarefas já é de 29%, e estima-se que até 2025 esse percentual chegará a 52%, onde mais da metade das tarefas realizadas no mercado em todo o mundo serão feitas por robôs.

Consoante Nedelkoska e Quintini (2018), estima-se que 14% dos empregos nos países da Organização para a Cooperação e Desenvolvimento Econômico (OCDE), que participam do *Programme for the International Assessment of Adult Competencies* (PIAAC), estão em alto risco (probabilidade de mais de 70%) de serem automatizados com base nas possibilidades tecnológicas atuais. Adiciona-se ao fato que 32% dos empregos têm uma probabilidade de ser automatizado entre 50% a 70% e podem enfrentar mudanças significativas em seu conteúdo de trabalho.

Existe uma grande variação no risco de automação entre os países. Em geral, os empregos nos países anglo-saxões, nórdicos e na Holanda são menos automatizáveis do que os empregos nos países da Europa Oriental, nos países do sul da Europa, na Alemanha, no Chile e no Japão. Mais de dois terços da variação entre os países é explicada pelas diferenças na forma como as economias organizam o trabalho dentro dos mesmos setores econômicos, pouco é explicado pelas diferenças estruturais das econômica analisadas.

Gráfico 12: Mudanças nas quotas de emprego por setor econômico (2015-2025)

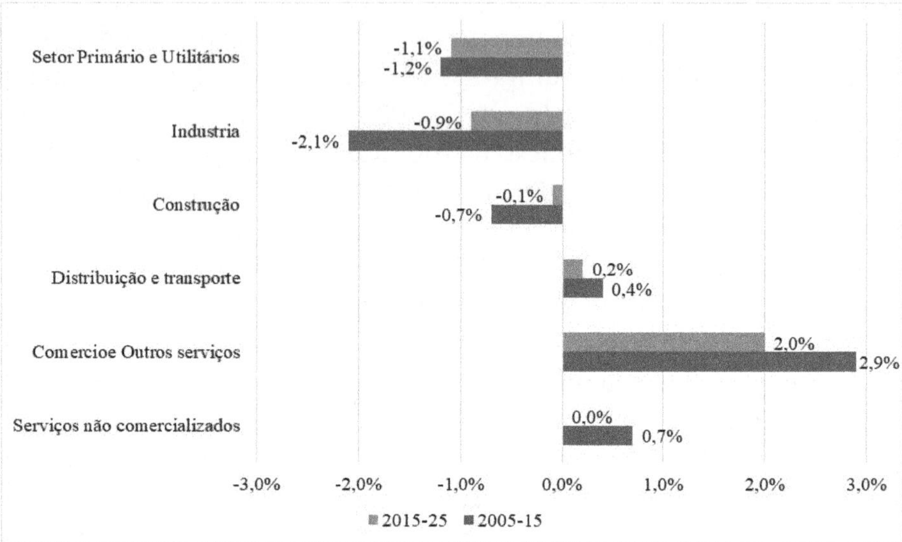

Fonte primária: Cedefop (2016). Elaboração própria (2021).
Nota: Valores estimados para o período (2015-2025).

Para o Brasil as estimativas são similares aos países da OCDE. Conforme aponta a Mckinsey (2017), até 2030, 14% dos postos de trabalhados serão perdidos em virtude da automação no país. Na pesquisa, chama-se a atenção que no país há um baixo preparo por parte da força de trabalho em ocupar vagas que podem vir a serem geradas pela economia digital.

A IEL (2017), aponta que 21,8% das indústrias projetam ter o processo produtivo totalmente digitalizado nos próximos 10 anos. Um salto significativo e bastante relevante, em vista do percentual baixo, onde apenas 1,6% das empresas ouvidas afirma já operar como indústria 4.0.

A organização International Federation of Robotics (IFR) (2017), uma das principais pesquisadoras sobre o tema, estima que até 2020 serão fornecidos mais de 1,7 milhões de robôs à indústria, sendo as maiores demandantes as indústrias automotivas e de eletrônicos. Um quarto dessa demanda se concentra em apenas 5 países, são eles: China, Coréia do Sul, Japão, Estados Unidos e Alemanha.

Gráfico 13: Estimativa anual mundial de fornecimento de robôs industriais (2008-2020): Em milhares e em Var %.

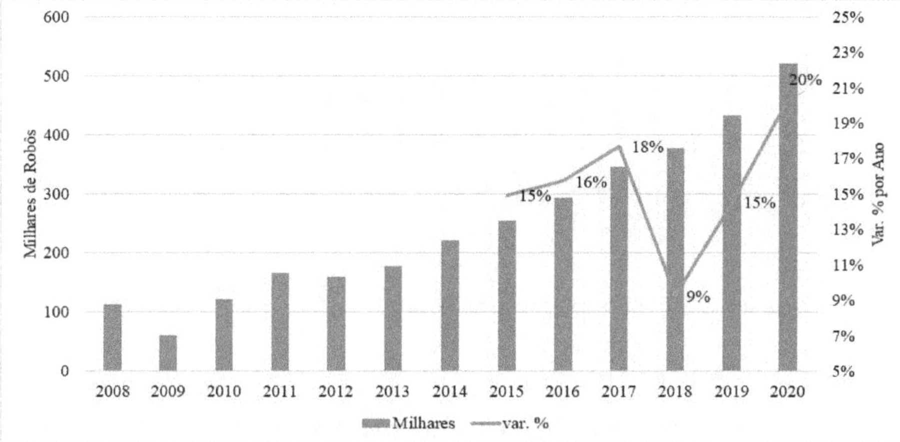

Fonte Primária: IFR (2017). Elaboração própria (2021)
Nota: Valores estimados para o período (2017-2020)

Em relação a densidade de robôs por trabalhadores, a IFR (2017) aponta que para o ano de 2016 a média mundial era de 74 robôs por 10 mil trabalhadores, um aumento de cerca de 12% ao ano anterior, que era de 66 robôs. O Brasil está muito abaixo da média mundial, num ranking entre 44 países, sua posição é a de número 39, com somente 10 robôs por 10 mil trabalhadores.

A discrepância do Brasil com relação às demais economia pode ser dita (verdadeiramente) abissal e reforça outros indicadores que apontam para as implicações perversas do sistema tributário nacional sobre o mercado de trabalho, como é o caso do Indicador Global de Competitividade – World Economic Fórum (2017) – que mostra o Brasil em 137º lugar (última posição) no ranking dos países nos quais os impostos e contribuições sociais mais desincentivam o trabalho.

Gráfico 14: Número de robôs industriais instalados por 10 mil funcionários na indústria de transformação (2016).

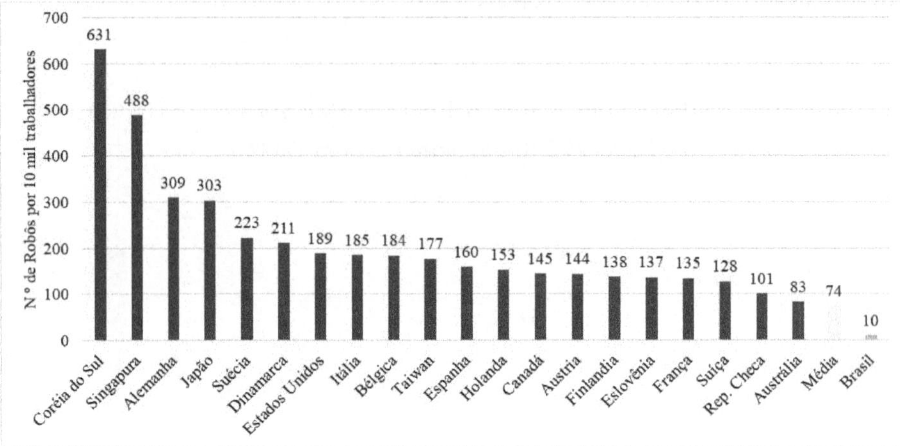

Fonte primária: IFR (2017). Elaboração própria (2021).

Embora as tecnologias digitais aumentem a produtividade e melhorem o bem-estar geral, as perturbações do mercado de trabalho podem ser dolorosas e resultar em maior desigualdade. Tendências globais fornecem algumas indicações. Uma é que a parcela da renda nacional destinada ao trabalho, especialmente a mão-de-obra de rotina, não conseguiu se alterar drasticamente em muitos países em desenvolvimento. A desigualdade aumentou mais quando essa mudança na renda para o capital e para longe do trabalho foi maior. Sobre essa tendência de queda de emprego e aumento na concentração de renda e riqueza são exemplos de trabalhos: Harris, Kimson e Schwedel (2018), African Development Bank Group *et al.* (2018).

Em entrevista a Trotta (2017), o economista Michele Boldrin chama a atenção ao dizer que a desigualdade é fruto da inovação, e como não há crescimento sem inovação, a desigualdade é um efeito secundário do crescimento econômico. Entre medidas para minimizar o problema, aponta a reestruturação do sistema educativo, a fim de formar estudantes mentalmente flexíveis, uma vez que hoje a inovação destrói empregos com mais rapidez do que a educação os salva.

As relações econômicas — e também as sociais — no Brasil e em todo mundo, estão mudando em uma velocidade muito elevada, nunca antes experimentada na história da humanidade, como apontam diferentes analistas, a saber: Kose e Ozturk (2014), Mckinsey (2017), e OCDE (2017). Segundo Peralta e Roitman (2018), as novas tecnologias serão mais disruptivas do que inovações passadas, em especial no que se refere ao mercado de trabalho, como já pode se verificar nas tendências de baixo crescimento do salário real e a participação decrescente do trabalho na renda, muito em função do baixo crescimento da produtividade. Mais do que tornar obsoletos os empregos atuais, a inovação irá transformá-los.

A União Europeia tem liderado as discussões acerca da tributação nesta nova economia, dando como prioridade o tratamento do iminente risco de erosão das bases tributárias tradicionais. Um bom exemplo disso foi a proposta do governo espanhol para a implantação de um "imposto sobre serviços digitais" (NEUT, 2018), que incidiria sobre atividades de intermediações de serviços, publicidade e venda de dados em plataformas digitais. Google, Facebook e Amazon seriam as companhias mais atingidas pelo tributo, que teria uma alíquota de até 5% sobre o volume de negócios das empresas no território espanhol.

Para diagnosticar a transformação estrutural do mercado de trabalho brasileiro, seu impacto sobre a indústria e, particularmente, seus efeitos sobre o financiamento das entidades patronais, é necessário olhar para a evolução da folha salarial, principal fonte deste financiamento. É preciso confirmar se realmente há tendência de redução da base de cálculo, que é apontada pelo senso comum, e em que velocidade esta redução ocorre.

Uma das fontes mais ricas e importantes para análise estrutural do mercado de trabalho formal brasileiro é a base de dados da Relação Anual de Informações Sociais (RAIS)produzida pelo Ministério do Trabalho desde 1985. A RAIS traz informações detalhadas sobre estabelecimentos empregadores, seus empregados e respectivos vínculos empregatícios. Dentre as informações dos vínculos, a remuneração é a mais relevante para os objetivos do presente estudo, permitindo não só o acompanhamento da sua evolução ao longo do tempo, como também análise comparativa da indústria com outros setores de atividade econômica e em diferentes níveis geográficos (unidades da federação, por exemplo).

Apesar de disponível a partir de 1985, a base de dados da RAIS possui diferentes níveis de cobertura, detalhamento e qualidade ao longo do tempo. A partir de 2002 a base de dados passou a ser disponibilizada pelo Ministério do trabalho de forma unificada, contribuindo significativamente para a realização de estudos comparativos.

Considerando os objetivos do presente estudo, será apresentada uma análise exploratória, que diz respeito a comparação entre a massa salarial (total das remunerações) de dois momentos distantes no tempo. No caso, optou-se pelos anos de 2002 (primeiro ano da série histórica unificada) e 2016 (último ano disponível). A variável de remuneração adotada foi a remuneração nominal (em R$) em dezembro de cada ano.

Entre 2002 e 2016 houve uma grande variação do emprego formal brasileiro (60,6%) com a frequência de vínculos formais saltando de 28,7 milhões para 46,1 milhões (gráfico 54). Já na Indústria de Transformação a variação do emprego formal no período foi bem menos expressiva (37,20%) passando de 5,2 milhões de vínculos em 2002 para 7,1 milhões em 2016.

Gráfico 15: Variação da frequência total de vínculos por setor: Var. % (2016-2002)

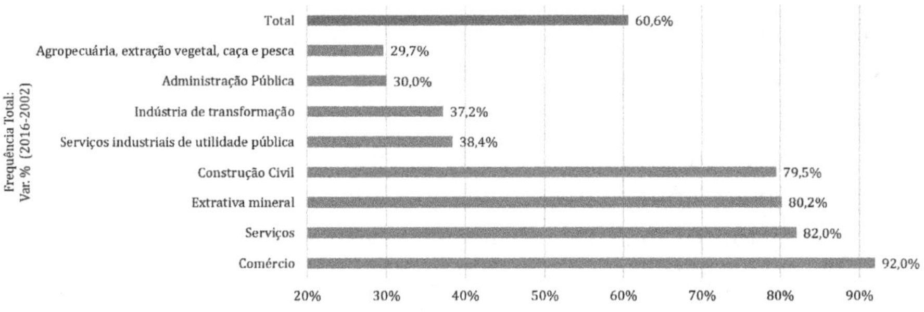

Fonte primária: RAIS. Elaboração própria (2021).

Olhando para as remunerações, a variação foi igualmente expressiva considerando a variação do IPCA no mesmo período (gráfico 55). A remuneração de todos os setores da economia em 2016 foi 100,4% maior que a remuneração dos mesmos setores em 2002. Já a remuneração na Indústria de Transformação cresceu 66,66% no mesmo período. Em ambos os casos a variação da remuneração foi maior que a variação da frequência, denotando um aumento real em relação ao índice oficial de inflação, no caso o IPCA.

GRÁFICO 16: Variação real da remuneração de dezembro por setor: Var. % (2016-2002) (IPCA:2016=1)

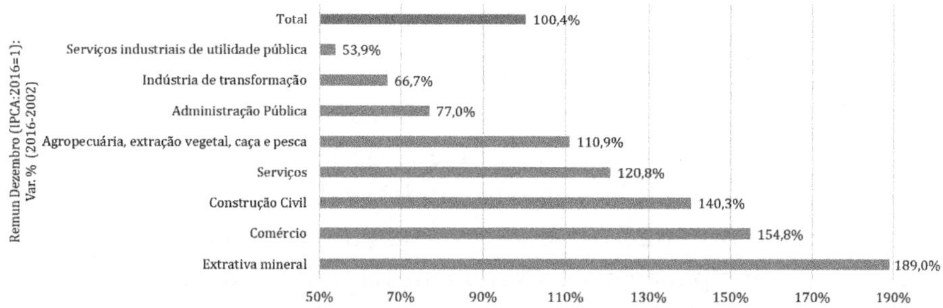

Fonte Primária: RAIS. Elaboração própria (2021)

Para retirar o viés introduzido pelo aumento da frequência, foi realizada também uma comparação entre a remuneração média (remuneração total dividida pelo total de vínculos com remuneração válida) de todos os setores e da Indústria de Transformação. Neste exercício, pode-se observar uma variação de 24,8% na remuneração média de todos os setores contra 21,5% na indústria de transformação entre 2002 e 2016 (gráfico 56).

GRÁFICO 17: Variação Real da Remuneração Méd. por Vínculo por Setor: Var. % (2016-2002) (IPCA:2016=1)

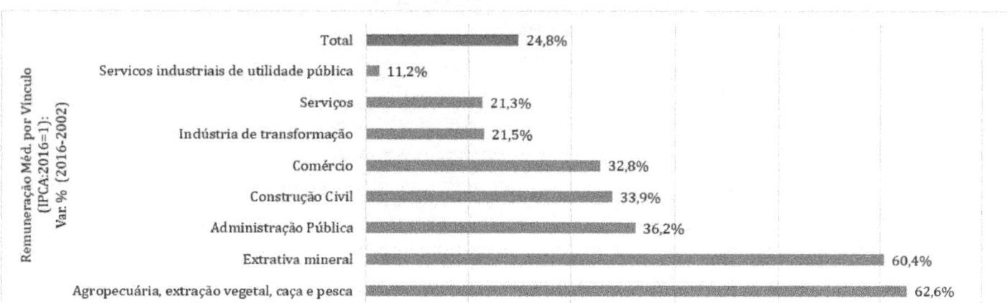

Fonte primária: RAIS. Elaboração própria (2021).

Esta análise por si não corrobora com a tese da redução da folha de salários e teria que ser complementada com a análise de outras fontes de informação, como a PNAD até 2015, e a PNAD Contínua do IBGE, a partir de 2012), que embora menos detalhadas em termos de granularidade, são mais abrangentes na medida em que captam, não só as informações do mercado de trabalho formal (com carteira de trabalho e estatutários), como também empregados sem carteira de trabalho, empregadores em geral e trabalhadores por conta própria.

Também uma análise do comportamento da criação ou perda recente de postos de trabalho no Cadastro Geral de Empregados e Desempregados do Ministério do Trabalho (CAGED) e dos estabelecimentos sem empregados na própria RAIS pode jogar alguma luz sobre o tema porque pode explicar um pouco mais o fenômeno da *pejotização* (RAIS Negativa).

Entretanto, ainda pode-se evoluir no estudo das remunerações considerando que no período estudado houve significativo ganho real do salário mínimo. Entre 2002 e 2016 o salário mínimo nacional subiu 4,4 vezes, passando de R$ 200 para R$ 880, o que sugere um novo ciclo de análise, considerando a variação do salário mínimo ao invés do IPCA.

Neste novo cenário deflacionado pelo salário mínimo, observa-se que a remuneração no total dos setores cresceu 12,6%, enquanto a remuneração na Indústria de Transformação reduziu 6,4% (gráfico 57).

Gráfico 18: Variação real da remuneração de dezembro por setor:
Var. % (2016-2002) (SM: dez/2016=1)

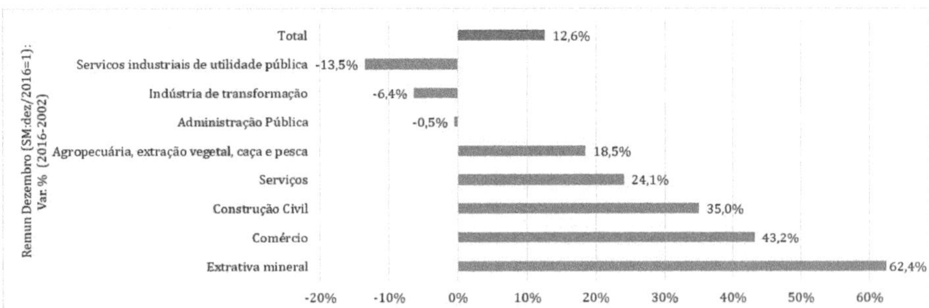

Fonte primária: RAIS. Elaboração própria (2021)

Atentando para as remunerações médias, sem o viés do aumento das frequências, o total dos setores perdeu 29,9% e a Indústria de Transformação ainda mais, com queda de 31,7% (gráfico 58).

Gráfico 19: Variação real da remuneração méd. por vínculo por setor: Var. % (2016-2002) (SM: dez/2016=1)

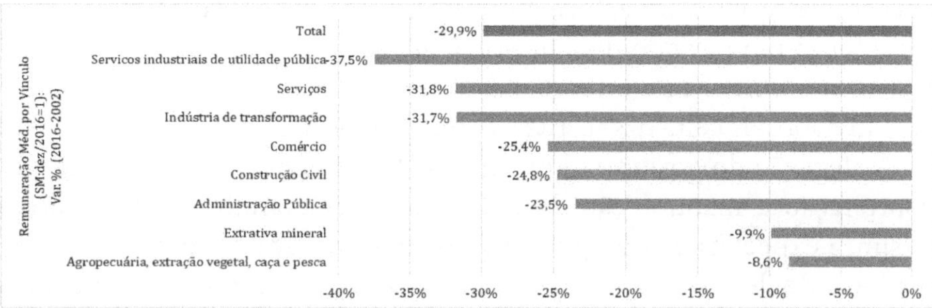

Fonte primária: RAIS. Elaboração própria (2021).

Deve se evitar ao máximo em cair no erro continuar a tratar como caso de polícia o que deve ser de política. Diante da nova revolução, não se pode reagir como os índios que atiraram flechas às locomotivas que passaram a rasgar suas terras no Oeste americano. Diagnosticar e traçar um plano estratégico para lidar com a *gig economy* e a robotização é uma premência.

O financiamento do Sistema S sobre recursos oriundos da folha de pagamento não pode ignorar essa tendência. Será exigido diagnóstico e soluções mais inteligentes, complexas e trabalhosas. Será preciso repensar toda a tributação dos salários e, ao mesmo tempo, revisitar a forma como se taxa lucro e ganho das empresas e dos indivíduos, e talvez até seu faturamento.

4. O novo coronavírus e as medidas do governo federal

Não é de hoje que a ala econômica do governo federal demonstra um desejo cego de desconstruir o Sistema S. Isso já era mote de campanha na corrida presidencial. Posteriormente, já no início do governo, não faltaram investidas para acabar com a „caixa-preta“ do Sistema S (lembra até a obsessão com outra „caixa-preta“ de um certo banco público, que perceberam, não era tão preta assim...).

O projeto de esvaziamento das entidades do Sistema S foi esquecido por um tempo, mas, agora, em meio à crise do Covid-19, eis que ele voltou à baila de forma rápida e uníssona. Uma das primeiras medidas anunciada pelo Ministério da Economia para combater a crise socioeconômica decorrente da pandemia, foi a redução em 50% das contribuições ao Sistema S por um período de 3 meses. Curioso notar que um governo que resiste sobremaneira a intervir na economia, não titubeou para reduzir pela metade a receita das instituições de categorias profissionais.

A alegação do governo é que a contribuição pesa sobre os custos de contratação e manutenção de empregados, onerando a folha salarial. Assim, a expectativa é de que a medida possa poupar (parte dos) trabalhadores de demissões. Esquece de mencionar, porém, que a contribuição ao Sistema S é uma parte residual do peso tributário sobre a folha de pagamentos e que as demais contribuições sociais sequer entraram em pauta para estimular as empresas a não demitir. O máximo que propuseram foi custear parte dos salários com recursos do Seguro Desemprego e criar linhas de financiamento subsidiado para as MPEs (que não se sabe se chegarão ao seu destino).

Talvez a reticência do executivo federal em realizar uma real desoneração da folha de pagamentos seja fruto de sua percepção de que esta é uma política ineficaz. O governo federal já buscou isso em outras oportunidades e o resultado em termos de geração de emprego é bastante questionável. Nesse caso, não é diferente. Que empresário, em sã consciência, iria manter empregos durante a (potencialmente) pior crise da história do país porque seu custo da folha de salário foi reduzido marginalmente?

Ainda que isso fosse significante, há uma falha no direcionamento do benefício: a desoneração vai beneficiar relativamente mais as empresas de grande porte, enquanto a maior parte do emprego formal do país está nas MPEs. Estimativa baseada na RAIS mostra que, nas atividades contribuintes do Sistema S, cerca de 60% do emprego formal está nas MPEs, apesar destas representarem 50% do financiamento do sistema. Ou seja, o benefício da desoneração não será proporcional à importância da geração/manutenção de empregos. Pior: são justamente as MPEs – as empresas menos beneficiadas com a medida – que têm menos acesso ao mercado de crédito e que mais necessitam de assistência das entidades do Sistema S.

Além do mais, consoante a Considera e Veloso (2020), com a pandemia do Covid-19 descobriu-se o papel que as MPEs têm enquanto geradoras de renda e emprego. Algumas evidencias nesse sentido podem ser citadas: (i) MPEs são responsáveis por cerca de 30% do valor adicionado da economia; (ii) dos poucos mais de 100 milhões de trabalhadores ocupados na economia, cerca de 40,1 milhões estão ocupados em MPEs; (iii) nos anos de 2014 a 2017, as MPEs eram em média 97% das empresas brasileiras.

Apesar da decisão do corte pelo Governo dos repasses ao Sistema S ser de natureza transitória, não se pode ignorar essa tendência de enfraquecimento de seu financiamento. Serão exigidos diagnóstico e soluções mais inteligentes, complexas e trabalhosas.

Como defendido em Afonso (2020) e Afonso e Castro (2020), a visão míope não se limita a eficácia da política. Custa-se a enxergar o potencial inserido nessas entidades, mesmo no atual cenário de enfrentamento da pandemia ou ainda em uma perspectiva de longo prazo, que impõe uma mudança estrutural nas relações de trabalho e na forma de funcionamento da economia.

Não se deve enfraquecer instituições que poderiam atuar junto ao poder público no combate à crise, seja pelo um viés educativo, com oferta de cursos on-line e gratuitos abertos à população durante o período de quarentena; seja aproveitando a infraestrutura física de suas unidades para aumentar o número de leitos, distribuir mantimentos à população e criar postos de vacinação e de testes da doença.

Não se deve enfraquecer instituições que podem contribuir para o treinamento profissional e formação técnica da massa de trabalhadores que vai se deparar com os riscos e oportunidades da economia 4.0, como habilidades relacionadas às novas tecnologias e automação massiva do trabalho.

Não se deve enfraquecer instituições que possuem amplo conhecimento setorial e o difundem através de pesquisas qualificadas e de assistência técnica às firmas, com uma capilaridade invejável a muitos órgãos do governo.

Preservar o orçamento do Sistema S e se possível lutar por sua expansão, para atender as novas e crescentes demandas dos trabalhadores, ao que tudo indica, passará por manter e aperfeiçoar as respectivas contribuições. Não enxergar isso é andar na direção errada.

Dadas as mudanças no mercado de trabalho e a falta de recursos por parte do Governo, que busca novas fontes para o seu financiamento, é de importância significativa para o SEBRAE, quando não para o Sistema S, ter avaliações à mão de possíveis outras bases de cálculo para custear suas contribuições. Isto não quer dizer que seus dirigentes concordam com a mudança da atual base. Mas devem eles estarem preparados para se posicionarem, se preciso for, no debate com autoridades econômicas e parlamentares, bem assim a sociedade organizada.

5. Referenciais para custeio de entidades empresariais

A literatura que tenta responder a melhor forma de se financiar entidades que se assemelham as dos Sistema S ao redor do mundo é também muito escassa e não serve de referência.

Infelizmente, uma vez que o debate é novo, ainda é muito cedo para expor trabalhos que apresentam soluções inovadoras e tidas como consensuais para essas questões.

Nesse sentido, uma pesquisa que se destaca, realizada pela Unesco (1996), diz respeito ao financiamento de entidades fomentadoras de educação técnica. O texto traz vários exemplos e estudos de casos que devem ser levados em consideração na tomada de decisão sobre o financiamento de empresas que dependem de repasses governamentais para a sua manutenção.

Apesar das instituições financiadas pelos orçamentos nacionais terem mais estabilidade, uma vez que existe um fluxo consistente de recursos, quando há uma redução no orçamento devido à falta de disponibilidade de recursos gerais isso pode afetar o planejamento e oferta de serviços em termos quantitativos e qualitativos.

Advogam ainda sobre a necessidade de conter qualquer dependência excessiva das taxas de folha de pagamento como um modo importante de financiamento. Principalmente através de críticas em que taxas sobre o rendimento do trabalho acabam desencorajando a demanda por mão de obra. Em contrapartida, as contribuições em folha de pagamento têm sido eficazes especialmente em países de renda média.

Um ponto importante sobre o tema, remete-se ao trabalho de Desbordes e Azémar (2010), em que entre os países da OCDE, a cada aumento de 1% na contribuição sobre a folha de pagamentos resultaria em uma queda permanente de 0,55% do salário.

Deve se levar em conta doações do setor privado em troca de seu envolvimento no planejamento e participação em conselhos deliberativos das instituições. Acordos com firmas e empresas trazem às instituições um contato mais próximo com as exigências do mercado e com o surgimento de novas tecnologias, além de melhores perspectivas de retorno. No entanto, há a limitação de apenas setores que possuem recursos suficientes propõe acordos significativos, como expõe Ducci (1991), concentrando a tomada de decisão em pequenos conglomerados.

No Japão, a Associação Japonesa de Treinamento Industrial e Vocacional (JIVTA) é a principal organização do país voltada para o treinamento dentro da indústria e atua sem nenhum fundo governamental. Segundo Pedder (1989), 25% do seu orçamento é cobrado a partir de taxas de adesão e 75% é gerado a partir de taxas do curso. Em 30 anos, a JIVTA capacitou 30 mil pessoas como líderes de treinamento que, por sua vez, treinaram mais de um milhão de trainees em suas próprias empresas.

Vale ressaltar o que foi exposto por Herschbach (1993), onde a diversificação de recursos não é facilmente possível em países que possuem sistemas altamente centralizados com controles rígidos. Novas formas de obtenção de recursos exigirão novas relações de trabalho com entidades, associações comerciais e sindicatos. O que requer delegação de autoridade, que deve ser realizada por parte do Governo.

6. Cenários para mudança de base

É inexorável a tendência para deterioração da massa salarial como base de cálculo de tributos, e, no caso, com reflexos negativos para o custeio do Sistema S, como um todo.

Como a mesma revolução digital, no qual se insere as mudanças nas relações de trabalho, também afetará, e muito, as demais bases de cálculo típicas de tributos, não se pode apontar uma única e certa alternativa à massa salarial.

Entende-se que o maior subsídio que se pode dar aos dirigentes do SEBRAE neste momento é abrir o maior leque possível de alternativas, apontando em cada caso vantagens e desvantagens. Para tanto, se procurará traçar os mais diferentes cenários aqui, sobretudo porque essa será muito mais uma decisão política do que técnica, no sentido mais restrito.

Caso mesmo se opte por defender a mudança de base, isso exigirá negociações e decisões a serem tomadas com outros pares do chamado Sistema S, com o Poder Executivo Federal e, obviamente, pelo Congresso Nacional.

6.1. Aspectos estratégicos

Antes de tudo, é bom alertar para o dispositivo inscrito no corpo permanente da Constituição da República:

Art. 240. Ficam ressalvadas do disposto no art. 195 as atuais contribuições compulsórias dos empregadores sobre a folha de salários, destinadas às entidades privadas de serviço social e de formação profissional vinculadas ao sistema sindical. (BRASIL, 1988).

Nos debates da Assembleia Constituinte se temia que, ao se inovar e explicar no texto constitucional a forma de financiar a seguridade social, fosse feita uma leitura de que contribuição sobre folha de salário constituiria base exclusiva daquelas ações estatais. A palavra "ressalvadas" deixa claro esse objetivo. A pesquisa dos anais e das emendas apresentadas na Constituinte podem confirmar essa interpretação.

A obrigatoriedade de contribuir pelos empregadores é clara assim como que as entidades beneficiadas são privadas.

Na abrangência, o artigo 240 se reporta a entidades que compreendem o Sistema S. Como não se conhece de decisão judicial contra essa entidade ser custeada sobre contribuição sobre folha salarial (nem se sabe de ação nesse sentido), indica que o artigo 240 não é restritivo ou limitador das entidades ali citadas.

Essa observação importa para avaliar se seria possível substituir a base folha salarial por outra base, completamente diferente, sem ferir o comando constitucional, ou se será preciso continuar usando essa base, mas fazer a apuração da contribuição cruzando com outra base. A mera substituição de base seria obviamente uma empreitada mais simples, mas, obviamente, o Sistema S não pode apostar nesse caminho se representar ameaça a constitucionalidade e a obrigatoriedade das contribuições abrigadas pelo art. 240 da Constituição.

6.2. Simulações preliminares – contas nacionais

Um primeiro esforço de simulações toma por base as últimas contas nacionais completas divulgadas pelo IBGE[2]. Se referem ao ano de 2016. O valor tomado como referência de arrecadação atual do SEBRAE é dado pelas receitas correntes provenientes das Contribuições Sociais Ordinárias (CSO), divulgada no Relatório de Gestão do SEBRAE de 2016[3]. Assim, para o ano de 2016, a alíquota de 0.3% a 0.6% resulta em montante de R$ 3,2 bilhões para o SEBRAE.

As simulações visam informar qual a alíquota que seria necessária, aplicada sobre outras variáveis das contas nacionais, para reproduzir a mesma arrecadação, na hipótese de substituição plena da base de cálculo de cada uma das duas contribuições. Nada impede, em princípio, que se opte por mudar um e não outro.

Em tese, não se buscaria aumento de arrecadação, mas sim preservar a vigente, ainda que diante de um novo cenário econômico e social que tende a levar uma deterioração crescente dos tributos coletados sobre a massa salarial.

A primeira hipótese seria transformar a contribuição em um adicional sobre o montante de impostos líquidos de subsídios incidentes sobre a produção[4], dada a ampla base de setores em que a alíquota do SEBRAE é incidida, optamos por fazer o cálculo sob os setores da indústria, construção, comércio, transporte e comunicação – vide tabela 42. Para arrecadar o mesmo, seria preciso aplicar 0.7% para o SEBRAE.

A proposta seria trocar folha salarial pela taxação de vendas, produção ou valor adicionado. Ao ser aplicado um adicional sobre o que for arrecadado de impostos e demais contribuições não se precisaria se preocupar em escolher a melhor base – ao contrário, ela seria a mais abrangente possível. Este cenário tanto caberia na hipótese de se manterem os atuais

[2] Disponível em:< https://bit.ly/2KXo0Cj >. Acesso em 28 nov. 2019.

[3] Disponível em:< https://bit.ly/34rwzwY >. Acesso em 28 nov. 2019.

[4] Trate-se do somatório de todos os impostos e subsídios incidentes sobre a produção da economia, calculado pelo IBGE.

tributos indiretos, quanto de vir a ser adotado um Imposto sobre Valor Agregado (IVA).

Tabela 1: Simulação de Incidências para Arrecadação do SEBRAE: Hipótese: Adicional sobre Impostos de Produção – R$: Milhões Correntes (2016)

	Salários		Total de impostos líquidos de subsídios
Base de Incidência	**729.117,78 (e)**		**501.958,00**
	Arrecadação (e)	Alíquota	Alíquota
SEBRAE	3.281,03	0,3-0,6%	0,7%

Fonte Primária: IBGE (Contas Nacionais/TRU) e Relatórios de Gestão do Sebrae; Elaboração própria (2021).

Nota: (e) Trata-se de um valor estimado, aplicando as alíquotas destinadas ao SEBRAE por lei.

O detalhe é a dedução de subsídios. A opção é porque, nas contas nacionais, é informado o montante líquido, de impostos menos subsídios. É possível construir um discurso, porém, em cima desse melhor atalho estatístico, que seria penalizar aquelas empresas subsidiadas pelos governos. Tanto maior for o subsídio, maior será a contribuição para os trabalhadores, o que daria uma fácil e imediata justificativa social e fiscal – ainda mais em tempos de austeridade.

Uma crítica a esta proposta poderia ser que contraria decisão recente do Supremo Tribunal Federal (STF) que vedo a incidência de um sobre outro tributo – no caso, da Contribuição para o Financiamento da Seguridade Social (COFINS) sobre o Imposto sobre Circulação de Mercadorias e Serviços (ICMS). A Corte sinalizou que o ideal seria incidir diretamente sobre uma base. É impossível, porém, encontrar um fato gerador e uma base de cálculo que já não seja explorada por algum imposto ou contribuição. De qualquer forma, ao contrário da atual incidência feita de forma escamoteada, de um sobre outro tributo, de alíquotas por dentro, a proposta é que seja transparente, clara e simples: uma alíquota aplicada sobre o montante dos tributos que incidem sobre a produção industrial.

Na linha de bases exclusivas, agora sob uma ótica do valor adicionado, a primeira que ocorre seria a do lucro, que nas contas nacionais é expresso como excedente operacional e rendimentos misto brutos[5]. Aqui, estaria contemplado também os ganhos realizados por autônomos – vide tabela 43.

Se fosse aplicado sobre valor bruto, sem qualquer dedução ou incentivo, no ano de 2016, a alíquota necessária para equivaler ao arrecadado sobre salários seria de 0.4%.

TABELA 2: Simulação de Incidências para Arrecadação do SEBRAE: Hipótese: Adicional sobre Excedente Oper. e Rendimento Mis. Bruto – R$: Milhões Correntes (2016)

	Salários		Excedente Oper. e Rendimento Mis. Bruto
Base de Incidência	**729.117,78 (e)**		**921.899,00**
	Arrecadação (e)	Alíquota	Alíquota
SEBRAE	3.281,03	0,3-0,6%	0,4%

Fonte Primária: IBGE (Contas Nacionais/TRU) e Relatórios de Gestão do Sebrae; Elaboração própria (2021).

Nota: (e) Trata-se de um valor estimado, aplicando as alíquotas destinadas ao SEBRAE por lei.

A justificativa dessa base seria taxar as empresas que lucram mais contratando menos trabalhadores. Este apelo social, algo simplório, tem sido defendido por alguns autores no exterior, de que o governo deveria tributar partes dos ganhos dos empregadores que mais desempregam e usarem para custear os trabalhadores excluídos.

A desvantagem maior dessa base de cálculo é ser mais instável, em tempos de crise, e compreender uma base já muito explorada, por IRPJ e CSLL, e rumar na contramão mundial, de redução das alíquotas do imposto de renda corporativo – tendência acelerada pela reforma recente nos Estados Unidos da América (EUA).

[5] Trata-se do saldo resultante da subtração, do valor bruto da produção, das seguintes transações: consumo intermediário, remunerações e outros impostos líquidos sobre a produção.

Ao descontar do excedente bruto, os impostos líquidos de subsídios sobre a produção e a importação, encontra-se o excedente operacional pela ótica líquida e a simulação é apresentada na tabela 44. Justificativa e críticas seriam as mesmas apontadas anteriormente.

TABELA 3: Simulação de Incidências para Arrecadação do SEBRAE: Hipótese: Adicional sobre Excedente Oper. E Rendimento Mis. Líquido – R$: Milhões Correntes (2016)

	Salários		Excedente Oper. e Rendimento Mis. Líquido
Base de Incidência	**729.117,78 (e)**		**877.308,00**
	Arrecadação (e)	Alíquota	Alíquota
SEBRAE	3.281,03	0,3-0,6%	0,37%

Fonte Primária: IBGE (Contas Nacionais/TRU) e Relatórios de Gestão do Sebrae; Elaboração própria (2021).

Nota: (e) Trata-se de um valor estimado, aplicando as alíquotas destinadas ao SEBRAE por lei.

As contas nacionais informam o valor adicionado bruto, que, no caso desses setores, em 2016, montou a R$ 2.065 bilhões. Em termos conceituais seria exatamente a mesma base de um IVA, mas se alerta que a apuração fiscal pode resultar em montante menor se nem todas as atividades econômicas estiverem contempladas e tributadas pelo imposto.

Nessa *proxy*, para manter mesma arrecadação, seria preciso substituir 0.3-0.6% sobre folha salarial por 0,16% sobre o valor adicionado bruto.

TABELA 4: Simulação de Incidências para Arrecadação do SEBRAE: Hipótese: Adicional sobre Valor Adicionado – R$: Milhões Correntes (2016).

	Salários		Valor Adicionado Bruto
Base de Incidência	**729.117,78 (e)**		**2.064.933,00**
	Arrecadação (e)	Alíquota	Alíquota
SEBRAE	3.281,03	0,3-0,6%	0,16%

Fonte Primária: IBGE (Contas Nacionais/TRU) e Relatórios de Gestão do Sebrae; Elaboração própria (2021).

Nota: (e) Trata-se de um valor estimado, aplicando as alíquotas destinadas ao SEBRAE por lei.

A justificativa seria aproveitar a tendência consensual de se promover uma reforma tributária que privilegiasse um IVA como maior e grande tributo indireto no País.

A vantagem desta base seria a abrangência e, mesmo ao se passar a tributar a produção, dessa forma não se provocaria cumulatividade – como no caso da hipótese anterior de um adicional sobre impostos indiretos. Por outro lado, a crítica é que essa base nova não se justificaria diretamente à luz das mudanças no mercado de trabalho.

Uma derivada da hipótese anterior seria excluir os salários do valor adicionado bruto, de modo que, no caso da indústria, diminuiria para R$ 1.189 bilhões. A alíquota passaria a ser de 0.28% – vide tabela 46.

TABELA 5: Simulação de Incidências para Arrecadação do SEBRAE: Hipótese: Adicional sobre Valor Adicionado Líquido dos Salários – R$: Milhões Correntes (2016)

	Salários		Valor Adicionado Líquido dos Salários
Base de Incidência	**729.117,78 (e)**		**1.189.709,00**
	Arrecadação (e)	Alíquota	Alíquota
SEBRAE	3.281,03	0,3-0,6%	0,28%

Fonte primária: IBGE (Contas Nacionais/TRU) e Relatórios de Gestão do Sebrae; Elaboração própria (2021).

Nota: (e) Trata-se de um valor estimado, aplicando as alíquotas destinadas ao SEBRAE por lei.

Comentários da hipótese anterior também se repetiriam, mas, neste caso, se faria uma ligação direta com o caso do trabalho independente. Ao deduzir salário, se estaria diferenciando quem emprega de quem contrata trabalho independente, e também se estaria dando um prêmio importante para quem contrata empregados com carteira assinada. Quem muito demite, e troca um trabalhador por um robô, também seria indiretamente penalizado e passaria a ser taxado.

De certa forma, seria uma forma diferenciada e muito mais inteligente de desoneração da folha salarial. De um lado, se estaria aliviando o custo da mão-de-obra. De outro lado, se estaria buscando a mesma receita sem causar cumulatividade (como no caso do faturamento bruto, adotado pela desoneração brasileira de anos atrás), e repetindo o mesmo caminho trilhado pela maioria dos países europeus (que trocaram salários por IVA).

A mesma hipótese anterior poderia ser ampliada para descontar do valor adicionado não apenas os salários, como também as contribuições sociais[6] que o alcançam – vide tabela 47. A alíquota precisaria ser de 0.34%.

Tabela 6: Simulação de Incidências para Arrecadação do SEBRAE: Hipótese: Adicional sobre Valor Adicionado Líquido dos Salários e Contribuições – R$: Milhões Correntes (2016)

	Salários		Valor Adicionado Líquido dos Salários e Contribuições
Base de Incidência	**729.117,78 (e)**		**966.490,00**
	Arrecadação (e)	Alíquota	Alíquota
SEBRAE	3.281,03	0,3-0,6%	0,34%

Fonte Primária: IBGE (Contas Nacionais/TRU) e Relatórios de Gestão do Sebrae; Elaboração própria (2021).

Nota: (e) Trata-se de um valor estimado, aplicando as alíquotas destinadas ao SEBRAE por lei.

Valem as mesmas observações só que o estímulo ao emprego formal fica ainda mais forte uma vez que é bastante elevado o encargo patronal brasileiro. A desoneração da folha salarial seria mais expressiva.

6.3. Simulações preliminares – DIRPJ

Outras simulações podem ser realizadas adotando outra fonte primária de informação – a consolidação das declarações de IRPJ, divulgadas pela RFB[7]. A vantagem é ser uma informação administrada e formalmente

[6] Trata-se do montante das contribuições sociais incorridas pelos empregadores de forma a gerar benefícios sociais a seus empregados, entre elas: INSS, FGTS e Previdência Privada.

[7] Os valores aqui apresentados são baseados nos Demonstrativos de Resultados apenas para aquelas optantes pelo Regime de Tributação sobre o Lucro Real.

declarada ao fisco – mais objetiva ou precisa do que as variáveis econômicas apuradas nas contas nacionais. A desvantagem, porém, é que o último ano-base para o qual se dispõem de informações publicadas pela Receita foi 2013[8], antes da recessão e antes de captar o início da revolução digital. Para isso, os dados para a possível nova base de incidência foram agregados pelos setores da indústria, construção, comércio, transporte e comunicação.

O exercício a seguir realizado repete a lógica do baseado nas contas nacionais. A questão central é: qual seria a alíquota necessária para manter o mesmo montante estimado de arrecadação das contribuições sindicais destacadas?

O valor tomado como referência de arrecadação atual do SEBRAE é dado pelas receitas correntes provenientes das Contribuições Sociais Ordinárias (CSO), divulgada no Relatório de Gestão do SEBRAE de 2013. O ideal seria considerar o valor declarado no IRPJ, porém, não há uma ficha específica na citada declaração apenas para tais contribuições. Assim, para o ano de 2013, a alíquota de 0.3% a 0.6% resulta em montante de R$ 2,9 bilhões para o SEBRAE.

A primeira hipótese seria substituir a folha salarial pela receita bruta declarada – ver tabela 48. Esta é a variável mais abrangente que se poderia adotar. Equivale ao faturamento bruto de todas as pessoas jurídicas (salvo as microempresas). Em 2013, a receita bruta consolidada na DIRPJ ultrapassou R$ 2,6 trilhões. Com isso as alíquotas necessárias para manter o mesmo recolhimento ao SEBRAE ficariam abaixo de 0,6%

A vantagem principal dessa base seria a abrangência e contemplar todos os empregadores, inclusive aqueles que faturam e não tem empregados. A desvantagem, por sua vez, é grande e corresponde a hipótese de maior cumulatividade – que sempre foi uma crítica contundente da indústria ao atual sistema tributário.

Outra hipótese seria adotar como nova base a receita líquida de tributos consolidada para as mesmas pessoas jurídicas – vide tabela 49. Ainda seria um agregado muito expressivo: acima de R$ 4 trilhões. Isto permitiria adotar alíquotas ainda bem reduzidas.

[8] Infelizmente, a RFB parou de divulgar a consolidação do DIRPJ depois que adotou o SPED. Disponível em:<https://goo.gl/AAf68n>. Acesso em 05 dez. 2019.

TABELA 7: Simulação de Incidências para Arrecadação do SEBRAE: Hipótese: Adicional sobre Receita Bruta – R$: Milhões Correntes (2013)

	Salários		Receita Bruta
Base de Incidência	**6.448.326,67 (e)**		**5,448,058.36**
	Arrecadação (e)	Alíquota	Alíquota
SEBRAE	2,901.75	0,3-0,6%	0.05%

Fonte Primária: STN e Relatórios de Gestão do Sebrae; Elaboração própria (2021).

Nota: (e) Trata-se de um valor estimado, aplicando as alíquotas destinadas ao SEBRAE por lei.

TABELA 8: Simulação de Incidências para Arrecadação do SEBRAE: Hipótese: Adicional sobre Receita Líquida – R$: Milhões Correntes (2013)

	Salários		Receita Líquida
Base de Incidência	**6.448.326,67 (e)**		**4,529,232.73**
	Arrecadação (e)	Alíquota	Alíquota
SEBRAE	2,901.75	0,3-0,6%	0.06%

Fonte Primária: STN e Relatórios de Gestão do Sebrae; Elaboração própria (2021).

Nota: (e) Trata-se de um valor estimado, aplicando as alíquotas destinadas ao SEBRAE por lei.

A justificativa para essa base seria a mesma, de se trocar salários por faturamento. O efeito cumulativo seria parcialmente mitigado, pois deixaria de tributar os impostos sobre a produção, porém, ainda continuaria a crítica de se cobrar imposto sobre imposto – o que só se evita com um IVA.

No lugar de se tributar uma nova base, se poderia incidir sobre o outro imposto e, dessa forma, alcançar indiretamente a sua base. Uma primeira hipótese é transformar as contribuições do SEBRAE em adicionais incidente sobre a COFINS devida pela indústria de transformação – vide tabela 50. A alíquota estimada seria de 1,40%.

Note-se que, neste caso, é considerado o valor declarado ao IRPJ como COFINS devida – e não aquela efetivamente recolhido pelo setor. A filosofia seria a mesma da desoneração da folha salarial adotada pelo governo brasileiro no início da década, porém, com a vantagem operacional de ser muito mais simples, sem exigir nova apuração de base, pois bastaria o cálculo da COFINS. A nova contribuição seria constituída por uma alíquota aplicada sobre o valor apurado daquela contribuição para seguridade social.

Tabela 9: Simulação de Incidências para Arrecadação do SEBRAE: Hipótese: Adicional sobre Cofins – R$: Milhões Correntes (2013)

	Salários		Cofins
Base de Incidência	**6.448.326,67 (e)**		**207,656.03**
SEBRAE	Arrecadação (e) 2,901.75	Alíquota 0,3-0,6%	Alíquota 1.40%

Fonte Primária: STN e Relatórios de Gestão do Sebrae; Elaboração própria (2021).

Nota: (e) Trata-se de um valor estimado, aplicando as alíquotas destinadas ao SEBRAE por lei.

Como a COFINS das maiores empresas do país é apurada de forma não-cumulativa, também a contribuição para o SESI/SENAI passaria a ter essa vantagem. Além disso, também as importações passariam a serem alcançadas pelo adicional ora proposto – que amplia o leque de alcance. A ideia é que tudo que a indústria vende ou agrega de valor, e mais que importa, serviria de base para a eventual contribuição para o SENAI e SESI. Se o industrial emprega ou contrata trabalho independente, ele seria taxado da mesma forma.

O maior risco nesta, como de outras hipóteses de se adotar um adicional sobre um imposto ou contribuição já devida, é o risco de questionamento judicial por se criar um tributo sobre outro já existente. Atenção especial precisaria ser dada a recente decisão do STF sobre COFINS aplicado ao ICMS – embora, nesse caso, a incidência se dava de forma indireta, e aqui seria o caso da lei indicar explicitamente tal aplicação – como já ocorreu, por exemplo, com o adicional estadual do imposto de renda de pessoas físicas, previsto na Constituição de 1988, mas, depois abandonado.

A mesma hipótese de um adicional poderia considerar não apenas a COFINS, mas também o PIS, o IPI e o ICMS – vide tabela 51. Uma base maior exigiria alíquotas menores, se aproximando de 0,46%.

TABELA 10: Simulação de Incidências para Arrecadação do SEBRAE: Hipótese: Adicional sobre Cofins, PIS, IPI e ICMS – R$: Milhões Correntes (2013)

	Salários		Cofins, PIS, IPI e ICMS
Base de Incidência	**6.448.326,67 (e)**		**627,039.52**
SEBRAE	Arrecadação (e) 2,901.75	Alíquota 0,3-0,6%	Alíquota 0.46%

Fonte Primária: STN e Relatórios de Gestão do Sebrae; Elaboração própria (2021).

Nota: (e) Trata-se de um valor estimado, aplicando as alíquotas destinadas ao SEBRAE por lei.

Os comentários são os mesmos aplicados ao adicional do ICMS. Alargar a base tem a vantagem de reduzir a alíquota. Porém, ao contemplar diferentes tributos, inclusive um estadual, exigirá diferentes apurações pelo contribuinte e um controle mais sofisticado e custoso, inclusive para o fisco.

Outra linha estratégica seria trocar a folha salarial pelo lucro como base das contribuições para o Sistema S.

Para relacionar com a revolução digital, um argumento seria tributar mais a empresa que ganhará mais por conta da automação e da redução de encargos trabalhistas, caso não repasse ao custo. Na declaração de IRPJ são informados pelos contribuintes diferentes conceitos de lucro e eles poderiam servir de base hipotética para o SEBRAE.

Na hipótese de se adotar o conceito mais amplo de lucro, o operacional, a alíquota teria que ser de 2,37% – ver tabela 52.

Se for usado o mesmo conceito de lucro que baliza o IRPJ, o chamado lucro líquido, seriam preciso uma alíquota de 3,74% – ver tabela 53.

Naturalmente, o lucro é inferior ao faturamento e já seriam precisas alíquotas mais elevadas, porém, elas se tornam muito expressivas no caso do lucro líquido, e até mesmo do operacional, refletindo a baixa rentabilidade das empresas e talvez já algum efeito da recessão – se trata do DIRPJ de 2013.

Tabela 11: Simulação de Incidências para Arrecadação do SEBRAE: Hipótese: Adicional sobre Lucro Operacional – R$: Milhões Correntes (2013)

	Salários		Lucro Operacional
Base de Incidência	**6.448.326,67 (e)**		**122,614.14**
	Arrecadação (e)	Alíquota	Alíquota
SEBRAE	2,901.75	0,3-0,6%	2.37%

Fonte Primária: STN e Relatórios de Gestão do Sebrae; Elaboração própria (2021).

Nota: (e) Trata-se de um valor estimado, aplicando as alíquotas destinadas ao SEBRAE por lei.

Tabela 12 – Simulação de Incidências para Arrecadação do SEBRAE: Hipótese: Adicional sobre Lucro Líquido – R$: Milhões Correntes (2013)

	Salários		Lucro Líquido
Base de Incidência	**6.448.326,67 (e)**		**77,632.50**
	Arrecadação (e)	Alíquota	Alíquota
SEBRAE	2,901.75	0,3-0,6%	3.74%

Fonte Primária: STN e Relatórios de Gestão do Sebrae; Elaboração própria (2021).

Nota: (e) Trata-se de um valor estimado, aplicando as alíquotas destinadas ao SEBRAE por lei.

Nessa mesma linha, porém, trocando base por imposto, outra hipótese de uma contribuição adicional seria sobre o IRPJ e CSLL devidas – vide tabela 54. Curiosamente, seriam precisas alíquotas elevadas, de 5,88% para o SEBRAE.

A justificativa principal seria a expectativa que os impostos sobre lucros corporativos crescessem com a revolução digital e isso deveria exigir das empresas, sobretudo as de maior parte, uma contribuição diretamente para financiar a proteção trabalhista. A grande desvantagem é que, em tempos de crise, a arrecadação poderia cair muito ou até desaparecer, bem assim que seriam necessárias alíquotas muito altas – até pelo montante inexpressivo de IRPJ e CSLL devido em 2013 (talvez o prejuízo da Petrobras explique muito desse resultado).

TABELA 13 – Simulação de Incidências para Arrecadação do SEBRAE: Hipótese: Adicional sobre IRPJ e CSLL – R$: Milhões Correntes (2013)

	Salários		IRPJ e CSLL
Base de Incidência	**6.448.326,67 (e)**		**49,382.63**
	Arrecadação (e)	Alíquota	Alíquota
SEBRAE	2,901.75	0,3-0,6%	5.88%

Fonte Primária: STN e Relatórios de Gestão do Sebrae; Elaboração própria (2021).

Nota: (e) Trata-se de um valor estimado, aplicando as alíquotas destinadas ao SEBRAE por lei.

6.4. Simulações preliminares – arrecadação Simples Nacional

Por último, e não menos importante, pode ser citado como uma nova forma de financiamento a criação de uma Contribuição de Intervenção no Domínio Econômico (Cide) sobre a arrecadação das empresas optantes pelo Simples Nacional. Cabe aqui lembrar que em seu art. 167-IV, a Constituição Federal proíbe a vinculação da receita de impostos a órgão, fundo ou despesa, porém a Cide abre esse espaço, através do art. 149 da Constituição ao dar a liberdade a União de instituir contribuições sociais, de intervenção no domínio econômico e de interesse das categorias profissionais ou econômicas, como instrumento de sua atuação nas respectivas áreas. Já em 2015, a partir do julgamento do Recurso Extraordinário 63582, o relator Ministro Gilmar Mendes caracterizou a contribuição destinada ao Sebrae como forma de uma Cide.

Um exemplo a ser citado é a Cide-Combustível, que tem como fato gerador os combustíveis em geral e cujo recursos arrecadados devem ser aplicados em programas ambientais para reduzir os efeitos da poluição causada pelo uso de combustíveis; subsídios à compra de combustíveis; ou infraestrutura de transportes.

Vale destacar o trabalho de investigação de Dantas (2008) sobre a Cide-Combustível, onde:

> [...] a criação desse tributo teve o efeito paradoxal de aumentar – e não de reduzir – a flexibilidade fiscal do governo. Isso ocorre não só pela aplicação da Desvinculação das Receitas da União (DRU), mas também pela subutilização e pelo desvio de finalidade na aplicação da nova contribuição, bem como pela migração, para outros setores, dos recursos que originalmente financiavam as despesas vinculadas ao novo tributo. (DANTAS, 2008, p.5)

Portanto, o valor tomado como referência de arrecadação atual do SEBRAE é dado pelas receitas correntes provenientes das Contribuições Sociais Ordinárias (CSO), divulgada no Relatório de Gestão do SEBRAE de 2018[9]. Assim, para o ano de 2018, a alíquota de 0,3% a 0,6% resultou em montante de R$ 3,4 bilhões para o SEBRAE. Dada a arrecadação de R$ 87,8 bilhões por parte das empresas optantes pelo Simples Nacional no mesmo ano, para se manter o mesmo nível de recursos provenientes da CSO, um percentual de 3,9% da arrecadação dessas empresas deveria ser destinado ao Sebrae.

TABELA 14 – Simulação de Incidências para Arrecadação do SEBRAE: Hipótese: Parcela da Arrecadação das Empresas Optantes pelo Simples – R$: Milhões Correntes (2018)

	Salários		Arrecadação Total
Base de Incidência	**761.050,44 (e)**		**87,806.47**
	Arrecadação (e)	Alíquota	Alíquota
SEBRAE	3,424.73	0,3-0,6%	3.90%

Fonte Primária: RFB e Relatórios de Gestão do Sebrae; Elaboração própria (2021).

Nota: (e) Trata-se de um valor estimado, aplicando as alíquotas destinadas ao SEBRAE por lei.

Outra possibilidade, ao em vez de se criar uma destinação de parcela do que é arrecadado com as empresas do Simples Nacional, poderia ser dada também pela criação de uma alíquota adicional sobre os optantes

[9] Disponível em: < https://bit.ly/2T3neYi>. Acesso em 13 mai. 2020.

pelo Simples. Para isso seria necessário que a alíquota média fosse aumentada em 3,9%, e que essa alíquota adicional fosse repassada ao Sebrae.

Poderia se pensar em alíquotas vinculadas que variassem de acordo com o faturamento, como a alíquota já vigente do Simples Nacional, para que empresas com rendimento menor não tenham sua carga tributária dobrada por já pagarem, em alguns setores, uma alíquota similar à aqui estimada. Cabe ainda destacar que a segunda opção aumentaria a carga tributária das empresas optantes pelo Simples, diferentemente da opção anterior, onde um percentual do que já é arrecadado é destinado ao Sebrae.

Conclusões

Dada às mudanças no mercado de trabalho e às tentativas por parte do Governo de reter parte dos recursos repassados ao Sistema S, é de importância significativa o estudo de novas fontes de financiamento das entidades em questão.

Com o enfoque sobre a entidade SEBRAE, o trabalho em questão apresentou uma análise com embasamento teórico e estatístico sobre as mudanças no mercado de trabalho, a fim de produzir conteúdo necessário para a tomada de decisão das entidades sobre o tipo de financiamento que melhor lhe permitam a continuidade dos serviços ofertados à população.

Foi apresentada uma mudança na trajetória recente dos repasses para as entidades, a partir de 2014. Quando comparado ao PIB, o Sistema S, como um todo, teve seus repasses mantidos no mesmo nível, assim como o SEBRAE, que teve seu nível de repasse em 2017 com poucas variações, valores esses que remetem ao ano de 2011. Através da análise frente a CTB, é possível dizer que os repasses às entidades, ao longo dos últimos 20 anos, foram reduzidos frente ao aumento da arrecadação do Governo.

Quanto ao quadro das mudanças do mercado de trabalho, as estatísticas mostram uma redução do emprego formal de alta renda, que, junto da robotização, fazem com que essas entidades fiquem cada vez mais dependentes de salários baixos para seu financiamento.

Apesar do debate ser novo no âmbito internacional, com bibliografias escassa, é possível dizer que o enfoque não deve ser somente na diversificação dos recursos para o financiamento das entidades. O problema passa pela capacidade de se adaptar às mudanças nos requisitos sociais, econômicos e tecnológicas do país. É necessário um afastamento da dependência excessiva das taxas sobre a folha de pagamento, levando em consideração doações do setor privado em troca de seu envolvimento no planejamento e participação em conselhos deliberativos das instituições. De modo que novas formas de obtenção de recursos exigirão novas relações de trabalho com entidades, associações comerciais e sindicatos, sendo necessário que parte dessas mudanças passem pela aprovação do Governo.

Portanto, deve se levar em conta, que ao financiar os serviços prestados pelo SEBRAE, uma gama de opções é dada: criação de fundos, financiamento através de parceria com empresas privadas, crédito fiscal, entre outros.

O problema do financiamento não pode ser resolvido inteiramente através da diversificação de recursos, mas também sobre o melhor aproveitamento dos recursos disponíveis. O financiamento deve ser flexível com a capacidade de se adaptar às mudanças nos requisitos sociais, econômicos e tecnológicas do país.

É forçoso reconhecer que não se sabe ao certo qual será a melhor fórmula para no futuro (mesmo não muito distante) custear as entidades sindicais privadas de serviço social e de formação profissional dos trabalhadores. A única certeza é que a atual base de cálculo – a folha salarial – perderá espaço na economia, em qualquer lugar do mundo, e ainda mais no Brasil.

Esse processo já ocorreu aqui, nos últimos anos, por conta do que se pode dizer planejamento tributário para escapar da pesadíssima tributação da folha salarial (sobretudo para custear a Previdência Social, mas que carrega junto as contribuições para o Sistema S). As tendências da revolução digital, da automação ao trabalho independente, vão acelerar essa deterioração da folha salarial. Ter trabalho não será necessariamente ter emprego.

Paradoxalmente, essa deterioração do custeio tradicional das entidades que apoiam os trabalhadores industriais (na verdade, de todos os setores da economia) se dará ao mesmo tempo em que mais se demandará serviço social (até como um apoio complementar ao seguro-desemprego) e, sobretudo, formação profissional (para retreinar os atuais trabalhadores e para capacitar os futuros novos entrantes no mercado de trabalho). O cenário mais provável é de aumento de demanda por tais serviços sociais e de ensino justamente ao mesmo tempo em que as mesmas forças depreciarão a folha salarial por conta do desemprego e para o trabalho sem carteira.

São inúmeras as opções disponíveis, cada uma com vantagens e desvantagens. Abrir uma discussão política com o devido suporte técnico pode ser o ponto de partida para o Sistema Indústria vencer esse enorme desafio.

O desafio, como se vê, será não apenas preservar o atual orçamento do SEBRAE. Será preciso ir além e tentar ampliar seu montante para fazer face a esse desafio do novo mercado de trabalho. Para diversificar ou mudar a base salário, o mais próximo seria a base faturamento e a base lucro, ou seja, as mesmas fontes previstas para financiamento do orçamento da União para seguridade social, conforme inovado pela Constituição de 1988.

Da mesma forma que a reforma constitucional, uma hipótese a se trabalhar seria substituir ou acrescentar aquelas como base para custeio do SEBRAE. No caso do faturamento bruto, haveria a vinculação direta entre a base já explorada pelos optantes do Simples e do MEI.

Não haveria tal pressão adicional sobre o SEBRAE (e entidades patronais semelhantes de outras áreas) se o Poder Público estivesse preocupado e preparado para tomar medidas e aplicar recursos para atender aos novos desafios dos trabalhadores. Mas, justamente agora estão sendo esvaziados os principais instrumentos do governo brasileiro para tanto, diretamente o Fundo de Amparo ao Trabalhador (FAT), que não apenas paga seguro-desemprego como se ocupa da qualificação profissional, e indiretamente, o BNDES, que financia investimentos produtivos geradores de emprego.

Preservar o orçamento do Sistema S, em particular do SEBRAE, e se possível lutar por sua expansão, para atender as novas e crescentes demandas dos trabalhadores, ao que tudo indica, passará por manter as respectivas contribuições, mas aplicadas sobre outras bases de cálculo que não apenas a folha salarial – ou em substituição a esta, ou complementarmente a esta. São inúmeras as opções disponíveis, cada uma com vantagens e desvantagens. Abrir uma discussão política com o devido suporte técnico pode ser o ponto de partida para o Sistema Indústria vencer esse enorme desafio.

Vale destacar que esse trabalho visa apenas produzir conteúdo técnico para suporte a tomada de decisão pelo SEBRAE a respeito de uma mudança de sua base de financiamento. Não se defende necessariamente uma mudança, embora, não se possa negar que sua a sua manutenção pode trazer a entidade desafios complexos.

Referências

ACEMOGLU. D.; RESTREPO, P. The Race Between Machine and Man: Implications of Technology for Growth, Factor Shares and Employment. **NBER Working Paper Series.** n.22252 mai./2016. Disponível em: <https://bit.ly/2GLAOLK>. Acesso em 6 abr. 2018

AFONSO, J.R.R. **Na direção errada.** Correio Braziliense. Artigo de Jornal. 18/04/2020. Disponível em: https://bit.ly/2DuReI9. Acesso em 7/8/2020.

AFONSO, J.R.R.; CASTRO, K. **Repensando o financiamento do "Sistema S".** Poder 360. Artigo de Jornal. 09/04/2020. Disponível em: https://bit.ly/2DuSlrj. Acesso em 7/8/2020.

AFRICAN DEVELOPMENT BANK *et al.* **The future of work**: regional perspectives. 2018. Disponível em: https://bit.ly/2MDcfQ0. Acesso em 9/8/2020.

BANCO MUNDIAL. **Digital Dividends**. World Development Report. 2016.

CEDEFOP. **European Sectoral Trends**: the next decade. 2016. Disponível em: http://www.cedefop.europa.eu/files/8093_en.pdf. Acesso em 3/9/2018.

CONSIDERA, C.; VELOSO, M. A. G.. **Joga pedra na Geni... Ela veio para nos salvar**. Blog do Ibre: abr. 2020. Disponível em: https://bit.ly/2xUmbm8. Acesso em 24/4/2020.

DANTAS, Karlo Eric Galvão. **A vinculação de receitas pós-Constituição Federal de 1988 – rigidez ou flexibilidade?**: o caso da cide-combustíveis. 2008. 91 f. Tese (Doutorado) – Curso de Economia do Setor Público, Universidade de Brasília, Brasília, 2010. Disponível em: https://bit.ly/3dHwh9e. Acesso em 13/5/2020.

DESBORDES, R.; AZÉMAR, C.. Who ultimately bears the burden of greater non-wage labour costs? **sire discussion paper**, Glasgow, 2010.

DUCCI, M. A.. Financing of vocational training in latin america. **Training discussion paper** n. 71, ILO. Geneva: 1991.

EUROPEAN COMMISSION. **On the follow-up to the action plan on VAT towards a single EU VAT area**: time to act. 2017. Disponível em: https://bit.ly/2xiYUJ2. Acesso em 9/8/2018.

FLEURY, E.. A contribuição para o sistema s deve ser voluntária? sim. **Folha de São Paulo**. São Paulo, jul. 2018. Disponível em: https://bit.ly/2NzPoVE. Acesso em 30/7/2018.

FUNDO MONETARIO INTERNACIONAL. **World economic outlook**: cyclical upswing, structural change. abr./2018. Disponível em: https://bit.ly/2INcfLk. Acesso em 11/4/2018.

FOLHA DE SÃO PAULO. **Metade dos eleitores prefere ser autônomo a ter emprego CLT, diz Datafolha**. 2018. Disponível em: https://bit.ly/2P0gzOP. Acesso em 29/10/2018.

HARRIS, Karen; KIMSON, Austin; SCHWEDEL, Andrew. **Labor 2030**: the collision of demographics, automation and inequality. 2018. Disponível em: https://bit.ly/2nSpX6v. Acesso em 9/8/2018.

HERSCHBACH, Dennis R.. Financing vocational education and training in developing countries. **Training discussion paper** n. 111, ILO. Geneva: 1993.

INTERNATIONAL FEDERATION OF ROBOTICS. **World robotics**: indutrial. 2017. Disponível em: https://bit.ly/2DlUowy. Acesso em 25/8/2018.

INTUIT RESEARCH. **Intuit 2020 report**: twenty trends that will shape the next decade (2010). Disponível em: http://intuit.me/2kMQtMd. Acesso em: 29/10/2018.

KOSE, M. Ayhan; OZTURK, E. O. A world of change: taking stock of the past half century. **Finance and development**, v. 3, n. 51, p.6-11, set. 2014.

IEL. Síntese de resultados: construindo o futuro da indústria brasileira. **Indústria 2027**, Brasília, 2018. Disponível em: https://bit.ly/2O4LjN3. Acesso em 24/9/2018.

LEAL, S. T.. A contribuição para o Sistema S deve ser voluntária? não. **Folha de São Paulo**. São Paulo, jul. 2018. Disponível em: https://bit.ly/2uUeC9J. Acesso em 30/7/2018.

MCKINSEY GLOBAL INSTITUITE. **Jobs lost, jobs gained**: workforce transitions in a time of automation. 2017. Disponível em: https://mck.co/2sTNKGL. Acesso em 9/8/2018.

MINISTÉRIO DO TRABALHO E PREVIDÊNCIA SOCIAL. anuário estatístico da previdência social. Brasília: 2016, 934 p. Disponível em: https://bit.ly/2moiD2m. Acesso em 18/7/2018.

NEDELKOSKA, L.; QUINTINI, G.. Automation, skills use and training, **OECD Social, Employment and Migration Working Papers**, n. 202, Paris, 2018. Disponível em: < https://bit.ly/2H84sYF>. Acesso em: 03 set. 2018.

NEUT, Alejandro. **The new google tax**: an experiment in taxation policy. 2018. Disponível em: https://bit.ly/2OXYopg. Acesso em 9/8/2018.

OCDE. **Key issues for digital transformation in the G20**. 2017. Disponível em: https://bit.ly/2gq4HFg. Acesso em 9/8/2018.

ORAIR, Rodrigo; GOBETTI, Sérgio. Reforma tributária no Brasil: princípios norteadores e propostas em debate. **Novos Estudos**, v. 37, n. 2, p.213-214, maio 2018. Disponível em: https://bit.ly/2MRIBKy. Acesso em 27/8/2018.

PEDDER, R. A.. Enterprise based vocational training. **Asian and pacific skill development programme**, ILO. Islamabad. 1989.

PERALTA, A., ROITMAN, A. **A tecnologia e o futuro do trabalho**. International monetary fund. maio/18. Disponível em: https://bit.ly/2KIMocG. Acesso em 9/8/2018.

PWC. **UK economic outlook**. 2017. Disponível em: https://pwc.to/2rEXpOW. Acesso em 20/8/2018.

SEETHARAMAN, M.; GAURET, F. Workers' rights transformed: ensuring social protection. Euronews. maio/18. Disponível em: https://bit.ly/2sfVwKv. Acesso em 10/07/2018.

TEIXEIRA, M.; CARNEIRO, L. O.. **STF declara constitucional a terceirização das atividades-meio e fim das empresas**. 2018. Disponível em: <https://bit.ly/2wxhHNQ>. Acesso em 3/9/2018.

TROTTA, T.. **A inovação destrói empregos com mais rapidez do que a educação os salva**. 2017. Disponível em: https://bit.ly/2oPe820. Acesso em 7/9/2018.

UHY. **The cost of 'taxes' on jobs around the world**: how social security payments and other employer costs impact job creation and wage growth in different economies. 2016. Disponível em: https://bit.ly/1MxUCtX. Acesso em 9/8/2018.

UNESCO. **Financing technical and vocational education**: modalities and experiences. Berlin: 1996.

WORLD ECONOMIC FORUM. **The global competitiveness report**: 2017-2018. Geneva: 2017.

WORLD ECONOMIC FORUM. **The future of jobs rebort**: 2018. Geneva: 2018. Disponível em: https://bit.ly/2xeWN7e. Acesso em 18/9/2018.

APÊNDICE

A cerca da Ação no STF questionando a cobrança da Contribuição ao SEBRAE incidente sobre folha salarial[10]

O Supremo Tribunal Federal retomou em 7 de agosto último o julgamento do Recurso Extraordinário n. 603.624, processo-paradigma do tema 325 da sistemática da repercussão geral. A questão constitucional em exame está em saber se a Emenda Constitucional n. 33, de 11 de dezembro de 2001, ao modificar a redação do art. 149, § 2º, III, "a", da Constituição, teria revogado as contribuições incidentes sobre a folha de salários e destinadas ao custeio do Serviço Brasileiro de Apoio às Micro e Pequenas Empresas – SEBRAE, da Agência Brasileira de Promoção de Exportações e Investimentos – APEX e da Agência Brasileira de Desenvolvimento Industrial – ABDI.

Em apertada síntese, a interpretação postulada pelo recorrente é que alteração realizada pela emenda representaria a introdução de um rol taxativo de materialidades no artigo 149 da Constituição, tal como existe, dentre outros, nos artigos 153, 155, 156 e 195. Portanto, a partir da promulgação da EC 33/2001, as contribuições sociais gerais e de intervenção no domínio econômico só poderiam incidir sobre faturamento, receita bruta, valor da operação e valor aduaneiro.

Não seria dado ao legislador colher outras materialidades para as quais falte previsão constitucional específica, como as do art. 149, § 2º, III, "a", da Constituição. Consequentemente, teriam sido revogadas tacitamente todas as contribuições que incidiam sobre outras materialidades, como é o caso das que alcançam a folha salarial.

O fundamento dessa interpretação está, sobretudo, numa leitura literal do inciso III do 2º do art. 149, que incluiu uma lista de bases econômicas antes inexistente:

"2º As contribuições sociais e de intervenção no domínio econômico de que trata o caput deste artigo: [...] III – poderão ter alíquotas: a) ad valorem, *tendo por base*

[10] O presente anexo corresponde a uma versão ampliada de artigo publicado em conjunto com Celso de Barros Correia Neto na CONJUR em 10/08/2020. "O caso da EC 33/2011, uma contribuição para a incerteza jurídica e fiscal" <https://bit.ly/3abP2kM>

o faturamento, a receita bruta ou o valor da operação e, no caso de importação, o valor aduaneiro; b) específica, tendo por base a unidade de medida adotada.

A redação (original) do *caput* do art. 149 limitava-se a dispor que "Compete exclusivamente à União instituir contribuições sociais, de intervenção no domínio econômico e de interesse das categorias profissionais ou econômicas, como instrumento de sua atuação nas respectivas áreas". De fato, não havia rol algum de bases econômicas ou materialidades, nem em nenhum outro dispositivo constitucional – salvo no caso da seguridade social.

A competência é definida pela finalidade: as contribuições devem ser "instrumento de sua atuação nas respectivas áreas" (o que as distinguem dos impostos e das taxas). À diferença dos impostos, para os quais a partilha de competências se fez pela discriminação de materialidades na Constituição (arts. 153, 155 e 156), a definição dos fatos geradores das contribuições abrigadas no art. 149 caberia livremente ao legislador, observados os parâmetros constitucionais aplicáveis. A incidência poderia recair inclusive sobre materialidade já escolhida no texto constitucional para outros tributos, como é o caso da folha de salários, materialidade também eleita como fonte de custeio da seguridade social no art. 195 da Constituição.

Depois da EC 33, as contribuições sociais, de intervenção no domínio econômico e de interesse das categorias profissionais ou econômicas somente poderiam incidir sobre as materialidades expressa e taxativamente previstas no inciso III do § 2º do art. 149, onde não consta "folha de salários". Esta foi a interpretação acolhida pela relatora do processo Ministra Rosa Weber, que propôs a seguinte tese de repercussão geral:

> A adoção da folha de salários como base de cálculo das contribuições destinadas ao SEBRAE, à APEX e à ABDI não foi recepcionada pela Emenda Constitucional no 33/2001, que instituiu, no art. 149, III, "a", da CF, rol taxativo de possíveis bases de cálculo da exação.

Até o momento deste artigo, o julgamento conta com dois votos diferentes: o da relatora, pelo provimento do recurso do contribuinte, e a divergência, aberta pelo voto Ministro Dias Toffoli, em sentido oposto. A tese proposta pelo Presidente do STF é: *"São constitucionais as contribuições de intervenção no domínio econômico destinadas ao SEBRAE, à APEX e à ABDI, inclusive após o advento da EC no 33/2001."*

Para além da discussão a respeito da literalidade da disposição, este artigo pretende chamar atenção para dois aspectos do debate: sobre causas, o contexto e o processo legislativo que resultou na EC 33; sobre consequências, o que pode ocorrer se reconhecida a "taxatividade" na norma do § 2º do art. 149 da Constituição Federal.

Sobre as causas

Primeiro, é importante resgatar o processo legislativo. A EC 33 resulta resultou da aprovação da Proposta de Emenda Constitucional n. 277/2000, de autoria do Poder Executivo. A iniciativa se deu em contexto de abertura do mercado de combustíveis no Brasil – antes, já vigia uma tributação parafiscal, com alíneas incidindo sobre preços e servindo para subsidiar consumos, sem passar pelo orçamento público. A PEC estabeleceu parâmetros para a cobrança do que se convencionou chamar CIDE-Combustíveis e assegurar tratamento isonômico entre os produtos nacionais e importados. A Exposição de Motivos (E.M. n. 509 MF) encaminhada ao Congresso Nacional por meio da Mensagem n. 1.093 não deixa dúvida a esse respeito:

> 2. Com a proximidade da total liberalização do mercado nacional relativo ao petróleo e seus derivados e ao gás natural, tomam-se necessárias as alterações propostas, como única forma de se evitar distorções de natureza tributária entre o produto interno e o importado, em detrimento daquele, que fatalmente ocorrerão se mantido o ordenamento jurídico atual.
> 3. Assim, adotada a presente proposta, poder-se-á construir se implementar, sem nenhum obstáculo de natureza constitucional, uma forma de tributação dos referidos produtos que garantam a plena neutralidade tributária.

A redação originária da PEC propostas pelo Poder Executivo já alterava tanto a redação do art. 149 quanto a do art. 177, mas de maneira muito diferente do texto final aprovado pelo Congresso Nacional. Destacamos no quadro abaixo os trechos que interessam ao debate, tal como se lia na redação Originária da Proposta:

Redação Originária da Proposta de Emenda Constitucional n. 277/2000	
Art. 149.. .... § 2º As contribuições sociais e de intervenção no domínio econômico de que trata o caput deste artigo: I – não incidirão sobre as receitas decorrentes de exportação; II – poderão incidir sobre a importação de bens ou serviços recebidos do exterior, inclusive energia elétrica, serviços de telecomunicações, derivados de petróleo, combustíveis, ainda que o destinatário seja pessoa natural, que, no caso, poderá, na forma da lei, ser equiparada a pessoa jurídica." (NR)	"Art. 177 .... § 4º A Lei que instituir contribuição de intervenção no domínio econômico relativa às atividades de comercialização, decorrente de revenda ou refino, e de importação de petróleo e seus derivados, bem assim de gás. natural e álcool carburante, deverá atender aos seguintes requisitos: I – a alíquota da contribuição será: **a) ad valorem, incidindo sobre o faturamento ou a receita bruta, no caso de comercialização e, no caso de importação, sobre o respectivo valor aduaneiro;** ou b) específica, tendo por base a unidade de medida adotada;

O texto da EC 33, como hoje o conhecemos, é resultado das alterações realizadas durante a tramitação da proposição na Comissão Especial destinada a apreciar e proferir parecer à Proposta de emenda à Constituição nº 277-A, de 2000, do Poder Executivo, que "altera os arts. 149 e 177 da Constituição Federal". No substitutivo, apresentado pelo relator da matéria, Deputado Basílio Villani, deslocou-se a disposição que constava originalmente no § 4º do art. 177 para se tornar o inciso III do § 2º do art. 149. Se mudou a disposição de uma norma específica no título da Ordem Econômica para uma norma geral no título dos Tributos e Orçamentos. Daí resultou o formato atual da Constituição.

Dessa forma, ficou estabelecido que não apenas a CIDE-combustíveis mas qualquer contribuição (amparada pelo art. 149 da Constituição) poderia ter alíquotas *ad valorem* – incidindo sobre o faturamento ou a receita bruta, no caso de comercialização e, no caso de importação, sobre o respectivo valor aduaneiro – ou específica, tendo por base a unidade de medida adotada.

A mudança promovida no Congresso Nacional parece ter sido motivada muito mais por razões de opção por uma técnica redacional, que fosse mais genérica, do que resultou de um debate sobre conteúdo – pois nada disso aparece nem nos anais das discussões parlamentares. Ao nosso ver foi esta mera opção de redação, em meio ao processo legislativo da emenda, que motivou a controvérsia discutida no Recurso Extraordinário n. 603.624. Afinal, a inclusão realizada no art. 149, § 2º, III, "a", da Constituição, é uma autorização para alíquotas ad valorem e específicas ou um rol taxativo das bases econômicas que pode se utilizar o legislador?

No contexto da tramitação da Proposta de Emenda à Constituição nº 277-A, de 2000, a mudança teve o claro objetivo de estabelecer e esclarecer como seria exercida as duas alternativas facultadas na norma alterada (usar alíquotas ad valorem ou específicas) e não estava restrita a CIDE-Combustíveis, alcançava todas as contribuições de que trata o art. 149.

O teor da modificação realizada no Substitutivo foi especificamente explicado pelo relator da matéria na Câmara dos Deputados, no parecer apresentado na Comissão Especial, nos seguintes termos

> "A referência apenas à contribuição de intervenção no domínio econômico, contudo, pode ensejar o entendimento de que essas características não se aplicariam a outros tributos e contribuições, o que não parece conveniente. Pelo contrário, torna-se indispensável, a fim de alcançar plenamente os objetivos almejados com a Emenda Constitucional de que ora se cogita – vale dizer, de equiparar as cargas tributárias incidentes sobre os combustíveis nacionais e os importados – que se possam instituir alíquotas ad valorem ou *ad rem* também para as contribuições sociais, nomeadamente, a COFINS e a do PIS/PASEP."

O texto do Substitutivo proposto, ao trazer esses dispositivos para o art. 149 da Constituição, procura solucionar esse problema, reafirmando a faculdade de o legislador infraconstitucional escolher livremente, ao deliberar sobre as contribuições sociais ou de intervenção no domínio econômico, entre ambas as espécies de alíquotas."

E mais adiante lê-se no mesmo documento:

> "18. Do Substitutivo:
>
> 18.1. O art. 1º do Substitutivo, além de acrescentar a importação de gás natural e álcool carburante ao rol de eventos sobre os quais poderá incidir a futura contribuição, procura também, como já mencionado no item 14 acima, atender emendas propostas ***com o objetivo de estender às contribuições***

> ***sociais, quando incidirem sobre combustíveis, algumas características que se pretendem atribuir à contribuição de intervenção no domínio econômico sobre combustíveis.***
> **Tais características são, basicamente**: a possibilidade de instituição de ***alíquotas específicas ou ad valorem, contemplada no inciso III do § 2º acrescentado ao art. 149 da Constituição***, e a incidência em uma única vez, nas hipóteses definidas em lei, abrigada pelo § 3º do mesmo dispositivo."[11]

Um pequeno detalhe, mas crucial para moldar a emenda, tem sido ignorado no debate: a diferença entre os dois tipos de alíquotas. Não custa registrar que alíquota ad valorem é um percentual a ser aplicado sobre uma base de cálculo, enquanto a específica constitui importância em dinheiro que incide sobre uma unidade de medida prevista em lei. Que motivou discriminar constitucionalmente a aplicação dessas duas alíquotas? Entendemos que foi a alíquota efetiva – que é uma espécie de exceção à regra, que é sempre tem sido fixar um percentual que incide sobre uma base de cálculo.

Todos os impostos e a grande maioria das contribuições discriminados ou criados ao amparo da Constituição de 1988, como nas anteriores, aplicam ou aplicavam uma alíquota ad valore. Isso nunca foi detalhado no corpo permanente da Constituição e nem por isso motivou disputas judiciais. A inovação veio com a EC 33 e que especificou a faculdade do uso daquelas duas alíquotas em duas situações: para as contribuições sociais e de intervenção no domínio econômico (normas já citadas) e, no caso dos impostos, especificamente para o imposto estadual (ICMS) sobre operações com combustíveis e lubrificantes (vide a adição à Constituição da alínea b, do inciso IV, do § 4º, do art. 155). Nos dois casos, a nova redação

[11] Cabe ainda destacar o trecho "19. Alterações como a que ora se pretende efetuar no sistema tributário podem muitas vezes dar margem ao surgimento de questões judiciais, buscando obter, ou com o auxílio de uma hermenêutica tortuosa, ou mesmo aproveitando-se de falhas de redação dos dispositivos legais, um diferencial competitivo – bastante relevante, no caso dos combustíveis – em face da significativa expressão dos tributos na composição dos preços. Deve-se tentar prevenir, portanto, no momento da elaboração legislativa, o surgimento de distorções futuras."

constitucional usou o mesmo tempo verbal ("poderão") para qualificar o uso das duas alíquotas.

Chama-se a atenção que a EC 33 não definiu que a mesma faculdade para definição das alíquotas entre as duas formas de alíquotas se aplicaria aos demais impostos. Se for feito uma leitura que a Constituição teria que ser taxativa isso significa que, depois da EC 33, os impostos careceriam de um comando constitucional específico para justificar por que eles aplicam uma alíquota ad valorem? A legislação, em cada caso, sempre fez uma opção por aplicar um percentual sobre uma base. Se a base de cálculo teria que estar discriminada na Constituição a forma como se aplica a alíquota também precisaria receber o mesmo tratamento? Aonde está escrito no texto constitucional que alíquota ad valorem é permanente e só precisaria de emenda constitucional para usar a outra alternativa, a alíquota específica? Por que se autorizou o ICMS a optar pelas duas alíquotas apenas no caso de combustíveis, isto significa que sobre demais operações não se poderia usar uma forma de alíquota não discriminada na Constituição? Na outra direção, não se poderiam mais cobrar taxas, que se assemelham a alíquota específica, pois constituem um custo de um serviço, porque a Constituição não especificou que assim se deveria seguir?

Não custa insistir na diferença sútil de que a definição da base de cálculo ditada na EC, por duas vezes (no caso das contribuições e do ICMS), se aplica apenas à aplicação da alíquota ad valorem. A previsão e a mensuração da base de cálculo desaparecem, quando, no mesmo tributo, se adota a alíquota específica – que é uma importância por unidade de medida. Assim, no caso da CIDE-Combustível ou do ICMS, pode ser cobrado um valor por metro cúbico de combustível independente de quanto foi o montante total do faturamento, da importação ou do valor adicionado naquela operação. Notem que a forma de apuração do valor devido, por uma ou por outra alíquota, é completamente diferente. O fato de não se discriminar no texto constitucional qual seria a unidade de medida adotada não impediu que tributos fossem criados, cobrados e não fossem questionados como tal. Nem mesmo no dispositivo da EC 33 que trata do ICMS, ou que trata da CIDE-Combustível, não foi específico que a alíquota efetiva deveria ser referenciada por metro cúbico.

Se a Constituição fosse taxativa, a exemplo do que se prevê no caso da alíquota ad valorem, que se especifica seus exclusivos fatores geradores, seria o caso de se alegar que não se pode aplicar alíquota específica, uma vez que a mesma Constituição não especificou qual a unidade de medida nos casos desses tributos?

Sobre as consequências

Naturalmente, não se pode tomar a intenção do legislador como único critério para interpretação do produto legislativo. Os atos normativos, uma vez editados, emancipam-se da vontade do legislador: ganham o sentido e a eficácia que lhes permitem as instituições e práticas sociais.

No caso do art. 149, § 2º, III, nos quase vinte anos de aplicação da Emenda, o Congresso Nacional e o Supremo Tribunal Federal nunca consideraram haver no §2º do art. 149 um rol taxativo, de modo que qualquer CIDE ou contribuição social geral só pudesse ser criada "tendo por base o faturamento, a receita bruta ou o valor da operação e, no caso de importação, o valor aduaneiro".

O exemplo da Lei Complementar n. 110, de 29 de junho de 2001, é especialmente ilustrativo. Editada meses antes da promulgação da EC 33, a lei complementar criou, com fundamento no art. 149, duas contribuições sociais: a do art. 1º, que tinha como base de cálculo o montante de todos os depósitos FGTS, durante a vigência do contrato de trabalho objeto de dispensa sem justa causa, e a do art. 2º, que era calculada sobre a remuneração devida, no mês anterior, a cada trabalhador.

A contribuição do art. 2º vigorou apenas por sessenta meses, mas do art. 1º foi cobrada por quase vinte anos, até ser revogada pelo art. 24 da Medida Provisória n. 905, de 11 de novembro de 2019. O próprio Supremo Tribunal Federal, no julgamento das Ações Diretas de Inconstitucionalidade ns 2.556 e 2.568, em2012, declarou a constitucionalidade da cobrança, classificada como contribuição social geral, com lastro no *caput* do art. 149.

Agora, com o julgamento do Recurso Extraordinário n. 603.624, talvez se venha a descobrir que, na verdade, esses tributos não poderiam ter sido cobrados além do ano da sua instituição, ou seja, 2001. E isso teria o condão de prejudicar as ações diretas ajuizadas, na linha da orientação tradicional do STF, que nunca poderiam ter sido julgadas!

A prevalecer essa interpretação restritiva que se pretende no Recurso Extraordinário n. 603.624, o rol de contribuições revogadas em dezembro de 2001 pode ser significativo. O voto divergente do Ministro Dias Toffoli aponta que o provimento do recurso trará repercussões em relação às contribuições relativas ao INCRA, à APEX, à ABDI, ao FDEPM e ao Fundo Aeroviário. O rol, nesse caso, não é taxativo.

Além dessas, a decisão também pode colocar em xeque a validade da CIDE-remessas instituída pela Lei n. 10.168/2000, que incide sobre os valores pagos, creditados, entregues, empregados ou remetidos, a cada mês, a residentes ou domiciliados no exterior, nas hipóteses em que especifica, e do Adicional ao Frete para Renovação da Marinha Mercante (AFRMM), instituído pelo Decreto-lei nº 2.404/1987 e disciplinado pela Lei nº 10.893/2004.

Em todos esses casos e também em relação à contribuição do art. 1º Lei Complementar n. 110, de 2001, o reconhecimento da revogação, desde dezembro de 2001, gera naturalmente o direito de repetir os valores indevidamente recolhidos com base em lei revogada não alcançados pela prescrição.

Essa forma de ler o inciso III do 2º do art. 149 também tornará ainda mais rígido o sistema tributário brasileiro, dificultando consideravelmente a criação de novas contribuições sociais e de intervenção no domínio econômico. Fora das hipóteses taxativamente previstas no dispositivo, não há possibilidade de inovação legislativa.

Cabe registrar o tamanho o tamanho do risco fiscal caso prevaleça esse entendimento. Na leitura de pareceristas, até a previdências social poderia ser questionada, em 2019, a arrecadação das contribuições para o RGPS foi de R$ 395,8 bi, dos quais R$ 310,3 bi foram devidos pelos empregadores, ou seja, 78%.

O maior risco corresponde as outras contribuições incidentes sobre a folha salarial, que não estão discriminadas na Constituição, como é o caso da previdenciária. Tomemos por exemplo a contribuição do salário-educação, que ainda que conste como vinculada à educação, não é dito que incide também sobre folha salarial. Assim, o risco para educação é muito maior caso o STF derrube a contribuição do SEBRAE, sobre folha salarial, visto que não haverá como justificar a cobrança de um tributo, sobre a mesma base, e também contribuição. Mais ainda, as contribuições para o SENAC-SENAI e semelhante, estão discriminadas, no art. 240 da Constituição, como incidindo sobre folha salarial, o que as pode salvar. Porém, o mesmo não ocorre no art. 212 que não estabelece que o salário--educação incidirá sobre a folha salarial.

Outro possível entendimento, é que a cobrança da CIDE deveria se limitar apenas sobre combustível, pois assim está discriminada na Constituição, levando a suspensão de todas as demais contribuições de intervenção no domínio econômico. Estaria inclusa, por exemplo, a contribuição para o PIN-PROTERRA, que atende aos investimentos do BND e do BASA, e poderia se questionar também a cobrança do FUST, FISTEL, até do DPVAT. Assim, se a tese em questão for vencida, provavelmente derrubará arrecadação de outras contribuições que entram no cofre da União, fora o risco inclusive para previdência.

Há de se atentar que o SEBRAE presta um serviço público, cujo modelo de financiamento atual impõe o ônus sobre as empresas, e que, caso essa fonte de recursos cesse, este precisará ser financiadas diretamente pelo orçamento da União, visto que é imperativo para qualquer economia que o governo preste apoio às microempresas. No meio de uma pandemia, apoio para microempresas se torna ainda mais crucial – e não apenas na forma de crédito, mas também por meio de cursos de formação, ações de apoio para empreendedorismo etc. Não custa lembrar que existem mais de 10 milhões de microempresas e de MEI. Nesse sentido, é um erro crasso o governo, e mesmo os analistas, julgarem que essa questão diz respeito apenas ao SEBRAE. A maior perda será do governo que terá que dedicar recursos fiscais para financiar algo que hoje é custeado pelas próprias empresas, elevando ainda mais a pressão sobre o teto de gastos.

Outra preocupação é que o resultado dessa tese demandará transferir todo detalhamento de como se exigem impostos de leis para o texto constitucional, engessando-o ainda mais. Quando é preciso seria exatamente o oposto visto que nenhum outro país no mundo tem tanta matéria tributária no texto constitucional como no Brasil. Prevalecendo essa tese, será necessário ampliar ainda mais a Constituição, para discriminar a base de cálculo de cada imposto, de cada taxa, de cada contribuição, e assim, todas ações tributárias serão matéria para o Supremo.

Arrecadação tributos selecionados (2010-2019)

Tributo	2010		2011		2012		2013		2014		2015		2016		2017		2018		2019	
	R$ Bi	% do PIB	R$ Bi	% do PIB	R$ Bi	% do PIB	R$ Bi	% do PIB	R$ Bi	% do PIB	R$ Bi	% do PIB	R$ Bi	% do PIB	R$ Bi	% do PIB	R$ Bi	% do PIB	R$ Bi	% do PIB
Impostos sobre a folha de pagamento e a mão de obra	22,5	0,58	26,7	0,61	30,2	0,63	34,1	0,64	37,6	0,65	39,7	0,66	39,3	0,63	40,5	0,61	43,6	0,63	44,8	0,62
Contribuição do Salário Educação	11,0	0,28	13,1	0,30	14,8	0,31	16,6	0,31	18,3	0,32	19,0	0,32	19,5	0,31	20,0	0,30	22,0	0,32	22,0	0,30
Contribuições para o Sistema S	9,9	0,26	11,9	0,27	13,6	0,28	15,4	0,29	16,9	0,29	18,2	0,30	18,4	0,29	19,1	0,29	19,8	0,29	20,5	0,28
Outros	1,5	0,04	1,7	0,04	1,9	0,04	2,2	0,04	2,4	0,04	2,5	0,04	1,4	0,02	1,4	0,02	1,8	0,03	2,3	0,03
Contribuições sociais	328,5	8,45	377,9	8,63	422,3	8,77	462,6	8,68	501,3	8,67	520,9	8,69	547,3	8,73	579,7	8,81	599,8	8,71	630,1	8,68
Contribuições para o RGPS	210,7	5,42	243,7	5,57	271,7	5,64	295,2	5,54	315,4	5,46	320,6	5,35	336,3	5,36	355,5	5,40	373,8	5,43	395,9	5,46
Contribuições para o RPPS	47,3	1,22	51,8	1,18	56,1	1,16	60,0	1,13	66,7	1,15	72,9	1,22	76,7	1,22	83,6	1,27	87,8	1,27	92,9	1,28
Contribuições para o FGTS	64,2	1,65	75,0	1,71	86,2	1,79	98,1	1,84	108,9	1,88	118,5	1,98	124,2	1,98	128,7	1,96	125,7	1,82	128,7	1,77
Contribuição para o PASEP	6,3	0,16	7,4	0,17	8,3	0,17	9,2	0,17	10,3	0,18	8,8	0,15	9,9	0,16	11,6	0,18	12,3	0,18	12,6	0,17
Outras contribuições sociais	0,0	0,00	0,0	0,00	0,0	0,00	0,0	0,00	0,0	0,00	0,0	0,00	0,1	0,00	0,2	0,00	0,3	0,00	0,0	0,00
Cide	7,8	0,20	9,0	0,20	2,9	0,06	0,7	0,01	0,0	0,00	3,3	0,05	8,9	0,14	8,8	0,13	8,0	0,12	7,9	0,11

Fonte primária: STN. Elaboração própria (2021).

Conclusões

Ao julgar o Recurso Extraordinário n. 603.624, o STF escreve uma das mais importantes páginas da recente história do sistema tributária brasileiro, não apenas pelas implicações econômicas, mas também pela parâmetros que a decisão assenta para os casos futuros.

Acima de tudo, chamamos a atenção para o alcance deste julgamento. Se enganam redondamente aqueles que julgam os riscos alcançariam apenas os orçamentos do SEBRAE, APEX e ABDI. As repercussões poderão alcançar muitos outros tributos, sobretudo os federais.

Causa espanto que a União não tenha pedido para se manifestar nos autos e, sobretudo, não esteja a defender a tese de que a EC 33 não foi taxativa, porque é imenso o valor dos tributos que poderiam ser alcançados caso seja adotada a tese da norma taxativa. Seria uma ironia que se mudou a Constituição para assegurar a cobrança da CIDE-Combustível, cuja alíquota foi reduzida a zero, mas, em troca de se deter uma competência, que raramente foi usada, se possa perder não apenas a arrecadação daquelas entidades do Sistema S, mas se possa ser questionada as demais contribuições sobre folha salarial, como a do salário-educação e até mesmo a previdenciária, bem assim se possa questionar outras contribuições de intervenção no domínio econômico baseadas no lucro, como é o caso dos antigos aportes ao PIN-PROTERRA.

Resgatamos o histórico parlamentar, comparamos textos e analisamos o contexto, inclusive pelo prisma econômico, e opinamos que as mudanças realizadas durante a tramitação da PEC, sobretudo ao tratar da faculdade das alíquotas no art. 149 e não no art. 177, tinha objetivo fundamental de assegurar que a autorização para aplicação de duas formas diferentes de alíquotas (inclusive a dita específica) pudesse alcançar qualquer contribuição, em especial as sociais, que alcançavam as mesmas bases da CIDE-Combustível e do ICMS sobre combustíveis e lubrificantes, sobretudo a COFINS e a o PIS/PASEP. A intenção do legislador parece ter sido alargar a incidência e dar maior segurança jurídica aos fiscos. Não havia menor intenção do legislador em impor qualquer restrição ao poder de tributar, quanto mais de outros tributos que sequer estavam sendo alvo da PEC e dos debates.

Sobre a origem da causa, a análise da tramitação legislativa da PEC n. 277/2000, que deu lugar à EC 33, de 2001, não deixa nenhuma dúvida quanto ao objetivo da alteração constitucional no ponto em debate. Pretendeu-se criar os pressupostos constitucionais necessários à cobrança da CIDE-combustíveis e também assegurar que COFINS e PIS, quando aplicável à importação, pudesse valer-se do mesmo regime e características da CIDE-combustíveis, notadamente quanto à alíquota.

A rigor, não consta que no processo legislativo se tenha, de fato, sequer discutido a possibilidade de amplia revogação de contribuições, muito menos do que se destina ao SEBRAE. A bem da verdade, enxergar no art. 149, § 2º, III, "a", um rol taxativo de bases de cálculo para os tributos do caput do art. 149, é aceitar a ideia de uma revogação acidental dessa e de diversas outras exações, sem oposição ou debate legislativo em relação ao tema. Trata-se de uma leitura que não guarda nenhuma pertinência com o objetivo EC 33 nem com os debates legislativos havida na sua tramitação e suas consequências institucionais são ainda imprevisíveis.

Seria o cúmulo do paradoxo que o tremendo do esforço do Executivo Federal e do Congresso Nacional para dar segurança jurídica na aplicação da CIDE-Combustível, que mal tem sido arrecadado, por razões de ter essa contribuição precipuamente uma função regulatória, venha a se transformar na Justiça uma fonte de tremendo risco não apenas dos recursos de três entidades de apoio ao setor empresarial mas para funções públicas essenciais da União, como o desenvolvimento regional, a educação e a própria seguridade social.[12]

[12] Cabe registrar que a CIDE ficou zerada por Decreto Nº 7.764, de 22 de junho de 2012 até o Decreto nº 8.395, de 28 de janeiro 2015 que trouxe de vota a cobrança sobre Gasolina e Diesel. Na sequência, o Decreto nº 9.391, de 30 maio de 2018 zerou a cobrança sobre o diesel, deixando apenas a incidência sobre gasolina

18.
STF JULGA CONTRIBUIÇÕES AO SEBRAE E HÁ RISCO FISCAL NADA PEQUENO NEM CLARO

JOSÉ ROBERTO AFONSO
CELSO DE BARROS CORREIA NETO

O Supremo Tribunal Federal (STF) julgou, em 23 de setembro de 2020, o Recurso Extraordinário nº 603.624, tema 325 da repercussão geral[1] , decidiu declarar, por maioria, a constitucionalidade das contribuições devidas ao SEBRAE, à APEX e à ABDI Está em questão saber se a Emenda Constitucional nº 33/2001 teria revogado as contribuições destinadas ao Sebrae, à Apex e à ABDI., sobre as folhas de salário.

Nesse sentido, este artigo tratará da controvérsia fiscal em analisada no recurso e procurará chamar atenção especialmente para as implicações da tese de repercussão feral fixada no STF, olhando tanto para o processo legislativo de que resulta a Emenda Constitucional nº 33/2001 quanto para os efeitos fiscais que podem advir do julgamento.

O debate tomou lugar no STF é especialmente emblemático da lógica do contencioso tributário brasileiro. É estranho e sintomático que, passados quase 20 anos da edição da emenda ainda se discutiram seus efeitos e se tinham dúvidas acerca de quais competências –e tributos– teriam sido efetivamente suprimidos em decorrência dela.

[1] Processo do STF disponível em: https://bre.is/3G79vLA8.

A revogação discutida foi consequência indireta e acidental do rearranjo do texto da emenda durante sua tramitação no Congresso Nacional. A PEC foi apresentada pelo governo Fernando Henrique Cardoso e veio no contexto de abertura do mercado de combustíveis no Brasil. Seu objetivo era inserir, expressamente, no texto da Constituição a competência para a cobrança da Cide-combustíveis e também os parâmetros que assegurassem tratamento isonômico entre os produtos nacionais e importados. A mudança pretendida nada tinha a ver com as contribuições destinadas ao custeio do Sebrae, Apex e ABDI.

Entre as regras inseridas, autorizava-se que as contribuições utilizassem alíquotas específicas (um montante em reais por m3 de combustível, por exemplo) ou *ad valorem* (um porcentual sobre o preço). Duas técnicas de tributação diferentes, frequentemente também empregadas em outros tributos no Brasil (artigo 149, §2º, III).

Neste ponto estava a causa da controvérsia. Na tramitação da PEC na Câmara dos Deputados, decidiu-se que, para assegurar tratamento igualitário aos produtos nacionais e importados, seria preciso deixar claro que a permissão para alíquotas específicas e *ad valorem* não seria aplicável apenas à Cide-combustíveis, mas abarcaria também as contribuições sociais que incidem na importação de combustíveis, especialmente PIS-importação e Cofins-importação.

Em termos redação legislativa, isso significou transportar a permissão que constava originalmente no § 4º do art. 177, na PEC para o inciso III do § 2º do artigo 149, na redação final da emenda aprovada.

Originalmente, a PEC estabelecia que a:

> [...] alíquota da contribuição [da Cide-combustíveis] será: a) ad valorem, incidindo sobre o faturamento ou a receita bruta, no caso de comercialização e, no caso de importação, sobre o respectivo valor aduaneiro;
> O texto final aprovado pelo Congresso passou a determinar que:
> As contribuições sociais e de intervenção no domínio econômico [ ] poderão ter alíquotas: a) ad valorem, tendo por base o faturamento, a receita bruta ou o valor da operação e, no caso de importação, o valor aduaneiro.

Jamais se poderia imaginar que essa alteração, que se pode dizer de técnica redacional, iria nos conduzir ao debate e ao tamanho risco fiscal.

A razão da mudança do dispositivo da ordem econômica para a tributária está expressamente registrada nos pareceres e votos que integram o processo legislativo.

Pelo texto e pelo contexto, a definição do inciso III do § 2º do artigo 149, a nosso ver, veicula claramente uma permissão. As contribuições sociais e de intervenção no domínio econômico (sic) *poderão* ter os 2 tipos de alíquotas ali previstas e a seguir discrimina as bases de cálculo sobre as quais incidiria. Não está escrito que (sic) *somente poderão* incidir contribuições sobre aquelas bases.

A leitura em que sustenta o recurso é certamente oposta à que norteou e foi aprovada pelo Congresso Nacional. Interpreta-se o fato de o legislador ter incluído as bases – "o faturamento, a receita bruta ou o valor da operação e, no caso de importação, o valor aduaneiro"– de maneira restritiva, para concluir que, após a emenda, só essas bases estão autorizadas. Todas as demais estão proibidas.

Nessa nova leitura, portanto, as contribuições que já existiam e incidiam sobre outras bases (como a folha salarial) teriam sido tacitamente revogadas quando a emenda entrou em vigor. Seria o caso ao menos das contribuições destinadas ao Sebrae, à Apex e à ABDI, objeto do recurso em questão. Outras contribuições estão na mesma situação, inclusive as arrecadadas diretamente para os cofres públicos e que tramitam pelo Orçamento da União.

Neste caso e consideradas apenas as incidentes sobre folha salarial, ao lado das destinadas à previdência social, também são arrecadadas para o Incra (reforma agrária), objeto de outra ação, como também são destinadas ao FNDE (salário-educação), DPC (portos), Anac (avião civil) e SDR (desenvolvimento agropecuário e cooperativismo). Como outras contribuições, sociais ou econômicas, que não incidam sobre faturamento, receita bruta ou importação, mas hoje sejam regularmente cobradas, também teriam sido supostamente revogadas há quase 20 anos.

Muito menos se poderia criar novas contribuições –ou mesmo a recriar a social (e antes provisória) sobre movimentação financeira (CPMF), por não ser esta uma das 3 bases citadas na emenda de 2001. Ressalvado que isso fosse feito por nova mudança constitucional, o que acentuaria o efeito da constitucionalização da matéria tributária e, desta forma, como círculo vicioso, causa e consequência se misturam.

Mais que isso, se a interpretação que se postulou em torno do caráter taxativo da definição das bases de cálculo das contribuições fosse aplicada também aos impostos, não surpreenderia questionamentos quanto à aplicação de alíquotas específicas em relação a tributos para os quais falta autorização constitucional específica. Sim, porque a Emenda nº 33/2001, além de definir as bases de cálculo para o art. 149, também autorizou expressamente o uso de alíquotas "*específicas, por unidade de medida adotada*", em matéria de ICMS –e tão somente neste caso. À falta de autorização constitucional expressa para outros casos, o uso de alíquotas específicas seria, a partir daquela emenda, questionável para os demais impostos –inclusive no caso do imposto de importação e do imposto sobre produtos industrializados.

A questão acima citada era um risco fiscal implícito naquele julgamento, que poderia impor à União, além de prejuízos financeiros, por conta da restituição do indébito, uma brutal restrição do raio de manobra regulador e fiscalizador. Desde a edição da emenda, o emprego de alíquotas específicas seria também restringido, em prejuízo da utilização desse importante mecanismo tributário de combate à sonegação (*e.g.* em casos de cigarro, bebidas e algumas importações).

Embora a questão em debatida no STF fosse essencialmente formal e dissesse respeito essencialmente ao desenho constitucional da tributação de combustíveis instituída pela Emenda Constitucional nº 33/2001, as implicações que dela poderiam decorrer não são por isso menos graves, poderiam afetar diversos setores e atividades. A tese sustentada, aliás, importava tanto pelo que ensina para o debate da reforma tributária quanto pelos impactos que poderia ter gerar no Orçamento federal.

Para o debate de reforma tributária, o julgamento ocorrido mostra o quanto é perigoso alterar, incluindo novos pormenores, um texto constitucional que já se apresenta demasiadamente detalhado, muito além da média mundial[2]. Cada mudança poderá criar um novo contencioso tributário-constitucional de décadas. No meio da atual agenda parlamentar reformista, em que todas as propostas de emenda esmiúçam ainda mais

[2] Dentre outros, esta questão é tratada por Afonso, Porto e Fuck, em "Sistema Constitucional versus Novos (e Desconhecidos) Tributos, no livro de Afonso e Santana (coord.), "Tributação 4.0", Almedina, 2020.

essa matéria no corpo da Carta Magna –até para criar um único imposto, uma das PEC contempla 20 páginas de mudanças[3] – essa é uma lição que não se pode deixar de lado. No contexto brasileiro, os riscos fiscais e o contencioso tributário podem ser proporcionais ao detalhamento da matéria tributária na Constituição.

Em relação ao desajuste fiscal em curso no país, a perda da arrecadação das contribuições em questão certamente impactará o orçamento público federal. Se a tese de revogação tivesse sido acolhida, as consequências que dela pudessem advir incluiriam tanto o dever de devolver aos contribuintes os valores recolhidos quanto a necessidade de rever o financiamento das entidades afetadas, que têm finalidade pública e são hoje financiadas pelas contribuições em debatidas. Ou seja, transferir-se-ia para o orçamento fiscal o custo do financiamento de ações antes custeadas com contribuições arcadas pelo setor privado.

Não custa recordar que, na prática, a Constituição de 1988 criou 2 sistemas tributários no país, elevando de maneira expressiva a arrecadação de contribuições pela União. Estava em xeque no julgamento do STF uma parcela significativa do que se arrecada com contribuições sobre outras bases, além faturamento, receita ou importação.

Ressalte-se que a arrecadação de contribuição da União, conforme balanço geral da União 2019, foi no total de R$ 801,5 bi, sendo R$ 786,3 bi de contribuições sociais e R$ 15,2 bi de contribuições de intervenção no domínio econômico.

A questão se apresenta especialmente porque, sobre a folha salarial, além da dita contribuição previdenciária (dos empregadores e dos empregados), incidem também outras contribuições, destinadas ao financiamento de ações públicas no Orçamento da União – como é o caso da maior delas, a do salário-educação, que transita pelo Fundo Nacional de Desenvolvimento da Educação (FNDE) – e também de ações desem-

Vale citar também TORRES, Heleno Taveira *et al.* **Sistema tributário e direitos fundamentais no constitucionalismo comparado.** *In*; TORRES, Heleno Taveira (Coord.). "Sistema tributário, legalidade e direito comparado", Belo Horizonte: Fórum, 2010. p. 21-76.

[3] Ver PEC 45/2019 https://bit.ly/35PV1vB e PEC 110/2019 https://bit.ly/32xQBag.

penhadas por entidades paraestatais, como é o caso das que integram o chamado "Sistema S" [4].

No julgamento do Recurso Extraordinário n. 603.624, tema 325 da repercussão geral, debateu-se uma parcela menor da arrecadação, representada por 4 contribuições. O risco oficialmente mensurado e publicado no balanço da União só do recurso em julgamento do STF foi estimado em pouco mais de R$ 30 bilhões[5].

De acordo com a Receita Federal do Brasil, conforme resultado de arrecadação, os repasses da previdência social do arrecadado para outras entidades e fundos são de R$ 5,7 bi, referentes ao Sebrae, R$ 3,4 bi; ao Incra, R$ 1,7 bi; à Apex-BR, R$ 0,5 bi; à ABDI, 0,1 bi. Essas contribuições estão sendo questionadas no STF. Os demais valores, contribuições parafiscais, enviados ao sistema S, conforme esse mesmo relatório da RFB, somam R$ 14,5 bi, sendo R$ 5,3 bi ao Sesc; R$ 3,0 bi ao Senac; R$ 2,1 bi ao Sesi; R$ 1,5 bi ao Senai; R$ 1,2 bi ao Senar; R$ 0,6 bi ao Sest; R$ 0,4 bi ao Sescoop; e R$ 0,4 bi ao Senat. Para os demais orçamentos o repasse chega a R$ 21,8 bi, sendo R$ 21, 3 bi para o FNDE (salário educação); R$ 0.2 bi para a Anac; R$ 0.2 bi para a DPC e R$ 0.1 bi para a SDR.

O verdadeiro risco fiscal, porém, era muito superior àquele que se enxerga diretamente na revogação dessas contribuições. Além de outras revogações acidentais ainda não conhecidas, é importante notar que o julgamento do STF coincide, no tempo, com a divulgação de críticas de autoridades econômicas em relação ao financiamento do Sistema S, por meio de contribuições sobre folha salarial, e com a efetivação de cortes

[4] Para uma boa síntese dos debates sobre recursos públicos que transitam pelas contas e cofres do Sistema S, vale ver a análise da Instituição Fiscal Independente, do Senado, em box ("O Sistema S e a Questão Fiscal") do seu relatório de acompanhamento de agosto de 2017 – disponível em: https://bre.is/AHcEknNN

[5] Anualmente, o projeto da LDO da União contém, por exigência da Lei de Responsabilidade Fiscal, um Anexo de Riscos Fiscais. O mais recente, com estimativas para 2021, prevê, para este caso, uma perda de R$ 7 bilhões em um ano e de R$ 31,8 bilhões em cinco anos – ver em: https://bre.is/uBSHGAj2

das alíquotas aplicáveis durante o contexto da pandemia ([6] e [7]), bem assim com ações policiais em torno da gestão de alguns recursos por algumas entidades sindicais.

No balanço geral da União de 2020, o ano de 2018 representava R$ 31,5 bilhões sob ações judiciais com risco possível sobre a gestão da PGFN, referentes às contribuições para Sebrae, Apex, ABDI e Incra. No ano de 2019 esse valor já chegava a R$ 31,8 bi[8].

Decisão contrária a que se chegou, poderia ter imposto um considerável revés para o próprio governo federal na hipótese, nada desprezível, de que outras contribuições e até impostos recolhidos diretamente aos cofres do Tesouro Nacional também tenham sua exigência questionada, o que poderia transferir para a União o custeio de ações e serviços hoje desenvolvidos pelas entidades já citadas[9]. É o caso, por exemplo, do suporte e fomento para o empreendedorismo, as exportações, a inovação, e até mesmo a reforma agrária. Hoje, essas atividades são custeadas por meio de contribuições específicas recolhidas pelas empresas e geridas por entidades privadas, sujeitas à fiscalização do TCU.

A decisão do STF, aliás, só poderia estar livre de riscos fiscais na improvável hipótese de serem cancelados todas as ações e serviços de interesse públicos hoje prestados à custa das contribuições que se pretende sejam revogadas [10].

[6] Ver SCAFF, Fernando. Crise e tributação – economia fiscal e as contribuições para o Sistema S – ver: https://bre.is/svEwStrX

[7] Ver texto de José Roberto Afonso e Kleber Castro, "Repensando o financiamento do 'Sistema S'", Poder 360. 09/04/2020. – ver em: https://bit.ly/2FzYKCn

[8] Ver: PGFN/ME em Balanço Geral da União (2020)

[9] Acerca da relevância do "Sistema S" ver texto de Armando Monteiro Neto, "Desmantelar o Sistema S é engano perigoso", Poder 360. 31/07/2020. – ver em:https://bit.ly/2ZDkzYK

[10] Como conclui Fernando Scaff, "Isso aponta para o alcance do que está sendo debatido no julgamento em curso pois o voto menciona apenas a questão da CIDE, porém também está em jogo toda a sistemática de base de cálculo das contribuições sociais e previdenciárias. Caso a Corte entenda pela inconstitucionalidade da contribuição, o STF estará tacitamente revogando o art. 195, I, CF, que prevê como base de cálculo das contribuições previdenciárias a folha de salários, acarretando a falência do regime contributivo para a previdência social pública brasileira, com repercussões fortíssimas não só nos cofres públicos, mas também na sociedade como um todo.". SCAFF, Fernando. O uso

No cenário anterior ao julgamento do Supremo, em que procurou encontrar procura encontrar revogações das entrelinhas da Emenda Constitucional nº 33/2001[11], parece especialmente atual e curioso o alerta lançado pelo relator da matéria, o hoje ex-deputado Basílio Villani (PSDB-PR), durante a tramitação da PEC 277/2000 na Câmara dos Deputados. Após explicar as mudanças de redação realizadas no texto da proposta, advertia o então relator:

> "Alterações como a que ora se pretende efetuar no sistema tributário podem muitas vezes dar margem ao surgimento de questões judiciais, buscando obter, ou com o auxílio de uma hermenêutica tortuosa, ou mesmo aproveitando-se de falhas de redação dos dispositivos legais, um diferencial competitivo –bastante relevante, no caso dos combustíveis– em face da significativa expressão dos tributos na composição dos preços".

A advertência tornou-se profecia no caso em julgamento no Supremo. O cuidado com a técnica legislativa e as explicações lançadas no parecer não foram suficientes para evitar o surgimento da controvérsia com que a nos deparamos, com implicações tributárias e orçamentárias ainda indefinidas.

A questão debatida trouxe consigo ao menos duas importantes lições. Para o Congresso Nacional, que hoje discute a(s) reforma(s) tributária(s), fica o alerta quanto aos riscos de alterar e expandir um texto constitucional que já é particularmente detalhado em matéria tributária. Para o Supremo Tribunal Federal, fica mais uma vez a certeza da sua responsabilidade na condução dos rumos tributários do País, diante de um texto constitucional prolixo, que parece incorporar novos riscos fiscais a cada palavra que se acrescenta.

da folha de salários como base de cálculo das contribuições. Jota. 07/08/2020. <https://bit.ly/3bXhc3V>. Acesso em 15/09/2020

[11] A incerteza decorrente desse julgamento, em particular, foi tratada pelos autores deste artigo em "O Caso da EC 33/2001, uma contribuição para a incerteza jurídica e fiscal", CONJUR, edição de 10/08/2020, disponível em: https://bre.is/FgfgQ2zY

Referências

AFONSO, José Roberto; CASTRO, Kleber. **Repensando o financiamento do 'Sistema S'.** Poder 360. (2020). Disponível em: https://bit.ly/2FzYKCn. Acesso em 15/09/2020.

BRASIL. Senado Federal. **Proposta de Emenda à Constituição nº 45, de 2019.** Altera o Sistema Tributário Nacional e dá outras providências. Brasília, DF: Senado Federal, 2019. Disponível em: https://bit.ly/35PV1vB. Acesso em 20/9/2021.

BRASIL. Senado Federal. **Proposta de Emenda à Constituição nº 110, de 2019.** Altera o Sistema Tributário Nacional e dá outras providências. Brasília, DF: Senado Federal, 2019. Disponível em: https://bit.ly/32xQBag. Acesso em 20/9/2021.

BRASIL. Senado Federal. **Proposta de Emenda à Constituição nº 227, de 2020.** Altera os arts. 149 e 177 da Constituição Federal. Brasília, DF: Senado Federal, 2020. Disponível em: https://www.camara.leg.br/proposicoesWeb/fichadetramitacao?idProposicao=14647. Acesso em 20/9/2021.

SCAFF, Fernando. **Crise e tributação:** economia fiscal e as contribuições para o Sistema S (2020). Disponível em: https://bre.is/svEwStrX. Acesso em 15/09/2020.

SCAFF, Fernando. **O uso da folha de salários como base de cálculo das contribuições**. Jota. (2020). Disponível em: https://bit.ly/3bXhc3V. Acesso em 15/09/2020.

TORRES, Heleno Taveira *et al.* **Sistema tributário e direitos fundamentais no constitucionalismo comparado**. *In*; TORRES, Heleno Taveira (Coord.). Sistema tributário, legalidade e direito comparado, Belo Horizonte: Fórum, 2010. p. 21-76.

19.
REPENSANDO O FINANCIAMENTO DO "SISTEMA S"

JOSÉ ROBERTO AFONSO
KLEBER PACHECO DE CASTRO

A desoneração da folha salarial é um tema recorrente da pauta do atual governo desde seu início. Os repasses ao Sistema S mereceram especial atenção das autoridades econômicas federais, que apostam na redução de custos de manutenção de assalariados, estimulando, assim, a geração de emprego. Com o avanço da pandemia do coronavírus, a União decidiu reduzir a contribuição ao Sistema S pela metade por três meses (abril a junho), o que, de acordo com o governo, reduziria o ônus das empresas em R$ 2,2 bilhões durante esse período.

De início, é importante destacar que há um duplo equívoco nessa desoneração via Sistema S. Primeiro, pelo fato da medida ter pouca eficácia em termos de manutenção do emprego, haja vista que a desoneração beneficia relativamente mais as grandes empresas, enquanto a maior parte do emprego formal do país está concentrada nas MPEs. Estimativa baseada na RAIS mostra que, nas atividades contribuintes do Sistema S, cerca de 60% do emprego formal está nas MPEs, apesar destas representarem 50% do financiamento do sistema. A desoneração, assim, não deve beneficiar empresas de forma proporcional à sua importância no mercado de trabalho. Segundo, pelo fato de enfraquecer instituições que poderiam estar atuando junto ao poder público no combate à crise, seja pelo um viés educativo, com oferta de cursos on-line e gratuitos abertos a população durante o período de quarentena; seja aproveitando a infraestrutura física de suas unidades para aumentar o número de leitos, distribuir mantimentos à população e criar postos de vacinação e de testes da doença.

Essa medida emergencial pode ser o prenuncio de um futuro breve: o esvaziamento do Sistema S, seja pela via política, seja pela via da decadência de sua fonte de recursos. Não se pode ignorar que, na economia moderna, a massa salarial perderá peso na economia. Os motivos são claros.

Em primeiro lugar, há evidências de que gerações mais novas e pessoas com maior escolaridade e renda tendem a preferir atuar de forma independente no mercado de trabalho. O Datafolha fez uma pesquisa[1] em 2018 que revela um quadro parecido no Brasil.

Em segundo lugar, cada vez mais empregadores optam por automatizar funções. Segundo estudo[2] da Mckinsey Global Institute (2017), até 2030 14% dos postos de trabalhadores serão perdidos em virtude da automação no país. Na pesquisa, chama-se a atenção que no país há um baixo preparo por parte da força de trabalho em ocupar vagas que podem vir a serem geradas pela economia digital.

Vale ainda apontar para um terceiro fator, presente no caso brasileiro: firmas buscam contornar os altos custos associados ao emprego formal. Esse é o fator chave para explicar a **"pejotização"** no Brasil. É o resultado de um ajuste de mercado, não planejado pelo Estado. No fundo, é uma forma que a sociedade encontra para reduzir custos e ampliar a produtividade, à revelia do governo e de sua falta de percepção e planejamento. Raros países têm tantos proprietários de empresas como o Brasil.

Diante desse cenário, as estatísticas evidenciam uma redução do emprego formal de alta renda, que junto à chamada robotização, fazem com que as entidades do Sistema S fiquem cada vez mais dependentes do financiamento fundado na massa salarial dos trabalhadores da base, de menores rendimentos.

[1] Fernandes, Anaïs. **Metade dos eleitores prefere ser autônomo a ter emprego CLT, diz Datafolha.** (2018). Disponível em: https://bit.ly/2P0gzOP.

[2] Lost, Jobs; Gained, Jobs. **Workforce Transitions in a Time of Automation**. 2017. Disponível em: https://mck.co/2sTNKGL.

Apesar da decisão do corte pelo Governo dos repasses ao Sistema S ser de natureza transitória, não se pode ignorar essa tendência de enfraquecimento de seu financiamento. Serão exigidos diagnóstico e soluções mais inteligentes, complexas e trabalhosas.

Infelizmente, o financiamento às entidades de fomento à educação técnica é um debate muito incipiente e que conta com poucas pesquisas. Natural que, nesse cenário, soluções inovadoras para a questão sejam escassas.

Uma das pesquisas mais relevantes nesse campo é da Unesco[3]. Tal estudo advoga sobre a necessidade de conter a dependência excessiva de taxas sobre a folha de pagamento como um modo de financiamento dessas entidades, especialmente pelo fato dessa medida desencorajar a demanda por mão-de-obra. Ainda assim, é exaltada a importância de se ter um mecanismo de financiamento estável, permitindo às entidades planejar a oferta de serviços à população, notadamente nesse momento no qual se demanda cada vez mais capacitação de alta qualidade, em virtude da concorrência fortíssima do mercado internacional.

Desse modo, pode-se pensar, no caso brasileiro, em uma migração de base de incidência, da atual (salários) para uma base mais ampla e não decadente, como consumo ou renda e lucros. Essa mudança, inclusive, poderia se dar na esteira do debate da reforma tributária e do consenso que se forma sobre a necessidade de um grande Imposto sobre Valor Agregado (IVA) no país. Pode-se pensar ainda em uma espécie de "taxa sobre a automação": o governo poderia tributar parte dos ganhos dos empregadores que mais desempregam e usarem a receita para custear os trabalhadores excluídos. É uma ideia que tem apelo social e é defendida por alguns autores fora do Brasil.

Preservar o orçamento do Sistema S e se possível lutar por sua expansão, para atender às novas e crescentes demandas dos trabalhadores, ao que tudo indica, passará por manter as respectivas contribuições, mas aplicadas sobre outras bases de cálculo (em substituição ou complementarmente à base atual) ou ainda com a criação de uma nova contribuição. Algumas opções podem ser vislumbradas, cada uma com vantagens e

[3] UNEVOC. **Financing technical and vocational education:** modalities and experiences. 1996. Disponível em: https://bit.ly/34hy9SN.

desvantagens. Abrir uma discussão política com o devido suporte técnico pode ser o ponto de partida para o sistema S vencer esse enorme desafio.

Referências

FERNANDES, Anaïs. **Metade dos eleitores prefere ser autônomo a ter emprego CLT, diz Datafolha**. (2018). Disponível em: https://bit.ly/2P0gzOP. Acesso em: 20/7/2021.

LOST, Jobs; GAINED, Jobs. **Workforce transitions in a time of automation.** (2017). Disponível em: https://mck.co/2sTNKGL. Acesso em: 20/7/2021.

UNEVOC. **Financing technical and vocational education:** modalities and experiences. (1996). Disponível em: https://bit.ly/34hy9SN. Acesso em: 20/7/2021.

20.
RENÚNCIA À RAZÃO

JOSÉ ROBERTO R. AFONSO
KLEBER PACHECO DE CASTRO

Diante da crise, há uma tendência a se buscar um culpado. Nem sempre a racionalidade impera. Ultimamente a renúncia tributária (ao lado dos subsídios creditícios) tem sido tratada como grande vilã e panaceia para a crise fiscal brasileira. Reduzir fortemente ou anular tais benefícios seria o suficiente para voltar a gerar superávit primário?

Desde já, se defende que todo e qualquer gasto público, inclusive realizados de forma indireta, deve ser avaliado periodicamente, cotejado custo aos benefícios, e comparados os obtidos aos almejados. Se assim fosse feita avaliação consistente do desempenho, provável que parte dos benefícios fiscais já teria sido revertido.

Seria bom atentar para alguns conceitos em meio ao atual debate. Obviamente é mais complicado medir a redução da receita do que apenas registrar o pagamento de uma despesa do governo. Nem sempre o que se estima efetivamente se confirma, muito menos é perfeitamente pacífica a metodologia para calcular tais gastos[1] (não há um manual nacional sobre o tema).

Dois princípios têm sido ignorados no atual debate. Primeiro, se decidiu ignorar a reação dos contribuintes a uma eventual ação de mudança

[1] Receita Federal apura o gasto tributário por estimativa e em bases efetivas, divulgando resultados e metodologia em uma página específica de seu portal: https://goo.gl/OPselY

de um incentivo. Também não é fácil calcular a elasticidade, mas o mero bom-senso já deveria bastar para saber que o montante estimado como renúncia dificilmente se transformaria em efetiva arrecadação, porque o contribuinte não manterá a mesma atitude econômica sendo mais tributado. Segundo se renunciou ao trabalho de atualizar o diagnóstico sobre o novo e real estado das artes da tributação no País diante da profunda e rápida revolução digital, econômica e social em curso. Presos a antigos paradigmas, não se percebe que análises podem estar virando pelo avesso diante de novas tendências – como é o caso "economia do bico" em que o Brasil está na vanguarda mundial na intensidade e diversidade na economia (equivocadamente chamada de **"pejotização"**).

Numerosos são os exemplos recentes de críticas às renúncias. Podemos tomar o caso da saúde como bom balizador das análises. Em comum, Ocké-Reis e Fernandes (2018)[2], Banco Mundial[3], STN[4], e Romero (2018)[5], criticaram duramente a renúncia neste setor, alegando um certo conflito de interesses e sobretudo a regressividade do gasto.

Antes de tudo, vale ressalvar que literatura internacional não é tão consensual nessas críticas às mesmas renúncias praticadas em outros países – como é o caso de Serocki e Murphy (2009)[6], em análise do caso americano.

A primeira crítica é que recursos públicos não deveriam financiar atividades privadas. Bravatas populistas à parte, uma tese é que o governo só deveria recorrer ao sistema privado se o seu custo médio for inferior ao mesmo do sistema público.

Em um exercício simplório, se verifica que a população brasileira em 2015 era de 204 milhões de habitantes, boa parte dependente do Sistema Único de Saúde (SUS), outra acessando a rede privada (49 milhões eram beneficiários de planos de saúde). Por diferença, com os 155 milhões de usuários do SUS foram gastos em ações e serviços públicos de saúde

[2] Disponível em: https://goo.gl/KzLT64 .
[3] Disponível em: https://goo.gl/rlC9Ef
[4] Disponível em: https://goo.gl/klmfzy
[5] Disponível em: https://goo.gl/mvkyy7
[6] Disponível em: https://goo.gl/kiscf4

cerca de R$ 232,7 bilhões[7], ou seja, R$ 1.500 por beneficiário. Já o gasto tributário,[8] com deduções em saúde no IRPF e no IRPJ no mesmo ano, foram calculados pela Receita Federal do Brasil (RFB) em R$ 16 bilhões, ou seja, R$ 327 por beneficiário. Mais do que a diferença do gasto público *per capita,* importa atentar para o aumento de pressão sobre a rede e o orçamento do SUS como consequência imediata da redução das deduções de gastos médicos no Imposto de Renda (IR), especialmente no caso dos empregadores[9]. Por hipótese, se apenas um quarto dos beneficiários que hoje só recorrem à rede privada migrassem para a do SUS, o seu gasto nacional precisaria aumentar em R$ 18 bilhões, sem a menor garantia do concomitante aumento de arrecadação. Mesmo que o fosse, não mais do que 15% dessa arrecadação seria vinculada para a saúde, fora o fato de que, no caso federal, esbarraria no recente teto constitucional para aumento do gasto. Isso certamente resultaria em mais pressão sobre os orçamentos estaduais e, sobretudo, municipais.

As deduções do Imposto de Renda da Pessoa Física (IRPF)[10] concentram as críticas ao gasto tributário em saúde, com pressuposto simples

[7] Disponível em: https://goo.gl/uVikvT

[8] Conceito disponível em: https://goo.gl/oZ6EJh

[9] Essa tese vale para além do que já ocorreu com a explosão do desemprego decorrente da recessão, mas também por fator permanente, como a conversão de emprego formal em trabalho independente.

Ademais, os planos de saúde perderam .3,15 milhões de beneficiários entre dezembro de 2014 e junho de 2018, obviamente a maior parte por conta do aumento do desemprego (60% da queda no número de beneficiários é explicada pelos planos coletivos empresariais).

[10] É interessante comentar à parte que, na última consolidação das declarações do IRPF publicada pela RFB, para ano-calendário de 2016 (ver em: https://goo.gl/bkg4XW), foram declarados pagamentos de R$ 61,7 bilhões para planos de saúde no Brasil, contra R$ 14,3 bilhões para hospitais, clínicas e laboratórios nacionais, e tão somente R$ 5,3 e 2,1 bilhões com dentistas e médicos no Brasil, respectivamente, seguidos de outros gastos (inclusive no exterior), que totalizam R$ 86,5 bilhões.

Na apuração do imposto, por quem optou pela declaração completa, foi descontado a título de despesas médicas um montante menor, de R$ 70,2 bilhões – ou seja, se pagou 23% a mais do que se abateu do imposto – porque provavelmente alguns contribuintes tinham renda tributável submetida à declaração inferior aos pagamentos declarados (caso, por exemplo, de aposentados ou de assalariados na faixa de isenção e possivelmente contribuintes de maiores rendimentos oriundos de fones não-tributáveis).

que, uma vez canceladas, a receita aumentaria exatamente no mesmo montante, estimado em R$ 15,5 bilhões em 2019.[11] Ora, tal estimativa é feita de forma estática (*ceteris paribus*), assume elasticidade unitária e não contempla as mudanças no mercado de trabalho. Não se pode nem mais tomar como verdade absoluta a ideia de que tais deduções sejam totalmente regressivas. Essa se baseia na hipótese de que as despesas médicas são relativamente crescentes com a renda, isto é, famílias mais ricas comprometam parcela maior de sua renda com despesas de saúde vis-à-vis às mais pobres. Porém, quando a Receita Federal do Brasil (RFB) passou a publicar mais detalhadamente a consolidação da Declaração do Imposto sobre a Renda da Pessoa Física (DIRPF), se pode constatar que aquela relação esperada não se observa em todas as faixas de renda, conforme indicado na tabela a seguir.

Quadro 1 – Renúncia Fiscal de Deduções Médicas por Faixa Salaria – 2016 (DIRPF 2017)

Renúncia Fiscal de Deduções Médicas por Faixa Salarial - 2016 (DIRPF 2017)

Faixa de Salário Mín. Mensal	Deduções Médicas (R$ Milhões)	Alíquota Efetiva do IR	Renúncia Fiscal por Deduções Médicas (R$ Milhões)	Renda Total (R$ Milhões)	Renúncia Média em % da Renda Total
Até 1/2	95,65	0,00%	0,00	509,32	0,00%
De 1/2 a 1	51,93	0,00%	0,00	5.622,78	0,00%
De 1 a 2	238,60	0,00%	0,01	21.952,72	0,00%
De 2 a 3	884,64	0,02%	0,22	108.799,99	0,00%
De 3 a 5	8.432,68	0,89%	75,11	313.949,84	0,02%
De 5 a 7	9.638,16	2,61%	251,78	262.701,67	0,10%
De 7 a 10	10.788,73	4,96%	535,59	281.299,68	0,19%
De 10 a 15	11.682,28	7,91%	924,38	313.189,15	0,30%
De 15 a 20	7.285,83	9,65%	703,32	203.981,41	0,34%
De 20 a 30	8.557,38	10,37%	887,64	266.269,90	0,33%
De 30 a 40	4.539,60	10,23%	464,33	163.279,14	0,28%
De 40 a 60	3.917,47	9,18%	359,68	180.227,69	0,20%
De 60 a 80	1.498,56	7,51%	112,48	92.730,88	0,12%
De 80 a 160	1.503,48	5,68%	85,32	146.398,09	0,06%
De 160 a 240	394,10	4,16%	16,39	60.240,63	0,03%
De 240 a 320	180,50	3,63%	6,56	36.748,39	0,02%
Mais de 320	469,44	2,04%	9,60	287.567,11	0,00%
Total	70.159,03	5,61%	3.934,87	2.745.468,39	0,14%

Elaboração própria. Fonte primária: DIRPF/RFB.

Fonte primária: DIRPF/RFB. Elaboração própria (2021).

[11] Gasto tributário federal para 2019, estimado pela RFB (ver em: https://goo.gl/MpX5qh), com Saúde monta à R$ 41,3 bilhões. Dos quais, R$ 15,5 bilhões (ou 37.5% do total) são

A relação positiva entre renda e despesas médicas ocorre até faixa em torno de 15 salários-mínimos, quando a relação se inverte. Ainda assim, a renúncia em proporção da renda total é muito baixa – irrisórios 0,14% no global do IRPF. Tal razão passa de 0,1% para quem ganha entre 5 e 7 salários, para o maior benefício proporcional de 0,34% para ganhos entre 15 e 30 salários, e fica abaixo da média para renda acima de 60 salários. Para os muito ou muitíssimo ricos, as deduções médicas têm pouca relevância em termos de renúncia, ao contrário da classe média que proporcionalmente mais se beneficia dessa dedução. Evidencia-se que é preciso muito cuidado na leitura da regressividade, que certamente não é uma verdade absoluta e aplicada a todos os contribuintes. Os declarantes de menor renda, até 3 salários, não se beneficiam dessa renúncia simplesmente porque não devem imposto de renda. Os que mais se beneficiam estão nas faixas que devem concentrar os maiores salários pagos por governos, empresas estatais e poucas entidades privadas.

A concentração de renda no Brasil é tão acentuada que, por mais que muito gastem com saúde e possam deduzir livremente do IRPF, ainda assim esse gasto é irrelevante diante de sua renda total – aliás, na qual predominam retiradas de lucros e ganhos de capital, e menos contam os rendimentos tributáveis com salários. No outro extremo, é preciso alertar que parcela majoritária dos assalariados, que recebem até 3 salários-mínimos, não se beneficiam diretamente da renúncia no seu imposto de renda (a maioria sequer está obrigada a declarar), mas em muito dependem da dedução realizada para o mesmo fim por seu empregador do IRPJ e da Contribuição Social sobre o Lucro Líquido (CSLL) – ou seja, não se captará e poderá analisar o benefício que chega aos mais trabalhadores de menor renda analisando apenas a Declaração do Imposto sobre a Renda da Pessoa Física (DIRPF). Isto sem contar que apenas o empregador que declara pelo lucro real é que usufrui desse benefício – ainda que sejam

contados como despesas médicas a reduzir o IRPF, e R$ 5,6 bilhões (ou 13,6% do total) como assistência médica aos empregados que diminuem o IRPJ – ou seja, as deduções dos impostos de renda ficam aquém de metade da renúncia vinculada à saúde (isenção de entidades filantrópicas e para medicamentos são outros itens que muito pesam para tanto).

as maiores empresas, elas representavam apenas 3% do total de pessoas jurídicas do País.[12]

O debate de equidade deve avaliar antes de tudo qual seria o impacto de reduzir ou eliminar o gasto tributário com saúde dos empregadores. O custeio dos planos de saúde coletivo empresarial continuaria existindo? Se extinto, qual o perfil do trabalhador que mais seria afetado? Evidências dos micro dados da Pesquisa Nacional de Saúde (PNS)[13] mostram que seriam os trabalhadores de menor renda que sofreriam mais os efeitos, conforme gráfico 59 abaixo.

Gráfico 1 – Proporção do Tipo de Plano de Saúde por Faixa de Salário-Mínimo do Beneficiário – Empregados do Setor Privado – 2013

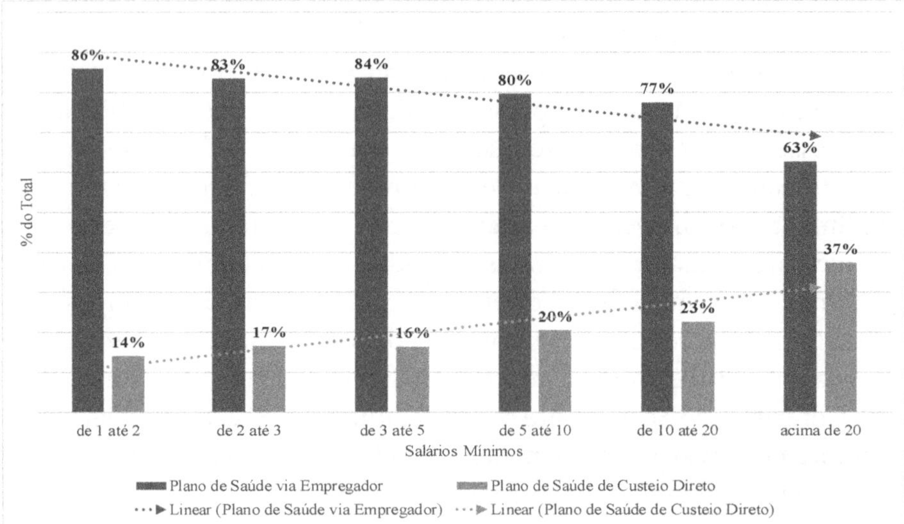

Fonte primária: PNS/IBGE. Elaboração própria (2021).

[12] Em 2014, último ano publicado pela RFB, haviam 136 mil declarantes no regime do lucro real, de um total de 4.5 milhões de pessoas jurídicas no País (ver mais dados em: https://goo.gl/j0jcqz).

[13] Disponível em: https://goo.gl/fmGhkr

Infelizmente, não é possível realizar mais inferências sobre a questão, pois está desatualizada a divulgação pela RFB da consolidação das fichas da Declaração de Rendimentos de Pessoa Jurídica (DIPJ) – a última foi divulgada refere-se ao ano de 2013. Isso além de debilitar a análise, ainda suscita dúvidas sobre a fidedignidade das estimativas de gasto tributário empreendida pela RFB: como a RFB consegue realizar essa conta sem sequer ter consolidado as fichas da DIPJ após 2013? Quais parâmetros foram utilizados para concluir que o gasto tributário total do IRPJ/CSLL continuou se expandindo em meio a uma crise econômica e fiscal de 2014/2016?

Em suma, os números do gasto tributário não soam tão contundentes assim quando se põe na balança a relação custo-benefício destes. Há uma série de análises pormenorizadas e de simulações que precisariam ser feitas antes que este tipo de política seja atacada. Qualquer pessoa com senso mínimo de justiça fiscal não consideraria razoável um cidadão pagando menos IR devido ao abatimento de uma aplicação de botox. Isso deve ser combatido. Contudo, colocar todos os gastos tributários em um mesmo "pacote" sem avaliar o que é ou não importante para o país parece uma atitude temerária – uma "caça às bruxas" sob o pretexto de salvação. Em todos os casos há exageros e políticas mal conduzidas, o que não significa que o instrumento em si seja um problema. É uma questão de avaliação e correção, como deveria ocorrer com qualquer política pública.

Referências

INSTITUTO DE PESQUISA ECONÔMICA APLICADA (IPEA). **Nota Técnica.** Diretoria de Estudos e Políticas Sociais. (2018). Disponível em: https://goo.gl/KzLT64. Acesso em 20/8/2021.

MINISTÉRIO DA SAÚDE. **Contas do SUS na perspectiva da contabilidade internacional.** (2018). Disponível em: https://goo.gl/uVikvT. Acesso em 20/8/2021.

ROMERO, Cristiano. Classe média: sócia do poder. (2018). Disponível em: https://goo.gl/mvkyy7. Acesso em 20/8/2021.

SEROCKI, James S.; MURPHY, Kevin J. An analysis of the medical expense deduction under the U.S. income tax system. **The Quarterly Review of Economics and Finance.** Volume 49, Issue 2, May 2009, Pages 343-356. Disponível em: https://goo.gl/kiscf4. Acesso em 20/8/2021.

21.
MAIS-SIMPLES: É PRECISO SIMPLIFICAR MUITO MAIS O SIMPLES

JOSÉ ROBERTO R. AFONSO
ÂNGELO DE ANGELIS
GERALDO BIASOTO JÚNIOR
MURILO FERREIRA VIANA

O Estatuto Nacional da Micro e Pequena Empresa criado com a Lei Complementar 123/2006 representou grande avanço para as empresas do Simples Nacional no que diz respeito ao tratamento favorecido e diferenciado previsto na Constituição Federal e a elas dispensado. Adicionalmente, o Brasil vem passando por um grande processo de digitalização de documentos fiscais nas últimas décadas, o que, a princípio, deveria simplificar a vida das empresas, especialmente as do SN.

No entanto, o próprio sistema tributário nacional e a diversidade de obrigações acessórias que se alastram pelas diversas instâncias federativas, só têm aumentado a complexidade do Simples Nacional, para torná-lo um regime realmente simples, é preciso simplificar a legislação tributária de modo geral e, para isto, seria necessária uma ampla reforma tributária. Enquanto não aprovam uma reforma constitucional é possível repensar a adoção de um sistema simplificador de obrigações acessórias a ser projetado em plataforma digital nacional.

O Estatuto Nacional da Micro e Pequena Empresa, criado com a Lei Complementar 123/2006, em atendimento à Constituição Federal, regulamentou e aperfeiçoou o tratamento favorecido, simplificado e diferenciado para as empresas de menor porte. Sem sombra de dúvidas, resultou num substancial avanço no ganho de competitividade e capacidade de crescimento deste segmento tão fundamental para a geração de emprego, renda e redução da informalidade. Antes, cada governo possuía seu próprio regime simplificado.

Ao longo dos anos, a Lei Complementar veio sendo aprimorada, respondendo às mudanças do cenário econômico e aos novos desafios tributários colocados às MPE. Todavia, em seu aniversário de debutante, ainda há muita complexidade no Simples Nacional (SN), tanto para o cumprimento da obrigação principal quanto das acessórias. São diversas e crescentes as imposições burocráticas para empresas cumprirem fora do regime simplificado. Um dos exemplos mais evidentes são os procedimentos de classificação de mercadorias e serviços para a correta incidência do ICMS e do ISS, principalmente para fins de substituição tributária e suas congêneres monofásicas, como o diferencial de alíquota (Difal) e o pagamento antecipado. Isto faz com que em diversas situações, as empresas optantes pelo SN sejam obrigadas de recolher ICMS por fora do regime simplificado, tornando o cumprimento das obrigações tributárias acessórias ainda mais complexas.

Muito da sobrecarga, como dito, decorre da complexidade do ICMS, e aos demais problemas decorrentes da fragmentação da tributação indireta, eivada de incidências não compensáveis entre si. Nessas circunstâncias, as empresas do SN incorrem em custos adicionais de conformidade, particularmente mais onerosos às empresas de menor porte, contrariando, assim, o princípio constitucional de tratamento preferencial e diferenciado a elas dispensado.

Independentemente de uma reforma tributária constitucional (cada vez mais difícil na pandemia e no atual contexto político), o arcabouço tecnológico de que hoje dispõem as administrações tributárias no Brasil já permite avanços da simplificação, principalmente no que diz respeito ao cumprimento de obrigações acessórias e entrega das declarações pré-preenchidas pelo fisco ao contribuinte.

Tradicionalmente a atividade de registro e apuração tributária é efetuada pelo próprio contribuinte, a partir da escrituração dos documentos fiscais por ele emitidos e recebidos. Esta tem sido a forma predominante do lançamento tributário, uma obrigação que fica a cargo do contribuinte, cabendo à autoridade tributária homologar o lançamento assim efetuado, receber o tributo e cobrá-lo quando inadimplido.

Concebido em uma era analógica, este método demanda sistemas burocratizados, cujo custo operacional ou custo de conformidade recai inteiramente sobre o contribuinte. Não é difícil deduzir que quanto mais complexa for a legislação tributária, mais custosa será a concepção e manutenção destes sistemas.

O movimento de digitalização dos documentos fiscais que tem se verificado no Brasil nos últimos quinze anos, juntamente com a digitalização das escritas contábil e fiscal, trouxe grandes possibilidade de avanços no sentido de simplificar o cumprimento das obrigações acessórias. O exemplo mais significativo foi o advento do Sistema Público de Escrituração Fiscal Digital, o SPED. Este sistema possui diversos componentes em módulos para cada conjunto de registros, como o contábil e o fiscal e, também, para cada tipo de documento fiscal emitido e recebido pelo contribuinte.

O advento do SPED tem-se traduzido, de fato, em redução de custos de conformidade para a maioria dos contribuintes. Em que pese estes avanços, há pelo menos três características do antigo mundo analógico que ainda persistem na vida tributária das empresas de modo geral e, em particular, das empresas do Simples Nacional:

a) a complexidade do sistema tributário brasileiro em si que impõe diversos tipos de declarações além da escrituração fiscal, gerando, portanto, mais custos de conformidade;
b) a apuração e as declarações dos impostos e contribuições que, apesar da intensa digitalização que houve nos últimos anos, ainda são processadas por um sistema reflexo dos antigos métodos da era analógica a exemplo de livros e declarações como Registro de Entradas, Registro de Saídas e Registro de Apuração, GIAs e outros[1].

[1] Há exceções, por exemplo, a Receita Federal do Brasil já dispõe para a pessoa física contribuinte do imposto de renda, o rascunho da declaração, uma espécie de declaração pré-preenchida. Alguns estados a exemplo do Rio de Janeiro, já disponibilizam a pré-

c) para as empresas do SN, este processo ainda requer preenchimentos e envios de declarações distintas, como Documento de Arrecadação do Simples Nacional (DAS), Declaração de Informações Socioeconômicas e Fiscais (DEFIS) e Declaração do Simples Nacional relativa à Substituição Tributária e Diferencial de Alíquota (DeSTDA).

Todas estas declarações e registros poderiam ser eliminados se conseguirmos avançar para outro paradigma conforme a era digital, uma revisão do processo de apuração e declaração de tributos sob outra ótica e outra lógica, em que programas estabelecidos em plataformas nacionais digitais possam efetuar a apuração diretamente das bases de dados oriundas dos documentos digitais emitidos pelas empresas[2].

Propõe-se algo novo, qual seja, a migração para um sistema em que as obrigações acessórias de manter a escrituração fiscal e efetuar a apuração do tributo a pagar passem da empresa (contribuinte) para o fisco. Uma total inversão de sentidos em que este passaria a entregar àquele a declaração pré-preenchida. Neste novo sistema, caberia ao contribuinte, especialmente à empresa do Simples Nacional, apenas a obrigação acessória de emitir o documento fiscal eletrônico a cada transação efetuada[3]. O restante da apuração seria feito pelo fisco[4].

No Brasil, este trabalho requer a convergência dos diversos documentos fiscais para modelos padronizados e bases de dados fiscais e cadastrais unificadas em plataforma nacional. Mesmo que a tendência dos sistemas de registros caminhe para a customização, serão necessários sistemas

-apuração do ICMS, dispensando a apresentação da GIA (Guia de Informação e Apuração do ICMS). Estes exemplos são iniciativas aderentes novo sistema aqui proposto.

[2] No limite, a documento "nota fiscal eletrônica" pode tornar-se obsoleto. A tendência é a sua substituição por registros digitais padronizados em plataforma nacional.

[3] A Lei Complementar nº 126/2006 em seu artigo 26 parágrafos 10 e 11 já prevê esta possibilidade.

[4] Apesar das dificuldades de harmonização tributária e de cadastros, historicamente comuns na Federação Brasileira, hoje a Receita Federa do Brasil (RFB) e as administrações tributárias dos estados, do Distrito Federal e de diversos municípios, principalmente os maiores, já possuem meios e condições tecnológicas para construir este novo sistema em plataforma nacional.

capazes de filtrar campos dos diversos registros e de documentos fiscais para a unificação dessas bases e dotar o fisco de capacidade de processamento das declarações pré-preenchidas a serem entregues às empresas. Esta inversão de sentidos contém enorme potencial de simplificação da vida tributária das empresas no que diz respeito ao cumprimento das obrigações acessórias, especialmente as do SN.

Em paralelo ao alívio para o cumprimento de obrigações acessórias, outras mudanças no campo legal poderiam ser estudadas. Sem a pretensão de esgotar sugestões, propomos a flexibilização do estabelecimento dos sublimites do ICMS e do ISS, com possibilidade, por exemplo, de equiparação ao teto federal e, ainda, possibilidade de se excluir da base de cálculo do SN os impostos sobre o consumo anteriormente pagos. Estas alterações resultariam em um aperfeiçoamento do SN além da simplificação burocrática.

A simplificação do processo de apuração e de declaração bem como o alívio de carga tributária para as empresas do SN passam necessariamente por uma por uma reforma tributária. Porém, enquanto esta não ocorre, outra reforma no campo das obrigações acessórias pode ser empreendida pelo uso intensivo de tecnologia da informação. Seria uma inversão de paradigmas onde o custo de apurar e declarar o tributo passasse da empresa para o fisco. As empresas do SN seriam as maiores beneficiárias tornando-se realmente mais simples, pois deixariam de apurar e declarar o tributo, especialmente em seus diversos regimes fora do Simples (ICMS e ISS).

A oportunidade poderia ser muito bem aproveitada com a chegada da tecnologia 5G, mas o empreendimento de simplificação deve ser feito por plano diretor coordenado em nível nacional. Já o alívio de carga de tributária para o SN poderia ser estudado pela implementação de duas medidas independentes: a flexibilização do sublimite do ICMS e do ISS e a eliminação da cumulatividade do SN pela exclusão dos impostos sobre o consumo da sua própria base de cálculo.

Enfim, tornar o Simples Nacional realmente um regime simples não é tarefa simples. É um projeto nacional. O SN está inserido em um complexo sistema tributário dotado de espécie tributárias distintas e distribuídas por diversos entes federativos. Em que pese os avanços da Lei Complementar 123/2006 e a digitalização de documentos e cadastros fiscais ocorridos no Brasil nas últimas décadas, o sistema atual ainda retém complexidades herdadas da era analógica e afeitas à complexa arquitetura do próprio sistema tributário.